Tenbrock, Geschichte Deutschlands

Robert-Hermann Tenbrock

Geschichte Deutschlands

Max Hueber Verlag · München

Ferdinand Schöningh · Paderborn

3. überarbeitete Auflage 1977

Herstellung: Ferdinand Schöningh, Paderborn. Printed in Germany.

ISBN 3-506-79031-5 (Schöningh)

ISBN 3-19-009083-1 (Hueber)

INHALT

VORWORT

Den Deutschen ist heute die Beschäftigung mit ihrer eigenen Geschichte fragwürdig geworden. Auf allen lastet schwer — als Schuld oder leidvolle Erinnerung — die Zeit des Nationalsozialismus. Der heutigen Jugend scheint diese Epoche kaum begreiflich und wie ein fluchbeladenes Erbe der Väter. Die Gegenwart kann bei allem äußeren Glanz und materiellen Wohlstand nicht darüber hinwegtäuschen, daß das Ringen um einen neuen geistigen Standort noch offen ist, und niemand vermag zu sagen, nach welcher Richtung hin sich das nationale und europäische Schicksal des deutschen Volkes in der Zukunft entwickeln wird. Diese innere Unsicherheit gegenüber der eigenen Vergangenheit wie der Zukunft hat zu einem Unbehagen an der Geschichte geführt. Es geht weit über die heftige Kritik an der deutschen Entwicklung seit Friedrich dem Großen hinaus, die unmittelbar nach der Niederlage von 1945 in Deutschland gang und gäbe war. Fast könnte es scheinen, als ob den Deutschen, vor allem denen in der Bundesrepublik, langsam jedes Geschichtsbewußtsein abgehe, während demgegenüber die Deutschen jenseits von Elbe und Werra die eigene Geschichte nur noch in marxistisch-leninistischer Sicht zu sehen vermögen.

In einer solchen Lage mag die Frage berechtigt sein, ob die Deutschen nicht gut daran tun, ihre nationale Geschichte über Bord zu werfen, um sich dadurch um so unvoreingenommener für ein Aufgehen in einer übernationalen Gemeinschaft bereit zu machen. Wollte man eine solche Haltung bejahen, würde man jedoch übersehen, daß es ganz wesentlich zum Menschen gehört, nicht nur Geschichte zu haben, sondern sich auch seiner Geschichtlichkeit bewußt zu sein. Zudem müßte der Deutsche sein Schicksal, in eine bestimmte Gemeinschaft hineingeboren zu sein, verleugnen. Aber auch als Europäer würde er Europa verfehlen, wenn er sich nicht über die eigentümliche Geschichte Europas klar ist. Denn jedes Volk dieses Kontinents hat seine ihm eigene, geschichtlich geprägte Individualität. Darin liegt zweifellos der große kulturelle Reichtum und die bedeutende kulturelle Vielfalt Europas begründet, aber es kann auch nicht übersehen werden, daß die Überbetonung der nationalen Individualität die Ursache zahlreicher europäischer Kriege gewesen ist. So steht Europa heute vor der Frage, ob es seinen Völkern gelingen wird, in der Eigenprägung das gemeinsam Europäische wieder sichtbar werden zu lassen, um zu einem neuen europäischen Gemeinschaftsbewußtsein zu gelangen.

Es kann deshalb dieser Darstellung der Geschichte Deutschlands nicht darauf ankommen, den Blick des Lesers in nationaler Voreingenommenheit zu verengen, denn auch die deutsche Geschichte ist von ihren Anfängen an nur ein Teilaspekt der Geschichte Europas. Die Verflechtung des deutschen Schicksals mit dem europäischen darf also nicht übersehen werden. Allerdings kann der Verfasser diese nur so weit berücksichtigen, als sie unmittelbar auf das deutsche Schicksal eingewirkt hat. Der Darstellung der eigentümlich deutschen Entwicklung aber wird im wesentlichen der Charakter eines Rechenschaftsberichts zukommen, der in nüchterner Beurteilung des geschichtlichen Werdegangs des eigenen Volkes die Frage zu beantworten sucht, aus welchen Gründen dieser zu solchen Ergebnissen führen konnte.

Einem Versuch, die lange und nicht immer sehr durchsichtige Geschichte Deutschlands auf einem so engen Raum darzustellen, muß das Kennzeichen der Vorläufigkeit anhaften. Das gilt auch für die neuere Geschichte, der der Verfasser das weitaus größte Gewicht beimißt. Im ganzen kann es sich also bei dem hier vorliegenden Werk nur darum handeln, einen ersten Überblick zu geben und den Leser so weit zu interessieren, daß er einen Zugang zu den wissenschaftlichen Werken findet, die sich eingehend mit Einzelfragen beschäftigen.

Wiesbaden, im Dezember 1964.

R.-H. Tenbrock

VORWORT ZUR DRITTEN AUFLAGE

Die vorliegende dritte Auflage ist zwar in Konzeption und Betrachtungsansatz weitgehend unverändert geblieben, berücksichtigt jedoch die neueren wissenschaftlichen Forschungsergebnisse. Auch der Entwicklung der beiden deutschen Staaten bis 1976 ist ein größerer Raum gewidmet. Das Anliegen des Verfassers, die Geschichte Deutschlands nach wie vor als die Geschichte der e i n e n Nation zu sehen, wird davon nicht berührt.

Mainz, im März 1976

R.-H. Tenbrock

ALBRECHT DÜRER

Selbstbildnis / Portrait de l' artiste / Self-portrait / Autorretrato. 1493. Paris, Louvre

Erstes Kapitel

DIE GRUNDLAGEN

Germanien im Schatten des Römischen Weltreichs

Etwa um die Zeitenwende hatte das römische Reich seine Ausdehnung über den ganzen Mittelmeerraum erreicht. Zur Sicherung seiner Grenzen, die sich gemäß damaligen militärischen Erfordernissen möglichst an Flußläufe, Gebirgsketten oder Wüstensäume anlehnen sollten, war es in Europa unter seinem bedeutenden Feldherrn C. J. Cäsar im Zuge der Unterwerfung der keltischen Gallier im heutigen Frankreich bis zum Rhein von seiner Quelle bis zur Mündung vorgestoßen. Damit aber traf Rom zum erstenmal auf das Siedlungsgebiet germanischer Stämme. Bisher war es in seiner langen, von Eroberungs- und Verteidigungskriegen erfüllten Geschichte Germanen nur außerhalb ihres Siedlungsraumes begegnet, wenn Einzelstämme sich zu einer Südwanderung entschlossen und dabei in römisches Reichsgebiet oder römische Interessensphären eindrangen.

Im Gegensatz zu den meisten Völkern des römischen Weltreiches, die alle entweder Träger oder wesentliche Mitgestalter der für die Entwicklung Europas so bedeutenden griechisch-lateinischen Kultur waren, lebten die Germanen jener Zeit noch im dämmerigen Zwielicht der Vorgeschichte. Zwar waren auch damals schon unternehmungsfreudige Händler in die Siedlungsräume der Germanen eingedrungen und hatten diese mit vielerlei Kulturgütern bekannt gemacht. Aber im allgemeinen hatte sich doch das Leben der Menschen, die die Gebiete rechts des Rheins bewohnten, in einem durch Jahrhunderte gleichen Rhythmus abgespielt. Deshalb mußten sie allen südlichen Völkern als Primitive erscheinen, deren Leben zwischen Geburt und Tod von der einfachen Aufgabe des Nahrungserwerbs für sie selbst und ihre Familien bestimmt war. Die Natur schien diesem Bemühen eher feindlich als freundlich zu begegnen. Das Klima war feucht, neblig und kalt. Riesige Nadel- und Laubwälder, die die Feuchtigkeit vermehrten, erstreckten sich urwaldartig über Berge und Ebenen. Sie erweckten den Eindruck, daß das Land menschenleer sei, weil sich die wenigen Dörfer und Gehöfte und die primitiv durch das Holz geschlagenen Verkehrswege hinter der Undurchdringlichkeit ihrer Stämme und Äste verbargen. Traf man jedoch auf eine Siedlung, so zeigte es sich bald, daß den Germanen ein geregeltes Gemeinschaftsleben nicht unbekannt war. Die Familie war streng patriarchalisch geordnet, wobei aber der Ehefrau im Rahmen der ihr im Haus und auf dem Acker zustehenden Aufgaben eine gewisse Gleichberechtigung eingeräumt wurde. Diese erhob sie vor allem in Not und Kriegsgefahr zu einer Gefährtin des Mannes. Entsprechend dem monogamischen Charakter der Ehe war zwar beiden Partnern der Ehebruch verboten, er wurde jedoch nur bei der Frau streng bestraft, beim Mann war er sehr häufig. Die natürliche Arbeitsteilung verwies den Mann auf den Bau von Haus und Stall, auf die Jagd und auf den Kampf in Verteidigung und Angriff, die Frau auf die Feld- und Gartenbestellung, Erziehung der Kinder und Betreuung der Haustiere Schwein, Rind, Ziege, Schaf und Hund. Pferde waren wesentlich seltener, als bisher angenommen wurde. Das Rind wurde auch als Zugtier benutzt. Die Lebensweise des Germanen setzte den festen Wohnsitz voraus. Nur dann, wenn die Weideplätze, die allen gleicherweise gehörten, den Ansprüchen der Bewohner einer Siedlung nicht mehr genügten, entschlossen sich diese (bestehend aus etwa 100 bis maximal 500 Angehörigen), den Ort zu wechseln und nach neuen, besseren Siedlungs- und Nahrungsräumen zu ziehen. In der neueren Forschung wird der Sippe nur noch wenig Bedeutung zugeschrieben. Sie war im wesentlichen eine Rechts- und Schutzgemeinschaft. Die Siedlungen bestanden aus Kleinfamilien, deren Äcker, Haus und Vieh Privateigentum waren, das bei Erbfall geteilt wurde. Die Masse der Bevölkerung dürften die Freien gebildet haben, die das Recht hatten, Waffen zu tragen und am Thing teilzunehmen Unter ihnen und von ihnen abhängig standen die Freigelassenen — wohl unterworfene Fremde mit eingeschränkten Rechten oder abhängig gewordene Freie — und die Sklaven, die nicht nur als Haussklaven, sondern auch als Bewirtschafter größerer Güter verwendet wurden. Es dürfte ziemlich sicher sein, daß es einen Geblütsadel gab, der das Thing beherrschte und von dem bei den Ostgermanen der König und bei den Westgermanen der Herzog gestellt wurde. Als Anführer im Krieg wurde er gewählt.

Daß eine sozial führende Herrenschicht bestanden hat, für die unfreie oder minderfreie Bauern die Güter bewirtschafteten und Handwerker Schmuck und Keramik herstellten, beweisen vor allem Ausgrabungen germanischer Siedlungen und die unterschiedlichen Grabbeigaben. Die germanische Verfassung war also nicht demokratisch, sondern aristokratisch.

Dieser aristokratischen Verfassungsstruktur entspricht auch das Gefolgschaftswesen. Einem Adligen, der sich im Kriege durch besondere Leistungen ausgezeichnet hatte oder als Grundherr auf seinem Herrenhof über genügend Unterkünfte verfügte, schlossen sich häufig jüngere Männer als Gefolgsleute an. Der Gefolgsherr ging mit seiner Gefolgschaft ein inniges gegenseitiges Treueverhältnis ein. Diese aus den Urzeiten überkommene Bindung an eine überragende Persönlichkeit, der Personenverband, ersetzte auch noch in späteren Jahrhunderten die Bindung an die abstrakte Idee des Staates, wie sie etwa im Mittelmeerraum von Rom geprägt war.

Die persönliche Freiheit an einen äußeren Feind zu verlieren, galt dem Germanen im höchsten Maße als schimpflich. Deshalb kämpfte er im Kriege bis zum Tode, selbst die Frauen opferten lieber ihr Leben, als daß sie sich zu Sklaven machen ließen. Unter Stammesgenossen aber setzte der Germane nicht selten seine Freiheit und die seiner Familie ein, wenn ihn beim Würfeln die Spielleidenschaft gepackt hatte. Der letzte Wurf entschied dann über sein ferneres Leben. Als Unfreier diente er willig einem freien Mann; zwar wie jeder Kriegsgefangene ohne das Recht des Freien, Waffen zu tragen und am Thing teilzunehmen, jedoch fern von jeder sklavischen Unterwürfigkeit. Seine menschliche Würde wurde nur selten verletzt. Allerdings stand auf Tötung eines Unfreien keine Strafe.

Das religiöse Leben des Germanen wurde im wesentlichen von einem einfachen Naturmythus bestimmt. Die ganze Natur wurde als von überirdischen und übermenschlichen Wesen beseelt gedacht: Wasser, Quell, Bach und Fluß, Berg, Baum und Pflanze, Luft, Wind und Sturm waren entweder Äußerungen der dem Menschen gewogenen göttlichen Gewalten oder der ihm feindlichen überirdischen Kräfte und Mächte. Diesen Auffassungen entsprechend gab es keinen besonderen Ort für die Verehrung des Göttlichen, kein besonderes Bild, keine Plastik, in die das Göttliche gebannt wurde. Selbst die Benennung bestimmter göttlicher Kräfte mit Götternamen meinte mehr eine ganz bestimmte göttliche Eigenschaft als eine ins Göttliche gehobene menschliche Person.

Die erhabensten künstlerischen Äußerungen der antiken Kulturwelt des Mittelmeerraumes waren den religiösen Auffassungen entsprungen, die Ägypter, Griechen oder Römer vom Wesen des Göttlichen oder vom Leben nach dem Tode entwickelt hatten. Obschon die Germanen mit diesen Völkern die Ehrfurcht vor dem Göttlichen gemein hatten und den Glauben an ein Fortleben nach dem Tode teilten, haben sie nie eine so faßbar-konkrete Vorstellung von einer Götterhierarchie oder von dem Ort, der die Seele der Abgeschiedenen erwarte, gehabt, wie sie den Südländern größtenteils eigen war. Gebet, Opfer und religiöse Verehrung vollzogen sich entweder in der Familie durch den Vater oder in einem heiligen Hain durch einen Mann oder mehr noch durch eine Frau, von denen man glaubte, daß sie eine besondere Beziehung zum Göttlichen hätten. Deswegen waren den Germanen Heiligtümer und Götterbilder aus Stein oder Holz unbekannt. Die Toten wurden entweder unter Grabhügeln aus aufgeworfener Erde oder unter Verwendung riesiger Findlingsblöcke bestattet. Zahlreiche Grabbeigaben in Gold oder Bronze, die ihnen als Werkzeuge des täglichen Bedarfs (z. B. Schwert, Schild oder Dolch, Hals- und Armschmuck) beigegeben wurden, zeugen aber noch heute von der künstlerischen Fähigkeit oder handwerklichen Fertigkeit der Menschen jener Zeit. Besonders Schwertknauf und Dolch, Hals- und Armschmuck sowie Gürtelschließe geben durch ihre reiche Ziselierung einen Hinweis auf die künstlerische Phantasie der Germanen. Sie beweisen zugleich, daß ihnen der Umgang mit dem Metall ebenso selbstverständlich war wie den großen Kulturvölkern des Mittelmeerraumes.

Die Rheingrenze, die die Römer ihrem Reich im Nordwesten bestimmt hatten, erwies sich bald infolge der häufigen Grenzverletzungen durch die Germanen als wenig gesichert. Deswegen beschloß der bedeutende erste römische Kaiser Augustus (31 v. d. Z. — 14 n. d. Z.), das römische Reich nach Norden und Osten zu erweitern und die Germanen nach ihrer Unterwerfung mit in den römischen Reichsverband einzubeziehen. Die Elbe sollte römische Reichsgrenze werden. In der Tat gelang es den Römern noch vor der Zeitenwende, ihr Reich nördlich bis zur Donaulinie vorzuschieben. Von den beiden großen Standlagern Moguntiacum (das spätere Mainz) und Castra Vetera (das spätere Xanten) am linken Rheinufer drangen die Römer ostwärts in Germanien ein und erreichten 9 v. d. Z. die Elbe. Eine römische Flotte umsegelte das Kap Skagen im Norden Europas, ein römisches Heer bezog auf germanischem Boden Winterquartiere. Germanische Adlige leisteten in römischen Heeren Dienst. Aber nicht alle Germanen waren bereit, die kriegerische Entscheidung als endgültig anzusehen. Bald nach Christi Geburt kam es zu einer geheimen Verschwörung gegen die Römer und schließlich zum offenen Aufstand unter der Leitung eines Stammesprinzen mit Namen Armin. Im späten Herbst des Jahres 9 n. d. Z. gelang es diesem, die Römer in einem dreitägigen Kampf im Teutoburger Wald zu schlagen und ihre Heere zu vernichten. Diese Schlacht hatte eine völlige Umstellung der Politik Roms gegenüber Germanien zur Folge. Augustus entschloß sich, das römische Weltreich im Norden und Nordosten auf die

Rhein-Donau-Grenze zurückzunehmen und sich auf eine Verteidigung dieser Grenze zu beschränken. Wie recht er gehabt hatte, bewies der Feldzug des Germanicus unter seinem Nachfolger Tiberius von 14—16 n. d. Z., der an dem Widerstand der Germanen scheiterte. Von nun an blieb Germanien in Europa als selbständige Macht neben dem römischen Weltreich bestehen, obschon es im Innern noch nicht zu einer staatlichen Ordnung gelangte und die einzelnen Stämme blutige Kämpfe um die Vorherrschaft ausfochten. Unter ihnen waren zeitweise die Chatten (Hessen) die bei weitem bedeutendsten. Gegen sie als den ständigen Unruheherd an der Rheingrenze wandte sich der römische Kaiser Domitian (81—96) und besiegte sie. Zur Sicherung der Grenze ließ er zwischen Rhein und Donau die Grenzlinie des Limes anlegen. Sie ging rechtsrheinisch vom heutigen Rheinbrohl aus, stieß unter Einbeziehung des Taunus auf den Main, folgte dem Flußlauf bis etwa Miltenberg und führte südwärts in einer Doppelbefestigung einerseits an den Neckar heran und andererseits bis zum heutigen Lorch. Von hier aus erreichte sie ostwärts bei Eining den Oberlauf der Donau. Dieses umfangreiche Befestigungssystem, das größenteils von Menschenhand errichtet werden mußte, wurde erst unter dem römischen Kaiser Hadrian (117—138) vollendet. Zahlreiche bedeutende Legionslager, aus denen sich später Städte entwickelten (z. B. Mainz, Koblenz, Augsburg, Regensburg) bewiesen, wie groß Rom die germanische Gefahr einschätzte. Im gesicherten Hinterland erblühte eine römische Stadtkultur, deren Zentrum Trier wurde, das zeitweise eine der Hauptstädte des römischen Weltreichs war. Mit seinen zahlreichen Baudenkmälern (das bedeutendste: die Porta Nigra) gibt es noch heute Zeugnis von seiner römischen Vergangenheit. Mosel- und Rheingebiet wurden der römischen Kultur und Wirtschaft erschlossen. Zum erstenmal wurde Germanien mit der Weinrebe bekannt, die an den Ufern von Mosel und Rhein eine dauernde Heimstätte fand.

Innerhalb des Limes-Gebietes entwickelte sich zwischen dem römischen Weltreich und dem freien Germanien ein ausgedehnter Handel, dessen Träger häufig Juden waren. Sie hatten nach ihrer Vertreibung aus Palästina auch in diesem Teil des römischen Reiches eine neue Heimat und Aufgabe gefunden. Deswegen waren noch bis weit in die jüngste Zeit hinein jüdische Siedlungen in den linksrheinischen oder ehemals römischen rechtsrheinischen Gebieten zahlreicher als im übrigen Deutschland. Jedoch führten selbst enge Handelsbeziehungen mit den Römern nicht zu einer wesentlichen Änderung der germanischen Lebensauffassungen oder der germanischen Sozialstruktur. Die Bewohner des freien

Germanien hielten an ihren überkommenen Sitten und Gebräuchen fest und blieben ein Bauernvolk.

Innerhalb des nordöstlichen germanischen Siedlungsraums um die Ostsee waren aber schon seit der Zeitenwende einzelne größere Stämme in Bewegung geraten und hatten — wahrscheinlich wegen Übervölkerung — ihre ursprünglichen Siedlungsgebiete in südlicher Richtung verlassen. Die Hauptmasse dieser Wanderer wurde zunächst in den weiten Räumen Südosteuropas, teilweise mit Billigung der römischen Machthaber, wieder seßhaft. Die meisten germanischen Stämme blieben von dieser Bewegung unberührt. In die leeren Räume um die Ostsee und in den Oder-Weichsel-Gebieten drangen slawische Stämme ein. Im Westen unternahmen zwar einzelne germanische Stämme Vorstöße ins römische Reichsgebiet, doch gelang es den Römern im allgemeinen, diese aufzufangen und die Germanen als Bundesgenossen entweder in ihre Heere einzureihen oder sie auf den großen Latifundien als Bauern anzusiedeln. Zwar wurde dieses langsame Einsickern germanischer Soldaten und Siedler dem römischen Reich nicht unmittelbar gefährlich. Als aber unter dem Ansturm größerer germanischer Stammesverbände die Grenzen des römischen Reiches endgültig zusammenbrachen, erwiesen sich gerade diese Germanen als die besten Schrittmacher für den Übergang der römischen Herrschaft über Europa in die germanische, denn sie waren mit römischer Militär-, Verwaltungs- und Wirtschaftstradition bereits vertraut.

Erster Aufbruch zu selbständiger Staatsgestaltung

Der entscheidende Anstoß zur selbständigen Staatsgestaltung war der Einbruch der Hunnen, eines asiatischen Reitervolkes, in Europa (375). Vor ihnen wichen zunächst die im südöstlichen Europa (Südrußland und nördlichem Balkan) siedelnden germanischen Stämme aus, drangen ins weströmische Reich ein und gründeten auf romanischem Reichsboden (Italien, Gallien, Spanien und Nordafrika) germanische Staaten. Die Hauptstadt des weströmischen Reiches wurde von Rom nach Ravenna verlegt. Die meisten westgermanischen Stämme wurden von den Hunnen unterworfen, deren Reich sich zu Beginn des 5. Jahrhunderts vom Ural bis zum Rhein ausdehnte und für kurze Zeit in einem freundschaftlichen Verhältnis zu dem damaligen bedeutenden römischen Reichsfeldherrn Aëtius stand. Dieser hatte mit großem Erfolg die römische Provinz Gallien gegen jene germanischen Stämme verteidigt, die den Rhein überschritten. Als jedoch die Hunnen 451 in Gallien eindrangen, wurden sie zwar noch im gleichen Jahr von Aëtius besiegt, aber dieser

Sieg bedeutete auch die Befreiung der Germanen von der hunnischen Herrschaft. Deswegen führte er keineswegs zu einer Verminderung des Druckes, den germanische Stämme auf das weströmische Reich und seine Grenzen ausübten. Ihre dauernden Einfälle ins weströmische Reichsgebiet zerrütteten in der 2. Hälfte des 5. Jahrhunderts das Gefüge des weströmischen Reiches. An seine Spitze trat ein von germanischen Soldaten zum Kaiser ausgerufener germanischer Feldherr.

Während der Zeit der hunnischen Herrschaft über Germanien rechts des Rheins hatten sich fränkische Stämme, die das Gebiet um Niederrhein, Mosel und Maas bewohnten, zu einer Völkerschaft zusammengeschlossen. An der Spitze jedes Stammes standen „Gaukönige", unter denen das Geschlecht der Merowinger besonders hervorragte. Diese hatten um die Mitte des 5. Jahrhunderts Gallien bis zur Somme erobert.

481 wurde ein junger Mann, der eben sechzehnjährige Chlodwig, König der Franken. Sein Ziel war höher gesteckt als das der übrigen germanischen Eroberer, die bisher in das römische Reichsgebiet eingedrungen waren. Ihm ging es nicht allein um Befriedigung des Landhungers seiner fränkischen Mitstreiter, sondern um die Errichtung eines Staates, der in seiner Ausdehnung und in seiner Struktur den übrigen schon bestehenden Staaten auf dem Territorium des ehemaligen weströmischen Reiches ebenbürtig, wenn nicht überlegen sein sollte. Während aber fast alle übrigen germanischen Stämme ihre Eroberungszüge losgelöst von ihrem ursprünglichen Siedlungsraum unternahmen und dadurch den Zusammenhang mit ihrem Stammlande verloren, erhielt Chlodwig die Verbindung zur Heimat auch dann aufrecht, als er tief in das römische Reich eingedrungen war. Diese Tatsache trug entscheidend zu der inneren Festigung des sich bildenden merowingisch-fränkischen Staates bei.

Gleich zu Beginn seiner Herrschaft gelang es Chlodwig, die letzte noch selbständige römische Provinz auf gallischem Boden, ein Gebiet zwischen Somme und Loire, den Römern zu entreißen und seiner Herrschaft zu unterstellen. Dieser Erfolg brachte ihn in die unmittelbare Nachbarschaft jener germanischen Herrschaftsgebiete auf gallisch-römischem Boden, die z. T. mit Einverständnis Roms entstanden waren: die der Westgoten und Burgunder. Das Reich der Westgoten im südwestlichen Gallien erlag seinem Zugriff, während das südöstliche Burgund erst unter seinen Nachfolgern mit dem Frankenreich vereinigt wurde. Links des Oberrheins mußte der dort siedelnde Teilstamm der Alemannen seine Herrschaft anerkennen.

Die Eroberung des ehemals römischen Gallien hatte Chlodwig und seine fränkischen Bauernkrieger mit römischer Zivilisation, römischer

Staatsverwaltung und Wirtschaft und dem neuen Glauben des Christentums in Verbindung gebracht. Jedoch war dieser durchaus nicht einheitlich. Während die ursprünglich römische Bevölkerung des ehemaligen weströmischen Reiches sich zu den Glaubensauffassungen bekannte, die in Rom, dem Sitz des kirchlichen Oberhauptes, des Papstes, in Lehre und Kirchenordnung ihren Mittelpunkt sah, hatten sich die meisten germanischen Eroberer den von Rom verworfenen Ansichten eines Presbyters aus Alexandria, Arius, angeschlossen. Dieser hatte sich durch seine Lehre, daß Jesus Christus nicht Gott wesensgleich sei, der allgemein anerkannten Auffassung entgegengestellt. Im Gegensatz zu allen übrigen Germanen nahm Chlodwig die römische Glaubensform an und ließ sich mit 3000 Franken von einem römischen Bischof taufen. Damit vermied er nicht nur den Glaubensgegensatz zu seinen römisch-katholischen Untertanen, der in den meisten übrigen germanischen Staaten auf römischem Boden bestand. Er legte durch diesen Schritt auch die religiöse Entwicklung West- und Mitteleuropas und somit des späteren Deutschland auf Jahrhunderte im Sinne des Katholizismus und des römischen Kulturerbes fest. Zwar nahmen die Franken nur zögernd den neuen Glauben an, und die Zugehörigkeit Chlodwigs und seiner Nachfolger zur christlichen Kirche bedeutete keineswegs, daß christliche Moral und Sitte hinfort das politische Wirken und Trachten dieser Männer bestimmt hätte — eher müßte man vom Gegenteil sprechen. Aber die römische Kirche besaß in ihrer straffen Organisation und in ihren mönchischen Orden ein wirksames Mittel, im Laufe der nächsten drei Jahrhunderte den christlichen Glauben bei den meisten germanischen Stämmen weitgehend durchzusetzen.

Von einer ähnlich weittragenden Bedeutung war die Übernahme gewisser römischer Verwaltungsformen und gewisser Teile der römischen Sozialstruktur durch das fränkische Königtum. Während ursprünglich die einzelnen „Gaukönige“ der fränkischen Stämme Chlodwig gegenüber gleichberechtigt waren, gelang es diesem, die „Gaukönige“ durch hinterhältigen oder offenen Mord auszuschalten. Er gliederte sich ihre Machtbereiche an und errichtete ein absolutes Königtum nach römischem Vorbild, dessen Macht infolge der Größe des Reiches auch durch die Volksversammlung nicht eingeschränkt werden konnte. Diese wurde ersetzt durch die Gefolgschaft des Königs, aus der die königlichen Beamten und Heerführer entnommen wurden.

An die Spitze der unterworfenen germanischen Stämme setzte der König von ihm abhängige Herzöge (duces). Oberster Gerichtsherr war allein der König, in dessen Namen die Richter im Volksgericht ihr Urteil sprachen. Dessen Vollstreckung oblag dem vom König eingesetzten

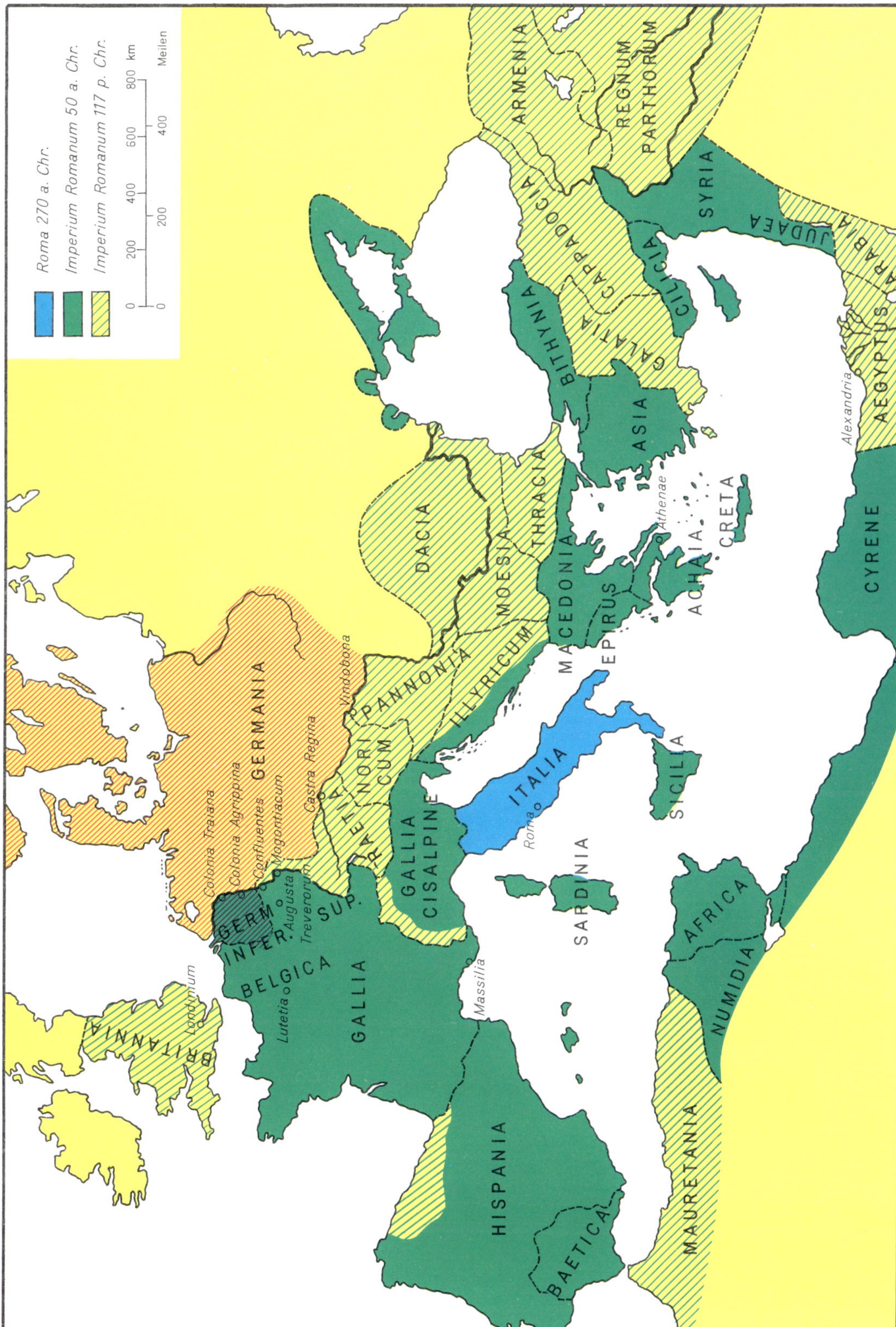

Imperium Romanum

Grafen (comites). Das Königsgericht stand über der Gerichtsversammlung, wie sie ursprünglich im Thing bestanden hatte. Solange die römische Geldwirtschaft noch fortbestand, erhielt der König seine Einkünfte aus den Zoll-, Markt- und Zunftabgaben, den sog. regalia. Mit dem Aufkommen der Naturalwirtschaft waren auch die späteren Merowinger mehr und mehr auf die Einkünfte aus den großen königlichen Domänen angewiesen.

Die Angehörigen der königlichen Gefolgschaft wurden für ihre, dem König geleisteten Dienste im allgemeinen durch leihweise Vergabe großer Landgüter entlohnt. Ein solches Gut nannte man Lehen (eigentlich das Geliehene). Beim Tode des Lehnsträgers fiel das Lehen an den König zurück. Starb dieser selbst, so mußte sein Nachfolger dem Lehnsträger das Lehen erneut bestätigen. Auch die römischen Latifundien-(Groß-grund-)besitzer ließen sich, soweit sie vor dem fränkischen Ansturm nicht geflohen waren, ihren Besitz vom König als Lehen bestätigen. Zusammen mit den fränkischen Lehnsträgern entwickelte sich aus ihnen im Laufe des 6.—8. Jahrhunderts ein neuer Adel. Für den vom König abhängigen Lehnsadel mit abgestuften Rechten und Pflichten wurde der Dienst im Heer ein besonderes Vorrecht. (Feudalsystem von feudum = das Lehen.)

Besonders verdienten Grundherren sicherten die Nachfolger Chlodwigs nach römischem Vorbild für ihre Güter die sog. Immunität (von lat. immunis = frei von öffentlichen Abgaben) zu. In einem solchen Falle lag auch das Gerichtswesen beim Grundherrn, soweit es die von ihm Beschäftigten und auf seinem Grund Lebenden betraf.

Schon relativ früh machten der König oder große Grundherren der Kirche Schenkungen aus Landbesitz oder errichteten auf ihren Gütern Kirchen oder Klöster. Die Einsetzung der Geistlichen oder die Ernennung der Klostervorsteher (Äbte) war dann Sache des Schenkenden. Zudem hatten Kirchen und Klöster dem Grundherrn Abgaben (den sog. Zehnten) zu leisten.

Das freie Bauerntum verlor immer mehr an Bedeutung, da es den Pflichten, die auf ihm lasteten, nicht nachzukommen vermochte. Der Waffendienst im Kriege und der Besuch der Volksversammlungen machten eine geregelte Feldbestellung unmöglich. Deswegen gaben viele Bauern ihre Freiheit auf und begaben sich mit ihrem Besitz vom 9. Jahrhundert an in die Abhängigkeit eines Grundherrn. Sie tauschten ihre persönliche Freiheit gegen wirtschaftliche Sicherheit für sich und ihre Familien aus und sanken zur Hörigkeit ab. Damit aber war die ursprüngliche germanische Sozialstruktur des freien Bauernkriegertums aufgehoben.

Nach fränkischem Brauch wurde das Erbe beim Tode des Königs gleichmäßig unter den Söhnen aufgeteilt. Chlodwigs vier Söhne setzten zunächst gemeinsam die Eroberungspolitik ihres Vaters fort, erhielten so die Idee der Einheit des Reiches. Ein Enkel des Staatsgründers gab diesem um die Mitte des 6. Jahrhunderts sogar eine Ausdehnung, die vom Atlantischen Ozean bis zur Saale und zum Böhmerwald, vom Mittelmeer bis zur Nordsee reichte. Aber allzubald zerfiel die Kraft des merowingischen Königshauses durch Bruderzwist und Erbstreitigkeiten, die den Aufstieg des Adels zur herrschenden Stellung innerhalb des Reiches begünstigten. Die nichtfränkischen germanischen Stämme entzogen sich immer mehr der fränkischen Oberhoheit.

Die zunehmende Schwäche der Königsgewalt zwang den Adel, auch außenpolitische Aufgaben zu übernehmen. Zu Beginn des 8. Jahrhunderts war es den mohammedanischen Arabern gelungen, Spanien zu erobern und in einem unerhörten Siegeszug bis in das Herz des fränkischen Gallien vorzustoßen. Damit war dem eben christianisierten Teil Europas zum erstenmal die Frage nach seiner zukünftigen religiösen und kulturellen Entwicklung gestellt. Entweder wurde diese weiterhin aus dem Geist des Christentums, das im römischen Katholizismus wesentliche Teile der antiken Tradition mitaufgenomemn hatte, gestaltet oder vom Islam, der zwar in seinen religiösen Anschauungen auch von Juden- und Christentum beeinflußt war, kulturell aber damals das antike Kulturerbe noch nicht übernommen hatte. Die Entscheidung darüber lag nicht mehr in der Hand der fränkischen Könige, sondern bei jenen Hofadligen der verschiedenen Reichsteile, die als Verwalter des königlichen Hauses oder der königlichen Güter eine bedeutende Macht gewonnen hatten. Unter ihnen erfreute sich das moselfränkische, nicht romanisierte Geschlecht der Karolinger eines ganz besonderen Ansehens. Schon gegen Ende des 7. Jahrhunderts hatte es mit Zustimmung des Reichsadels die Aufgabe der Verwaltung des ganzen Reiches übernommen, ohne dabei die nominelle Regierung des fränkischen Königshauses anzutasten. Aber die Könige waren nur Schatten ihrer selbst. Deshalb knüpft sich auch der weltgeschichtlich bedeutsame Sieg der Franken über die Araber auf dem Schlachtfeld zwischen Tours und Poitiers 732 an den Namen Karl Martells, der als königlicher Verwalter die Abwehr der arabischen Bedrohung vorbereitet und mit seinen von ihm aufgestellten Reiterheeren den Sieg erfochten hat. Die Araber zogen sich aus Gallien nach Spanien zurück und bauten hier ihre europäische Machtstellung für Jahrhunderte aus.

Das Gewicht des Sieges von Tours und Poitiers wirkte sich schon für die allgemeine Anerkennung Karl Martells als unbestrittenen ersten Mann im Frankenreich aus. Zukunftentscheidend für die innere Verfassung des Landes wurde aber sein Sohn Pippin. Dieser ließ sich anstelle der fränkischen Scheinkönige von der Reichsversammlung zum König erheben.

Schon vorher hatte er eine enge Beziehung zum damalig bedeutendsten Bischof der fränkischen Landeskirche, Bonifatius, geknüpft. Dieser große Missionar und Apostel der germanischen Stämme rechts des Rheins hatte von Anfang seiner Missionstätigkeit an eine feste organisatorische Verbindung der neuen und der schon im germanischen Raum bestehenden Bistümer mit dem Haupt der katholischen Kirche in Rom erstrebt und verwirklicht. Formell bestand trotz der Erhebung Pippins zum König das alte fränkische Königtum weiter fort. Deshalb bedurfte Pippins Königtum einer Legitimierung durch eine vom ganzen Volk anerkannte Autorität, die wirksamer war als jene der Abstammung aus altem königlichen Geschlecht. Nach Lage der Dinge kam dafür nur eine Autorität in Frage: der Papst in Rom, Nachfolger des von allen christlichen Germanen hoch verehrten Apostelfürsten Simon Petrus, der gemäß der Überlieferung als erster Bischof Roms in dieser Stadt wahrscheinlich den Märtyrertod erlitten hatte. Zwar war Rom der Herrschaft des oströmischen Kaisers in Byzanz unterstellt und die politische Stellung des Papstes als patricius Romanorum (Schutzherr der Römer) durchaus zwielichtig. Als solcher konnte er politische Maßnahmen nur als Beauftragter des oströmischen Kaisers in Byzanz treffen. Aber die tatsächliche Lage räumte dem Papst als Verteidiger der ehemaligen römischen Hauptstadt gegen den bedrängenden Ansturm germanischer Langobarden eine äußerst wichtige Stellung ein. Byzanz war nicht in der Lage, in Italien seine militärische Aufgabe der Verteidigung Roms und der Halbinsel wahrzunehmen. Der Norden war bereits fest in der Hand der Langobarden, deren Könige immer erfolgreicher bestrebt waren, ihren Machtbereich nach Süden vorzuschieben. Das Papsttum selbst, militärisch schwach, mußte sich nach einem Bundesgenossen umsehen, der Rom und sein Hinterland besser verteidigen konnte als die Byzantiner.

In dieser Situation fragte Pippin den obersten Herrn der Christenheit, ob es gut sei oder nicht, daß im Frankenlande diejenigen Könige seien, die keine Macht hätten. Die Antwort des Papstes war, es sei besser, daß jene Könige seien, die die Macht besäßen. Bonifatius selbst vollzog im Auftrag des Papstes und mit Zustimmung der Großen Salbung und Krönung Pippins. Der Mangel nichtköniglicher Geburt wurde durch die Autorität des Papstes und durch den kirchlichen Akt der Krönung ausgeglichen (751).

Die Eroberung Ravennas, der damaligen Hauptstadt des noch bestehenden weströmischen Reichsteils, machte die Langobarden-Gefahr auch für Rom so brennend, daß der regierende Papst sich entschloß, die Franken, die entscheidende militärische Macht des Abendlandes, um Hilfe zu bitten. Zum erstenmal in der Geschichte des Papsttums überschritt im Herbst des Jahres 753 der damalige Bischof von Rom die Alpen, um durch einen persönlichen Appell an die Franken deren Abneigung gegen einen Krieg gegen ihre christlichen Stammesverwandten, die Langobarden, zu überwinden. Pippin nahm den Papst in den Königsschutz auf. Eine Reichsversammlung beschloß Ostern 754 einen Feldzug gegen die Langobarden. Die Franken erklärten sich bereit, im Falle eines Sieges die den Langobarden entrissenen Gebiete an die Römer zurückzugeben. Der Papst krönte Pippin und seine Söhne Karl und Karlmann in St. Denis. Aus der Hand des obersten Kirchenfürsten empfingen so jene, die nicht als Könige geboren waren, Krone und Weihe. Die Stadt Rom, Regierungssitz des Papstes und Herrschaftsbereich des oströmischen Kaisers in Byzanz, unterstellte der gleiche Papst Pippin als Schutzherrn (patricius).

In zwei Feldzügen besiegten die Franken die Langobarden. Im zweiten Frieden von Pavia erzwangen sie die Abtretung der langobardischen Erorberungen im nördlichen Mittelitalien. Das Gebiet um Ravenna und Rom schenkte Pippin dem „heiligen Petrus und der Kirche". Der römische Bischof, bisher nur geistlicher Oberhirte der abendländischen Christenheit, wurde nun auch weltlicher Herrscher, dessen Herrschaftsbereich jedoch vorerst noch von der Hilfe weltlicher Mächte des Abendlandes abhängig war. Mit der Begründung des sog. Kirchenstaates durch Pippin begann jene eigentümliche europäische Entwicklung, die für fast 800 Jahre von der Auseinandersetzung zwischen geistlich-päpstlicher und weltlich-kaiserlicher Macht bestimmt wurde.

Zweites Kapitel

ERNEUERUNG RÖMISCHER KAISERHERRSCHAFT IM FRÄNKISCH-GERMANISCHEN RAUM

Karl der Große

Pippin starb 768. Der Übergang der königlichen Herrschaft auf seine beiden Söhne Karl und Karlmann vollzog sich reibungslos. Die gemeinsame Herrschaft der beiden Brüder dauerte nur drei Jahre, weil Karlmann starb. Seine Witwe begab sich zu den Langobarden und versuchte, mit ihrer Hilfe die angestammten Rechte ihrer Söhne wiederzuerlangen, die Karl ihnen entzogen hatte. Bei den erneut ausbrechenden Streitigkeiten zwischen den beiden germanischen Stämmen der Franken und Langobarden war das Papsttum nicht unmittelbar beteiligt, stand aber innerlich auf seiten der Franken, weil es in den Langobarden seine gefährlichsten Widersacher erblickte und auf eine Vergrößerung seines weltlichen Besitzes hoffte. Der Feldzug Karls verlief überaus erfolgreich. Der langobardische König mußte auf seine Krone verzichten und sie dem Sieger überlassen, der sich fortan „König der Franken und Langobarden und Patricius der Römer" nannte. Zwar wurde das Langobardenreich nicht dem Frankenreich einverleibt, es blieb ein Königreich für sich, aber als selbständige Macht verschwanden die Langobarden für immer aus der Geschichte (774). Der Kirchenstaat wurde entgegen den Erwartungen des Papstes nur unwesentlich vergrößert.

Mit dem Kampf gegen die Langobarden hatte sich Karl auf die Bahn der Eroberungspolitik begeben, die für rund dreißig Jahre seine Regierung kennzeichnete. Ihr Ziel war zunächst Sicherung und Erweiterung des fränkischen Staates unter dem Gesichtspunkt einer Zusammenfassung aller germanischen Stämme Mitteleuropas. Dabei stieß Karl auf zwei bedeutende Gegner: im Süden auf die islamischen Mauren, die unter dem Kalifen von Cordova die spanische Halbinsel und ihre germanisch-romanische christliche Bevölkerung beherrschten, im Nordosten auf den germanischen Stamm der Sachsen, der trotz aller Missionsversuche im ererbten Heidentum verharrte. Die Feldzüge gegen das spanische Kalifat verliefen im wesentlichen ergebnislos. Nur ein nordöstlicher Zipfel der iberischen Halbinsel stand als Spanische Mark unter fränkischer Oberhoheit und somit außerhalb des islamischen Herrschafts- und Kulturbereichs.

Die Kämpfe gegen die Sachsen waren deshalb so besonders schwierig, weil die Franken auf einen militärisch gleichwertigen Gegner stießen, der in der Verteidigung seines Heimatbodens zugleich seine Unabhängigkeit von einer erbittert abgelehnten fremden Religion und Sozialverfassung zu wahren suchte. Im Verlaufe dieser Kämpfe, die erst 804 zum siegreichen Abschluß gebracht werden konnten, entwickelte sich bei Karl eine für das ganze Mittelalter wesentlich gewordene Auffassung von den Aufgaben eines christlichen Herrschers. Sie fand ihre Begründung in einem der bedeutendsten Werke des spätantiken Kirchenlehrers und Bischofs von Hippo in Nordafrika, Augustinus. Er hatte versucht, die geschichtlichen Veränderungen, die sich durch die Eroberung des weströmischen Reiches durch germanische Stämme ergeben hatten, von der christlichen Heilslehre her zu deuten. Nach ihm gibt es zwei Reiche: die Bürgergemeinde Gottes (lat. civitas Dei, deshalb der Titel seines Werkes „De civitate Dei"), die aus allen jenen Menschen besteht, die ihren Glauben in der Liebe bewähren, und die Gemeinde des Teufels (civitas diaboli), die Gottesfeinde. Nur Gott weiß, zu welchem Bereich der einzelne gehört. Sehr bald aber schon deutete man die Auffassungen des Augustinus um und sah in der Gemeinschaft der christlich Getauften den „Gottesstaat" auf Erden verwirklicht, während alle Ungetauften und Andersgläubigen diesem als „Staat des Teufels" feindlich gegenüberständen. Die Geschichte der Menschheit ist gemäß dieser Deutung der Ideen des Augustinus ein dauernder Kampf zwischen den „Kindern des Lichts", den zum ewigen Heil Erwählten, und den „Kindern der Finsternis", den zur ewigen Verdammnis Bestimmten. Höchste Aufgabe des christlichen Herrschers ist demnach die Ausbreitung und Verwirklichung des Gottesstaates auf Erden, dessen religiöses Zentrum Rom als Sitz des obersten christlichen Hirten, des Papstes, sei. In dieser Sicht der Geschichte, die auch Karl übernahm, waren Kriege gegen Heiden und ihre Unterwerfung unter einen christlichen Herrscher Erfüllung eines göttlichen Auftrages, denn sie dienten der Ausbreitung des „Gottesstaates", wenn die Unterworfenen sich zum Christentum bekehrten. Deshalb bildete auch den Abschluß der Kriege gegen die Sachsen die feste Einfügung dieses germanischen Stammes in den fränkischen Herrschafts- und Glaubensbereich. Jedoch wurde das zunächst aufgezwungene Christentum von den Sachsen sehr bald auch innerlich bejaht. Bedeutende Klöster, deren Angehörige fast ausschließlich Sachsen waren, wurden Zentren christlicher Religiosität und römisch-fränkischer Kultur. Die kirchliche Organisation des Landes in Bistümer und Pfarreien konnte sich schon kurz nach dem Ende der Kriege auf stammesangehörige Priester und Bischöfe stützen. Diese waren zugleich neben dem Stammesadel die treuesten Diener des fränkischen Königs Karl.

Von den bereits christlich gewordenen Stämmen des fränkischen Reiches hatten sich schon unter Pippins Regierungszeit die Bayern aus dem Staatsverbande gelöst und ein eigenes Herzogtum wiederbegründet. Dadurch war nach der Vernichtung der langobardischen Selbständigkeit und der Verbindung dieses Königreiches mit dem fränkischen der so wichtige Brennerpaß in feindlicher Hand. Als der Herzog der Bayern Karls Aufforderung, sein Herzogtum wieder fränkischer Oberhoheit zu unterstellen, nicht nachkam, schritt Karl kriegerisch gegen ihn ein und löste das bayerische Herzogtum auf. Die neugebildeten Grafschaften kamen unter fränkische Verwaltung.

Nach rund dreißigjähriger Regierungszeit war das karolingische Reich in seinem Ausdehnungsdrang bis an die Grenzen des zu jener Zeit Möglichen gelangt. Meere, Flüsse und Gebirge sicherten das Erreichte, waren aber zugleich auch natürliche Barrieren gegen weitere Expansion (im Norden: Nordsee und gegenüber den Dänen die Eider; im Osten: die Elbe und Enns gegenüber den Slawen; im Süden entlang den Grenzen des Kirchenstaates der süditalienische Machtbereich des oströmischen Byzanz und entlang der Ebro-Pyrenäenlinie der islamische Machtbereich der Mauren; im Westen: der Atlantische Ozean). Die noch unsicheren Nord- und Ostgrenzen wurden durch militärisch starke, von zuverlässigen Grafen verwaltete Marken gegen Übergriffe heidnischer Stämme abgesichert. Die übrigen Landesteile ließ der König durch fränkische Grafen verwalten, die gleichzeitig in seinem Namen das Richteramt ausübten, um so das Wiedererstarken der mit den ursprünglichen Stämmen verbundenen stammesherzoglichen Gewalten zu verhindern.

Sowohl hinsichtlich seiner Ausdehnung wie seiner Verwaltung stellte Karls Reich den ersten großangelegten Versuch dar, Germanen und Romanen in einem von christlicher Staatsauffassung und christlicher Religion bestimmten Reich zu einer festen Einheit miteinander zu verbinden. Obschon er selbst germanischer Abstammung war und sich eines germanischen Dialekts als seiner Muttersprache bediente, liebte er das Latein als Sprache der Bildung, einer höheren Kultur und seiner christlichen Religion, wie sie ihm aus Liturgie und Bibel vertraut war. In der Regierung seines Reiches knüpfte er an jene römische Tradition an, die die Franken im ehemals römischen Gallien übernommen hatten, ohne dabei aber bestimmte germanische Vorstellungen aufzugeben. Diese fanden besonders in der Gerichtsverfassung, in der politischen Bedeutung, die dem freien Bauerntum eingeräumt wurde, und in dem persönlichen Treueverhältnis, das den Herrscher mit seinen freien Untertanen verband, ihren Niederschlag. Gerade durch die Art, wie es ihm zu gelingen schien, das Gegensätzliche harmonisch miteinander zu verbinden, wurde er zum vielbewunderten und nachahmenswerten Vorbild für manchen mittelalterlichen Herrscher. Dabei wurde allerdings allzu oft übersehen, daß die vielfältigen Spannungen, die die Geschichte des Mittelalters und damit ganz wesentlich die Geschichte der Deutschen während dieser Zeit und darüber hinaus bestimmten, auf Karl und die von ihm in der Wiederbegründung des römischen Kaisertums verwirklichte Reichsidee zurückgehen.

Freilich bleibt nicht ganz geklärt, ob Karl die Kaiserwürde angestrebt hat, die ihm Papst Leo III. durch seine Krönung in der Weihnachtsmesse des Jahres 800 verlieh. Seine langwierigen Bemühungen, vom byzantinischen Kaiser als gleichberechtigt anerkannt zu werden, sprechen dafür, daß er das von ihm geschaffene Reich durchaus als eine legale Fortsetzung des ehemaligen weströmischen Imperiums ansah, dessen Herrscher auf den Titel eines Kaisers (imperator) Anspruch habe. Daß er die Krone nicht aus der Hand des Papstes entgegennehmen wollte, ist gewiß. Seinen Sohn Ludwig veranlaßte er 813, sich selbst zum Kaiser zu krönen. Zweifellos wollte er dadurch sinnfällig machen, daß er seine Herrschergewalt wie die seiner Nachkommen nicht dem Papst, sondern eigener Kraft verdanke. Umgekehrt stellte das Papsttum durch die Krönung die Abhängigkeit der weltlichen Gewalt von der geistlichen eindeutig heraus — im bewußten Gegensatz zu Byzanz, wo die christliche Kirche durch ihre Unterordnung unter den kaiserlichen Willen fast völlig mit dem byzantinischen Staat verschmolzen war.

Schon die Zeitgenossen haben Karl in Anerkennung seiner Leistung im Aufbau und in der Organisation seines Reiches den Ehrentitel „der Große“ gegeben. Auch die Geschichte hat ihm später diesen Titel nicht bestritten, obschon das nach ihm benannte „karolingische Reich“ seinen Tod um kaum 30 Jahre überlebte. Aber ähnlich dem Großreich Alexanders des Großen entwickelten sich auch aus dem karolingischen Erbe Staaten, die, obschon sie ihrer Ausdehnung und inneren Gestaltung nach nur noch sehr wenig mit der ursprünglichen Schöpfung gemein hatten, dennoch das Erbe Karls weder aufgeben konnten noch wollten. Dieses bestand in der engen Verbindung von christlich-römischem Glauben, antik-römischer Kultur und christlichem Staatsethos. Insofern betrachteten sich Deutsche wie Franzosen bei aller Verschiedenheit ihres geschichtlichen Weges und der ihnen und ihrer sich langsam entwickelnden Eigenstaatlichkeit gesetzten Aufgaben als legitime Fortsetzer des karo-

Abb. 1
Porta Nigra, Trier

Abb. 2 Thron Karls
d. Gr., Aachen

◁ Abb. 3 Pfalzkapelle Karls d. Gr., Aachen

Abb. 4 Lotharkreuz

Abb. 5 Elfenbein-Buchdeckel um 870

lingischen Reiches und der mit ihm verbundenen karolingischen Reichsidee. Das Bewußtsein ihrer völkischen Besonderheit erwuchs ihnen aber erst aus den Stürmen, die sich aus der Auflösung des Reiches Karls des Großen und den Bedrohungen der eigenen Existenz durch den Einbruch feindlicher Völker in den Raum des ehemaligen karolingischen Großreiches im 9. Jahrhundert entwickelten.

Die Auflösung des karolingischen Reiches

Karls einziger Erbe und Nachfolger war Ludwig der Fromme, im Gegensatz zu seinem Vater ein äußerst schwacher Herrscher, dem es nicht einmal gelang, innerhalb seiner eigenen Familie seine Autorität zu wahren. Noch zu seinen Lebzeiten stritten seine drei Söhne um sein Erbe, das nach fränkischem Brauch unter ihnen geteilt werden sollte. Nach seinem Tode einigten sich die drei Enkel Karls des Großen auf je ein Drittel des Reiches. Das Mittelreich nahm nach seinem Herrscher, Lothar, den Namen Lotharingien, Lothringen, an, während der westliche und östliche Reichsteil lange Zeit als West- und Ostfranken bezeichnet wurde. Da aber das lothringische Herrschergeschlecht bald ausstarb, erfolgten zwei weitere Teilungen: 870 zu Meerssen und 880 zu Ribémont. Lothringen kam zum größten Teil an das Ostreich. Burgund und Oberitalien, ursprünglich Teile des Mittelreiches, machten sich selbständig. Die Grenzen zwischen West- und Ostfranken fielen fast mit der Sprachgrenze, die schon bald nach dem Tode Karls des Großen West- und Ostfranken voneinander schied, zusammen.

Damit war ein neuer, wesentlicher Faktor in den Beziehungen zwischen den einst in einem Reich vereinigten Stämmen aufgetreten, der bisher keine Bedeutung gehabt hatte: die Sprache. Zum erstenmal wurde das den Angehörigen der Völker diesseits und jenseits von Rhein und Mosel bewußt, als sie im Jahre 842 zu Straßburg als Soldaten der Söhne Ludwigs einander Treue schwören sollten. So mußten die „Straßburger Eide" in zwei Fassungen abgefaßt werden, in althochdeutscher und altfranzösischer Sprache, damit sie von den Angehörigen beider Heere verstanden würden. Die späteren Teilungen, ursprünglich Ergebnis rein dynastischer Politik, machten diese durch die Verschiedenheit der Sprache vollzogene Sonderung in Deutsche und Franzosen noch sinnfälliger und zukunftbestimmender.

Die Übernahme der Sprache der Gallier und Römer durch die im ehemaligen Gallien siedelnden Franken und andere germanische Stämme —

eine Sprache, die sich durch Wandlung des Lateinischen zum Altfranzösischen entwickelte — war wohl die wesentlichste Erbschaft, die die römische Antike den neuen Bewohnern dieser ehemaligen Provinz Roms übergab. Weil aber jene germanischen Stämme, die das östliche Gallien und das nördliche Mosel- und Maastal besiedelten, mit ihren Stammesverwandten rechts des Rheins an ihren angestammten germanischen Dialekten festhielten, sonderten sich die Sprachen derart, daß die ehemals einem Stamm angehörenden Menschen einander nicht mehr verstanden. Im Unterschied zu der damals überall in Kirche und gelehrten Kreisen gebräuchlichen lateinischen Sprache bezeichneten die an ihren germanischen Dialekten festhaltenden Stämme ihre Sprache als diutisk = volkstümlich. Aus diesem diutisk hat sich über viele Wandlungen im Laufe der Jahrhunderte das Wort deutsch entwickelt, und was ursprünglich nur eine Bezeichnung für ein besonderes Idiom war, wurde der Name für ein Volk, für die Deutschen.

Neben den Reichsteilungen und der sprachlichen Sonderung in Franzosen und Deutsche waren die zahlreichen kriegerischen Verwicklungen, in die das ehemalige Reich Karls des Großen im Laufe des 9. Jahrhunderts verstrickt wurde, der dritte Faktor, der zur dauernden Auflösung des Reiches beitrug und neue Reichsgestaltungen vorbereitete. Die nordgermanischen Normannen bedrohten West- und Ostfranken gleicherweise, während sich die Züge der Ungarn vornehmlich gegen Ostfranken allein richteten. Schon die kriegerische Taktik beider Völker, die nicht in geschlossenen Verbänden angriffen, sondern Einzelvorstöße an den verschiedensten Stellen als Raub- und Plünderungszüge mit vorher festgelegtem schnellen Rückzug bevorzugten, machte eine gemeinsame Verteidigung mit dem Ziel der Vernichtung des Gegners unter Umständen auch durch Verfolgung bis in seine Ausgangsstellungen hinein fast unmöglich. Entscheidender aber war die Schwäche der königlichen Gewalt überhaupt. Während des ganzen 9. Jahrhunderts ist es weder den königlichen Erben des west- noch des ostfränkischen Reichsteiles je gelungen, die Sicherheit ihrer Untertanen vor dem äußeren Feind mit Dauererfolg zu gewährleisten.

Drittes Kapitel

DAS REICH DER DEUTSCHEN

Königtum und Stämme

In dieser Bedrängnis bildeten sich jene Gewalten wieder, die Karl der Große zerschlagen und gemäß seiner Vorstellung von einem zentralistisch regierten Großreich durch dem König allein verpflichtete Grafen ersetzt hatte: die Stammesherzöge. Mit Zustimmung ihrer Stammesangehörigen nahmen sie jetzt jene Aufgaben wahr, die eigentlich die des Königs waren. Damit aber festigte sich erneut der Stammesverband in einer Weise, die es den Herzögen gestattete, selbst der königlichen Gewalt zu trotzen, wenn sie es im Eigeninteresse oder mit Rücksicht auf ihre Untertanen für nötig erachteten. Das aber mußte zur Auflösung der noch bestehenden west- und ostfränkischen Teilstaaten in einzelne Stammesstaaten führen, wenn das Königtum sich gegen die Herzöge nicht mehr zu behaupten vermochte. Für den ostfränkischen Teilstaat bestand diese Gefahr unter Konrad I. (911—918), den die Stämme nach Aussterben der ostfränkischen Karolinger als Herzog der Franken wegen der Verwandtschaft seiner Gattin mit dem karolingischen Hause zum König gewählt hatten. Er war also der erste deutsche König. Da er aber die königliche Zentralgewalt gegenüber den Herzögen zu stärken trachtete, widersetzten sich ihm die Herzöge von Sachsen, Bayern und Schwaben. Das lothringische Herzogtum hatte sich von vornherein dem westfränkischen König in Paris unterstellt. Obgleich die Herzöge durch die Wahl eines Königs bewiesen hatten, daß sie die Einheit des ostfränkischen Staates bejahten, blieb in ihrem Verhalten gegenüber den zentralistischen Ansprüchen des Königs ungeklärt, wie sich königliche und herzogliche Forderungen miteinander versöhnen ließen. Konrad scheiterte innen- wie außenpolitisch. Aber er erkannte auch die Gefahren für das noch ungefestigte Staatsgebilde und suchte sie dadurch zu bannen, daß er sterbend die königlichen Insignien dem stärksten Vertreter stammesherzoglicher Interessen, dem Sachsenherzog Heinrich, übergeben ließ und ihm die Nachfolge im königlichen Amt antrug. Heinrich (919—936) nahm das Angebot an und wurde so nicht nur der erste König, der das Ostreich aus jeder geblütsmäßigen Bindung an das ehemalige Karolingerreich löste, sondern stellte den Staat auch auf eine neue Grundlage. Der Gegensatz von königlicher und stammesherzoglicher Gewalt sollte der Zusammenarbeit von Königtum und Herzogtum weichen. Heinrich betrachtete sich in seiner königlichen Würde als Erster unter Gleichen, lehnte auch Salbung und Krönung durch den Erzbischof von Mainz ab und bemühte sich, durch geduldige und kluge Verhandlungen das Einverständnis derjenigen Stammesherzöge zu gewinnen, die seiner Wahl nicht zugestimmt hatten. Der Herzog von Bayern, der bereits von seinen Stammesangehörigen zum „König der Deutschen" gewählt worden war, wurde durch diplomatische Verhandlungen und Einräumung von Sonderrechten für das bayerische Herzogtum zu einer ehrenvollen Unterwerfung veranlaßt. Schwaben erkannte Heinrich schon bald nach der Wahl an. Der Wiederangliederung Lothringens an Ostfranken im Jahre 925 gingen diplomatische und militärische Aktionen voraus. Zum erstenmal in ihrer Geschichte standen Westfranken und Ostfranken, Franzosen und Deutsche, kämpfend einander gegenüber. Der westfränkische König weigerte sich überdies, Heinrich als König der Ostfranken anzuerkennen. Aber die militärische und diplomatische Überlegenheit des Herzogs von Sachsen erwies sich als stärker. Neben der Unterordnung Lothringens unter die ostfränkische Königsgewalt erreichte Heinrich die Anerkennung seines Königtums durch den westfränkischen Herrscher in Paris.

Das damalige Herzogtum Lothringen war gebietsmäßig wesentlich größer als das spätere französische Lothringen (Lorraine). Es umfaßte Teile der heutigen Niederlande und Belgiens, das linke Rheinland außer dem Elsaß, das zum Herzogtum Schwaben gehörte, und erstreckte sich im Süden bis in das Quellgebiet der Mosel. Burgund blieb weiterhin selbständig.

Abgesehen von Landstrichen im Westen gehörte Lothringen dem germanischen Sprachbereich an. Im Norden siedelten Friesen, im Maas-, Mosel- und westlichen Rheingebiet vorwiegend Franken, die ihre ursprünglichen Dialekte trotz ihrer französischen Nachbarschaft beibehalten hatten. Insofern standen sie dem sich bildenden deutschen Sprachbereich näher. Kulturell waren sie den Bewohnern östlich des Rheins überlegen. Ihre schon damals wichtigen städtischen Siedlungen wie etwa Köln und Trier leiteten ihren Ursprung von den Römern her. Antike Tradition war teilweise noch lebendig, das Christentum hatte tiefere Wurzeln gefaßt, Bauerntum und Wirtschaft waren weiter entwickelt. Die Erwerbung Lothringens war für den ostfränkischen Staat ein kultureller Gewinn.

Die Einfügung Lothringens in den ostfränkischen Staatsverband legte für Jahrhunderte die Westgrenzen Deutschlands gegenüber Westfranken fest. (Offen blieb allein die Frage, wozu Burgund und Norditalien — ebenfalls „Nachfolgestaaten" des karolingischen Reiches — gehören sollten.) Heinrichs Bemühungen um die Anerkennung seiner Königsherrschaft durch die Stammesherzöge war damit abgeschlossen und auch insofern von geschichtlicher Bedeutung, als sie die besondere Struktur des fränkischen Ostreichs erneut eindringlich betonte. Im Gegensatz zum zentralistisch gerichteten Königtum der Karolinger beruhte die Herrschaft Heinrichs auf dem Zusammenschluß gleichberechtigter Stämme, deren Herzöge einen Teil ihrer Gewalt an den Ersten unter ihnen, der König genannt wurde, abgetreten hatten. Deutschland stand also vom Beginn seiner eigenständigen Geschichte an unter der Spannung, die sich aus dem Mit- oder Gegeneinander von Königs- und Territorialgewalt ergeben mußte. Seinen typischen Ausdruck fand dieses Spannungsverhältnis vor allem darin, daß Deutschland für Jahrhunderte keine von allen anerkannte Hauptstadt hatte. Die Königsgewalt war an die Person des Herrschers gebunden und überall dort wirksam, wo es diesem gelang, sich gegenüber den Territorialgewalten durchzusetzen. Sie war nicht in erster Linie institutionell, sondern personal. Ihre Macht und Bedeutung war zwar entscheidend von der jeweiligen Herscherpersönlichkeit abhängig, hatte aber auch ihre Grundlage in der kulturellen und wirtschaftlichen Entwicklung, die die Stämme nahmen, und in der Haltung, die diese gegenüber dem Königtum bezogen. Deutschlands politische Stellung im werdenden Europa war, stärker als in den übrigen Staatsgebilden dieses Kontinents, abhängig von der Fähigkeit seiner Herrscher, die Vielfalt der kulturellen, wirtschaftlichen und politischen Lebensäußerungen und Bestrebungen seiner Stämme und Landschaften jeweils auf ein von allen bejahtes und alle verbindendes Ziel zu richten, ohne dabei die Stammeseigentümlichkeiten an ihrer Entfaltung zu hindern.

Deswegen entzieht sich „der Deutsche" von seinen Ursprüngen her einer allgemein verbindlichen Festlegung. Soweit er an der gemeinsamen Entwicklung teilhatte, bestehen gewisse typische Merkmale, soweit er sich dieser aus Gründen der Überbetonung seiner Stammeseigenarten, der geographischen oder politischen Bedingungen versagte, überwiegt trotz gemeinsamer Sprache das Eigentümliche. Um dieses in seiner Bedeutung für den Ablauf der Geschichte der Deutschen bis in unsere Tage zu erkennen, ist ein kurzer Blick auf die Stämme, die zu Beginn des 10. Jahrhunderts den ostfränkischen Teil des ehemaligen karolingischen Reiches zum Reich der Deutschen entwickelten, auf ihre geographischen Räume und ihre schon geprägte Gestalt unerläßlich.

Das Herzogtum Bayern beherrschte die Donaustraße und den Brennerpaß und besaß in dem späteren Österreich eine Mark. Mit dem Nordgau grenzte es im Norden an die Thüringer Mark und Franken, im Westen an den Lech. Im Süden gehörten zu Bayern um Etsch und Eisack Meran, Bozen und Brixen. Im Osten stieß es teilweise bis gegen die Enns vor.

Das spätere Stammesgebiet der Bayern war schon um die Zeitenwende unter römische Herrschaft geraten und bildete nach der Aufgabe der Eroberungspläne durch die Römer die nördliche Grenzfeste des römischen Weltreiches. An der Donau entlang entstanden zahlreiche befestigte Plätze, die sich zu Städten entwickelten und im Verlauf der Christianisierung des Landes Bischofssitze wurden (Augsburg, Regensburg, Passau). Im Zuge der Völkerwanderung besiedelten die Bajuwaren — von Böhmen kommend — den Raum, aus dem sich die Kelten z. T. in abgelegene Gebirgstäler zurückzogen. Schon früh übernahmen die Bayern das Christentum und eine staatliche Ordnung. Ihre Einfügung in das merowingisch-fränkisch-karolingische Herrschaftssystem bedeutete kaum eine Aufgabe ihrer selbständigen Entwicklung, die sich durch großen Stolz auf ihre Stammeseigentümlichkeiten auszeichnete und mit Erfolg jedem Versuch widerstand, sich assimilieren zu lassen. Der Bayer ist in seinem Denken und Handeln konservativ-bäuerlich. Seine enge Verbindung mit seiner heimatlichen Natur bindet ihn an Boden und Brauchtum, sein lebhaftes Temperament neigt zu elementaren Ausbrüchen, verführt ihn jedoch nur selten zu Abenteuerlust und Drang in die Fremde. Dem Nichtstammesangehörigen begegnet er gern mit einem gewissen Gefühl eigener Überlegenheit. Sein Stolz auf seine alte Kulturtradition hat sich bis heute erhalten.

In Schwaben oder Alemannien (östlich vom Lech begrenzt) lag das eigentliche Stammesgebiet um Bodensee, Rauhe Alb und Schwarzwald, während das Elsaß im Westen und Rätien im Süden eine Sonderstellung einnahmen. Rätien und Churwalchen umfaßten das Gebiet des oberen Rhein, dazu das Glarner Land und das Engadin, dessen Bevölkerung meist rätoromanisch war. Hier beherrschte Schwaben die Bündner Pässe.

Auch das Stammesgebiet der Schwaben oder Alemannen stand lange unter römischer Herrschaft und wurde erst im Zuge der Völkerwanderung von diesen besiedelt, geriet jedoch schon unter Chlodwig unter fränkische Herrschaft. Das Christentum wurde durch irische Mönche vermittelt. Im Verfall des merowingisch-fränkischen Reiches bildete sich ein Herzogtum, das von Karl dem Großen wieder vernichtet wurde. Die ursprüngliche Einheit des Stammes ging sehr bald infolge der politischen Zersplitterung des karolingischen Reiches verloren, trotzdem blieben gewisse hervorstechende Eigenschaften des Stammes erhalten. Mit einem betonten Individualismus verbindet der Alemanne oder Schwabe einerseits einen starken Hang zur philosophischen Erklärung oder dichterischen Verklärung der Welt, andererseits einen ausgesprochenen Sinn für das Nüchtern-Praktische. Während die Bewohner des Gebirges mehr zur Verschlossenheit neigen und konservativ-bewahrend sind, öffnen sich jene der Ebene und der anmutigen Mittelgebirge dem Fremden und übernehmen schnell, was ihnen gemäß zu sein scheint. Eine enge Verbundenheit mit der angestammten Heimat läßt sie gern aus der Fremde in diese zurückkehren, so daß sich die Homogenität von Stamm und Landschaft über Jahrhunderte erhalten hat.

Das Herzogtum Franken war das Land um Main und Mittelrhein. Es zerfiel in zwei Teile. Rheinfranken mit Hessen umschloß von Kassel im Norden bis Weißenburg im Süden Teile des heutigen Württemberg und Baden und die Rheinpfalz. Die Grenze verlief dann weiter rechtsrheinisch über Andernach hinaus und wandte sich nordostwärts nach Westfalen zu.

Ostfranken lag um den oberen und mittleren Main, wo der Name Franken noch heute besteht.

Der Stamm der Franken setzte sich aus mehreren Völkerschaften zusammen, die ihre Wohnsitze schon bald nach dem Zusammenbruch des römischen Weltreiches über weite Gebiete der ehemaligen römischen Westprovinzen (Gallien) ausdehnten und hier staatsbildend wurden. Gleichzeitig wurden sie die frühesten und tätigsten Vermittler christlicher und antiker Kultureinflüsse. Die rechtsrheinischen Bewohner erhielten das Christentum vor allem durch angelsächsische Mönche (Bonifatius) und schufen früh eine feste kirchliche Organisation (Fulda, Mainz). Die Franken sind ein aufgeschlossener, heiterer, geistig-beweglicher und allem Neuen leicht zugänglicher Menschenschlag.

Das Herzogtum Sachsen, zu dem Holstein und Thüringen gehörten (seit 908), war im Osten begrenzt von Elbe und Saale, reichte aber mit den vorgeschobenen Marken bis an die Oder. Im Süden und Westen waren Franken und Lothringen seine unmittelbaren Nachbarn. Im Nordwesten grenzte der Sachsenstamm an das Gebiet der Friesen.

Schon seit seinem Eintritt in die Geschichte (etwa im 2. Jahrhundert n. Chr.) bewohnte der Stamm der Sachsen dieses Gebiet. Er nahm an der Völkerwanderung nicht teil, wenn man die Vorstöße gegen die britischen Inseln und die Besiedlung Südenglands durch Angelsachsen außer Betracht läßt (4./5. Jahrhundert). Zu Beginn der karolingischen

Eroberungskriege hatte er sich über die nordwestliche deutsche Tiefebene ausgebreitet und besaß eine gewisse staatliche Ordnung. Dem Christentum setzten die Sachsen einen scharfen Widerstand entgegen. Das starre Festhalten am überkommenen und durch lange Geschlechterreihe geheiligten Alten enthüllt einen hervorstechenden Zug ihres Wesens. Wird jedoch einmal das Tradierte aufgegeben, weil sich das Neue in nüchtern-sachlicher Beurteilung als das Bessere erweist, steht man zu diesem mit der gleichen Zähigkeit. Deshalb hatte auch das Christentum innerhalb der deutschen Stämme hier schon sehr bald seine aufrichtigsten Bekenner und mutigsten Verfechter. Ein ausgesprochener Hang zum Individualismus hat sich stets mit einer starken staatsbildenden und Kultur gestaltenden Kraft verbunden. Die Freude am Abenteuer entspringt mehr dem Wagemut als der schweifenden Phantasie und ist meist auf ein bestimmtes Ziel gerichtet, das häufig vom persönlichen materiellen Vorteil bestimmt wird. Der mehr geistig Gerichtete verliert sich leicht im spekulativen Denken und neigt im künstlerischen Schaffen zu einer bizarren Phantastik. So vereinigen die Sachsen in sich starke Gegensätzlichkeiten, die in der deutschen Geschichte des öfteren eine positive oder negative Rolle gespielt haben.

Heinrichs Politik, die deutschen Stämme zur Anerkennung seiner Stellung als Erster unter Gleichen zu bringen, verfolgte auch außenpolitische Ziele. Seit Jahrzehnten konnte die Ungarn-Gefahr nicht gebannt werden. 924 erkaufte sich Heinrich von den Ungarn einen neunjährigen Waffenstillstand, den er zur Ausrüstung eines schlagkräftigen Reiterheeres benutzte. 933 gelang es ihm mit Hilfe bayerischer Truppen, die Ungarn zum erstenmal zu besiegen und dadurch die Berechtigung seines Königtums zu erweisen. Ein Jahr später wurde im Kampf gegen die Dänen die spätere Mark Schleswig dem deutschen König untertan.

Heinrich sah die Aufgabe des Königtums in engen Grenzen. Weil er sie voll erfüllte, legte er den Grund zu dem Aufstieg seines Hauses unter seinem Sohn Otto dem Großen (936—973).

Römisches Kaisertum — Erbe und Auftrag

Heinrich hatte den Stammesherzögen seinen Sohn zur Wahl empfohlen. Nach seinem Tode erfolgte diese einstimmig. Dieser Vorgang bewies, daß das Königtum als notwendige Klammer des jungen Staates wie das Erbrecht des ältesten Sohnes allgemeine Anerkennung gefunden hatten. Das Recht der Herzöge, den König zu wählen, wurde aber als ebenso wesentlich angesehen. Otto war sich der Bedeutung

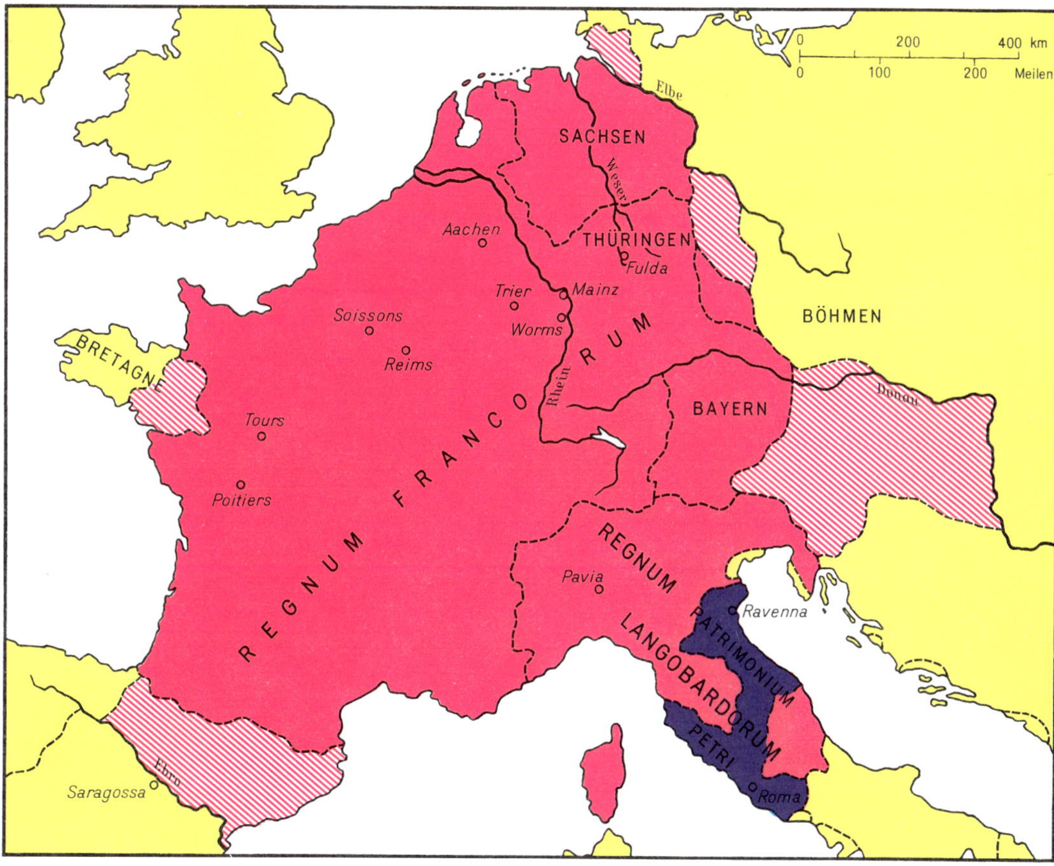

Das Frankenreich unter Karl d. Großen (768—814)

843

Westfränkisches Reich

Reich Lothars

Ostfränkisches Reich

870

Westfränkisches Reich

Ostfränkisches Reich

0 200 400 600 km

0 200 400 Meilen

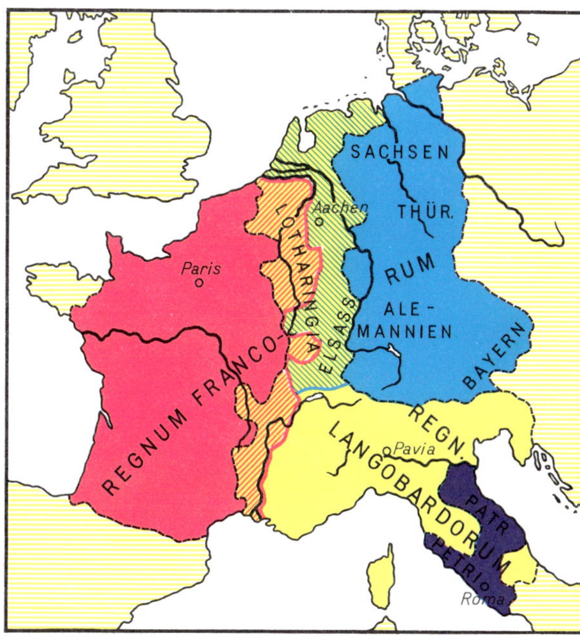

Die Reichsteilung nach dem Vertrag von Verdun (843) und die Aufteilung Lothringens (870)

der Herzöge wohl bewußt, suchte aber von vornherein seiner Herrscherwürde eine von ihnen unabhängigere Grundlage zu geben, indem er an die Tradition Karls des Großen anknüpfte. Unter großem Aufwand ließ er sich in Aachen auf dem Thron Karls des Großen und in dem von ihm erbauten Münster zum König krönen. Nach mittelalterlich-christlicher Auffassung gaben Weihe und Salbung durch einen Bischof dem König eine dem Priestertum verwandte Sonderstellung, machten ihn der Gnade Gottes in bevorzugter Weise teilhaftig und befähigten ihn so, sein schweres Amt zum Wohle seiner Untertanen und der Kirche als christlicher Herrscher zu verwalten. Entsprechend dieser religiösen Auffassung haben sich Otto und seine Nachfolger als Beauftragte Gottes empfunden. Aus solchen Vorstellungen mußte sich aber auch eine andere Haltung des Königs zu den Stammesherzögen ergeben. Schon beim Krönungsmahl wies Otto den Herzögen die Stellung bevorrechtigter königlicher Diener zu, indem er ihnen Aufgaben stellte, die denen der altgermanischen Hofämter ähnlich waren. Sein Ziel war, die Herzogsgewalt in ein vom König verliehenes und dem König und seiner Herrschaft dienendes Amt umzuwandeln. Doch diesen Absichten Ottos begegneten die Herzöge mit Aufständen, an denen sich auch Mitglieder der königlichen Familie beteiligten. Zwar gelang es Otto, alle Aufstände niederzuwerfen, aber er mußte erkennen, daß die Stammesgewalten ihre und ihrer Stämme Interessen stets über die des werdenden Reiches stellen würden und nicht bereit waren, sich der königlichen Gewalt bedingungslos zu beugen. Der Dualismus von Königsgewalt und Herzogsgewalt schien sich nicht zu bewähren.

In dieser für die Einheit des Reiches entscheidenden Stunde suchte Otto eine neue Stütze seiner Herrschaft und fand sie in der Kirche. Von jeher hatte diese aus religiösen und politisch-organisatorischen Gründen eine starke weltliche Zentralgewalt für wünschenswert gehalten. Papsttum und Kirchenstaat bedurften zu ihrem Schutze eines weltlichen Armes; Bischöfe und Äbte konnten ihre religiösen und kulturellen Aufgaben dann am besten erfüllen, wenn der Friede gesichert war. Zudem fielen Bistums- und Klosterbereiche nur selten mit den Stammesgebieten zusammen. Je mächtiger die Zentralgewalt war, um so sicherer konnte die Kirche ihre vielfältigen Aufgaben wahrnehmen. Umgekehrt hatte sich die weltliche Gewalt immer wieder der Geistlichkeit bedienen müssen, denn diese war in jenen Zeiten der einzige Stand, dem man ohne eine höhere Bildung und Kenntnis der lateinischen Sprache nicht angehören konnte. Schon Ottos Vater hatte deshalb dem Mainzer Erzbischof das Amt des Kanzlers übertragen. Die Ausfertigung aller Urkunden lag in den Händen von Geistlichen, die in der königlichen Kapelle als Hofbeamte weltliche wie geistliche Aufgaben erfüllten. Es handelte sich dabei zumeist um die nachgeborenen Söhne hoher Adliger aller deutschen Stämme. Aus ihnen wählte der König von nun an, wenn ein Sitz frei geworden war, Bischöfe und Äbte, übertrug ihnen weltliche Aufgaben bis hin zum ritterlichen Dienst im königlichen Aufgebot und Stellung von Soldaten aus ihren Kirchensprengeln und belohnte sie für treue Dienste mit reichen Lehen aus königlichem Gut. Zwar wurde die Wahl der Kirchenfürsten durch Klerus und Volk beibehalten, aber weil der königliche Wille von der Kirche gern erfüllt wurde, war diese nur noch eine Formsache. Otto suchte nur würdige Männer für die hohen Ämter aus, so daß die Kirche in der neuen Regelung eher einen Vorteil erblickte. Da der hohe Klerus zur Ehelosigkeit verpflichtet war, konnten die königlichen Lehen nicht vererbt werden, sondern mußten nach dem Tode der Lehensträger vom König erneut vergeben werden. So konnte er die Einsetzung in die mit den Lehen verbundenen Ämter entsprechend seinen und des Reiches Interessen vornehmen. Als Zeichen ihrer Befugnisse trugen die hohen Geistlichen einen Stab. Wie der Papst in Rom, so waren auch die geistlichen Fürsten in Deutschland zugleich weltliche Machthaber. Die Auswahl von Kirchenfürsten und ihre Einsetzung durch den König unter dem Gesichtspunkt ihrer Verwendung und ihres Nutzens für die königliche Politik kennzeichnet die ottonische Reichskirchenpolitik. So wurde die hohe Geistlichkeit ein Ersatz für ein Beamtentum, zu dem die Herzöge und Grafen seit der Verquickung von Lehen und Amt nicht mehr bereit waren. Sie stellte von nun an dem König das höchste Aufgebot und trug auch die Lasten des Unterhalts für den umherziehenden Hof.

Trotz ihrer Niederlage unter Heinrich I. (933) hatten die Ungarn nicht aufgehört, Raubzüge vor allem gegen den Süden des Reiches durchzuführen. 955 waren sie mit großem Aufgebot bis nach Schwaben hinein vorgestoßen. Auf dem Lechfelde stellte sich Otto ihnen an der Spitze eines Heeres entgegen, zu dem alle Stämme ihre Kontingente freiwillig beigesteuert und die geistlichen Fürsten ein hohes Aufgebot gestellt hatten, und schlug sie so vernichtend, daß sie ihre Raubzüge aufgaben und an den Ufern von Donau und Theiss als Bauern seßhaft wurden.

Wiederum hatte sich die Kraft der Deutschen in der Einheit des Willens bewiesen. Erneut war deutlich geworden, daß nur das Zusammenstehen aller Stämme eine alle bedrohende Gefahr bannen konnte. Aber weithin strahlte auch der Ruhm des Königs, der durch seinen Sieg die Notwendigkeit einer starken Zentralgewalt vor allem Volke, weltlichen wie geistlichen Fürsten, sinnfällig gemacht hatte. Ottos

Ansehen wuchs über die deutschen Grenzen hinaus, und schon die Zeitgenossen gewöhnten sich daran, ihn „den Großen" zu nennen. Die Niederlage der Ungarn auf dem Lechfelde beendete auch die unruhige Epoche der Völkerwanderung in Europa und erschloß dem Christentum römischer Prägung ein neues großes Missionsgebiet. 1001 nahm Stephan, der König der Ungarn, das Christentum an.

Als sächsischer Stammesherzog war Otto stärker als alle andern deutschen Stammesgewalten mit den Problemen der ungefestigten und unbefriedeten Ostgrenze des Reiches in Berührung gekommen. Die natürlichen Bedingungen des norddeutschen Raumes begünstigten feindliche Vorstöße jener slawischen Stämme, die im Zuge der Völkerwanderung ihre Siedlungsgebiete über die Oder hinaus bis an den Mittel- und Unterlauf der Elbe vorgeschoben hatten. Schon zur Zeit Karls des Großen hatte man versucht, durch Anlage starker Marken ein weiteres Vordringen der Slawen zu verhindern. Otto nahm diese Politik wieder auf, machte die Slawen zwischen Elbe und Oder tributpflichtig und sicherte den gewonnenen Raum durch starke Militärstützpunkte. Darüber hinaus versuchte er aber durch Nachahmung seines verehrten Vorbildes Karl und ergriffen von augustinischen Ideen vom „Gottesstaat", die Slawen zum Christentum zu bekehren und für sie eine eigene kirchliche Organisation aufzubauen, deren Mittelpunkt Magdeburg sein sollte. In ähnlicher Weise suchte er Böhmen fest an das Reich zu binden. Er gab diesem Gebiet mit voller Einwilligung seines Herzogs durch die Gründung des Bistums Prag eine eigene kirchliche Mitte, von der aus das Missionswerk nachhaltig betrieben werden sollte. Die Verwirklichung dieser beiden Ziele konnte sich aber nur vor dem Hintergrund jenes geschichtlichen Ereignisses vollziehen, das die Stellung Deutschlands in Europa für Jahrhunderte festlegte und seinen Königen eine Aufgabe stellte, die über jene der Regierung eines noch jungen und in sich ungefestigten Reiches weit hinausging.

Dieses Ereignis lag im Jahre 962. Für Rom und Italien hatte der Zerfall der karolingischen Gesamtmonarchie eine Epoche politischen und moralischen Niedergangs bedeutet, in den auch das Papsttum hineingezogen wurde. In der Geschichte der christlichen Kirche war das 9. und beginnende 10. Jahrhundert die dunkelste Zeit. Schon 951 war Otto zum erstenmal über die Alpen gezogen und hatte sich in Pavia als König von den Langobarden huldigen lassen, ein erstes Zeichen für die Wiederaufnahme karolingischer Politik in Italien. 960 forderte ihn der Papst auf, ihm Schutz gegen seine Widersacher zu gewähren, und versprach ihm dafür die Kaiserkrone. Anfang 962 zog Otto mit seiner Frau in Rom ein. Am 2. Februar erfolgte die feierliche Krönung durch den Papst. In einem besonderen Pakt bestätigte der neue römische Kaiser die alten Schenkungen und vergrößerte sie durch neue. Das Papsttum verpflichtete sich, vor der Weihe eines erwählten Papstes einen Eid auf die alten Verträge abzulegen. Das bedeutete das Bestätigungsrecht des Papstes durch den Kaiser, der von diesem Recht noch während seines dreijährigen Aufenthaltes in Italien zum Wohle der Kirche Gebrauch machte. Überhaupt war es das Bestreben der deutschen Könige als Kaiser und damit als Schutzherren Roms und der Kirche, das Papsttum jener Zeit durch Einsetzung sittlich hochstehender Männer in seinem Ansehen zu heben und es für die Erfüllung seiner hohen Aufgaben zu stärken. Daß sich eben dieses Papsttum ein Jahrhundert später aus der Abhängigkeit vom Kaiser zu befreien suchte und seinerseits eine Oberhoheit über alle weltlichen Gewalten erstrebte, gehört zu den tragischen Entwicklungen der deutschen Geschichte.

Otto hoffte, für die erneuerte Würde die Zustimmung auch des oströmischen Kaisers in Byzanz zu gewinnen und die Spannungen zwischen Ost- und Westrom durch Heirat seines Sohnes mit einer byzantinischen Prinzessin zu beheben. Der Kaiser von Byzanz war aber wegen der Annahme des Titels „Kaiser der Römer" durch den westlichen Herrscher äußerst gereizt. Ottos Gesandter mußte sich darüber belehren lassen, daß sein Herr kein Kaiser und auch kein Römer, sondern ein einfacher Barbarenkönig sei und von einer Ehe zwischen seinem Sohn und einer kaiserlich-byzantinischen Prinzessin keine Rede sein könne. Schließlich erfolgte dessen Vermählung mit einer entfernten Verwandten des Kaisers, der Griechin Theophano, die aber keine kaiserliche Prinzessin war.

In der Tat bedeutete die Kaiserkrönung keinen äußeren Machtgewinn für den deutschen König. Aber das Kaisertum erhob den Gekrönten über alle Würdenträger des christlichen Abendlandes, weil es ihm in besonderem Maße den Auftrag auferlegte, über alle nationalen Sonderinteressen hinaus das allen Völkern gemeinsame übernational Christliche zu verteidigen und in seinen sichtbaren Institutionen, nämlich Papsttum und Kirche, zu schützen. In diesem Sinne wurde die mittelalterliche kaiserliche, das ganze christliche Abendland umfassende Politik als Erfüllung eines göttlichen Auftrags betrachtet. Dieser besondere Ehrenvorzug wurde zunächst Otto wegen seiner bedeutenden politischen Leistung, später grundsätzlich dem deutschen König zugestanden. Darüber hinaus begründete das Kaisertum die enge Verbindung Deutschlands mit Italien und Rom.

Deshalb bedeutet das Jahr 962 eine entscheidende Wende der deutschen Geschichte. Selbst unter Zugrundelegung sehr strenger Maßstäbe kann nicht bestritten werden, daß von nun an die Politik vieler deutscher Könige von einer übernationalen und überstaatlichen Idee getragen wurde und auf ihre Verwirklichung ausgerichtet war. Die Überzeugung, daß durch die Verchristlichung der Welt und der Menschen das Gottesreich auf Erden Gestalt gewinnen könne, lag vielen politischen Maßnahmen zugrunde, die dem heutigen Betrachter, der gewohnt ist, Politik allein unter dem Gesichtspunkt der egoistischen Machtausweitung zu sehen, zunächst unverständlich erscheinen mögen. Die Gründung des Erzbistums Magdeburg als Zentrum der Slawenmission, ein Lieblingsplan Ottos des Großen, führte zu einer schweren Auseinandersetzung mit dem Kanzler des Reiches, dem Erzbischof von Mainz, der seinen kirchlichen und weltlichen Einflußbereich durch die Abtrennung dieses großen Kirchensprengels gefährdet sah. Otto geriet dadurch gerade mit den geistlichen Fürsten in Konflikte, die er als Gegenkraft gegen die Stammesgewalt zu seinen ersten Gehilfen gemacht hatte. Bereits 30 Jahre später ging sein Enkel, Otto III., noch einen Schritt weiter. Durch die Erhebung Gnesens zum Erzbistum löste er die gesamte Slawenmission aus dem deutschen Kirchenverband, unterstellte ihm die Bistümer Kolberg, Breslau und Krakau und legte damit den Grund zur Bildung einer eigenen polnischen Kirche, die eine der wesentlichsten Stützen des polnischen Staates wurde. Auch die Gründung des Bistums Prag durch Otto den Großen wie die der ungarischen Bistümer durch Otto III. erfolgte unter rein kirchlichen Gesichtspunkten, denn obschon sie, wie im Falle Ungarns, mit deutschen Bischöfen besetzt wurden, unterstellten sie sich nicht der deutschen Reichskirche, sondern unmittelbar dem Papst. Der deutsche Einfluß in diesen Ländern blieb zunächst auf den religiös-kulturellen Bereich beschränkt.

Die Ausweitung des deutschen Machtbereichs über Norditalien und durch die Schutzherrschaft über das Papsttum auch über Rom und den Kirchenstaat mag, wenn man in rein territorialen Vorstellungen denkt, beträchtlich erscheinen. Aber es darf dabei nicht übersehen werden, daß in jenen Jahrhunderten einer reinen Naturalwirtschaft, die den König und seinen Hof von den Naturalabgaben seiner Untertanen oder von den Erträgnissen des Königsgutes abhängig machte, in einer Zeit, in der das Verkehrsnetz nur wenig ausgebildet war, die Erfüllung der Regierungsaufgaben an den Herrscher ungeheure Anforderungen stellte, weil sie im Grunde an seine persönliche Anwesenheit gebunden war. Die Auffassung, daß der Staat von der Person des Herrschers unabhängig sei, war kaum entwickelt. Deshalb folgten die lokalen Gewalten bei Abwesenheit des Königs allzu leicht eigensüchtigen Zielen. Häufige Italien- oder Romzüge aber, die zur Wahrnehmung der Herrschaftsaufgaben notwendig waren, stießen in Deutschland auf Widerstand und mußten durch Konzessionen gegenüber den Stammesgewalten oder den geistlichen Herren erkauft werden, zumal ja auch ein kriegsmäßig ausgerüstetes Gefolge unentbehrlich war. Zwar stärkten die weiten Züge über die Alpen, die Schutzherrschaft über Rom, der Kampf gegen die in Süditalien eindringenden Araber das Selbstbewußtsein der Deutschen, aber ebenso leicht konnte der Preis für diese Ausweitung der Macht als zu hoch erscheinen, wenn Niederlagen oder verheerende Krankheiten (Malaria) ganze Heere hinwegrafften. Meistens wirkten sich solche Schicksalsschläge auch in Deutschland selbst aus. Als Ottos des Großen Sohn, Otto II. (973—983), in Unteritalien von den Arabern geschlagen wurde, erhoben sich Dänen und Slawen gegen die Deutschen, und alle gewonnenen Gebiete gingen bis auf Meißen und Zeitz verloren. Eider, Elbe und untere Saale bildeten wieder die Reichsgrenze. Noch bedrohlicher wurde die Lage Deutschlands unter Otto III. (983—1002), der sich ganz einem mystisch gefärbten, christlichen Weltherrschaftsideal verschrieben hatte. Um das Papsttum von den schädlichen Einflüssen römischer Adelsparteien zu befreien, bestimmte er seinen Vetter Brun zum Papst — den ersten deutschen Papst. Im engsten Zusammenwirken der beiden höchsten Gewalten, Papst und Kaiser, sollte Rom die Hauptstadt des christlichen Erdkreises werden. Dagegen wandte sich aber die stadtrömische Aristokratie in einem von ihr geschürten Volksaufstand. Der Kaiser mußte nach einer vergeblichen Rede an „seine Römer“ die Stadt verlassen. Auch die Deutschen folgten seiner Aufforderung zur Wiedereroberung Roms nur zögernd. Während dieses Unternehmens starb der Kaiser an Malaria.

Das Scheitern des letzten Ottonen bewies, wie sehr seine Politik der realen Lage widersprach. So wesentlich auch immer die hohen Ideen eines unter Kaiser und Papst geeinten christlichen Abendlandes gewesen sein mögen, so waren sie doch nicht stark genug, um sie mit den nationalen Bestrebungen, die sich in Polen, Böhmen und Ungarn regten — vom Westen und Norden Europas ganz zu schweigen — zu einem dauernden friedlichen Ausgleich zu bringen.

Die Erfahrungen der Regierungszeit Ottos III., der unvermählt gestorben war, veranlaßten seinen mehr nüchternen Nachfolger, Heinrich II. (1002—1024), die Politik Deutschlands auf eine neue Grundlage zu stellen. Zwar ließ auch er sich vom Papst zum Kaiser krönen und nahm die deutschen Ansprüche gegenüber den Langobarden, die ihm die königlichen Rechte verweigern wollten, ebenso ernst wie seine Vorgänger, aber er betrachtete die innere und äußere Festigung Deutschlands als seine vordringliche Aufgabe. Gegenüber der Reichskirche verfolgte er die Linie Ottos des Großen. In ihr sah er die wichtigste Stütze seiner Herrschaft, und obschon er alle Bestrebungen unterstützte, die darauf abzielten, Kloster- wie Weltklerus aufs beste für ihre geistig-religiöse Aufgabe vorzubereiten, verzichtete er nicht auf die Einsetzung der Kirchenfürsten in ihr Amt nach seinem eigenen, freien Ermessen, um sie als seine Gehilfen auch in Bereichen zu verwenden, die mit ihrem geistlichen Auftrag im Grunde nur wenig gemein hatten. Da aber auch Heinrich II. nur kirchlich integre Persönlichkeiten mit solchen Ämtern betraute, erhoben die kirchlichen Reformer, deren Zentrum seit Beginn des 10. Jahrhunderts das Kloster Cluny war, noch keinen Widerspruch, obgleich es ihr Ziel war, auch den weltlichen Bereich der Kirche dienstbar zu machen, — d. h. letztlich den König und Kaiser dem Papst zu unterstellen.

Entscheidender war zunächst noch die erste große Auseinandersetzung Deutschlands mit dem östlichen Nachbarn. Aus den westslawischen Stämmen, bäuerlichen Siedlern zwischen Weichsel und Oder, hatte das nichtslawische Fürstengeschlecht der Piasten schon zur Zeit Ottos des Großen die ersten Anfänge eines „Staates" der Polen (d. i. der Feldbewohner) geschaffen, indem es selbst zum römischen Christentum übertrat und sich der kirchlichen Organisation bediente. Die anfänglich enge Zusammenarbeit mit den Ottonen, deren Oberhoheit sich der junge Staat unterstellte, führte zu einer beachtlichen Ausweitung des Herrschaftsgebietes bis zur Ostsee im Norden und über Schlesien im Süden (um 990). Die Übereignung des polnischen Königreiches an den hl. Petrus (d. h. den Papst) erkannte Otto III. bei der Gründung des Erzbistums Gnesen insofern an, als er den polnischen Herzog Boleslaw Chrobry (992—1025) zum römischen patricius, d. h. zu seinem Statthalter ernannte. Polen sollte nicht mehr der Oberhoheit des deutschen Königs unterstehen, sondern gleichberechtigter Teil des römischen Imperiums sein, an dessen Spitze Otto als Kaiser stand. Aber der frühe Tod Ottos III. machte diese Pläne zunichte; die Eroberungszüge Boleslaws, die zur Angliederung Böhmens und großer Gebiete östlich der Elbe führten, die unter deutscher Oberhoheit standen, trieben Heinrich II. in die Defensive und zwangen ihn zu einer kriegerischen Auseinandersetzung, die sich über 15 Jahre erstreckte (1003—1018). Böhmen wurde zwar wieder der Reichshoheit unterstellt und erhielt einen eigenen Herzog, aber die Gebiete östlich der Elbe mußten trotz der langwierigen Kämpfe Boleslaw als deutsches Lehen überlassen werden. Nur die Mark Meißen fiel an Deutschland zurück.

Schon bald nach dem Tode Boleslaws zerbrach allerdings die polnische Machtstellung; die deutschen Lehen wurden wieder dem Reich unterstellt.

Trotz der kriegerischen Auseinandersetzung mit dem polnischen Staat blieb auch Heinrich bemüht, die Slawenmission nach Kräften zu fördern. Aus diesem Grunde errichtete er schon 1012 das Bistum Bamberg, ein Bollwerk christlichen Deutschtums im oberen Maingebiet und Zentrum der Missionstätigkeit unter den Mainslawen. Er stattete es mit einer überaus reichen Bibliothek aus, die neben deutschen zahlreiche französische und italienische Handschriften enthielt und dadurch auch ein geistig-kulturelles Zentrum dieses Raumes wurde.

Anders als sein jugendlicher Vorgänger hatte sich Heinrich ein realistisches Ziel für seine Regierungszeit gesteckt: die Wiederherstellung und innere Festigung des Reiches der Franken, wie Deutschland in den lateinischen Urkunden immer noch genannt wurde. Das ist ihm im vollen Umfange gelungen. Sein kinderloser Tod und der Übergang der Krone vom sächsischen auf das salische oder fränkische Königshaus brachten das Reich nicht in Gefahr. Konrad II. (1024—1039) wurde von den deutschen Herzögen wegen seiner Verwandtschaft mit den Ottonen (er war ein Ururenkel Ottos des Großen) gewählt. Das Geblütsrecht stand noch über dem Wahlrecht.

König- und Kaisertum des sächsischen Hauses ruhten noch ganz in jener unreflektierten Vorstellung seiner Träger, daß alle Herrschergewalt einem unmittelbaren göttlichen Auftrag an die jeweilige Person entspringe, und daß alle Untertanen, ob geistlich oder weltlich, in einer Art mystischer Beziehung zum König-Kaiser stünden wie dieser zu Gott. Reich und Kirche begegneten also im Walten des Herrschers gewissermaßen den großen Regenteneigenschaften Gottes. Diese Auffassung wandelte sich unter dem neuen König entscheidend. Deshalb ist man versucht, Konrad II. als eine Ausnahmeerscheinung unter den mittelalterlichen Herrschern zu betrachten. Für ihn war das Reich eine objektive, in sich selbst ruhende und von der Person des Herrschers unabhängige Einrichtung, der Herrscher wie Beherrschte gleicherweise zu dienen hätten. Als Vertreter der Lombarden die Zerstörung der Kaiserpfalz in Pavia mit dem Tode Heinrichs II. entschuldigten, antwortete Konrad ihnen: „Wenn der König gestorben ist, so bleibt doch das Reich." In diesem Sinne nahm er die Aufgaben seines Amtes wahr. Die Kämpfe, die auch er mit den Herzögen zu bestehen hatte, führten zu einem neuen Versuch, den Zwiespalt Zentralgewalt—Territorialgewalt zu überwinden. Konrad übertrug die Herzogtümer Familienmitgliedern und schuf sich in den Reichsministerialen — in Italien Valvassoren —, ursprünglich

Abb. 6 Bernwardstür, Hildesheim

Abb. 7 St. Georg, Reichenau

Abb. 8 Maria Laach

Abb. 9 Dom zu Speyer

Abb. 10 Dom zu Worms

Abb. 11 Grabplatte,
Magdeburger Dom

unfreien Dienstmannen, die zum Verwaltungs- und Kriegsdienst herangezogen wurden, ein ihm und dem Reich treu ergebenes und bedeutendes Gegengewicht gegen die herzoglichen Gewalten. Für ihre Dienste schützte der König diese unteren Vasallen und verlieh ihnen ihr Lehen zu erblichem Besitz. Der neue Stand, der Kern des niederen Adels, wurde auch weiterhin zu militärischen wie Verwaltungsaufgaben verwandt; viele von ihnen waren des Lesens und Schreibens kundig.

Konrad betrachtete die Reichskirche, in völliger Verkennung ihrer eigentlichen Aufgabe, als ein Organ des Staates, mit dem er nach seinem Ermessen verfuhr. Die Einsetzung in ein geistliches Amt durch den König wurde mehr und mehr davon abhängig, welche Abgaben der zukünftige Kirchenfürst an den König zu leisten bereit war. Was bislang immer die entscheidende Rolle bei jeder Vergabe eines solchen Amtes gespielt hatte, die Würdigkeit des Bewerbers im christlich-religiösen Sinne, trat nunmehr völlig hinter dem finanziellen und politischen Nutzen für den Herrscher zurück. Dabei kann Konrad eine persönliche, wenn auch gewiß sehr konventionelle Frömmigkeit nicht abgesprochen werden. Er förderte Kirchen und Klöster auch dann, wenn in ihnen ein Reform-Christentum gepredigt wurde, das in scharfem Gegensatz zu den politischen Praktiken des Königs und seiner willfährigen, mehr auf weltlichen Reichtum als auf Erfüllung geistlicher Aufgaben bedachten Geistlichen stand. Er legte in Speyer den Grund zu einem der großartigsten Dome des romanischen Mittelalters und bestimmte ihn zur Grabkirche der Salier. Auch unterstützte er das salische Hauskloster Limburg an der Haardt.

Konrad suchte Italien fest an Deutschland zu binden, indem er eheliche Verbindungen deutscher Adliger mit lombardischen Familien anstrebte. Unabhängigkeitsbestrebungen des Mailänder Erzbischofs gegenüber Papst und Reich begegnete er mit dessen Absetzung. Dabei bediente er sich geschickt des Papstes und des Widerstandes des Mailänder Bürgertums gegen den im Domkapitel vertretenen hohen Adel, aus dem der Erzbischof gewählt wurde. Das war um so leichter, als er das Papsttum völlig beherrschte, ohne aus dieser Machtstellung für sich Pflichten gegenüber der Kirche abzuleiten. Politische Gefügigkeit, nicht persönliche Würdigkeit waren für seine Einstellung zum Papsttum ausschlaggebend. Für Konrad II. war das Kaisertum Herrschaft über Papst und Kirche, Unterordnung der religiös-kirchlichen Aufgabe unter die des Reiches, Mittel zur Machtausweitung des deutschen Königs.

Schon die Kaiserkrönung, die drei Jahre nach seiner Königswahl in Rom erfolgte, machte das offenbar. Sie wurde mit unerhörtem Glanz vollzogen. An ihr nahmen zwei Könige (Knud der Große von Dänemark-England und Rudolf III. von Burgund), acht Erzbischöfe (drei italienische und fünf deutsche) sowie zahlreiche Bischöfe und Äbte teil. Der deutsche König konnte sich als Kaiser und damit als Herr des christlich-römischen Erdkreises betrachten, denn auch das oströmisch-byzantinische Reich unterhielt freundschaftliche Beziehungen zu ihm. In Süditalien erkannten die dort ansässig gewordenen Normannen die Oberlehnsherrschaft des Reiches an, und das älteste Kloster der römischen Christenheit, Monte Cassino, erkor einen Deutschen zu seinem Abt.

Schon unter Heinrich II. hatte der deutsche König die Anwartschaft auf Burgund erworben. Als das burgundische Königshaus ausstarb, erhob aber Odo von der Champagne Erbansprüche. Durch geschickte Ausnutzung französischer Thronwirren gelang es Konrad, Odos Griff nach Burgund zu vereiteln. Er ließ sich in der Kluniazenserabtei von Peterlingen, heute Payerne (Waadt), mit der burgundischen Krone krönen (1033). In Genf nahm er die Huldigung der Großen entgegen. Burgund bildete eine wichtige Sicherung der deutschen Herrschaft in Italien und rundete das Reich nach Westen ab.

Eigenständige kulturelle Entwicklung im Schatten der Kirche

Früher als die übrigen Völker Europas hatten sich die Deutschen ein Reich geschaffen. Seine Grenzen umfaßten zwar alle Stämme deutscher Zunge, seine Herrschaftsaufgaben gingen aber über den deutschen Sprachraum hinaus und deckten sich mit denen der in ihrem Anspruch universalen römischen Kirche. Dabei war den Deutschen das immanente Spannungsverhältnis, das sich aus Anspruch und Wirklichkeit ergab, ebensowenig bewußt geworden wie der römischen Kirche. Daß die von ihnen auch über die Kirche ausgeübte Herrschaft einmal in Konflikt geraten könnte mit einer gewandelten Auffassung von Wesen und Aufgabe des Christentums und seiner äußeren Gestalt, der Kirche, mußte dem Zeitgenossen vorerst noch verborgen bleiben. Die Kirche selbst hatte sich nämlich in vieler Beziehung der weltlichen Herrschaftsform angepaßt. Wie das Reich aus der persönlichen Bindung des Untertanen an den ihm nächsten Edlen und dieser an den ihm Nächsthöheren bis hinauf zum König lebte, so war auch die Kirche eine Adelskirche. Auch in ihr wurden die führenden Stellungen mit Angehörigen jener Schichten besetzt, deren Denken und Handeln sich kaum von dem ihrer weltlichen Standesgenossen unterschied. Die Wandlung, die das Christentum im Bereich der römischen Kirche durch seine enge Verbindung mit den germanischen Völkern in der Anpassung an ihre Anschauungen und Gewohnheiten erfahren hatte, war bisher nur im geringen Maße ins Bewußtsein seiner Gläubigen gedrungen. Ein Gegensatz zwischen genuin christlicher Lehre und der in Reich und Kirche praktizierten christlichen Wirklichkeit wurde deshalb vorerst noch nicht empfunden.

Auch die Kultur jener Zeit wurde ganz wesentlich von den Schichten getragen, die in der Kirche eine führende Stellung einnahmen. Sie war deshalb gleicherweise vom Geist des Christentums wie des Germanentums bestimmt und hatte ihre Hauptpflegestätte in jenen Klöstern, deren Mönche und Nonnen schon bald nach der Durchsetzung des Christentums Männer und Frauen deutscher Zunge waren. In der Literatur übertrafen zunächst die Werke in lateinischer Sprache jene in der deutschen. Auch die Geschichtsschreibung bediente sich im allgemeinen des kirchlichen Idioms. In beiden Fällen wurde die fremde Sprache mit einer erstaunlichen Sicherheit gehandhabt, was ganz entscheidend dazu beitrug, daß auch eigene Anschauungen und Auffassungen mit in die jeweilige Darstellung einfließen konnten. Noch deutlicher aber gelangten diese in jenen frühen Werken zum Durchbruch, die sich — von Klosterangehörigen verfaßt — der Volkssprache bedienten. Selbstverständlich waren alle Themen dem christlichen Bereich entnommen, im allgemeinen hatten sie sogar das Neue Testament zum Gegenstand, aber es bleibt unverkennbar, daß sie germanisch gefiltert sind. Wo sich Germanentum und Christentum nicht voll zur Deckung bringen ließen, gab man in ganz naiver Weise den germanischen Vorstellungen den Vorzug, ohne dabei auf einen Widerspruch der Zeitgenossen zu stoßen. Deshalb haftet allen diesen Werken etwas Zwiespältiges an: der Dichter bewegt sich zwar schon ganz selbstverständlich in der christlichen Welt, die germanisch-heidnische Tradition ist aber noch so stark, daß er sich ihr nicht restlos entziehen kann.

Dennoch bleibt es erstaunlich, wie schnell sich die eben als literaturfähig entdeckte Volkssprache des neuen Gewandes fremder (antiker) Vorbilder in der Dichtung zu bedienen vermag, nachdem man den altgermanischen Stabreim aufgegeben hatte. In dieser Beziehung stand die frühe deutsche Dichtung im Europa jener Zeit einsam da, denn es gibt kaum Sprachdenkmäler aus anderen europäischen Sprachen, die sich an Umfang und Bedeutung mit jenen des deutschen Sprachgebietes vergleichen lassen.

Die bedeutendste Leistung des deutschen Raumes war aber der Kirchen- und Klosterbau. Schon unter Karl dem Großen hatten die Völker nördlich der Alpen, gestützt auf antike Vorbilder, damit begonnen, Bauten in Stein zu errichten (z. B. Palastkapelle zu Aachen). Aber erst unter den sächsischen Königen des 10. Jahrhunderts setzte sich der Steinbau überall in Deutschland durch. Die Basilika erreichte in Bischof Bernwards St. Michael in Hildesheim, in den Säulenbasiliken Poppos von Stablo in Limburg und Hersfeld, in den Pfeilerbasiliken von Bamberg, Worms, Speyer, Würzburg und Mainz ihren Höhepunkt. Auch in den neuen Bischofsstädten des Sachsen- und Wendenlandes entstanden Steinkirchen, deren Grundriß allgemein dem der Basilika ähnelte. Nur in einer Hinsicht gingen die Kirchen dieser Frühzeit über die Basilika hinaus, nämlich in der Fortbildung zur Kreuzgestalt und in der Betonung von Chor und Querschiff. Deutlich zeigt sich hierin die Wandlung des Kirchenzwecks. Kloster- und Bischofskirchen waren in erster Linie Priesterkirchen; der Raum für den Laien mußte sich ganz natürlich zugunsten der Priester und dem von ihnen getragenen Gottesdienst verengen. Auch die Kreuzform war nicht nur Symbol des Christlichen überhaupt, sondern schuf eine klare Scheidung von Priestern und Laien auch innerhalb des Kirchenraumes.

Die entscheidende Veränderung erfuhr die Kirchen- und Kloster-Architektur durch die Übernahme des römischen Gewölbebaus in dem sogenannten romanischen Stil, der eigentlich der deutsche heißen müßte, weil er die erste selbständige Leistung der Deutschen des Mittelalters darstellt. Diese Leistung war bedeutend. Sie setzt nicht nur einen kühl und trefflich rechnenden Verstand voraus, sondern einen ebenso sicheren Sinn für die künstlerische Aufteilung des Raumes und feinstes Vorausahnen von Hell und Dunkel innerhalb der durch Gewölbe, Säulen und Fenster gegliederten Kirche. Erstaunlich war auch die Fähigkeit der einzelnen Baumeister, jedem Bauwerk einen individuellen Charakter zu verleihen, obschon die Grundstruktur die gleiche blieb. Die Freude an der Vielfalt der Formen und am kräftigen Ausdruck des ganz persönlichen Erlebnisses der religiösen Geheimnisse des christlichen Glaubens findet ihren überraschenden Niederschlag in den Bronze-Arbeiten der Türen, den Steinarbeiten der Säulenkapitelle, den — nur selten erhaltenen — Malereien der Kirchenwände und den ersten Versuchen einer plastischen Gestaltung.

Noch wesentlich reicher ist das Erbe der Kleinkunst. In ihr nahm die Buchmalerei einen hervorragenden Platz ein, weil sie sich fast ausschließlich mit der künstlerischen Ausstattung des „Buches der Bücher", der Bibel, befaßte. Zunächst stand auch diese unter fremdem Einfluß. Das irische Mönchtum, das Süddeutschland missionierte, hatte eigene Formen und Aussageweisen entwickelt. Doch schon im 9./10. Jahrhundert löste sich die Buchmalerei von diesem Vorbild. Ähnliches vollzog sich in der damals sehr gebräuchlichen Elfenbeinschnitzerei, die stark von Byzanz (über Venedig) beeinflußt war und erst allmählich zu eigener Aussagekraft fand.

Die Tätigkeit der Mönche hatte sich aber seit den Tagen Benedikts von Nursia (Italien), des ersten Benediktiner-Abtes, nicht auf den religiös-künstlerischen Bereich beschränkt. Schon sehr früh hatten sie sich, besonders im Zusammenhang mit ihrer Missionstätigkeit als bedeutende Kulturpioniere erwiesen. Aus kultischen Gründen erschlossen sie auch klimatisch weniger begünstigte Gebiete dem Weinbau. Darüber hinaus trugen sie durch Rodung, bessere Bodenbewirtschaftung, Veredelung zahlreicher heimischer Pflanzen, Einführung zweckmäßigen landwirtschaftlichen Geräts ganz wesentlich dazu bei, den Lebens- und Siedlungsraum östlich des Rheins zu vergrößern. Vor allem diese Tätigkeit verschaffte ihnen das Wohlwollen der weltlichen Großen, die ihnen weite Gebiete zur Eigenbewirtschaftung und zum Klosterbau gegen mäßige Abgaben und entscheidendes Mitspracherecht bei der Wahl des Abtes überließen. Im allgemeinen wurden die Klöster schon nach wenigen Jahrzehnten reich. Mönch oder gar Abt zu werden, erschien auch dem Adel nicht mehr als eine Verpflichtung zu religiös-asketischem Leben, sondern als ein durchaus erstrebenswerter Beruf, der sich kaum von den weltlichen unterschied. So verfiel die strenge klösterliche Zucht.

Dagegen wandte sich zu Beginn des 10. Jahrhunderts die Reformbewegung, die vom Kloster Cluny in Frankreich ausging und gegen Ende des Jahrhunderts auch auf den deutschen Raum übergriff. Ihr wesentliches Ziel sah sie darin, dem Kloster die ursprüngliche Unabhängigkeit zurückzugeben und die freie Abtswahl zu sichern. Politisch bedeutsam wurde die kluniazensische Reformbewegung, als sie sich gegen die Gewohnheit wandte, geistliche Ämter und Würden zu kaufen und zu verkaufen (Simonie), und sich damit gegen den Brauch der deutschen Könige und anderer weltlicher Großen richtete, die für die Übertragung eines Bistums oder einer Abtei (Einsetzung in ein geistliches Amt durch einen Laien = Laieninvestitur) Abgaben verlangten. Der schädliche Einfluß weltlicher Herren auf das Mönchsleben sollte ausgeschaltet werden. Damit griff jedoch die Reformbewegung zugleich in die gesamte wirtschaftliche und politische Grundlage des mittelalterlichen Staatswesens und der mittelalterlichen gesellschaftlichen Ordnung ein. Deshalb bedeutete Durchsetzung der Reform für das Königtum den Verlust entscheidender wirtschaftlicher und politischer Vorteile, für den großgrundbesitzenden Adel den Verlust wesentlicher Einnahmen und Rechte bei der Besetzung der Abt- oder Pfarrstellen, wenn die Klöster oder Pfarreien von ihnen gegründet waren. Gleichzeitig erstrebten die Reformer die Ehelosigkeit auch der Weltgeistlichen.

So stellte die Reformbewegung den mittelalterlichen Menschen in ein Spannungsfeld. Einerseits wollte er der kirchlich-christlichen Auffassung vom Wesen und von den Aufgaben des geistlichen Amtes genügen; denn der deutsche mittelalterliche Mensch war immer zuerst Christ. Andererseits standen dieser Auffassung häufig die politischen und wirtschaftlichen Notwendigkeiten entgegen, die sich aus der Ordnung des mittelalterlichen Staatswesens, aus dem Zwang der politischen Aufgaben und aus dem natürlichen Bestreben, den wirtschaftlichen Nutzen zu mehren und erworbene Rechte zu behalten, ergaben.

Dieser innere Zwiespalt bestimmte mit dem Durchbruch der Reformbewegung das Gesicht des 11. Jahrhunderts.

Römisches Kaisertum und kirchliche Reformbewegung

Schon zur Zeit Konrads II. waren die kluniazensischen Ideen auch in die deutschen Klöster eingedrungen. Ihre ursprünglich rein auf die Reform des mönchischen Lebens gerichteten Ziele hatten sich vor allem in Deutschland mehr und mehr im Sinne völliger Umgestaltung der Welt durch den christlichen Glauben ausgeweitet. Die Reformer erstrebten Einflußnahme auf die kirchlichen und weltlichen Gewalten. Heinrich III. (1039—1056), der Nachfolger Konrads II., stand von Jugend an ganz im Banne ihrer Ideale und versuchte sie als Herrscher zu verwirklichen. Dabei wurde er durch seine Frau, Agnes von Poitou, bestärkt, deren aquitanische Umgebung der kluniazensischen Reformbewegung im christlichen Rittertum einen weltlichen Ausdruck verliehen hatte. In dem Bestreben, kluniazensische Ansprüche und politische Notwendigkeiten des Reiches miteinander zu verbinden, bildete sich bei Heinrich III. das Ideal des christlichen Herrschers, das er während seiner Regierungszeit zu verwirklichen bestrebt war. Im Gegensatz zu seinem Vater, der die Kirche verweltlicht hatte, suchte er das Reich zu verkirchlichen. Zwar setzte auch er die Kirchenfürsten in ihre Ämter ein, aber maßgebend für ihre Berufung waren nicht Fähigkeiten im politischen oder militärischen Bereich, nicht adlige Geburt oder Verwandtschaft mit dem Königshaus, sondern allein theologische Bildung und kirchliche Frömmigkeit. So entstand unter seiner Regierung ein Episkopat, der sich den Ideen der Reform eng verbunden fühlte, sich aber gleichzeitig dem König in unwandelbarer Treue verpflichtet wußte, weil er in ihm eine starke Stütze für eine immer tiefere Verchristlichung des Irdischen erblickte. Um die enge Verbindung des Bischofs mit seinem Bistum auch äußerlich sinnfällig zu machen, verlieh Heinrich dem Erkorenen außer dem Bischofsstab noch den Ring als Zeichen der „Ehe" des Bischofs mit seiner Kirche.

Auch das persönliche Leben des Königs entsprach seiner tiefen Frömmigkeit. Mehrfach bekannte er vor allem Volk seine Sünden; die aus Frankreich übernommene Sitte, unter der Ritterschaft alle Fehde in Erinnerung an Christi Leiden, Tod und Auferstehung von Mittwochabend bis Montagmorgen ruhen zu lassen, beachtete er selbst aufs schärfste und drang darauf, daß auch die deutsche Ritterschaft diese sog. treuga Dei einhalte.

Heinrichs Bemühungen um die Reform der Reichskirche fanden ihre Krönung auf der Synode zu Sutri (1046), auf der er drei Päpste, die sich aus politischen Gründen befehdeten, absetzte und einen deutschen Bischof, einen Mann der kluniazensischen Reformpartei, zum höchsten Amt der Christenheit erhob. Von ihm ließ er sich zum Kaiser krönen. In Sutri gewann der Kaiser auch rechtlich den entscheidenden Einfluß bei der Papstwahl. Nacheinander erhob er vier Deutsche zu Päpsten. Gerade diese waren es, die sich an die Spitze der Reformbewegung stellten, um die Kirche von weltlichen Mächten unabhängig zu machen. Sie gewannen dem Papsttum seinen abendländisch-universalen Charakter zurück.

Freilich vollzog sich auch unter diesen Reformpäpsten die Spaltung der Christenheit in die (westlich)-römische und (östlich)-orthodoxe Kirche (1054). So unbedeutend der Anlaß war (ein Streit um die Gestaltung des kirchlichen Ritus in Süditalien), so verhängnisvoll sollte sich der Bruch für den endgültigen Auseinanderfall der ehemals einheitlichen griechisch-römischen Kulturwelt erweisen.

Im Norden des Reiches nahm die Missionsarbeit unter dem Bischof von Bremen einen großen Aufschwung. Sie richtete sich nicht nur auf Skandinavien, sondern erstreckte sich bis nach Finnland, den Orkneys, Grönland und Island.

Heinrich III. verlieh Kaisertum und Reich innerhalb des Abendlandes und insbesondere bei seinen östlichen Nachbarn eine fast unbestrittene Autorität. Mit dem von ihm gereinigten Papsttum fühlte er sich als König und Kaiser des Reiches Gottes auf Erden. Er war tief durchdrungen von der Erhabenheit seines Amtes, demütig vor Gott, aber voll herrscherlicher Gebärde und herrscherlicher Distanz gegenüber weltlichen und geistlichen Fürsten. In einem jähen Aufstieg hatte er das christliche Kaisertum bis auf die Höhe der in ihm ruhenden Möglichkeiten geführt, und dabei dennoch nicht in nüchterner Abwägung des Erreichbaren die weltlichen Belange des Reiches übersehen. Die Härte, mit der er seine als richtig erkannten Ziele verfocht, verschafften ihm unter den Großen und im Volke nur wenig Freunde; aber die Achtung vor der Lauterkeit seines Charakters war trotzdem so stark, daß selbst eine Fürstenverschwörung gegen ihn anläßlich eines Italienzuges bei seinem bloßen Erscheinen zusammenbrach. Als er kurz darauf ernstlich erkrankte, erschienen an seinem Krankenlager Papst Viktor II. und die deutschen Fürsten. Nach siebzehnjähriger Regierung starb er 1056, 39 Jahre alt. Sein erwählter Nachfolger war sein Sohn, Heinrich IV. (1056—1106), ein Knabe von sechs Jahren.

REGNANT

DIE KAISERKRONE DES HEILIGEN RÖMISCHEN REICHES DEUTSCHER NATION

Der Kronenkörper besteht aus acht Platten und stammt aus dem 10. Jahrhundert. Kreuz und Bügel wurden im 11. Jahrhundert hinzugefügt.

LA COURONNE IMPÉRIALE DU SAINT EMPIRE ROMAIN GERMANIQUE

La couronne consiste en huit plaques datant du 10e siècle. La croix et l'arc ont été ajoutés au 11e siècle.

THE IMPERIAL CROWN OF THE HOLY ROMAN EMPIRE

The band consists of eight plates and dates from the 10th century. The cross and hoop were added in the 11th century.

LA CORONA IMPERIAL DEL SACRO IMPERIO ROMANO GERMÁNICO

El cuerpo de la corona está formado por ocho placas y procede del siglo X. La cruz y el aro fueron añadidos en el siglo XI.

A COROA IMPERIAL DO SACRO IMPÉRIO ROMANO DE NAÇÃO ALEMÃ

A coroa própriamente dita é formada de oito chapas e procedente do século X. Cruz e arco foram acrescentados no século XI.

Hofburg, Wien

Viertes Kapitel

KAISERTUM UND PAPSTTUM IM KAMPF UM DIE HERRSCHAFT ÜBER DAS CHRISTLICHE ABENDLAND

Der Investiturstreit

Mit dem Ende der Regierungszeit Heinrichs III. war die Geschichte des Reiches der Deutschen, das auf Grund der kaiserlichen Stellung seines Königs als die rechtmäßige Fortsetzung des Imperium Romanum betrachtet wurde, an einen entscheidenden Wendepunkt gelangt. Zum erstenmal in der Geschichte des christlichen Abendlandes hatte ein deutscher König der christlichen Botschaft innerhalb des geistlichen und weltlichen Bereiches eine Deutung verliehen, die den Sinn jeder Herrschaft einzig und allein in der vollen Verwirklichung des christlichen Heilsauftrages auf Erden sah. Die dieser Deutung immanente Frage, ob dazu das Zusammenspiel von zwei gleichberechtigten Mächten notwendig sei, die ihre Herrschaftsaufgaben in einen geistlichen und weltlichen Bereich zu sondern vermöchten, hatte Heinrich III. sich nicht gestellt; noch viel weniger hatte er je daran gezweifelt, daß dem König-Kaiser auch innerhalb des geistlichen Bereiches in bevorzugter Weise die Führungsgewalt zustände. Es fällt dem heutigen Betrachter nicht schwer, aus dem Gang der späteren Entwicklung heraus in dem Verhalten Heinrichs III. einen fundamentalen Irrtum zu sehen. Aber diese Betrachtung übersieht die Tatsache, daß erst in der Zeit zwischen dem Tode Heinrichs III. und dem Beginn der selbständigen Regierung seines Sohnes (1065) die geistliche Gewalt, verkörpert im römischen Papsttum, sich über ihre, vom Kaisertum wesensverschiedene Aufgabe und ihre der weltlichen Gewalt übergeordnete Stellung klar wurde. Aus dieser zunächst theoretischen Besinnung zog sie praktisch-politische Folgerungen, die das bisherige Zusammenspiel von geistlicher und weltlicher Gewalt radikal in Frage stellten.

Die Auseinandersetzung um das Problem der rechten Beziehung der geistlichen zur weltlichen Gewalt entzündete sich an der Einsetzung geistlicher Würdenträger in ihr Amt durch den weltlichen Herrscher. Der Kardinal Humbert von Silva Candida vertrat in Rom den kluniazensischen Standpunkt, daß jede Vergabe eines geistlichen Amtes durch einen Laien schon Simonie und deshalb verboten sei. Damit wurden aber dem Königtum in Deutschland die Fundamente seiner Herrschaft, den weltlichen Großen ein wesentlicher Teil ihrer wirtschaftlichen Macht entzogen, die sie aus den Abgaben der von ihnen eingesetzten Geistlichen erhielten. Nach Humberts Willen sollte nur der Bischof sein, der „vom Klerus erwählt, vom Volke verlangt und nach dem Urteil des Metropoliten von den Bischöfen der Kirchenprovinz geweiht wurde". Mit diesem geistlichen Akt sollte dem Erwählten gleichzeitig das mit dem Amt verbundene Gut zufallen. Der weltlichen Gewalt blieb nichts als die Zustimmung.

So wurde die Ordnung Heinrichs III. in eine Herrschaft der geistlichen über die weltliche Gewalt umgewandelt. Ein Konflikt war unvermeidlich, sobald die weltliche Gewalt diesen Herrschaftsanspruch als ihrem Wesen widersprechend ablehnte.

Für den jungen Heinrich IV. hatte zunächst seine Mutter die Regentschaft übernommen. Nachdem aber der Bischof von Köln den Knaben geraubt hatte, wurde der junge König zum Objekt fürstlicher Eifersucht. Der ehrgeizige Erzbischof von Bremen, herrisch und prachtliebend, setzte es durch, daß die Erziehung des Kindes im Wechsel mit dem Kölner Kirchenfürsten auch durch ihn erfolge. Als Fünfzehnjähriger übernahm Heinrich die selbständige Regierung. Die Eindrücke seiner Kindheit hatten ihn mißtrauisch gegen die Fürsten gemacht. Deshalb suchte er zunächst das Krongut zu mehren, dessen wichtigster Teil in Sachsen lag, um so das Königtum von den Territorialgewalten unabhängig zu machen. Zugleich erhob er die sog. Ministerialen, ursprünglich unfreie Ritter, zu seinen Beratern und zog sie immer mehr zu seinem Dienst heran, um an ihnen eine Stütze zu haben.

Gegen die Absicht des Königs, Sachsen zur festen Basis seiner Herrschaft zu machen, setzten sich die sächsischen Bauern unter ihrem Herzog zur Wehr. Als Geschlagener mußte sich der junge König zu den Bürgern der Stadt Worms begeben, die ihm Schutz und Gastrecht gewährten. Mühevolle Verhandlungen mit den süddeutschen Fürsten und der Übermut der Sachsen, die die königliche Harzburg zerstörten und die Gräber der königlichen Ahnen schändeten, führten zu einer Versöhnung mit den Territorialgewalten.

Diese Festigung seiner Herrschaft innerhalb des Reiches schien dem König die Voraussetzung dafür zu bieten, sich der bisher vernachlässigten kirchenpolitischen Fragen anzunehmen. Daß noch mitten im Streit mit den aufständischen Fürsten — im Jahre 1073 — ein neuer Papst den Stuhl Petri bestiegen hatte, war von Heinrich zunächst nicht sonderlich beachtet worden. Altem Brauch gemäß hatte der erwählte Mönch Hildebrand als Gregor VII. dem deutschen König seine Wahl angezeigt und um Bestätigung gebeten, die Heinrich trotz der Gegnerschaft vieler deutscher Bischöfe und der mailändischen Kirche nicht versagt hatte, wohl weil er weder einen Konflikt mit der Kurie suchte noch die wahren Ziele des Papstes erkannte.

Jedoch war mit diesem Papst auch für die Kirche eine Wendezeit angebrochen. Ähnlich wie Karl der Große ließ sich Gregor von seinem Verständnis des „Gottesstaates" bestimmen. Sein großes Ideal war, den Gottesstaat auf Erden zu verwirklichen. Aber im Gegensatz zu Karl glaubte er, daß nur die Geistlichkeit dazu berufen sei, denn nach seiner Meinung stammte jede weltliche Gewalt vom „Fürsten dieser Welt", vom Teufel, ab. Höchste Aufgabe der Kirche sei es, das Reich der Welt in das Reich Gottes überzuleiten, und jede irdische Gewalt empfange ihre Rechtfertigung erst dadurch, daß sie im Dienste dieser Aufgabe stehe. Diese Unbedingtheit in der Auffassung vom Wesen der Kirche und ihres Priestertums verlieh den Maßnahmen Gregors eine außergewöhnliche Schärfe. Dabei war er allen Ernstes der Meinung, daß das geistliche Reich Christi auf eine eigene irdische Macht angewiesen sei.

Die verhältnismäßig schnelle und reibungslose Beilegung kleinerer Differenzen mit dem Papst hatte Heinrich IV. die wahre Bedeutung des neuen Mannes in Rom nicht erkennen lassen. Trotz der scharfen Dekrete Gregors gegen Simonie und Priesterehe fuhr der König fort, wie sein Großvater Bischöfe gegen Zahlung von Taxen in ihr Amt einzusetzen ohne Rücksicht darauf, ob es sich im Sinne der Reformbewegung um würdige Geistliche handelte. Auf der Fastensynode von 1075 wiederholte Gregor seine Forderungen und verbot dem König, Bistümer nach eigenem Ermessen zu vergeben. Auf Heinrichs Weigerung, den päpstlichen Befehlen nachzukommen, drohte Gregor dem König mit Absetzung und belegte dessen Räte mit dem Kirchenbann. Auf einer vom König einberufenen „Nationalsynode" in Worms (1076) beschlossen die deutschen Bischöfe fast einmütig, Gregors Papsttum als unrechtmäßig zu erklären. Heinrich IV. selbst verfaßte ein leidenschaftliches Schreiben an „Hildebrand, nicht Papst, sondern falschen Mönch", in dem er am Schluß Gregor aufforderte: „Denn ich Heinrich, von Gottes Gnaden König, mit allen meinen Bischöfen spreche zu Dir: steig herab, steig herab, Du für immer zu Verdammender!"

Heinrich IV. mochte glauben, daß die Kraft seines Wortes und die Würde seiner Stellung genügen würden, den Papst ebenso zur Abdankung zu zwingen, wie das seinem Vater auf der Synode zu Sutri drei Päpsten gegenüber gelungen war. Aber er hatte in jugendlicher Verblendung übersehen, welche Folgen die Politik des gleichen Königs der Sutri-Synode gegenüber Papsttum und Kirche in dem Jahrzehnt danach für die Kirche gehabt hatte und welch starke, von der Idee der libertas ecclesiae ganz durchdrungene Persönlichkeit ihm in Gregor VII. gegenüberstand. Deswegen mußte das Wagnis dieser königlichen Verdammung auf den Urheber selbst zurückschlagen. In meisterhafter Anpassung an die damalige religiöse Lage nicht nur des Klerus, sondern auch des Volkes vollzog Gregor VII. in Form eines Gebetes an den Apostelfürsten Petrus Bann und Absetzung des Königs, ein unerhörter Vorgang in der bisherigen Geschichte der Beziehungen von geistlicher und weltlicher Macht. Noch bedeutete der Bann den völligen Ausschluß des Gebannten nicht nur aus der christlichen Gemeinschaft, sondern aus jeder Gemeinschaft. Dadurch aber waren dem Königtum Heinrichs die Grundlagen entzogen. Die deutschen Fürsten sahen sich vor die Frage gestellt, ob sie den Spruch des Papstes durch eine Neuwahl billigen sollten, wozu sie neigten, da sich Heinrich IV. nur geringe Sympathien erworben hatte.

In dieser fast ausweglosen Lage entschloß sich der König zu einer Tat, die ebenso nur von mittelalterlich-religiöser Auffassung verstanden werden kann wie die Absetzung eines Papstes durch den König oder eines Königs durch den Papst von der mittelalterlichen Idee der besonderen Stellung des Königs oder des Papstes. Im tiefen Winter 1076 überschritt er, nur begleitet von seiner Gattin, seinem Söhnchen und wenigen Dienern, die Alpen, um Gregor VII. auf seiner Reise nach Deutschland zu treffen und nach Vollzug kirchlicher Bußübung den obersten Priester zur Lösung vom Banne zu zwingen. Auf der Burg Canossa nahm Gregor VII. den Büßenden wieder in die kirchliche Gemeinschaft auf und erklärte sich mit ihm versöhnt. Als Priester konnte er nicht anders handeln. Heinrich unterwarf sich dem Urteil oder Schiedsspruch des Papstes und verbürgte Gregor eine Reise nach Deutschland.

Der Tag von Canossa war der Höhepunkt in der Auseinandersetzung zwischen geistlicher und weltlicher Gewalt innerhalb der in sich geschlossenen christlich-mittelalterlichen Welt. Er war ein Sieg des Papsttums, weil Heinrich den päpstlichen Anspruch auch auf Entscheidung innerdeutscher Konflikte anerkannte. Aber er war mehr noch ein Sieg des Königs; denn Heinrich zwang Gregor durch seinen Bußgang, eine neue Grundlage für seine Politik zu suchen. Gleichzeitig trennte Heinrich Papsttum und deutsche Opposition voneinander und rettete so sein Königtum.

Darüber hinaus wurde Canossa ein Wendepunkt in dem Verhältnis von geistlicher und weltlicher Gewalt. Die bisher unbestrittene theoretische Einheit beider in der Regierung der Welt war zu Ende. An ihre Stelle trat der Kampf des Papsttums um die oberste Herrschaft der christlichen Welt (Hierokratie), während sich die weltliche Herrschaft mehr und mehr auf ihre von der rein kirchlichen verschiedene Zielsetzung festlegte.

Nach der Lösung vom Banne konnte niemand in Deutschland dem König den Gehorsam verweigern, weil er aus der Kirche ausgeschlossen sei. Der Kampf, den Heinrich jetzt gegen den Gegenkönig und dessen Anhänger in Deutschland führte, war trotz schwieriger Bedingungen erfolgreich. Nach dem Tode seines Widersachers in der Schlacht zog er, 1080 erneut von Gregor gebannt, weil er sich an die Abmachungen von Canossa nicht hielt, nach Rom (1081), um den von den deutschen Bischöfen erwählten Gegenpapst einzusetzen. Aber erst 1084 gelang es ihm, nach reichlicher Bestechung mit griechischem Gelde in Rom einzuziehen und den Gegenpapst zu inthronisieren. Aus seiner Hand empfing der deutsche König die Kaiserkrone. Gregor mußte sich dem Schutz seiner Verbündeten, der Normannen Unteritaliens, anvertrauen. Mit ihnen zog er nach Salerno. Von den meisten seiner ehemaligen Anhänger verlassen, starb der bedeutendste Papst seiner Epoche in tiefer Verbitterung (1085), überzeugt, daß er gescheitert sei. Dennoch hat er durch sein geistiges Vermächtnis die Geschichte des Papsttums im Mittelalter stärker beeinflußt als die meisten Päpste vor ihm. Die Idee eines Papsttums, dem Kirche und Welt in gleicher Weise untertan sein sollten, beherrschte seit Gregors Tagen immer wieder die Träger der Tiara. Im Verhältnis der beiden Gewalten zueinander bahnte sich aber schon nach Gregors Tod auch der Versuch an, sie in ihren Aufgabenbereichen voneinander zu scheiden.

Zwar ging zunächst der Kampf weiter, aber er wurde nicht mehr so heftig geführt wie unter dem verstorbenen Papst. In Deutschland traten immer mehr Fürsten auf die Seite des Königs. Nur sein eigener Sohn Konrad und die Bayern stellten sich auf die Seite des Papstes. Zeitweise kam Heinrich in eine sehr bedrängte Lage. Da die Bayern die Pässe sperrten, mußte er jahrelang den deutschen Ereignissen von Italien aus untätig zusehen. Schließlich trat in Mainz eine Fürstenversammlung zusammen, erklärte den aufständischen Konrad für abgesetzt und wählte seinen jüngeren Bruder Heinrich zum Nachfolger. Mit dem Papst suchte der König einen Frieden. Aber dieser lehnte ab und erneuerte den Bannfluch gegen ihn.

In dieser schweren Stunde stellte sich auch der zweite Sohn Heinrichs IV. gegen seinen Vater. In der Nähe von Bingen übte er an ihm treulosen Verrat, brachte ihn als Gefangenen auf eine Burg und zog selbst nach Mainz zu den Fürsten, von denen er einige für sich gewann. Der König wurde gezwungen, vor seinem Sohn und dem päpstlichen

Gesandten seine Sünden zu bekennen und auf seine Würde zu verzichten. Sein aufständischer Sohn wurde als König Heinrich V. anerkannt. Zwar versuchte Heinrich IV. noch einmal, seine Getreuen um sich zu versammeln und sie gegen seinen Sohn zu führen. Aber kurz vor Ausbruch des Krieges starb er.

Unter Heinrich V. (1106—1125) dauerte der Kampf zwischen Kaisertum und Papsttum fort. Erst im Jahre 1122 kam es zu einem Vertrag zwischen den beiden Gewalten (Wormser Konkordat). In ihm wurde bestimmt, daß die Bischöfe durch die Geistlichen in Gegenwart eines königlichen Vertreters gewählt werden sollten. Der Gewählte erhielt vom König ein Zepter und als Zeichen seiner geistlichen Gewalt vom Papst Ring und Stab verliehen. Das Ende des gewaltigen Kampfes war ein Vergleich. Die Bischöfe behielten ihren weltlichen Besitz, blieben als weltliche Herren im Dienste des Königs, aber über ihre Wahl bestimmten Papst und Kirche.

Missionierung und Kolonisierung im Osten

Während sich die beiden bedeutendsten Gewalten des christlichen Abendlandes im Kampf um die Führung eines mißverstandenen „Gottesstaates" bis an den Rand gegenseitiger Erschöpfung trieben, vollzogen sich allenthalben in Europa unterhalb der herrschenden Schichten entscheidende Wandlungen. Diese betrafen zunächst die bäuerliche Bevölkerung, die zahlenmäßig den weitaus größten Teil Gesamteuropas ausmachte. Obschon die Auseinandersetzungen zwischen Kaiser und Papst auch mit dem Schwerte ausgetragen wurden, merkte die Bevölkerung Europas im ganzen kaum etwas von diesen kriegerischen Ereignissen. Nach der Besiegung der Ungarn und ihrer Ansiedlung in der ungarischen Tiefebene hatten sich die Verhältnisse in Europa stabilisiert. Einbrüche fremder Völker gab es nicht mehr. Die einzige Unruhezone war der Süden Italiens und Siziliens, wo Griechen, Sarazenen und Normannen und am Ende des 12. Jahrhunderts auch die Deutschen um die Herrschaft stritten.

Diese politische Beruhigung Europas führte zu einer Übervölkerung. Freie Bauern, die ihren eigenen Boden bearbeiteten, gab es fast nur noch in den Alpentälern und den niederdeutschen Küstenlandschaften. Die feudale Ordnung bot für nachgeborene Söhne nur geringe Lebensmöglichkeit. Im allgemeinen war die bäuerliche Lebensgrundlage, für die der Bauer bestimmte Dienste auf dem Gut des Grundherrn leisten mußte, so bemessen, daß sie die Familie ernährte. Jedoch mußte man vom 11. Jahrhundert an dazu übergehen, Hörige auf Wald- und Ödland anzusiedeln oder dem Meer durch Deichbauten Land abzugewinnen (Flandern und Holland). Das Ackerland blieb aber im Besitz des Grundherrn, der Hörige wurde nicht frei.

Als Nachfolger Heinrichs V. hatten die deutschen Fürsten Lothar (1125—1137), den kirchlich frommen Herzog von Sachsen, zum König gewählt, dessen Regierungszeit von Kämpfen um die Anerkennung seiner Königswürde durch das mächtige Geschlecht der Staufen angefüllt war. Aber es gelang ihm, den Polenherzog zu zwingen, das von diesem eroberte Pommern mit Rügen aus seiner Hand als Lehen des Reiches zu nehmen und die deutsche Oberhoheit anzuerkennen.

Damit hatte er den Grund für die Wiederaufnahme einer Politik gelegt, die darauf abzielte, das Reich nach Osten zu erweitern. Vor allem der Askanier Albrecht der Bär, der mit der sog. Nordmark belehnt war, nutzte in blutigen Kämpfen mit den Slawen die Ausdehnungsmöglichkeiten, die ihm sein Territorium bot. 1150 erbte er Brandenburg und vergrößerte als Markgraf von Brandenburg seine Herrschaft über die Havellande und die Priegnitz.

Aber auch mit der Missionierung dieser Gebiete nahm Lothar die ottonische Reichspolitik wieder auf. Durch Neugründung von Bistümern und erneute Unterstellung der polnischen Kirche unter das Erzbistum Magdeburg suchte er der Missionstätigkeit einen organisatorischen Rückhalt zu geben.

Entscheidend wurde jedoch die Ansiedlung deutscher Bauern. Diese kamen vor allem aus Flandern und Holland (daher noch heute der Name Fläming in der Mark Brandenburg). Aber auch andere deutsche Stämme folgten dem Ruf nach Osten, so daß die Besiedlung des neuen Kolonialgebietes schließlich eine Leistung des gesamten Reiches wurde. Den Siedler erwarteten durchweg bessere wirtschaftliche Bedingungen und die persönliche Freiheit. Durchschnittlich erhielt er 25 ha Land als freies Erbe oder gegen Zahlung eines geringen Zinses an den Grundherrn. Neben den Bauern wurden aber auch die Mönche des Zisterzienser- und Prämonstratenser-Ordens zu wesentlichen Stützen der Ostkolonisation und der Ostmission.

Obschon dem Mittelalter das moderne Nationalgefühl durchaus fremd war, konnte der Neusiedler nicht übersehen, daß er sich inmitten eines fremden Volkes und auf fremdem Boden niedergelassen hatte. So kam es zunächst zu scharfen Auseinandersetzungen mit der slawischen Bevölkerung. Jedoch war im allgemeinen die Ablehnung der deutschen Siedler nur von kurzer Dauer. Sehr bald erkannten die Slawen die Vorzüge der deutschen Wirtschaft an und stellten ihren Widerstand ein. Sie sahen, daß die

Einführung des eisernen Pfluges und die Dreifelderwirtschaft wesentlich reichere Ernten erbrachten, daß aus Ödland, Sumpf und ungerodeten Waldtälern durch den Fleiß der Mönche und der siedelnden Bauern fruchtbare Ackerbaugebiete entstanden. Außerdem wurden den slawischen Bauern persönliche Freiheit und gleiche wirtschaftliche Rechte gewährt wie den deutschen Siedlern, wenn sie das Christentum annahmen. Schon bald wuchsen Altsiedler und Neusiedler zusammen. Deutsch zu sprechen galt in den Gebieten zwischen Elbe und Oder allmählich als selbstverständlich. Auch unabhängige slawische Fürsten riefen nach deutschen Siedlern, nahmen schließlich selbst die deutsche Sprache an und traten nach und nach in den Reichsfürstenstand ein (Mecklenburg, Pommern; Schlesien erkannte die polnische Oberhoheit nicht mehr an).

In enger **Beziehung** zu dem Anwachsen **der bäuerlichen Bevölkerung** stand die Entstehung der mittelalterlichen deutschen Stadt. Mit dem Untergang des Römerreiches war auch die nordwesteuropäische Stadt zugrunde gegangen. Soweit sie als Bischofsstadt bestehen blieb (z. B. Mainz, Trier, Salzburg), war sie lediglich Diözesanverwaltungszentrum und im Unterhalt völlig vom umgebenden Land abhängig. Erst vom 11. Jahrhundert an ließen sich in den Bischofsstädten und um Burgen (Burg von burgus = dichtbebauter Raum; davon Bürger) Handwerker nieder. Für diese schuf der Stadtherr — Bischof, Abt oder Burggraf — einen Markt, der die Bedarfsdeckung sichern sollte. Zölle und Abgaben flossen ihm zu, er hatte die oberste Gerichtsbarkeit. Dafür sorgte er durch Mauerbau für den Schutz der Stadt.

Vor diesen Städten ließen sich Fernkaufleute nieder, die innerhalb der Mauern einen Stapelplatz oder Absatz für ihre Waren suchten. Diese Kaufmannsvorstädte entwickelten bald ein eigenes Leben. Die Kaufleute schlossen sich zu Gilden zusammen, bauten eine eigene Kirche und lebten nach eigenem Recht.

Weil die Fernkaufleute den „Bürgern" finanziell überlegen waren, erwarben sie bald den größten Teil des städtischen Bodens, ummauerten auch ihre Siedlung in unmittelbarem Anschluß an die ursprüngliche Stadt und wuchsen so mit der Altbevölkerung zusammen. Die Entwicklung der Stadt zu einem eigenen, selbständig neben den feudalen Gewalten stehenden Rechtsgebilde erfolgte vor allem für Nordwesteuropa in der Zeit des Investiturstreites. Im allgemeinen war sie das Ergebnis einer gemeinsamen Revolution von Kaufleuten („Patriziern") und den in Zünften zusammengeschlossenen Handwerkern zur Befreiung von stadtherrlicher Vormundschaft. Weil die Urheber der Befreiungsbewegung die Kaufleute waren, schuf diese Revolution keine demokratische, sondern aristokratische (Patrizier-) Herrschaft.

Die Freiheit der Stadt war die Voraussetzung für die Bildung des dritten Standes, des Bürgers. Der Städter war kein Untertan, sondern er konnte frei über seinen Besitz verfügen und ohne Erlaubnis der Obrigkeit heiraten. Allerdings war diese Freiheit an den Stadtboden gebunden. Nur wer ein Jahr und einen Tag in der Stadt gewohnt hatte und von seinem bisherigen Grundherrn nicht zurückgefordert wurde, hatte Anspruch auf Freiheit („Stadtluft macht frei").

Die Städte entwickelten ihr eigenes Recht. Stadtrechte, die als besonders vorbildlich galten, wurden von andern Städten übernommen; neue Städte, die von Einwohnern älterer Städte gegründet wurden, übernahmen das Recht ihrer Mutterstadt. Aus diesen Gründen gab es auch im slawischen Raum mit zunehmender Verstädterung der Bevölkerung zahlreiche Städte, bis nach Polen hinein, die nach deutschem Stadtrecht lebten oder von Neusiedlern nach diesem gegründet wurden.

Die Bürger schufen sich im „Rat" das Organ der Selbstverwaltung. Dieser hatte die Verteidigung zu überwachen und Steuern auszuschreiben. Die Schöffenkollegien hatten die Aufgabe, die Beachtung des Stadtrechtes zu gewährleisten.

Neben den Bauern trat als Siedler im Osten mehr und mehr der Bürger.

Kaisertum und Papsttum im Kampf um die Herrschaft über Italien

Auch der Nachfolger Lothars, Konrad III. (1138—1152), war kein starker König. Die deutschen Fürsten wählten ihn, gerade weil er schwach war, um ihre in der Auseinandersetzung von Kaisertum und Papsttum erworbenen Rechte nicht zu gefährden. Aber er war der erste König aus dem Geschlecht der Hohenstaufen, das noch einmal machtvoll in die Geschicke und Kämpfe seiner Zeit eingreifen sollte. Es sicherte die Herrschaft eines deutschen Königsgeschlechtes über Norditaliens aufblühende Stadtrepubliken und nahm Süditaliens und Siziliens wechselvolles Schicksal in seine Hand.

Konrads eigene Regierungszeit erschöpfte sich wie die seines Vorgängers in innenpolitischen Kämpfen, vor allem mit dem machtvollen Gegner der Staufen, dem Fürstengeschlecht der Welfen, die bedeutende deutsche Herzogtümer beherrschten. Sie stammten wie die Staufen ursprünglich aus Schwaben, waren aber durch Eheverbindung mit dem norditalienischen Geschlecht der Este verwandt. Papsttum und Kirche gegenüber hielt sich Konrad III. auf der Linie, die die Reformkurie dem deutschen Königtum bestimmt hatte. Von dem bedeutendsten Mann seiner Zeit, dem großen Prediger und Organisator des Kampfes der christlich-abendländischen Ritterschaft gegen den Islam, Bernhard von Clairvaux, ließ er sich zum Kreuzzug bewegen, dem ersten, an dem deutsche Kontingente teilnahmen. Der Zug (1147—1149) verlief völlig ergebnislos und zerrüttete die Reichsgewalt aufs schwerste.

Deshalb einigten sich die deutschen Fürsten nach dem Tode Konrads auf die Wahl eines Königs, von dem sie die innere Neuordnung des Reiches erhofften, Friedrich I. Barbarossas aus dem Hause der Staufen, eines Neffen Konrads und Herzogs von Schwaben (1152—1190). In der Tat brachte er dem Reich den Frieden, indem er die Besetzung der Territorien neu ordnete. Heinrich der Löwe, aus dem mit den Staufen besonders verfeindeten Hause der Welfen, erhielt das Herzogtum Bayern. Da er bereits das Herzogtum Sachsen besaß, vereinigte er in seiner Hand die größte Territorialmacht innerhalb des Reiches. Den Babenbergern, die bisher Bayerns Geschicke geleitet hatten, wurde die Markgrafschaft Österreich zugesprochen, das zum Herzogtum erhoben und mit besonderen Vorrechten ausgestattet wurde (1154).

Überblickt man die Regierungszeit Friedrich Barbarossas von 1152 bis 1180, d. h. bis zum Sturze Heinrichs des Löwen, so mag man geneigt sein, ebenso von einem Zeitalter Friedrich Barbarossas und Heinrichs des Löwen zu sprechen, wie man später von einer Zeit Friedrichs des Großen von Preußen und Maria Theresias von Österreich sprach. In beiden Männern verkörperten sich Möglichkeiten und Gefahren deutscher Politik im Mittelalter. Während Friedrichs Blick auf Restauration der Kaisermacht gerichtet war, wie sie vor dem großen Streit zwischen Heinrich IV. und Gregor VII. bestand, zielte Heinrichs des Löwen politischer Sinn auf Stärkung seiner territorialen Stellung, die er als Herzog von Sachsen in dem weithin machtlosen Osten fast ohne Widerstand ausbauen konnte. Da sich die politischen Wege beider zunächst nicht kreuzten, hatte die deutsche Politik ein Doppelgesicht.

Die schwache Stellung des deutschen Königtums lag nicht nur im Verlust seines Ansehens durch den Investiturstreit, sondern ebenso in der dauernden Minderung des Königsgutes durch Belohnung der Dienstleistungen des niederen Adels. Deshalb suchte Friedrich Barbarossa eine neue Basis seiner Macht in dem mit Deutschland verbundenen lombardischen Königreich. Der Sicherung der Zugangswege dienten seine Heirat mit Beatrix von Burgund und die feste Einfügung des burgundischen Königreichs und der Provence in das Reich. Eine Wiederaufnahme der Italienpolitik mußte aber nach Lage der Dinge sowohl auf den Widerstand des Papsttums wie des wirtschaftlich erstarkten Bürgertums der norditalienischen Städte stoßen. Seit Gregor VII. hatte sich das Papsttum immer mehr daran gewöhnt, in der weltlichen Herrschaft über den

Kirchenstaat und in engen Beziehungen zu andern weltlichen Mächten die Grundlage für die erstrebte Hegemonie über alle christlichen Herrscher und über die gesamte Christenheit zu sehen. Die Wiedererrichtung der deutschen Oberhoheit über die Lombardei mußte deshalb als eine unmittelbare Bedrohung des Kirchenstaates erscheinen. Das Bürgertum der norditalienischen Städte war durch die Zunahme des Handels und die Vergrößerung des Handelsraumes als Folge der Kreuzzüge wirtschaftlich so erstarkt, daß es die Unabhängigkeit und Freiheit seiner Stadt als sein wesentlichstes Anliegen betrachtete.

In der Art, wie Friedrich die Widerstände zu brechen versuchte, begründete er die Italienpolitik der deutschen Könige neu und führte durch sie unter seiner eigenen und seines Sohnes Herrschaft das Kaisertum noch einmal in schwindelnde Höhe. Zwar stand am Anfang der neuen Italienpolitik noch das Einvernehmen mit dem Papst; als beide Gewalten aber erkennen mußten, daß ihre jeweiligen Ziele mit der Politik des andern unvereinbar seien, entbrannte der Kampf von neuem. Friedrich suchte, gestützt auf eine starke militärische Macht, in die politische Linie Ottos des Großen und Heinrichs III. (Sutri!) zurückzuschwenken. Dem rechtmäßig gewählten Papst stellte er seinen Kandidaten als Gegenpapst entgegen. Das Papsttum seinerseits suchte militärische Hilfe bei den Normannen Südatiliens, verband sich mit den Bürgern der norditalienischen Städte und baute sich ein Bündnissystem mit allen christlich-europäischen Mächten, die dem deutschen König- und römischen Kaisertum gegenüber feindlich gesinnt waren. Militärisch war Friedrich zunächst überlegen. Schon vor dem offenen Ausbruch des päpstlich-kaiserlichen Konfliktes hatte der König die Opposition der norditalienischen Städte gebrochen und ihnen unter Berufung auf das römische Recht seinen Willen als oberster Herrscher aufgezwungen. Die Städte mußten hohe Geldabgaben an den kaiserlichen Herrn abführen und die Einsetzung eines kaiserlichen Vertreters (podestà) dulden. Städtebündnisse waren verboten. Reichsburgen sicherten die wichtigsten Militärstraßen. Als Mailand vier Jahre nach der Wiedererrichtung der kaiserlichen Oberherrschaft einen neuen Aufstand wagte (1162), wurde es dem Erdboden gleichgemacht und seine Bewohner in vier dörflichen Siedlungen einem strengen kaiserlichen Vertreter unterstellt. 12 Jahre lang behauptete Friedrich seine Machtstellung unangefochten. Selbst das päpstliche Bündnissystem konnte gegenüber seiner geschickten Diplomatie auf die Dauer nicht bestehen. Der Gegenpapst nahm von Rom Besitz und krönte Friedrichs Gattin zur Kaiserin.

Aber auch der päpstlich-lombardische Gegner war nicht untätig geblieben. Die Mailänder bauten schließlich ihre Stadt wieder auf, die

Lombarden gründeten eine neue Stadt und gaben ihr den Namen des kaiserfeindlichen Papstes Alexander — Alessandria. Solange die enge Verbindung Papsttum — lombardische Städte bestand, hielt Friedrich eine Aussöhnung mit dem Papst für ausgeschlossen. Deswegen wollte er das Bündnis militärisch brechen. Aber in der entscheidenden Schlacht bei Legnano siegten im Jahre 1176 mailändische Reiter und lombardische Fußtruppen über die kaiserlichen Ritter. Zum erstenmal in der Geschichte der mittelalterlichen Städteentwicklung hatten sich Bürger im Kampf um ihre Freiheit einem Heer kriegs- und waffenerprobter Ritter überlegen erwiesen. Freilich darf nicht übersehen werden, daß das Heer Friedrichs zahlenmäßig unterlegen war, weil Heinrich der Löwe seinem kaiserlichen Herrn Waffenhilfe verweigert hatte.

Die Folgen dieser Niederlage waren ein Friede mit dem Papst und Waffenstillstand bzw. Friede mit den Städten. Der Gegenpapst wurde fallengelassen, das päpstliche Schisma beendet. Die Lombarden erkannten zwar die Oberhoheit des Reiches an, aber der Kaiser konzedierte ihnen die städtische Selbstverwaltung. Die Zeit der reinen Feudalherrschaft war damit für Italien beendet.

Einschneidender waren aber die Folgen der gleichen Niederlage in Deutschland selbst. Während der letzten 25 Jahre hatte der Kaiser sich um die politischen Veränderungen in Deutschland nur soweit gekümmert, als sie seinen Reichsplänen nicht entgegenstanden. Für Heinrich den Löwen bedeutete dieses, daß er seine Interessen ungestört hatte verfolgen können. Sie zielten ab auf die Vergrößerung seines Territoriums und die Errichtung einer räumlich und organisatorisch geschlossenen Machtgrundlage, von der aus ein Kampf selbst gegen den König und die andern Territorialherren geführt werden konnte. Es gelang ihm, das Ostsee-Gebiet (Mecklenburg, Pommern) seinem Territorium einzufügen. Ein großer Teil der slawischen Bevölkerung war durch lange Kriege aufgerieben worden; er wurde durch deutsche Siedler ersetzt. Die wirtschaftliche und kulturelle Erschließung dieses Gebietes leistete der Orden der Zisterzienser, den Heinrich berief und großzügig von Doberan bis Oliva einsetzte. Der einzige günstige Hafen der Ostsee, Lübeck, wurde dem Gründer abgepreßt und von Heinrich hervorragend ausgebaut. Mit Dänemark knüpfte er verwandtschaftliche Beziehungen, um sein Werk nicht von dieser Seite gefährden zu lassen. Zudem war er der Schwiegersohn des Königs von England. Seine Tatkraft schuf aus dem Herzogtum Sachsen das größte und am besten verwaltete Territiorium Deutschlands.

Friedrich Barbarossa hatte Heinrichs politische Aktivität und die Vergrößerung seiner Territorialmacht nie als eine Bedrohung seiner königlichen Stellung empfunden. Bei allen Beschwerden kleinerer Territorialherren über unberechtigte Übergriffe des Herzogs hatte der König auf der Seite Heinrichs gestanden. Aber nach Ausbruch eines neuen Krieges des Welfen gegen seine Gegner nahm Friedrich deren Klagen an und es kam zu einem Prozeß in land- und lehnrechtlichem Verfahren gegen Heinrich. Da der Löwe zu allen Ladungen nicht erschien, wurde er 1180 geächtet und aller seiner Reichslehen für verlustig erklärt. Das sächsische Herzogtum wurde geteilt: Kölns Erzbischof erhielt die Sprengel von Köln und Paderborn als Herzogtum Westfalen, der Rest des Herzogtums Sachsen fiel an einen Grafen von Anhalt. Bayern erhielt Otto von Wittelsbach, dessen Haus bis zum Jahre 1918 dort regierte. Das Herzogtum Steiermark wurde neu errichtet und von Bayern abgetrennt.

Diese Maßnahme Friedrichs zerschlug endgültig das deutsche Stammesherzogtum. Der Aufbau des Reiches erfolgte von nun an allein nach lehnsrechtlichen Gesichtspunkten.

Durch diesen Machtspruch des Königs schien der Dualismus von kaiserlicher Italienpolitik und territorialherrlicher Ostpolitik vorerst zugunsten des Kaisers aufgehoben zu sein. Jedoch schon allzu tief war in dem Bewußtsein deutscher und nichtdeutscher Zeitgenossen die Auffassung verwurzelt, daß in Friedrichs wie Heinrichs Politik zwei mögliche Wege zukünftiger politischer Entscheidungen auf deutschem Boden sichtbar geworden waren, die unter Umständen nicht nur Deutschlands Schicksal, sondern auch das weiter Teile Europas bestimmen könnten. Heinrichs des Löwen Leistung machte die Welfen, zu denen er durch Geburt gehörte, zu einem Parteinamen für alle jene Bestrebungen innerhalb des abendländischen Kaiserreiches, welche die Idee des universalen Kaisertums der Wirklichkeit der kraftvoll sich entwickelnden Territorien verschiedener Art zu opfern bereit waren (norditalienische Städte, nationale Königreiche, deutsche Territorien). Außerhalb Deutschlands sprach man von Guelfen. Demgegenüber wurde Friedrich Barbarossa in seiner Italienpolitik als der große Gegenpol der Territorial- und Ostpolitik Heinrichs des Löwen empfunden und zum Vorbild für alle jene, die im universalen Kaisertum eine Möglichkeit sahen, die Auflösung der abendländischen Einheit zu überwinden, die durch die Festigung selbständiger und vom Kaiser unabhängiger Territorien drohte. Wie der Welfenname so wurde auch der Name des Geschlechtes Barbarossas nach seiner Stammburg Waiblingen in Süddeutschland zum Kampfruf der Parteien (in Deutschland: „Hie Welf, hie Waibling“, in Italien nannte man die Anhänger der Staufen Ghibellinen). Bis weit über die Zeiten Dantes, des großen italienischen Dichters hinaus, stand die Politik jeder bedeutenden norditalienischen Stadt unter dem unüberbrückbaren Gegensatz von guelfisch und ghibellinisch.

Man könnte von den Folgen her gesehen versucht sein, die Heirat von Friedrichs Sohn, Heinrich, mit Konstanze von Sizilien 1184 als die Krönung der Italienpolitik dieses großen Staufen zu betrachten. Aber Konstanze war die Tante des regierenden normannischen Königs Wilhelm von Sizilien. Nach menschlichem Ermessen war es unwahrscheinlich, daß nach dem Tod Wilhelms Heinrich über seine Gemahlin das sizilische Erbe antreten würde. Die Heirat diente also zunächst einer Aussöhnung des deutsch-sizilischen Gegensatzes.

Im hohen Alter stellte sich Friedrich als „Schutzherr der Christenheit" an die Spitze des dritten Kreuzzuges (1189—1192). Jerusalem sollte dem Saladin genommen werden. 1188 nahm Friedrich das Kreuz. Fast gleichzeitig versöhnte sich der König von Frankreich mit Richard Löwenherz von England, und beide beschlossen die Teilnahme am Kreuzzug. Das deutsche Kreuzheer zog zu Lande von Regensburg über Ungarn nach Ostrom. Die teilweise feindliche Haltung des oströmischen Kaisers konnte durch einen Vertrag überwunden werden; das Kreuzheer setzte nach Asien über.

In Cilicien fand Friedrich Barbarossa beim Baden in den Fluten des Bergflusses Saleph den Tod.

Nach dem Tode Barbarossas übernahm sein Sohn Friedrich von Schwaben die Führung des Kreuzheeres. Vor Akkon erfolgte die Gründung des „Deutschen Ordens". Mit Hilfe des englischen Königs Richard Löwenherz und des französischen Königs Philipp II. wurde Akkon erobert und ein Waffenstillstand mit Saladin geschlossen. Die Christen behielten das Land an der Küste von Tyrus bis Jaffa und das Recht der Wallfahrt zu den Heiligen Stätten.

Friedrich Barbarossa hatte danach gestrebt, das Kaisertum Karls des Großen wiederherzustellen. Obschon der große Streit zwischen weltlicher und geistlicher Gewalt den Inhalt des Kaisertums von seiner ursprünglich religiösen Basis mehr und mehr nach der weltlichen Seite hin verschob, blieb das Ziel Friedrichs die Einheit des Imperiums unter dem religiös begründeten Kaisertum. Unter diesem Gesichtspunkt waren seine politischen Maßnahmen unter Benutzung zeitbedingter Mittel im wesentlichen ein Ausdruck der Verpflichtung, die er seinem Amt gegenüber fühlte. So wurde er im Verlauf seiner Regierung zum Symbol der Gesinnung seiner Zeit, in der das weltliche Rittertum versuchte, den Anspruch der Kirche auf Weltgestaltung aus dem Geist des Christentums mit den natürlichen Bedingungen des menschlichen Daseins in einer großen Synthese zu vereinen. Äußere und innere Haltung ließen Friedrich in der Dichtung und beim Volke als den vollendeten Ritter erscheinen, der das Maß zum Leitbild seines Lebens gemacht hatte. Die Italiener gaben ihm den Beinamen Barbarossa (Rotbart), mit dem er auch in die deutsche Geschichte einging.

Während Friedrich Barbarossa noch auf dem Kreuzzug seine Heere gegen den Islam führte, war 1189 der nicht erwartete Fall eingetreten, daß mit dem Tode des kinderlosen Königs Wilhelm von Sizilien das süditalienisch-normannisch-sizilische Königreich an die einzige Erbin Konstanze, Frau des deutschen Königs Heinrich VI., fiel. Der Traum vieler deutscher Könige von einer festen Verbindung Deutschlands mit Italien schien endlich verwirklicht zu werden in der Person eines Herrschers, der wie kaum einer vor ihm Herrschergabe und Herrscherwillen in sich vereinte. Latein sprach er wie seine Muttersprache, mit dem kirchlichen und dem römischen Recht war er voll vertraut. In der Welt des abendländischen Rittertums schien er wie selbstverständlich beheimatet, und auch die ritterliche Dichtung fand in ihm einen feinsinnigen und talentierten Gestalter. Schon 1186/87 hatte er die Regentschaft in Italien geführt, und für die Zeit des Kreuzzuges wurde er zum Regenten beider Reichsteile bestimmt. Die deutschen Fürsten hatten ihn 1184 zum König und Nachfolger Barbarossas gewählt. Aber die Welt, in der er atmete und lebte, war nur in sehr bedingtem Maße seine Welt. Die Vorstellung von einem Kaisertum, bei dem sich Persönlichkeit und Macht seines Trägers einer religiösen Aufgabe verpflichtet glaubten, wich bei ihm der Idee der Weltherrschaft, wie sie in der Antike durch Alexander den Großen oder die römischen Cäsaren verwirklicht worden zu sein schien. So war die große Triebkraft seiner Persönlichkeit und seiner Politik die Macht um ihrer selbst willen. Zwar gelang es ihm verhältnismäßig schnell, die Gegner seiner Herrschaft in Sizilien wie in Deutschland niederzuschlagen, aber die Mittel, derer er sich dazu bediente, widersprachen den Auffassungen seiner Zeit. Die Seele der Opposition gegen den Staufen war der geächtete Heinrich der Löwe. Eine deutsche Fürstenverschwörung, die von den Normannenstaaten Sizilien und England unterstützt wurde, zwang den König, seinen Zug nach Sizilien im Anschluß an seine Kaiserkrönung in Rom abzubrechen, um in Deutschland den Aufstand niederzuwerfen. Dabei kam ihm der Zufall zu Hilfe. Der englische König Richard Löwenherz war auf seiner Rückkehr vom Kreuzzuge in die Hand des Herzogs Luitpold von Österreich geraten. Heinrich erwirkte seine Auslieferung und setzte ihn auf der Burg Trifels gefangen. Dadurch verletzte er das ungeschriebene Gesetz, daß jedem Kreuzfahrer von allen christlichen Herrschern Schutz und Hilfe zu gewähren sei, und stellte sich außerhalb der Gemeinschaft des christlichen Rittertums. Aber er verschaffte sich eine überlegene Verhandlungsposition. Die Opposition in Sizilien war ihrer wichtigsten Stütze beraubt, die deutsche Fürstenverschwörung brach zusammen. Richard Löwenherz nahm 1194 sein eigenes Königreich England aus der Hand des Kaisers zu Lehen. Am Weihnachtstag des gleichen Jahres wurde Heinrich VI. im Dom zu Palermo zum König von Sizilien gekrönt. Das damalige Kleinod des Mittelmeeres, Sizilien, bedeutend auch wegen seiner eigenartigen hochstehenden arabisch-islamisch-normannisch-christlichen Mischkultur war in der Hand des staufischen Königs- und Kaiserhauses.

Seine Machtgrundlage befand sich nun außerhalb des eigentlichen Reiches Deutschland. Zwar war immer noch der Mittelmeerraum kulturell und wirtschaftlich dem übrigen Europa überlegen, und strategisch war er eine gute Ausgangsposition für weitergreifende Pläne des Königs, die nach Osten (Byzanz, Jerusalem) wie nach Westen (das maurisch-islamische Spanien) zielten. Armenien, die Insel Zypern, Jerusalem und der spanische Kalif El Mansur erkannten schon Heinrichs Oberherrschaft an. Aber wenn das Kaisertum in machtpolitischer Hinsicht seine universale Bedeutung wiedererlangen sollte, war es auf das Wohlverhalten des Papstes und der deutschen Fürsten, geistlicher wie weltlicher, deren Heereskontingente immer noch äußerst wichtig waren, angewiesen. Aus dieser nüchternen Beurteilung der Lage erwuchs Heinrichs Erbreichsplan.

In ihm gestand er den deutschen weltlichen Fürsten die Erblichkeit ihrer Lehen auch in weiblicher Linie zu. Dadurch wurden sie zu unbeschränkten Eigentümern ihrer Territorien. Die geistlichen Fürsten sollten aus allen Verpflichtungen gegenüber der Krone gelöst werden. Dafür sollten die Fürsten auf ihr Wahlrecht verzichten und die Thronfolge des jeweils ältesten Sohnes des staufischen Hauses anerkennen. Aber sie lehnten den Erbreichsplan ab, glaubten sie doch, ohne weitere Zugeständnisse ihr Ziel, den uneingeschränkten Besitz ihrer Lehen, erreichen zu können. Nur der Wahl seines eben (1195) geborenen Sohnes Friedrich zum deutschen König stimmten sie zu. Der Kaiser mußte einen neuen Aufstand in Sizilien niederwerfen. Die dabei angewandten Mittel waren selbst unter Berücksichtigung mittelalterlicher Anschauungen so überaus grausam, daß Männer der engsten Umgebung dem Herrscher die Zustimmung dazu verweigerten. Während der Vorbereitung eines neuen Kreuzzuges erkrankte Heinrich VI. an der Ruhr. Als die deutsche Kreuzzugsflotte schon in Messina in See gestochen war, erlag er ihren Folgen (1197). Im Dom von Palermo wurde er begraben. Sein Sohn und Erbe Friedrich war zwei Jahre alt.

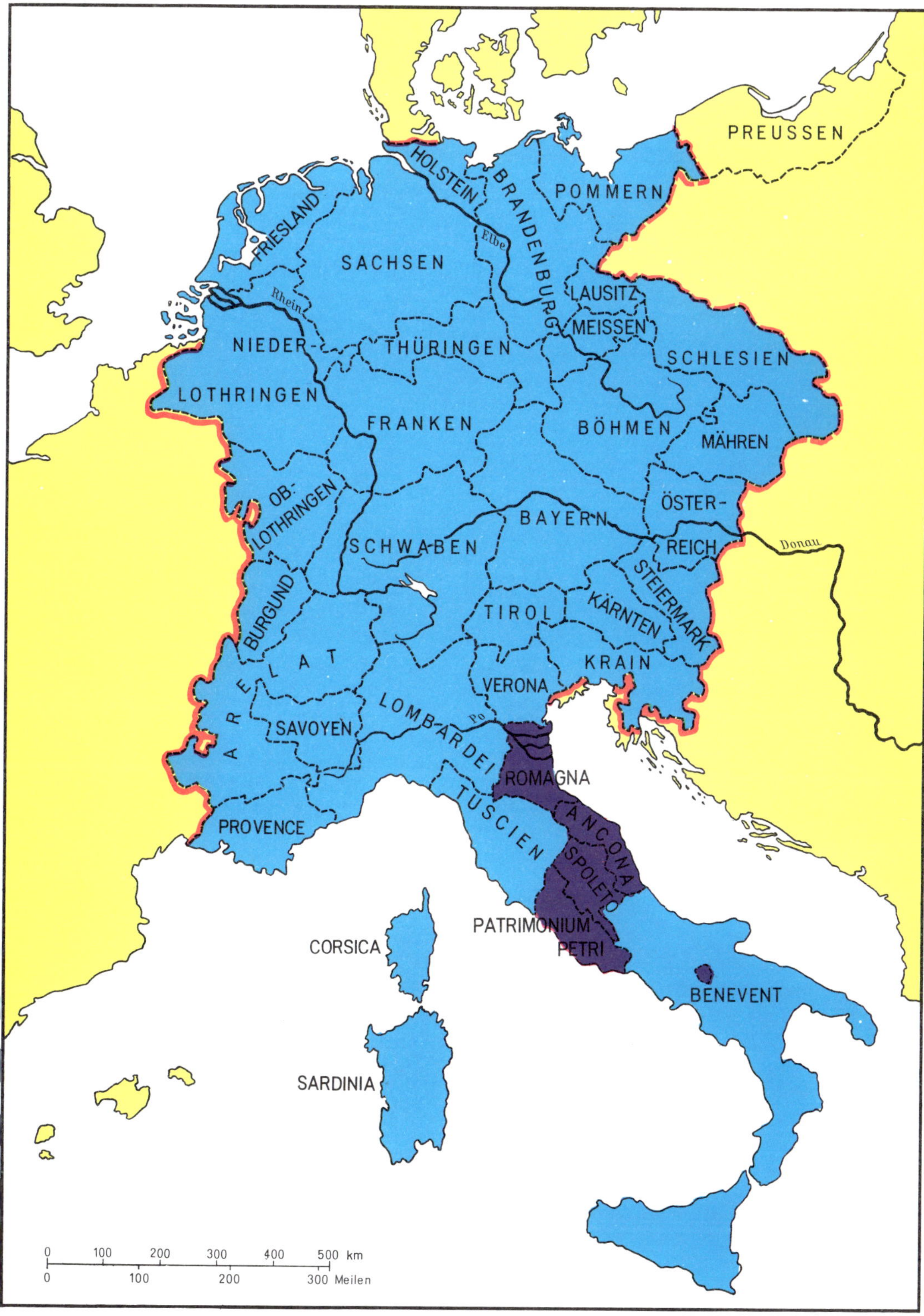

Das Reich der Staufer um 1190

In seiner achtjährigen Regierungszeit, die zeitlich mit dem Höhepunkt der deutschen ritterlichen Kultur zusammenfällt, hatte Heinrich VI. mit der ihm eigenen Zielstrebigkeit und Energie das universale staufische Kaisertum zu einer nie wieder erreichten Machthöhe geführt. Dabei hat er gleichzeitig die Gefährdung der mittelalterlichen Kaiseridee durch seine eigene Politik wie durch die Maßnahmen seiner Gegenspieler deutlich werden lassen. Das Papsttum, mehr als zuvor von den Vorstellungen Gregors VII. beseelt, daß es zu seiner geistlichen Herrschaft einer starken weltlichen Machtgrundlage bedürfe, fühlte sich in seinem Kirchenstaat von der staufischen Macht aufs gefährlichste umklammert. Die lombardischen Städte erstrebten volle Freiheit und Unabhängigkeit von der deutschen Herrschaft. Die deutschen Fürsten bangten um ihre territoriale Souveränität. Die sich bildenden nationalen Königreiche Europas lehnten die universalen Ansprüche des Kaisertums ab. Deshalb wählten mit Zustimmung des Papstes Innozenz III. (1198—1216) die deutschen Fürsten Otto von Braunschweig, einen Sohn Heinrichs des Löwen, zum König. Die wenigen Parteigänger der Staufen einigten sich auf Herzog Philipp von Schwaben, einen Bruder des verstorbenen Kaisers. Das bedeutete den Bürgerkrieg in Deutschland. In Italien brach die Herrschaft der Deutschen überall zusammen. Selbst die Witwe Heinrichs VI. entließ ihre deutschen Ratgeber und Beamten. Ihren Sohn Friedrich gab sie dem Papst Innozenz III. als Mündel zur Erziehung.

Otto verzichtete gegenüber dem Papsttum auf alle Rechte, die dem deutschen König noch gemäß dem Wormser Konkordat zustanden und erkannte die willkürliche Vergrößerung des Kirchenstaates durch Innozenz an. Die von Otto dem Großen begründete Reichskirche hörte auf zu bestehen. Aber trotz der großen Machtmittel, über die der König verfügte, war ihm das Kriegsglück versagt. Schon konnte Philipp von Schwaben glauben, die deutsche Krone seinem Hause wieder gesichert zu haben, da setzte der Mord aus privaten Gründen seinem Leben ein Ende (1208). Des weiteren Bürgerkrieges überdrüssig erkannten auch die staufischen Parteigänger Otto als König an. Kaum im Besitz der uneingeschränkten Königswürde, nahm aber der Welfe Otto die staufische Kaiser- und Reichspolitik wieder auf, erneuerte die deutschen Ansprüche auf Oberhoheit über die lombardischen Städte und bestritt dem Papst das Recht auf die Vergrößerung des Kirchenstaates. Das forderte den erbitterten Widerspruch Innozenz' III. heraus. Verhandlungen mit der deutschen Opposition gegen die Welfen führten schließlich zu einer neuen Wahl Friedrichs, des Sohnes Heinrichs VI. und Mündels des Papstes (1212). Innozenz hielt diesen Staufen seinen Wünschen gegenüber für gefügiger als den Welfen, zumal Friedrich für alle Zeiten auf eine Vereinigung Siziliens mit Deutschland verzichtet und zur Bekräftigung dieser Absicht seinen eben einjährigen Sohn Heinrich zum König von Sizilien bestimmt hatte. In Deutschland nahm er die staufischen Erblande in Besitz und, vom König von Frankreich mit reichlichen Geldmitteln unterstützt, dehnte er schnell seine Macht über Mittel- und Süddeutschland aus. In Gegenwart des französischen Königs wurde Friedrich II. 1212 in Frankfurt zum deutschen König gekrönt.

Die französisch-englischen Beziehungen jener Zeit waren von dem Wunsch Frankreichs bestimmt, die normannischen Besitzungen der englischen Krone in Frankreich unter seine Souveränität zu bringen. Daraus erwuchsen die Jahrhunderte währenden Kriege zwischen beiden Staaten. Otto sah als Verwandter des englischen Königshauses in dem französischen König seinen Hauptwidersacher. Zum erstenmal verflocht sich die deutsche Politik mit der Westeuropas. 1214 kam es in Frankreich zu einer Entscheidungsschlacht zwischen den beiden westeuropäischen Rivalen. Otto kämpfte auf der Seite des englischen Königs. Da aber Frankreich die Schlacht gewann, war auch Ottos Schicksal entschieden. Durch eine außerdeutsche Kriegsentscheidung wurde Friedrich II. (1212/1215—1250) unbestrittener Herrscher in Deutschland.

Damit hatte der junge König sein erstes politisches Ziel erreicht. In Wirklichkeit lag ihm nichts an der deutschen Krone. Sie sollte ihm die Möglichkeit geben, die staufische Herrschaft über Sizilien und Norditalien zurückzugewinnen; das sizilisch-normannische Bluterbe und die Erziehung am päpstlichen Hof hatten aus ihm mehr einen Italiener gemacht als einen Deutschen. Nach seiner Kaiserkrönung 1220 betrat er Deutschland nur noch einmal. Die Regierung überließ er im wesentlichen seinen Söhnen, um sich ganz dem staatlichen Aufbau seines sizilischen Erblandes zu widmen. In dieser Beziehung leistete er Außergewöhnliches. Seine gesamte geistige Haltung, seine Skepsis gegenüber jeder Tradition, seine Toleranz gegenüber jeder religiösen Anschauung, sein Bemühen, sich in allen seinen Handlungen allein von der kühlen Vernunft leiten zu lassen, sein Verständnis für die Bedeutung einer wirksamen Propaganda als eines wesentlichen Mittels der Politik, seine in vieler Hinsicht belegbare Immoralität machten ihn fast zu einem modernen Menschen, zumindest aber zu einem Herrscher, der Ideen der späteren Renaissance bereits in der ersten Hälfte des 13. Jahrhunderts zu verwirklichen suchte.

Die Wiederaufnahme der Politik seines Vaters mußte auf den kompromißlosen Widerstand des Papsttums und der norditalienischen Stadtstaaten stoßen. Die Härte des Kampfes und der Einsatz aller Mittel auf beiden Seiten waren der entscheidende Grund dafür, daß der Kaiser in Deutschland den Ausgleich mit jenen Gewalten suchte, die ihm bei der Durchsetzung seiner sizilisch-italienischen Ziele nicht in den Rücken fallen sollten. Das waren die geistlichen und weltlichen Fürsten, die vom Kaiser nunmehr nicht nur die strikte Respektierung ihrer territorialen Souveränität, sondern auch die Zurückweisung bzw. Eindämmung der Freiheitsrechte der inzwischen bedeutend gewordenen städtischen Gemeinwesen erwarteten. In diesem Sinne verlieh er zunächst den geistlichen Fürsten die Territorialherrschaft unter Verzicht auf Reichskirchengut und Regalien. Dieses Entgegenkommen dehnte er einige Zeit später auf die weltlichen Fürsten aus, gab zu ihren Gunsten die königliche Gerichtsbarkeit, Münz-, Markt- und Zollhoheit auf und beschränkte die städtischen Rechte auf den Raum des ummauerten städtischen Gebietes. Dadurch entzog er diesen die für sie ganz wesentliche Möglichkeit, Neubürger durch Zuwanderung oder Ansiedlung im Weichbild der Stadt zu gewinnen.

Die Tendenz, Deutschland zu einem Kräftereservoir für seine sizilisch-italienischen Unternehmungen zu machen, zeigte sich deutlich an Friedrichs Haltung zum Reichsgut. Dieses sowie das ausgedehnte Hausgut der Staufer im Elsaß wurden einer straffen Verwaltung durch Beamte unterstellt. Die neue Paßstraße über den St. Gotthard wurde durch die Erwerbung des wichtigsten Zugangsgebietes von Uri sowie durch Verleihung der Reichsfreiheit an Schwyz gesichert. Aber abgesehen von dem Versuch, die Rechtsordnung im Reich durch das Mainzer Landfriedensgesetz zu garantieren und dadurch auch das überhandnehmende Fehdeunwesen einzudämmen, lag die tatsächliche volle Souveränität in den jeweiligen Territorien seit den Zeiten Friedrichs II. bei den Fürsten.

Trotz seiner unbestrittenen Meisterschaft als Politiker und seiner über seine Zeit weit hinausragenden Leistung im Ausbau eines modernen Staates in Sizilien-Unteritalien blieb Friedrich im Kampf mit dem Papsttum nicht Sieger. Die Auffassung, daß der Staat ein Recht in sich selbst habe, das von jedermann, auch vom Papst und von der Kirche respektiert werden müsse und dem sich unter Umständen auch die Kirche zu beugen habe, begegnete allgemeiner Ablehnung. So fand das Papsttum zahlreiche Bundesgenossen. Auf der Höhe des Kampfes starb Friedrich, 56jährig, und wurde im Dom zu Palermo begraben. Das Volk von Sizilien hat sein Andenken nicht vergessen und betrachtet ihn noch heute als einen seiner größten Herrscher. Das vom Papst mit Sizilien belehnte französische Haus Anjou verfolgte Friedrichs Nachkommen mit unerbittlicher Härte. Sein Enkel Konradin, der letzte Sproß des Geschlechts, wurde 1268 auf offenem Markt in Neapel enthauptet.

Der Sieg des Papsttums über die Staufen zerstörte das universale Kaisertum. Teilhaber dieses Sieges waren die nationalen Königreiche Europas und die deutschen Territorialherren. Gleichzeitig aber wurde die Niederlage des Kaisertums auch die Ursache dafür, daß die lombardischen Stadtstaaten, unversöhnliche Gegner der Ghibellinen, ihre Macht, die auf Handel und Geld beruhte, aufbauen konnten und Träger eines neuen Geistes wurden.

In Deutschland wählten die Fürsten bereits 1247 Wilhelm von Holland zum König. Aber er konnte seine Herrschaft nicht über den Niederrhein ausdehnen. Nach seinem Tode (1256) wurden in einer Doppelwahl zwei Ausländer zu deutschen Königen gewählt, die sich aber kaum um das Reich kümmerten.

Die ritterliche Kultur

Das Ende der staufischen Kaiserherrschaft und damit des universalen Kaisertums überhaupt bedeutete gleichzeitig das Ende einer der eigenartigsten Erscheinungen des Mittelalters: des christlichen Rittertums und seiner von ihm getragenen Kultur. Die Grundlagen dieser gemeinabendländischen ritterlichen Kultur lagen in der Wandlung, die der Stand des Soldaten unter dem Einfluß des Christentums erfahren hatte. Die christliche Kirche hatte sich seiner verhältnismäßig spät angenommen. Erst die stärkere Hinwendung zu der Welt des Laien, in denen die kluniazensischen Reformer Mitstreiter für das Reich Christi erblickten, öffnete auch dem Laien im Soldatenstand den Zugang zu den rein christlich-kirchlichen Bereichen, ohne daß dieser damit seine weltlichen Verpflichtungen aufgeben mußte. Die Voraussetzung war natürlich, daß er sich und seinen Beruf in erster Linie als Dienst für Gott und seine Kirche, als Kampf und Wirken für die Durchsetzung des Gotteskönigtums in der Welt betrachtete.

Infolge der Wandlungen, die das Kriegswesen vom 8. bis 10. Jahrhundert erfuhr, war das allgemeine Aufgebot des Volkes immer mehr durch das berittene und schwer bewaffnete Berufskriegerheer ersetzt worden, das teilweise in unmittelbarer Umgebung seines Kriegsherrn, teilweise auf den Außenposten (Burgen) Dienst tat. Aus ihm stiegen auf Grund besonderer Verdienste die Ministerialen — Dienstmannen —, ursprünglich Unfreie, empor. Innerhalb des berittenen Soldatentums entwickelten sich schon frühzeitig bestimmte Formen militärischen Dienstes und soldatischen Umgangs, die den Angehörigen dieses Standes ein bestimmtes Gepräge gaben. Solange die äußere Bedrohung der ihm zur Verteidigung anvertrauten Gebiete und eine starke oberste Gewalt bestanden, füllte der Dienst im allgemeinen das Leben des Ritters aus. Die Beruhigung der Verhältnisse in Europa und die Schwäche der königlichen Gewalt in Frankreich — zeitweise auch in Deutschland — führten dazu, daß die Ritter sich untereinander befehdeten und ihre Streitigkeiten oft ohne Rücksicht auf die Nichtbeteiligten austrugen. Besonders Ostfrankreich litt unter den Folgen des Fehdewesens. Hier griffen die kluniazensischen Reformer zum erstenmal entscheidend ein, indem sie die von Aquitanien ausgehende Bewegung der treuga Dei, des Gottesfriedens, nachhaltig unterstützten.

Ein zweiter entscheidender Faktor war der Einsatz des Rittertums für die große kirchliche Aufgabe des Kampfes gegen den Islam. Damit verlieh die Kirche dem Stand des Soldaten einen religiösen Auftrag. Weil die tragende Idee übernational und übervölkisch war, band sie gleichzeitig alle Teilnehmer eines solchen heiligen Krieges gegen den Islam zu einer besonderen Gemeinschaft zusammen, deren Gemeinschaftsbewußtsein auch über die eigentliche Aufgabe hinaus durch das nur ihnen eigene Erlebnis der fremden Welt des Orients wachgehalten wurde.

Ähnlich dem geistlichen Stande war man nicht Ritter, sondern wurde es. Zwar gab es auch für die Ritterschaft besonders „Berufene", die nach Geburt oder Lebensumständen dem Stand des Ritters bevorzugt bestimmt waren (Geburts- und Dienstadel). Jedoch erst der Ritterschlag nahm in einer feierlichen Zeremonie den Mann in die Ritterschaft auf. Er war das Sinnbild für die Zugehörigkeit zu jener gesellschaftlichen Schicht, die versuchte, Mut und Tapferkeit des Kriegers, Tatenlust und Abenteuerliebe, Hingabe an den bedürftigen Nächsten, Frauendienst und Kampf für Christus und seine Kirche in einer großen Synthese so zu vereinen, daß die Tugend des Maßhaltens in jeder einzelnen dieser Aufgaben zur Erfüllung aller Aufgaben befähigte.

Das Bewußtsein des ritterlichen Standes, durch Leistung (vor allem auf den Kreuzzügen) und Welt- und Lebensgestaltung etwas durchaus Neues und Vorbildliches zu schaffen, führte zur künstlerischen Aussage über ihn selbst. Sie entsprang der Freude an der Verherrlichung der Gemeinschaftsleistung des abendländischen Rittertums. Als solche bevorzugte sie Stoffe aus der gemeinabendländischen Völkerwanderung, der karolingischen Zeit oder der Welt des Orients in der Form des großen Epos (Dietrich-Sage, Nibelungen-Sage, Gudrun-Sage, Roland-Sage, Alexander-Sage, Artus-Gral-Sage). Gleichzeitig waren diese Stoffe geeignet, das ritterliche Ideal künstlerisch zu verklären und es so als Leitbild der eigenen und nachfolgenden Generation vor Augen zu halten (vor allem die Artus-Gral-Sage). Als besonders bedeutsam für die Entwicklung des abendländischen Menschen erwies sich aber das Bewußtsein vom persönlichen Wert auch des einzelnen. Dieses Bewußtsein machte die Aussage über das eigene Ich zur allgemein gültigen Aussage über den Wert des Menschlichen überhaupt. Das führte zur Entstehung des Minnesangs, zunächst zur Verherrlichung der ritterlich-konventionellen Frauenverehrung, später zur Verherrlichung der Liebe zwischen Frau und Mann.

Innerhalb dieses Rahmens entstanden in Westeuropa (Frankreich, England, Spanien) und Deutschland die großen ritterlichen Dichtungen im Gewande der Volkssprachen, ohne daß damit eine Verengung auf einen nationalen Raum erfolgte. Die bedeutendsten deutschen Dichter waren Hartmann von der Aue, Wolfram von Eschenbach („Parzival"), Gottfried von Straßburg („Tristan und Isolde") und der größte Lyriker und politische Dichter Walther von der Vogelweide.

Das Rittertum war die bedeutendste abendländische Gemeinschaftsbewegung und eines der größten abendländischen Gemeinschaftserlebnisse. Für rund 200 Jahre (bis etwa 1250) war das Abendland das Vaterland der Menschen, die in irgendeiner Weise an dem teilnahmen, was ihm seinen besonderen Gehalt gab. Unaufhörlich mischten sich Anregungen, Meinungen, Formen und Stile, und was entstand und Dauer hatte, war immer mehr als nur Ausdruck des engen Nationalen, es war ein Stück christlich-abendländischer Welt.

Die Sprachen der kulturell führenden Völker Europas haben alle aus der Zeit des Rittertums ein Wort bis in unsere Zeit hinübergenommen, wenn sie einen Menschen bezeichnen wollen, der seine zur Harmonie gebildeten geistigen, seelischen und leiblichen Kräfte in den Dienst am Mitmenschen stellt. Im Deutschen nennt man einen solchen Menschen ritterlich.

Fünftes Kapitel

NEUE KRÄFTE IM VERFALLENDEN REICH

Das Territorialfürstentum

Es war das Kennzeichnende der deutschen Entwicklung von Otto d. G. bis zum Ende der staufischen Herrschaft gewesen, daß die Idee des universalen Reiches, wenn auch oft unausgesprochen, die deutsche Geschichte bis in ihre feinsten Verästelungen hinein beeinflußt hatte. Deshalb war die Persönlichkeit jedes einzelnen Herrschers von entscheidender Wichtigkeit, weil es wesentlich von seinem Willen und seiner Tatkraft abhängig war, wie jeweils die universale Reichsidee Gestalt wurde. Das späte Mittelalter wurde nicht mehr vom Kaiser bestimmt. Soweit er in das Gefüge des Reiches in irgendeiner Weise eingriff, geschah es mehr in der Art eines Territorialherrn mit kaiserlich-königlichem Titel als mit kaiserlich-königlicher Macht. Deshalb kann man auf eine in Einzelheiten gehende Darstellung der verschiedenen Kaiser verzichten. Wichtiger ist es aber, jene Kräfte ins Blickfeld zu ziehen, die die eigentlich gestaltenden waren: die Fürsten und die Städte. Soweit der Kaiser ihre Unterstützung gewann, war er mächtig, soweit sie gegen ihn standen, war seine Macht nicht größer als die eines der Fürsten.

Was sich aber nach dem Ende der Staufen vor allem anbahnte und die deutsche Geschichte entscheidend beeinflußte, war die ganz verschiedenartige Entwicklung von Ost und West, von Kolonialgebiet und altem kulturellen Kernland. Schon unter Friedrich Barbarossa und Heinrich dem Löwen war der Konflikt zwischen beiden nicht nur ein dem frühen Mittelalter geläufiger zwischen Lehnsherrn und Lehnsmann gewesen, sondern es hatte sich in ihm auch schon etwas von der verschiedenartigen Auffassung von der Aufgabe des Reiches gezeigt. Der Kaiser sah sie in der Wahrung der alten universalen Idee mit ihrer Ausrichtung auf die Wiege des Abendlandes, Italien und Rom, Heinrich der Löwe aber in der Ausdehnung des Reiches auf den unerschlossenen, zukunftsträchtigen Osten hin. Je weniger sich die kaiserliche Macht bemerkbar machte, je stärker das Fürstentum und die in den Städten ihrer Kraft bewußten Bürger die Geschichte ihrer Lande und Siedlungsgebiete bestimmten, um so mehr mußte sich vor allem das von Traditionen unbeschwerte, eben erst eroberte Neuland in seinem Sonderdasein entwickeln. So setzte sich am Ende des 13. und zu Beginn des 14. Jahrhunderts jener Dualismus von Reichs- und Territorialgewalt durch, der bis ins 20. Jahrhundert hinein der deutschen Geschichte ihre besonderen Züge verlieh.

Schon unter Friedrich Barbarossa hatte sich die Scheidung der Großen in Fürsten, Magnaten und Freie Herren vollzogen. 1237 hatten bei der Wahl Konrads IV. zum deutschen König die Erzbischöfe von Köln, Mainz und Trier, der Pfalzgraf bei Rhein, der Herzog von Sachsen, der König von Böhmen und der Markgraf von Brandenburg als Kürer ihre Stimme abgegeben, während die übrigen Fürsten nur ihre Zustimmung gaben. Damit war das Wahlrecht auf einen engen Kreis bevorrechtigter geistlicher und weltlicher Fürsten beschränkt worden. Das Kurfürstenkollegium hatte sich gebildet, ohne daß es dazu eines besonderen Rechtsgrundsatzes bedurfte. Seit der Wahl von 1257 galten die Kurfürsten allein als Königswähler. 1338 wurde vom Rhenser Kurverein eine Königswahl als rechtsgültig erklärt, wenn sie durch die Mehrheit der sieben Kurfürsten erfolgt war. 1356 wurde dies durch die „Goldene Bulle" Reichsrecht. Nacheinander wählten die Kurfürsten von Trier, Köln, Böhmen, Pfalz, Sachsen und Brandenburg. Der Erzbischof von Mainz wählte zuletzt, weil er die Aufgabe hatte, die Stimmen abzufragen. Den Kurfürsten stand das Recht der Unteilbarkeit ihrer Kurländer, der Erbfolge (abgesehen von den geistlichen Kurfürsten) und die unbeschränkte Gerichtsbarkeit in ihren Territorien zu. Zur Wahl mußten wenigstens vier Kurfürsten oder ihre Vertreter anwesend sein. Warum gerade diese Fürsten das Kurrecht erhielten, ist in der Forschung umstritten.

Das alte Herzogtum hatte einen Stammescharakter gehabt. Die jetzt sich bildenden Territiorialgewalten hatten mit den ursprünglichen Stammesherzogtümern nichts mehr zu tun. Ihre Entwicklung war abhängig von der politischen Geschicklichkeit des jeweiligen Herrschers. Je zahlreicher die Kräfte waren, die nach Herrschaft drängten, um so kleiner wurden die Territorien, und je mehr diese Territorien ihrerseits wieder ihre Kräfte zur Vergrößerung des Bestehenden zusammenfaßten, um so stärker wurde die in der Hand des Territorialherrn gesammelte staatliche Gewalt; um so bedrohlicher wurde aber zugleich auch der Auseinanderfall des Ganzen im Kampf der Territiorien untereinander und gemeinsam gegen den König-Kaiser. Diese Entwicklung war keine deutsche Sondererscheinung, sondern eine gesamteuropäische. Überall suchte der ständisch gegliederte Staat den alten Feudalstaat zu verdrängen. Aber während sich in den andern europäischen Staaten das Königtum gegenüber dem Fürstentum durchsetzte, war es in Deutschland umgekehrt. Als die Fürsten gegenüber ihren Untertanen das Steuerrecht erlangten, das

Abb. 12 Uta, Naumburger Dom

Abb. 13 Engel, Straßburger Münster

Abb. 14 Der Bamberger Reiter ▷

Abb. 15 Freiburger Münster

ursprünglich ein reines Königsrecht war, vereinigten sie mit den in den Jahrhunderten vorher vom König verliehenen Rechten alle staatliche Gewalt in ihrer Hand. Freilich war die Durchsetzung dieses Rechts ein besonders langwieriger Prozeß. Aber er entschied über die innerstaatliche Entwicklung jedes Territoriums. Ursprünglich bestanden die Steuern aus freiwilligen Abgaben an den Landesherrn. Diese mußten von den Großen des Landes — den Vertretern der Stände, des Adels und der Geistlichkeit sowie der „landsässigen" Städte — erbeten werden. Der Landesherr war also in dieser Beziehung ebenso in der Hand der Stände wie der König in der Hand der Fürsten. Während diese aber den König in ihrer Abhängigkeit hielten, drängten sie in ihren eigenen Territorien den Einfluß der ständischen Organe immer mehr zurück. Auch in der Rechtssprechung setzte sich die fürstliche Gerichtsbarkeit, ausgeübt durch Beamte, seit dem Ende des 13. Jahrhunderts durch. Ihr folgten bis ins 17. Jahrhundert hinein weitere Gerechtsame, bis das Territorium in der Person des Fürsten seinen Mittelpunkt gefunden hatte.

Eine Karte Deutschlands aus dem 13. bis 15. Jahrhundert, die versuchen würde, die Vielfalt der deutschen Territorialherrschaften wiederzugeben, müßte sehr vielfarbig sein. Aber sie würde in einem Blick auch den Unterschied zwischen Ost und West sichtbar machen.

In Süddeutschland herrschten nach dem Aussterben der in der heutigen Schweiz und am Oberrhein begüterten Zähringer und der um die obere Donau begüterten Staufer vor allem die Habsburger, die ihren ursprünglich im Elsaß, Breisgau, Aargau, Zürichgau und Luzern gelegenen Besitz bis nach Vorarlberg und im 14. Jahrhundert bis nach Tirol vorschoben. Freilich ging ihnen darüber im 14. und 15. Jahrhundert das Land der Eidgenossen verloren.

Den Habsburgern an Landbesitz zwar nicht ebenbürtig, aber an Zähigkeit im Erwerb doch ähnlich waren die Grafen von Württemberg, die 1495 die Herzogswürde erhielten. Die drittgrößte Territorialmacht Süddeutschlands war Baden, das sich längs des östlichen Oberrheins in ursprünglich schwäbisches und alemannisches Gebiet hineingeschoben hatte. Innerhalb dieser drei größeren Territorialherrschaften bestand eine Vielzahl kleiner, die stets durch Kauf, Heirat oder Fehde von den größeren in ihrem Eigendasein bedroht waren.

Allein das Territorialfürstentum Bayern — 1180 an die Wittelsbacher als Herzogtum übertragen — hatte am stärksten den Zusammenhalt mit dem alten Stammesherzogtum bewahrt. Nur die späteren österreichischen Gebiete waren von ihm abgetrennt worden. Dafür hatten die Wittelsbacher 1214 die Kurpfalz erworben, die aber infolge wittelsbachischer Erbteilungen später wieder verloren ging und mit der Oberpfalz ein eigenes Territorium bildete.

In Mitteldeutschland hatten sich die Wettiner von der Saale aus sowohl nach Osten — Sachsen-Wittenberg — wie nach Westen — Thüringen — ausgedehnt. Hessen, in ihrer unmittelbaren Nachbarschaft, hatte sich im steten Kampf gegen den Mainzer Erzbischof und die Wettiner als bedeutende Landgrafschaft entwickelt. Am Rhein und Main aber dehnten sich die großen geistlichen Gebiete, so daß man Rhein- und Maingegend geradezu die „Pfaffengasse" nannte. Im Norden waren die Friesen fast völlig unabhängig vom Reich. Schleswig und Holstein gerieten 1460 nach dem Aussterben der Herzöge von Schleswig und der Grafen von Holstein in dänische Abhängigkeit. Die braunschweigisch-lüneburgischen Lande hatten ihre Bedeutung nach dem Sturze Heinrichs des Löwen eingebüßt. Fortsetzer der großen sächsischen Tradition als machtvolles Herzogtum wurde nach der Übertragung der Kurwürde Sachsen-Wittenberg. Weit einheitlicher war das Bild im Osten des Reiches. Mecklenburg war unter seinen slawischen Fürsten völlig christianisiert und deutsch geworden und wurde 1342 zum Herzogtum erhoben. Pommern stand ebenfalls unter einem slawischen Herzogshaus, zunächst unter der Lehnsherrschaft Brandenburgs.

Brandenburg war die Schöpfung Albrechts des Bären. Bereits im 13. Jahrhundert hatten seine Nachkommen die Altmark, die Priegnitz, das Havelland, die Uckermark, die Neumark und die Ober- und Niederlausitz inne. Die Städte Kölln-Berlin, Landsberg, Frankfurt a. d. Oder, Schöpfungen der Markgrafen, blühten. Aber Fehden und Raub des brandenburgischen Adels unter den Nachfolgern des 1320 ausgestorbenen brandenburgischen Zweiges der Askanier (Wittelsbacher und Luxemburger) führten in Brandenburg zur Zerrüttung des Landes und drohendem Einfall der Polen. Da bedeutete 1417 die Belehnung des Burggrafen von Nürnberg, Friedrichs von Hohenzollern, mit der Markgrafschaft eine Wende. Der Kampf gegen den räuberischen Adel wurde von ihm erfolgreich geführt, Brandenburg trat in die Reihe der gut verwalteten Territorien.

Wie im Norden Mecklenburg und Pommern, so war im Süden auch Schlesien durch die Haltung seiner slawischen Herzöge zu einem christlichen und deutschen Herzogtum geworden. Einzig Böhmen war trotz seiner engen Verbindung mit dem Reich und seinem später habsburgischen Königtum slawisch in Sprache und Volkstum geblieben. Breite Randgebiete waren allerdings nach und nach von deutschen Siedlern dem deutschen Volkstum gewonnen worden.

Der Deutsche Orden

Ein in seiner Entstehung und Struktur besonders bemerkenswertes deutsches Territorium außerhalb der Reichsgrenzen war der Staat des Deutschen Ordens, Preußen. Der Orden selbst war als eine Gründung des Sohnes Friedrich Barbarossas rein deutscher Prägung, bestimmt zum Schutze des Heiligen Landes. Wie die übrigen Ritterorden umfaßte er Ritter, Priester und dienende Brüder. Das Kleid der Ordensangehörigen war der weiße Mantel mit dem schwarzen Kreuz (aus diesen beiden Farben bestand später die Fahne Preußens). Die Ordensmitglieder bezeichneten sich als Ritter Christi und Dienstmannen St. Mariens vom Deutschen Hause. Als ihre höchste Aufgabe betrachteten sie die Bekehrung der Heiden, vor allem der Anhänger des Islams. Als sie diese im Heiligen Lande nicht mehr ausüben konnten, wurden sie in Siebenbürgen gegen die heidnischen Kumanen eingesetzt. 1225 bat der polnische Herzog von Masowien den Hochmeister des Ordens, Hermann von Salza, um Hilfe gegen die heidnischen, baltischen Pruzzen, die östlich der Weichsel als Bauernkrieger siedelten. Die Genehmigung zum Kampf erteilte der kaiserliche Freund Hermanns von Salza, Friedrich II. von Staufen. Der Papst und Konrad von Masowien sicherten dem Orden alles Land zu, das er den Preußen abgewinnen würde. Eine kaiserliche Urkunde verbriefte in feierlicher Form die Gründung eines autonomen, dem Imperium und nachträglich auch dem Papst unterstellten Ordensstaates in Preußen. Dadurch stand dieses Territorium bis zur Neugründung des Reiches von 1871 außerhalb des Reiches und seiner Ordnung.

Unterwerfung und Missionierung der Preußen erwiesen sich als äußerst schwierig und überstiegen die Kräfte des Ordens. Deshalb wurde allenthalben im Reich der Kreuzzug gegen die östlichen Heiden gepredigt. Befestigte Plätze, aus denen sich später die Städte Thorn, Kulm, Marienwerder und Elbing entwickelten, wurden von den Rittern angelegt, um von hier aus entweder mit dem Schwert gegen die Widerspenstigen vorzugehen oder um ihnen das Christentum zu predigen. Aber die Arbeit blieb mühsam und machte nur geringe Fortschritte. Eine starke Stütze fand der Orden an dem König Ottokar von Böhmen. Zu seiner Ehre wurde eine an der Pregel erbaute Burg Königsberg genannt (seit 1945 Kaliningrad). Erst nach fünfzigjährigem blutigen Kampf war der Orden Herr über Preußen. Zusammen mit dem Orden der Schwertbrüder wurden auch noch Kurland, Estland und Livland unterworfen. Die Marienburg an der Nogat, einem Nebenfluß der Weichsel, wurde Residenz des Hochmeisters, der bis dahin seinen Sitz in Venedig gehabt hatte. Der Orden begann, das Land urbar zu machen und vergab es an zahlreiche deutsche Siedler, die jedoch nur in geringem Umfange dem Ruf in die weiter östlich gelegenen Gebiete folgten. Während Preußen und Deutsche schließlich zu einem neuen Volk mit deutscher Sprache und Kultur zusammenwuchsen, blieben die übrigen Ordensländer des sog. Baltikums volkstumsmäßig von der deutschen Herrschaft unberührt. Nur die dort gelegenen Städte waren deutsche Gründungen und von deutschen Bürgern bewohnt (z. B. Riga, Reval, Dorpat).

Solange der Orden seine moralische und militärische Kraft behielt, gelang es ihm, aus Preußen durch planvolle Arbeit ein blühendes Territorium zu machen, das bald auf Grund der weitreichenden Handelsbeziehungen seiner wichtigsten Städte (z. B. Danzig und Königsberg) wie durch den Fleiß und die Fähigkeit seiner bäuerlichen Siedler zu großem Reichtum gelangte. Zeugnis des Reichtums und der kulturschöpferischen Kraft der deutschen Siedler sind bis heute ebenso die bedeutenden architektonischen Leistungen der blühenden städtischen Gemeinwesen wie die vom Orden erbauten Ordensburgen geblieben.

Es darf aber nicht übersehen werden, daß alle Gebiete zwischen Elbe und Finnischem Meerbusen ursprünglich Kolonialgebiete waren, besiedelt von allen deutschen Stämmen jeden Standes. Häufig hatten sich in ihnen wirtschaftliche, soziale und politische Züge entwickelt, die sich stark von denen des alten Reichsgebietes unterschieden. In fast allen Gebieten verschmolzen die Neusiedler schließlich mit den slawischen oder baltischen Altsiedlern. Die städtischen Siedlungen erstreckten sich weit bis in das Baltikum, die bäuerlichen Siedlungen bevorzugten fette vor mageren Böden. Die Menschenleere der unter Pflug genommenen Landstriche und die billigen Arbeitskräfte der slawisch-baltischen Bevölkerung begünstigten den Großgrundbesitz. Die Möglichkeit, aus dem Nichts eine Stadt zu bauen, war der planvollen Anlage günstig, aber es fehlte ihr oft die behütende Macht der Tradition. Der Landesherr konnte freier schalten, die Ordnung konnte straffer sein. Das Territorium und seine Größe konnten unwidersprochener zum Maßstab des politischen Handelns gemacht werden als im Reich.

Die Auflösung des Reiches in zahlreiche weltliche und geistliche Territorien und freie Reichsstädte verhinderte in Deutschland die Entwicklung zu einem zentralen Königtum. Dadurch nahm die deutsche Geschichte einen andern Verlauf als die Westeuropas. Das politische Schwergewicht verlagerte sich allmählich in die Territorien. Ein ausreichendes Gegengewicht konnte der König-Kaiser nur in seinem eigenen Territorium finden; die Kaiserwürde gab ihm keine politische Macht mehr. Mit dem Untergang der Staufer verloren die deutschen Könige Italien als Herrschaftsgebiet. Gleichzeitig ging die königlich-kaiserliche Macht zugunsten der Territorialfürsten zurück. Daraus ergab sich eine neue politische Notwendigkeit für den Kaiser; seine Politik mußte auf die Gewinnung einer Hausmacht als Ausgleich für die verlorenen Reichsgebiete in Italien und als Gegengewicht gegen die Territorialmächte gerichtet sein.

Seit dem Ende der staufischen Dynastie war in Deutschland durch die Wahl von Fürsten, die ihre Herrschaft im Reich nicht ausüben konnten, praktisch der Versuch gemacht worden, ohne einen König auszukommen. Auf Betreiben des Burggrafen von Nürnberg aus dem Hause Zollern entschlossen sich die Fürsten 1273, einen neuen Herrn zu wählen. Man einigte sich auf Rudolf von Habsburg (1273—1291), einen unbedeutenden älteren Grafen, dessen Besitzungen weit verstreut im Elsaß und in der Schweiz lagen. Die Habsburg selbst, nach der sein Geschlecht den Namen trägt, lag in Schwaben zwischen Aare und Reuß. Rudolf wurde in Aachen zum König gekrönt.

Sein Mitbewerber um den Königsthron war der Przemyslide Ottokar von Böhmen, ein mächtiger Reichsfürst, der nicht nur Herzog von Österreich, Kärnten, Krain und Steiermark war, sondern auch die böhmische Königswürde besaß. Durch seine Mutter hatte er eine deutsche Erziehung. Während seiner Regierung hatte er sich aus Überzeugung für die Übernahme deutscher Sprache und Kultur sowie für die Förderung der deutschen Besiedlung seines Heimatlandes Böhmen eingesetzt. Er folgte damit dem Beispiel der Fürsten von Schlesien, Pommern, Mecklenburg. Bemerkenswert war die Hilfe, die er dem Deutschen Orden gewährte.

Nach der Wahl Rudolfs weigerte sich Ottokar, Österreich und die übrigen Alpen-Herzogtümer als Reichslehen herauszugeben. Rudolf zog gegen ihn zu Felde und besiegte ihn 1278 in der Schlacht bei Dürnkrut. Die Reichslehen Österreich, Steiermark und Krain verlieh er an seine

Söhne. Habsburgs Macht verlagerte sich vom Südwesten des Reichs nach Südosten. Dadurch wurde es wenige Jahrhunderte später zum Schutzherrn des Reichs und der abendländischen Christenheit gegen die Türken bestimmt.

Innerhalb des Reiches hatte Rudolf nur wenig Erfolg. Es gelang ihm eine Minderung des Fehdeunwesens und eine gewisse Wiederherstellung der Rechtssicherheit, aber er konnte dem Königtum das alte Ansehen nicht wiedergewinnen.

Nach seinem Tode nahm die innere Schwäche des Reiches wegen der Uneinigkeit der Fürsten weiter zu. Die Kämpfe um die königliche Krone, das Bestreben der Herrscher selbst, während ihrer Regierungszeit ihre eigene Hausmacht möglichst zu vergrößern, die Eingriffe der Päpste in deutsche Thronstreitigkeiten kennzeichneten im wesentlichen die Zeit.

Heinrich VII. (1308—1313), aus dem Hause Luxemburg, hatte, zum erstenmal seit dem Zusammenbruch der staufischen Herrschaft, versucht, die mittelalterliche Italienpolitik wiederaufzunehmen. Im Gegensatz zu allen seinen Vorgängern hatte er sich mit dem italienischen Bürgertum verbunden und die schon in Italien einsetzende Begeisterung für die Antike geschickt benutzt. 1310 hatten ihm auf seinem Römerzug die Ghibellinnen, Anhänger der staufischen Reichsidee Heinrichs VI. und Friedrichs II., begeistert zugejubelt, und Dante hatte ihn begrüßt. Dieser hatte ihm seine „Monarchia" gewidmet, in der das römische Kaisertum zum letztenmal als die Krönung der göttlichen Weltordnung angesehen wurde. Heinrich war zwar in Rom zum Kaiser gekrönt worden, erlag aber auf einem Zuge nach Neapel dem südlichen Klima. Ludwig von Bayern (1314—1346), ein Kandidat der Partei der Luxemburger, wurde zu seinem Nachfolger gewählt. Er blieb gegen den von einer Gegenpartei gewählten Friedrich von Österreich, den Sohn des Kaisers Albrecht (1298—1308), auf dem Schlachtfelde siegreich (1322). Obschon die Macht des Papsttums durch seine enge Verbindung mit der französischen Krone seit der Übersiedlung des Papstes Clemens V. nach Avignon (sog. Babylonische Gefangenschaft der Päpste von 1309—1377) geschwächt worden war, versuchte es dennoch, sich in die deutschen Thronstreitigkeiten einzumischen.

Papst Johann XXII. fürchtete die Wiederaufnahme der Italienpolitik mit italienischer Unterstützung durch König Ludwig von Bayern. 1324 sprach er den Bann über ihn aus, der aber in Deutschland keine Wirkung mehr hatte. 1327 zog Ludwig nach Rom, empfing die Kaiserkrone und stellte einen Gegenpapst auf. Auf seiner Seite standen nicht nur ein großer Teil des italienischen Bürgertums, sondern in Deutschland vor allem die Bettelorden, die in einigen ihrer Angehörigen das Recht des Staates über das der Kirche stellten. Ihr bedeutendster Wortführer, Marsilius von Padua, nahm seine Waffen gegen die Kirche aus dem römischen Staatsrecht. Obschon Ludwig seine Stellung in Italien nicht behalten konnte, hatte der Streit zwischen ihm und dem Papst für die Institution des Kaisertums bedeutende Folgen. Auch die deutschen Fürsten lehnten eine Einmischung des Papstes in deutsche Angelegenheiten ab. Um ihre und des Papstes Rechte gegenüber der deutschen Krone endgültig festzulegen, erklärten die Kurfürsten in dem Kurverein zu Rhens am Rhein 1338, der von ihnen Erwählte sei rechtmäßiger König und übe zugleich die kaiserlichen Rechte aus, dem Papst stehe nur die Krönung zu. In der „Goldenen Bulle" — so genannt nach der goldenen Kapsel, die das Siegel umschloß — bestätigte König Karl IV. (1356) den sieben Kurfürsten das Recht der Königswahl.

1346 hatten die Kurfürsten Ludwig von Bayern abgesetzt, weil sie seine Hausmachtpolitik ablehnten, und Karl IV. aus dem Hause Luxemburg (1346—1378) gewählt.

Auch er schwenkte sofort nach seiner Wahl in die traditionelle politische Linie seiner Vorgänger seit Rudolf von Habsburg ein. Er versuchte, sich eine große Hausmacht in Böhmen zu schaffen. Mütterlicherseits war er mit dem Przemysliden eng verwandt. Prag wurde der Mittelpunkt seiner Macht, die er durch die Erwerbung der Lausitz und der Mark Brandenburg erweiterte. Schlesien und Mähren waren Teile des böhmischen Königreichs schon vor Karl IV. gewesen. Unter seiner Herrschaft erhielt Prag sein Gesicht und seine Bedeutung. 1348 entstand hier mitten im slawischen Raum die erste deutsche Universität, deren Aufgabe es nach Karls Willen sein sollte, dem neuen Geist der Renaissance in Italien auch nördlich der Alpen eine Pflegestätte zu geben. Ihren bedeutendsten Vertreter, Petrarca, nannte der König seinen Freund. Auch mit einer italienischen Volksbewegung, die sich mit der Person Cola Rienzis verband und ein Kaisertum, gestützt auf den Willen des souveränen Volkes aufzurichten bestrebt war, hielt Karl Fühlung. Aber sein nüchterner Geist erkannte klar, daß eine solche Bewegung noch keine Bedeutung gewinnen konnte, da sie in ihren Grundlagen der Breite entbehrte. Er benutzte sie, ohne von ihr eine wirkliche Erneurung des Kaisertums und der kaiserlichen Idee zu erwarten. Was ihm selbst aber eine bleibende Bedeutung verliehen hat, waren seine Schöpfung Prag und die Pflege der deutschen Sprache in seiner Kanzlei nach dem Muster der wohlgestalteten und wohlgepflegten Dichtersprache Italiens. Dieser Bemühung Karls verdankt die deutsche Literatur das Werk Johanns von Saaz: „Der Ackermann aus Böhmen."

Mit Sigismund (1410—1437) trat ein kraftvoller Kaiser an die Spitze des Reiches, der noch einmal die Herrschaftsansprüche des mittelalterlichen Kaisertums erhob. Er sah seine Aufgabe vor allem in der Beseitigung des seit 1378 bestehenden päpstlichen Schismas und verstand sein Kaisertum als Auftrag, die Einheit der Kirche und des christlichen Abendlandes wiederherzustellen. Gemessen an den Vorgängen in Rhens, durch die der geistliche und weltliche Machtbereich klar abgegrenzt wurde, kam die Politik Sigismunds gegenüber der Kirche, die er zum Konstanzer Konzil zusammenrief, frühmittelalterlichen Auffassungen von den Aufgaben des Kaisertums nahe. Neben der Verurteilung des Böhmen Johannes Hus als Ketzer gelang es dem Konstanzer Konzil (1414—1418), dem ersten auf deutschem Boden, das päpstliche Schisma zu beenden. Auch beschränkte Sigismund seine Tätigkeit nicht wie seine Vorgänger auf den Ausbau einer Hausmacht. Böhmen konnte er nur mit Mühe halten, Ungarn noch gegen den Ansturm der Türken verteidigen. Er dachte an eine Reichsreform, um so die politische Einheit des Reiches zu festigen.

Während auf dem Konstanzer Konzil Sigismund den Hohenzollern Friedrich mit der Mark Brandenburg belehnte, ein an sich unbedeutendes Ereignis, das erst von seinen Folgen her erwähnenswert wird, hatten sich zur gleichen Zeit im osteuropäischen Raum bedeutende Wandlungen vollzogen. Durch die Vereinigung von Polen und Litauen hatte sich der slawisch-baltische Großstaat Polen-Litauen gebildet. Dieser stieß auf das Herrschaftsgebiet des Deutschen Ordens, weil er den Zugang zur Ostsee suchte und die Vereinigung der nordslawischen Stämme anstrebte. Dabei vermochte er die unzufriedenen deutschen Untertanen des Ordens als Bundesgenossen zu gewinnen. 1410 erlag der Orden bei Tannenberg dieser Koalition, jedoch gelang es Heinrich von Plauen, die Marienburg vor einer Eroberung zu bewahren. Der Friede zu Thorn sicherte noch einmal die Gebiete des Ordensstaates.

Aber der Gegensatz zu den Interessen der deutschen Bevölkerung, besonders der Städte und des grundbesitzenden Adels, und die innere Auflösung des Ordens, der sein Ziel mit dem Übertritt Litauens zum Christentum erreicht hatte, führten den Untergang des Ordens herbei. Im zweiten Thorner Frieden (1466) mußte er Westpreußen mit Danzig und der Marienburg und das Ermland an Polen abtreten. Ostpreußen wurde polnisches Lehen. Polen hatte den Zugang zur Ostsee erreicht.

Sigismunds Nachfolger verdienten kaum noch den Namen Kaiser. Ihre Sorgen galten mehr denn je der Vergrößerung der Hausmacht. Von historischer Bedeutung wurde in dieser Beziehung die überlange Regierungszeit des aus dem Hause Habsburg stammenden Kaisers Friedrich III. (1440—1493), der seinem Hause durch die Ehe seines Sohnes

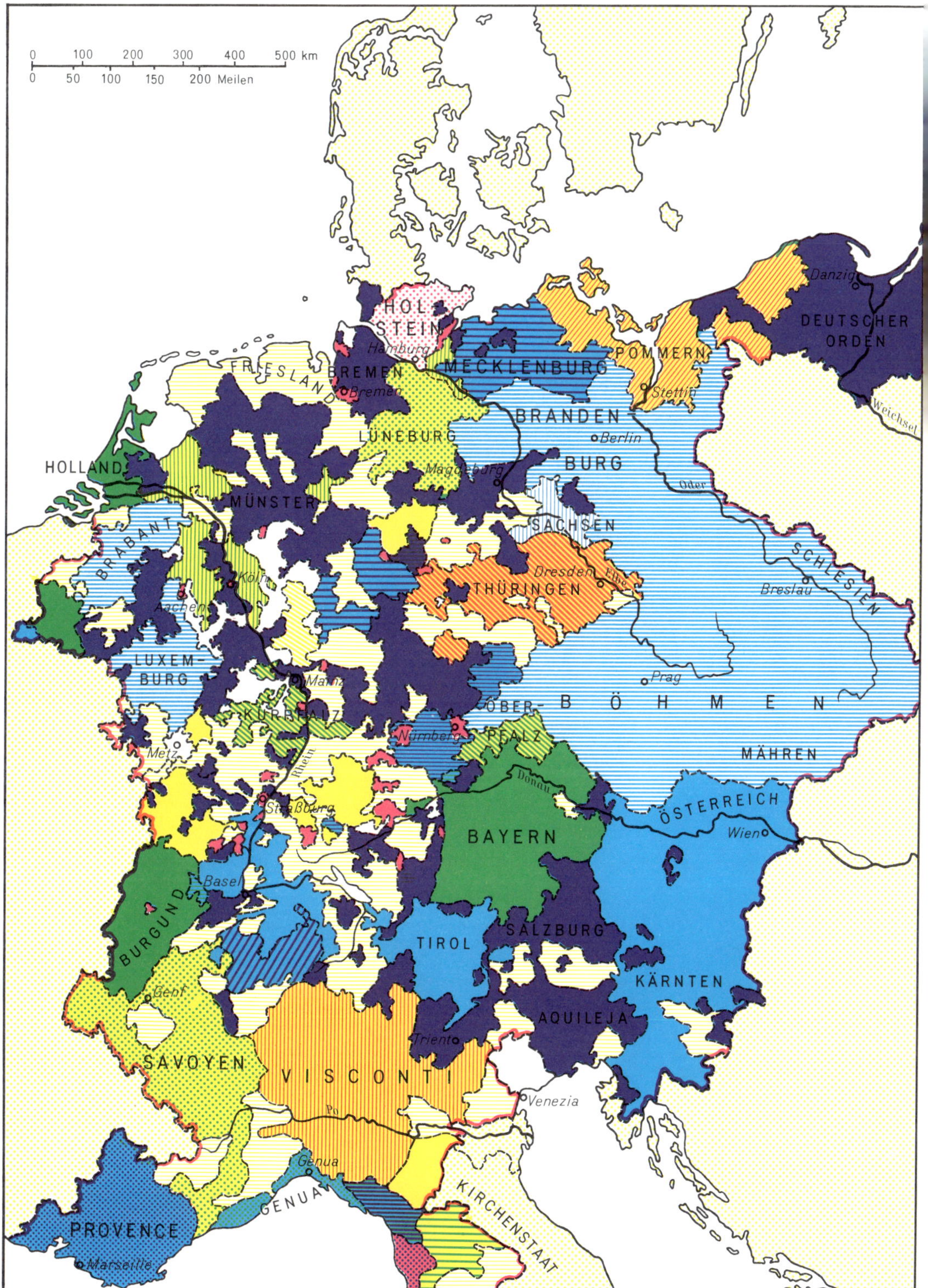

Mitteleuropa zur Zeit Karls IV. (1347—1378)

Maximilian mit der Erbtochter Karls des Kühnen von Burgund (1477) die Anwartschaft auf Burgund und die Niederlande verschaffte. Maximilian wurde dadurch zwar zum mächtigsten Territorialherrn im Reich, gleichzeitig aber legte diese Heirat den Grund zu der jahrhundertelangen kriegerischen Auseinandersetzung zunächst zwischen Frankreich und Habsburg und im Verlauf der geschichtlichen Entwicklung zwischen Frankreich und Deutschland. Zwar hatte das Reich die Herrschaft über Burgund, das sich aus französischem und deutschem Volkstum zusammensetzte, seit den Tagen des Kaisers Konrad II. besessen, aber dieser Besitz war niemals unbestritten. Einzelne Gebiete standen zum französischen König in einem Lehnsverhältnis. Die Volkstumszugehörigkeit, so belanglos sie bei dynastischen Auseinandersetzungen auch sein mochte, mußte sich bei wachsendem Nationalbewußtsein mehr und mehr zu Gunsten der französischen Ansprüche auswirken. Auch in dieser Beziehung konnte sich also Frankreich auf sein „nationales“ Recht berufen, wenn es sich, im Bestreben, sein Herrschaftsgebiet zu vergrößern, nach der englischen Niederlage im 100-jährigen Krieg nunmehr nach Osten und Norden wandte. Dennoch würde es gewiß der historischen Wahrheit widersprechen, wenn man allein in der Heirat Maximilians die Ursache zahlreicher Kriege sehen würde. Der Drang Frankreichs nach Abrundung seines Herrschaftsgebietes im Osten und Norden hätte auch bestanden, wenn ein anderer das burgundische Erbe angetreten hätte, und mit der Zeit wäre Deutschland in diese Auseinandersetzungen hineingezogen worden, weil mit ihnen unmittelbare Reichsinteressen verbunden waren.

Verglichen mit allen übrigen deutschen Fürsten waren nunmehr die Habsburger die mächtigsten Territorialherren, denen das Recht, die deutsche Königs- und römische Kaiserkrone zu tragen, gegen ihren Willen kaum noch einer der übrigen Reichsfürsten bestreiten konnte. In der Tat ist das auch ernstlich kaum versucht worden. Wenn sich um die Nachfolgeschaft Maximilians neben dem Habsburger auch der französische König Franz I. bewarb, so macht gerade dieses deutlich, wie unbestritten innerhalb des Reiches selbst die Stellung der Habsburger geworden war.

Allerdings ist es auch Maximilian (1493—1519) nicht gelungen, dem Reich eine neue und feste Ordnung zu geben. Der von ihm zu Worms verkündete „Ewige Landfriede“ konnte nicht durchgesetzt werden. Die Einteilung des Reiches in zehn Kreise, die Bestellung des Reichskammergerichts zur Aburteilung von Friedensbrechern waren ohne praktischen Erfolg. Nicht einmal die Reichssteuer, der gemeine Pfennig, konnte überall eingezogen werden. Die Schweizer Eidgenossen erwarben praktisch völlige Unabhängigkeit vom Reich (1499). Zum erstenmal in der

Geschichte der Deutschen hatte sich ein höchst begabter Teil des Stammes der Schwaben und Alemannen ganz bewußt aus dem Reich gelöst und sich eine eigene staatliche Existenz gegeben. Am Vorabend der Reformation war die innere Lage des Reiches ungefestigt, die königlich-kaiserliche Autorität gegenüber den Fürsten wie dem Volke ruhte weniger denn je in der Institution, sondern allein in der realen Macht, die der Gewählte auf Grund der Größe seines Territoriums oder dessen wirtschaftlicher und militärischer Kraft auszuüben vermochte. Die Vermählung des Sohnes Maximilians, Philipps, mit der spanischen Erbtochter Johanna hatte dem habsburgischen Besitz in Mitteleuropa noch die Herrschaft über das damals fest gefügte und wirtschaftlich blühende Spanien mit seinen Nebenländern Unteritalien und Amerika, das, eben entdeckt, zu einer der wichtigsten Quellen spanischen Reichtums werden sollte, hinzugefügt.

Bürgertum und Stadt

Zu der inneren und äußeren Schwäche der Reichsgewalt in den zweieinhalb Jahrhunderten bis zum Ausgang des Mittelalters stehen Kraft und Vitalität des gesamten deutschen Volkes in der Vielfalt seiner Stämme, Stände und Landschaften in einem auffallenden Gegensatz. Sind es doch gerade diese Jahrunderte, in denen der Bürgergeist das Gesicht der Stadt formte, in denen das Bauerntum den bisher noch unkultivierten Boden fruchtbar und ertragreich und zugleich den deutschen Osten mit einer stets wachsenden Zahl von Siedlern zu einem festen Bestandteil deutschen Siedlungs-, Sprach- und Kulturgebiets machte, in denen die deutsche Geistigkeit in steter Aufnahmebereitschaft für fremde Anregungen zu jenen wesentlichen Leistungen fähig war, die heute als mitgestaltende Faktoren für das allmähliche Werden und Entstehen der sog. Neuzeit angesehen werden.

Die Stadt war durch das Reichsgesetz Friedrichs II. zeitweise in ihrer Entwicklung gehemmt worden. Aber das Ende der staufischen Herrschaft bedeutete auch für sie insofern einen Wendepunkt, als sie sich mehr und mehr von den Fesseln befreite, die ihr von weltlichen oder geistlichen Fürsten angelegt waren. Zwar unterstand zunächst auch die städtische Gemeinschaft den mittelalterlichen Ordnungsprinzipien und hielt deshalb am ständischen Aufbau — Adel, Patriziat, Zünfte — fest, aber je mehr Feudalismus und Rittertum als tragende Kräfte der Zeit ihre Bedeutung einbüßten, um so stärker entfalteten sich in der Stadt jene Kräfte, deren wirtschaftlicher Expansionswille die alten Ordnungen sprengte. Deshalb war das Kennzeichen der neuen städtischen Entwicklung auch im deutschen Raum der Wille des Bürgers, seine eigenen und seiner Stadt Rechte immer mehr zu erweitern und nach außen seinen Handel zu sichern, daß er sich ungefährdet über weite Landstriche vollziehen konnte, obschon diese nicht der städtischen Herrschaft unterstanden. Auch dort, wo die Städte nicht reichsunmittelbar wurden, sondern unter der Obrigkeit eines Landesherrn verblieben (sog. Landstädte), setzten sie im Laufe des späteren Mittelalters dennoch oft eine weitgehende Selbständigkeit durch. Am Ende des 15. Jahrhunderts erwarben die Städte das Recht der Teilnahme an den Reichs- bzw. Landtagen, ein Recht, das etwa dem vergleichbar ist, das die Stadt London in der Magna Charta Libertatum als einzige englische Stadt schon 1215 erwarb. Die freien Reichsstädte waren die stärksten Träger des Reichsgedankens und verläßliche Stützen des Königs in seinem Kampf mit den Territorialgewalten.

Um ihre wirtschaftlichen Interessen besser wahrnehmen zu können, schlossen sich nach dem Niedergang der Kaisermacht die Städte zu Bünden zusammen. 1254 erfolgte die Gründung des Rheinischen Bundes, 1331 und 1376 die des Schwäbischen Städtebundes. Dabei handelte es sich gleichzeitig um den Versuch, die politische Macht der Städte für die Stärkung der Königsmacht und die Sicherung der Rechtsverhältnisse einzusetzen. Anfangs gehörten diesen Bündnissen sogar geistliche und weltliche Herren an, weil auch diesen daran gelegen war, die wichtigste Aufgabe des Reiches, nämlich die Sicherung des Landfriedens, zu lösen.

Ein Bündnis zwischen Königtum und Städten hätte ähnlich wie in den entstehenden westeuropäischen Nationalstaaten dem König im Kampf mit den Territorialherren einen Rückhalt geben können. Aber das Wahlkönigtum in Deutschland zwang den König in eine andere politische Bahn. Im Aufbau einer Hausmacht wurde auch der König zum Territorialherrn und geriet damit in einen Gegensatz zu den Städten. Zudem mußte der Gewählte in den sog. Wahlkapitulationen manche Zugeständnisse an die Territorialherren auf Kosten der Städte machen. Entscheidend war aber, daß die Städte selbst nie den Versuch machten, ihre wirtschaftliche Kraft politisch dadurch wirksam werden zu lassen, daß sie sich zu einem Gesamtbündnis vereinigten. Deshalb war es den Fürsten leicht, Städte und Bürgertum als politischen Faktor auszuschalten. Abgesehen von der norddeutschen Hanse wurde die militärisch-politische Macht der süddeutschen Städtebündnisse bereits 1388 durch den Sieg einer Fürstenkoalition über die schwäbischen Städte gebrochen. Ein Jahr später mußten die Städte des süddeutschen Raumes auf ihre Bündnisse verzichten. Der Fürstenstaat erwies sich hier Stadt und Bürgertum gegenüber als überlegen.

Demgegenüber stand der norddeutsche Städtebund der Hanse im gleichen Zeitraum auf dem Höhepunkt seiner Macht. Entstanden war dieser wohl bedeutendste Bund aus der Genossenschaft Deutscher Kaufleute im Ausland und aus dem Bündnis der norddeutschen Städte, zunächst Lübecks und Hamburgs. Um 1350 wurde der Name Hanse für diese Städte üblich. Lübeck wurde im norddeutschen Raum die führende Stadt und verkörperte als solche die politische Macht des deutschen Bürgertums.

In den ausländischen Quartieren besaßen die Hanseaten auf Grund eigener Gerichtsbarkeit und der Beibehaltung deutschen Rechts, deutscher Sitten und Gebräuche eine Sonderstellung. In ihrem Aufbau folgte die Hanse typisch mittelalterlichen Vorstellungen. Die Zugehörigkeit zur Genossenschaft der Hanseaten band den einzelnen an ihre Vorschriften; freie Konkurrenz war nicht erlaubt, dafür gewährte sie ihm aber Schutz und Sicherheit seiner wirtschaftlichen Existenz. Die Beschlüsse der Hansestädte brachten die wirtschaftlichen und politischen Einzelinteressen mit der Gesamtorganisation der Hanse in Einklang.

Die Geschichte des Ostseeraums ist von der Mitte des 14. Jahrhunderts bis zum Beginn des 16. Jahrhunderts im wesentlichen Geschichte der Hanse und eng mit der Geschichte der Nordischen Staaten verknüpft. Der Kampf um die Herrschaft über diesen Raum verlief zunächst wechselhaft; aber im Krieg gegen den Dänenkönig Waldemar IV. gelang es der Hanse, sich die Hilfe des Deutschen Ordens, Schwedens und Norwegens zu sichern und die Dänen zu besiegen. Im Frieden von Stralsund (1370) mußte Waldemar Schonen an die Hanse abtreten. Die Ostsee war deutsches Meer, die Hanse wurde die bedeutendste wirtschaftliche und politische Macht Nordeuropas. Zeitweise erkannten mehr als achtzig große und kleine Städte von Amsterdam bis Nowgorod in Nordrußland Lübecks Führung an. Innerhalb des Bundes bildeten sich entsprechend der geographischen Lage und der wirtschaftlichen Sonderinteressen verschiedene Gruppen: die livländische mit Riga, Dorpat und Reval, die preußische (das Gebiet des Ordenslandes) mit Thorn, Elbing und Danzig, die sächsische mit Braunschweig, Lüneburg und Bremen, die wendische mit Hamburg, Rostock, Wismar, Stralsund und Lübeck, die westfälisch-niederrheinische mit Soest, Dortmund und Köln. In ganz Europa hatte die Hanse ihre Kontore: in London den „Stalhof“, in Bergen die „Deutsche Brücke“, in Nowgorod den „Peterhof“, in Antwerpen das „Haus der Osterlinge“. In ihrer straffen Ordnung war sie vorbildlich. Selbst in Rußland versuchte man, sie nachzuahmen.

Trotz der bedeutenden wirtschaftlichen und politischen Erfolge fand die Hanse keinen Rückhalt am Reich. Ohne ihn konnte sie aber den Kampf gegen die nordischen Staaten auf die Dauer nicht führen. 1397 schlossen sich diese in der sog. Kalmarer Union politisch zusammen. Solange zwar noch politische und wirtschaftliche Gegensätze die drei nordischen Staaten Dänemark, Norwegen und Schweden an einem energischen gemeinsamen Vorgehen gegen die Hanse hinderten, blieb die wirtschaftliche Vormachtstellung des Bundes erhalten. Entscheidend wurden aber die allmähliche Entfaltung des Nationalgefühls in jenen Staaten, in denen die Hanse bisher eine Sonderstellung eingenommen hatte (Dänemark, England, Holland und Rußland), und die Erstarkung der norddeutschen Territorialgewalten, die den von ihnen abhängigen Städten die weitere Mitgliedschaft im Bunde untersagten. Als Lübeck zu Beginn des 16. Jahrhunderts noch einmal in einer kriegerischen Auseinandersetzung mit Dänemark versuchte, der Hanse ihre Ostseeherrschaft zurückzuerobern, scheiterte es. Im gleichen Zeitraum gingen die Vorrechte der Hanse im übrigen Europa verloren. Nationalstaat und Fürstenstaat traten auch im Norden das Erbe der Städte an.

Die bürgerliche Kultur am Ausgang des Mittelalters

Die Kultur des bürgerlichen Mittelalters, d. h. der Zeit vom 13. bis zum Beginn des 16. Jahrhunderts, bietet ein Bild verwirrender Fülle. Die Gründe dafür sind ebenso vielfach wie das Leben des späteren Mittelalters in seinem Auseinanderfallen in Stände, Territorien und Städte vielfältig geworden ist. Es ist auch schwierig, die seelische Grundhaltung des spätmittelalterlichen Menschen zu bestimmen, weil sich nicht nur Züge einer stärkeren Individualisierung durchzusetzen begannen, sondern sich auch das dem Mittelalter eigentümliche Denken und Handeln in Gemeinschaften ebenso kräftig fortentwickelte. So spielten zwei Richtungen ineinander hinein und befruchteten einander, bis schließlich, in Deutschland allerdings sehr spät, das Individuum seine Bindungen an die Gemeinschaft löste. Überdies aber gab der Versuch der einzelnen Stände — Adel, Geistlichkeit, Bürger, Bauern — sich gegeneinander abzusondern, dem Spätmittelalter in seinen kulturellen Prägungen mancherlei Verkrampftes, das sich aus dem Stolz des Bürgers auf seine endlich erreichte Unabhängigkeit und aus seiner Überzeugung von dem Wert seiner eigenen kulturschöpferischen Fähigkeit wie aus der Abwehr neuer Formen und Lebensweisen durch das Rittertum erklären läßt. Deshalb mangelt der Kultur der mittelalterlichen Spätzeit in vielen ihrer Äußerungen das schöne Gleichmaß eines ausgeprägten Lebens- und religiösen Gefühls. Ihre Wurzeln lagen in einer Schicht des deutschen Volkes, deren gesamte Haltung von der täglich neu zu vollziehenden Aufgabe bestimmt war, durch eigene harte Arbeit zunächst einmal das Leben in seiner nackten Existenz zu sichern. Die dadurch bedingte Einstellung zum Leben überhaupt, die durchaus nicht negativ sein mußte, hatte innerhalb des religiös-christlichen Bereiches eine Umdeutung christlicher Glaubensgehalte und Glaubensvorstellungen zur Folge. Nichts ist vielleicht dafür charakteristischer als der Wandel in der Auffassung von dem Gründer der christlichen Religion, seiner irdischen Mutter Maria und der zahlreichen Heiligen, zu denen gerade der Mensch des späten Mittelalters in einem besonders innigen Verhältnis stand. Christus war bis in die Tage des Rittertums hinein in erster Linie der siegreiche Held über Leben und Tod gewesen, seine Herrschaft im Himmel wie auf Erden war unbestritten königlich. Maria und die Heiligen wurden nur soweit ins Irdische miteinbezogen, als an ihnen die einstige, durch einen vorbildlichen Lebenswandel zu erreichende Belohnung sichtbar wurde. So stand das „himmlische Jerusalem“ dem Irdischen gegenüber. Die irdische Ordnung war ein Abbild der heiligen Ordnung der Ewigkeit, von der sie ihre Berechtigung empfing. Aber die irdische zerfiel in den Stürmen der Zeit der letzten Staufen und im Emporkommen des Bürgertums. Bürger und Bauern erlebten aber den Inhalt des Christentums anders als Ritter und Adel. Christus wurde wieder zum einfachen Handwerkerssohn, sein Leben und Sterben war nicht mehr nur Unterpfand eines großen Sieges, sondern auch Sinnbild des Leidens der menschlichen Kreatur, solange sie im Irdischen lebt. Maria und die Heiligen aber bewiesen, daß gerade der Geringste unter den Menschen auf Grund eines vorbildlichen Lebens den höchsten Platz im Himmel einnehmen kann. Mehr als je wurden die religiösen Gestalten tief einbezogen in den breiten Vollzug des täglichen Lebens, nicht nur des einzelnen, sondern der ganzen Bürgergemeinde einer Stadt oder eines Dorfes. Zwar ging darüber ihre Erhabenheit verloren, aber das religiöse Leben gewann durch die Unmittelbarkeit der Beziehung. Die Trennungslinie zwischen Geistlichem und Weltlichem, zwischen Geschöpf und Schöpfer verwischte sich, und Geistliches und Weltliches durchtränkte sich unaufhörlich. Auf diesem Boden gedieh die Mystik, in der der Mensch versuchte, Gott in sich selbst unmittelbar zu erleben. Ihre bedeutendsten Repräsentanten waren Ekkehard (1263—1327), Seuse (1295—1366) und Tauler (1300—1361). Aber ebenso reich und wild wucherte eine höchst primitive Frömmigkeit, die sich in Wallfahrt und Prozessionen, Wunderglauben und Selbstkasteiung, Reliquienkult und Werkgerechtigkeit einen manchmal bizarren Ausdruck verschaffte und eine Reformation geradezu herausforderte. Vor dem Hintergrund eines solchen Aberglaubens und einer falschen Interpretation christlichen Glaubens erwuchs auch die erste große Judenverfolgung in Deutschland im Zusammenhang mit der Seuche der „Schwarzen Pest", die 1349 in ganz Europa wütete. Zwar war es schon auf den ersten Kreuzzügen zu Judenverfolgungen in linksrheinischen Städten (Speyer, Worms, Mainz) gekommen. Aber zu jener Zeit waren weltliche und geistliche Gewalt noch stark genug, die Juden vor allzu großen Ausschreitungen zu schützen. Besonders in Heinrich IV. hatte das deutsche mittelalterliche Judentum eine starke Hilfe gefunden. Die Motive für die Judenverfolgungen waren in beiden Fällen pseudoreligiös. Im 14. Jahrhundert war sie besonders dadurch gekennzeichnet, daß sie erstmals von der Masse der Bürger und Bauern getragen wurde und die Juden weder in der weltlichen noch in der geistlichen Gewalt eine nennenswerte Hilfe fanden.

Dennoch wäre es falsch, sich durch diese negativen Züge der spätmittelalterlichen „bürgerlichen" Religiosität den Blick trüben zu lassen für die großartigen Leistungen, die zwar aus dem gleichen Wurzelgrund erwuchsen, aber doch unverkennbar das im letzten Kraftvolle und Gesunde dieses selben Bürgertums widerspiegeln. Denn die gleichen Jahrhunderte, in denen deutlich wurde, zu welchen Verirrungen ein mißverstandenes Christentum den Menschen führen kann, sind gleichzeitig als das Zeitalter der Gotik in die Geschichte eingegangen. Diese hatte sich von Frankreich ausgehend zwischen 1250 und 1350 auch Deutschland erobert. 1248 wurde der Grundstein zum Kölner Dom, 1250 zum Straßburger Münster gelegt. Zunächst war die Gotik nur eine Weiterentwicklung des romanischen Rundbogens. Durch geschickte technische Verbesserungen hatten die Franzosen ein System entwickelt, das das Innere des Kirchenraums stärker auflockerte, ihm mehr Schwung und Weite, aber zugleich auch Grazie und Bezogenheit auf die Transzendenz verlieh. Aus der waagerechten Lagerung wurde die aufstrebende, die lichterfüllte Räume aufführte, die sich von der Erde zu lösen scheinen. Der Grundriß der Dome sollte nicht mehr das Massive und breite Verhaftetsein in dieser Erde zeigen, sondern er mußte ein Streben nach oben zulassen. So wurde das Längsschiff höher gebaut, es sollte sich herausheben und im Verhältnis zu den niedrigeren Seitenschiffen besonders sichtbar werden. Um das Aufstrebende noch wirksamer hervorzuheben, steht der gotische Dom inmitten der kleinen Häuser der Stadt. Die

Zweitürmigkeit der Romanik wurde häufig durch einen Turm ersetzt, der den Westabschluß bildet und die Fassade durch ein mächtiges, wieder in sich hochstrebendes Portal auflöst. Der Blick des Eintretenden wird in diesem zum erstenmal gesammelt und nach oben gerichtet.

Abgesehen von den großen Kathedralen, deren bedeutendste in Köln, Ulm, Freiburg eine Bauzeit von Jahrhunderten hatten, entwickelten sich in Deutschland seit der Mitte des 14. Jahrhunderts die gotischen Hallenkirchen, in denen alle Schiffe gleich hoch sind und das Mittelschiff seine beherrschende Stellung verlor. Als „Bürgerkirche" entsprach sie am besten dem Zweck, dem sie dienen sollte, denn sie gewährte von allen Seiten her einen ungehinderten Blick auf Kanzel und Altar und erfüllte so die Ansprüche, die der Bürger an seine Kirche stellte. Zudem sollte der Unterschied zwischen Geistlichen und Laien möglichst wenig betont werden. Wie der Bürger seine Kirche baute, so hatte er auch das Recht, seinen Geistlichen selbst zu wählen.

Eine eigenartige Sonderform des gotischen Gotteshauses stellt die nord-ostdeutsche Backsteingotik dar, die fast dem gesamten deutschen Norden und Osten sein Gepräge gibt.

Neben dem Dom stand, vielfach in der Großartigkeit seiner Bauweise gleichbedeutend, das Rathaus, Ausdruck eines seiner Freiheit und Bedeutung bewußt gewordenen Bürgertums. Zu den schönsten gotischen Rathäusern gehören die zu Münster i. W., Braunschweig, Tangermünde, Breslau und Prag.

Die Plastik ist von der gotischen Architektur nicht zu trennen. Beide gingen eine Verbindung ein, die weder vorher noch nachher wieder erreicht wurde. Den stärksten und innigsten Ausdruck fand diese Bauplastik im 13. Jahrhundert (Straßburg, Bamberg, Naumburg). Hier ist sie Ausdruck höchster adliger Gesinnung und tiefster Frömmigkeit.

Die zahlreichen Aufträge zur Ausgestaltung des Innenraumes der Kirchen gaben besonders im 15. Jahrhundert den Künstlern die Möglichkeit, unabhängig vom Handwerklichen und dem, was von den zahlreichen Handwerkerschulen vorgeschrieben war, die eigene Individualität zur Geltung zu bringen. Der fremde, besonders französische Einfluß wurde überwunden, und es gelang den weit über ihr eigenes Vaterland bekannten deutschen Meistern, spätgotisches Zeitgefühl wie eigene künstlerische Begnadung im überzeitlichen Werk auszudrücken (Hans Multscher: Hochaltar der Pfarrkirche in Sterzing, Jörg Syrlin: Das Ulmer Chorgestühl, Adam Kraft: Das Rebecksche Epitaph, Michael Pacher: Der Hochaltar von St. Wolfgang, Veit Stoß: Der Hochaltar in der Marienkirche zu Krakau, Tilman Riemenschneider: Adam und Eva vom Südportal der Marienkirche in Würzburg, der Marienaltar in der Herr-

Abb. 16 Marienburg, Festremter

Abb. 17 Das Rathaus in Thorn

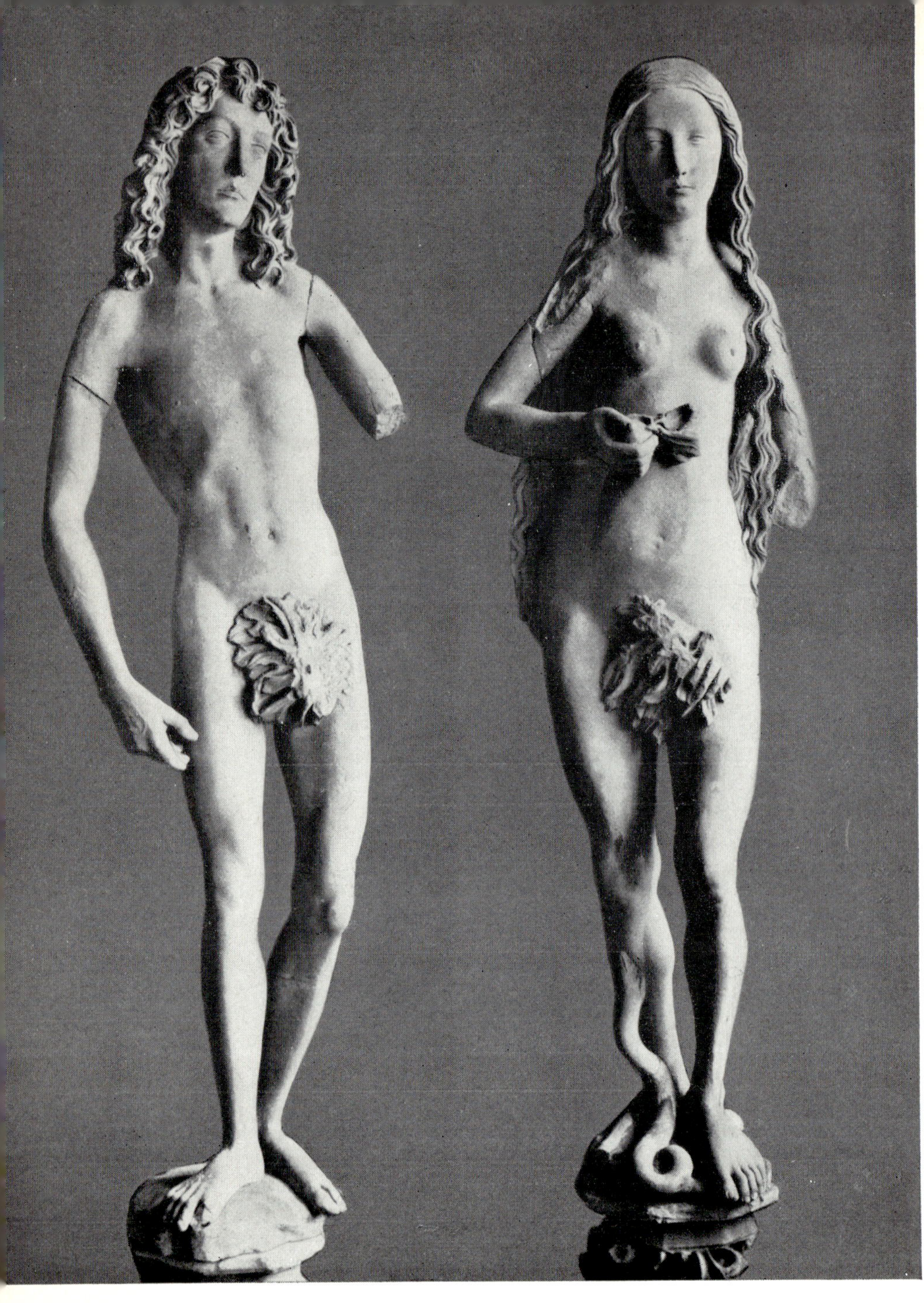

Abb. 18 Riemenschneider: Adam und Eva

Abb. 19 Pacher: Marienkrönung

Abb. 20 Peter Vischer: Selbstbildnis

gottskirche zu Creglingen, Grabmal Kaiser Heinrichs und der Kaiserin Kunigunde im Dom zu Bamberg).

In der Glasmalerei konnte die Loslösung vom Stein eine noch feinere und tiefere Gestaltung ermöglichen. Maria, das Christuskind, Gottvater sind immer wieder gemalt worden, aber in einer Verdichtung, in der sich Himmel und Erde zu decken scheinen.

Diese Verdichtung wich allerdings im 14. und 15. Jahrhundert einer wachsenden Freude am sinnfälligeren, massiveren Ausdruck. Das bürgerliche Element setzte sich in der Erweiterung der Motive durch. Ein großer Formenreichtum entfaltete sich. Die beiden Pole der Gotik, das Menschliche und das Göttliche, gingen eine sinnenfreudigere Verbindung ein. Die Glasmalerei wurde zur stärksten Stütze der nach immer neuen Anregungen dürstenden Phantasie des Volkes.

Während die Wandmalerei infolge der geringen Fläche innerhalb des gotischen Systems an Bedeutung verlor, Holzschnitt und Kupferstich erst in ihren Anfängen steckten, blühte die Tafelmalerei mächtig empor. Zunächst war es der österreichische Raum, der im Anfang des 14. Jahrhunderts die besten Tafelbilder schuf. Giotto und die italienische Schule waren zweifellos die großen Anreger. Die Tafelbilder Klosterneuburgs vermitteln vielleicht den besten Eindruck dieser Malerei. Dann aber waren es sehr bald Köln und die westfälische Schule, die die Tafelmalerei zu ihrer vollsten Blüte brachten. Stefan Lochner und Konrad von Soest als die bedeutendsten und nie wieder erreichten Meister mögen für viele mitstrebende und gleichfalls bedeutende genannt werden.

Die Literatur des späten Mittelalters ist arm an nennenswerten Erzeugnissen. Sie erschöpfte sich in der Nachahmung ritterlicher Dichtung, die dem Volksempfinden angepaßt wurde und wesentlich auf Inhalt bedacht war, der reich an Verwicklungen und unwahrscheinlichen Abenteuern sein mußte. Volksballaden, Volksepen und Fastnachtsspiele beherrschten Straßen und Gassen der Stadt. Nur im religiösen Passionsspiel behielt die geistliche Dichtung auch im volksnahen Bereich eine gewisse Höhe. Eine Blüte erlebte Kirchen- und Liebeslied im Volkston. Eher als andere Völker Europas schufen sich die Deutschen ihr Kirchenlied in der Muttersprache. Überdies setzten sich im 15. Jahrhundert der mehrstimmige Gesang und der Kontrapunkt durch.

Von den großen geistigen Bewegungen der Renaissance und des Humanismus, die vor allem die kulturelle Entwicklung Italiens seit Beginn des 14. Jahrhunderts charakterisierten, blieb Deutschland im wesentlichen unberührt, obschon die Erfindung der Buchdruckerkunst durch Johann Gutenberg in Mainz in der Mitte des 15. Jahrhunderts einen bedeutenden Beitrag zur schnelleren und weiteren Verbreitung des geschriebenen Wortes leistete. Das hatte sicherlich auch wirtschaftliche Gründe. In den norditalienischen Städten hatte frühkapitalistisches Handeln und Denken die mittelalterliche Bürgergemeinschaft gesprengt und den einzelnen gezwungen, sich seiner Individualität bewußt zu werden. Im Rückgriff auf antik-heidnisches Gedankengut fand dieser Individualismus nicht nur seine philosophische Bestätigung, sondern bestimmte gleichzeitig Aufgabe und Stellung des Menschen im Diesseits und sein Verhältnis zum Jenseits neu. Entfaltung der freien Persönlichkeit in der größtmöglichen Vervollkommnung aller menschlichen Anlagen und Kräfte galt als wesentliche Aufgabe des Menschen. Dabei entwickelte sich in der Überwindung mittelalterlicher Denk- und Lebensformen gleicherweise ein neues Verhältnis zur antiken Kunst, die in allen ihren schöpferischen Ergebnissen als vorbildlich und nachahmenswert betrachtet wurde. In Italien war die Gotik bereits überwunden, bevor sie überhaupt einen entscheidenden Einfluß gewinnen konnte.

Demgegenüber hielt das deutsche Bürgertum an der aus dem Mittelalter überkommenen Ordnung bis weit ins 16. Jahrhundert hinein fest. Zwar beschränkte sich der deutsche Kaufmann durchaus nicht auf den deutschen Raum, seine Handelsbeziehungen erstreckten sich über die ganze Weite Europas. Auch die deutschen Produkte waren als Erzeugnisse einer hochentwickelten handwerklichen Kunst — die ersten Uhren kamen aus Deutschland — begehrte und gut bezahlte Handelsware. Zudem bildete Deutschland mit seinen bedeutendsten Städten die Mitte des Handelskreuzes Europas und verband so Nord mit Süd und Ost mit West. Aber die eigenartige politische Struktur des spätmittelalterlichen Reiches hinderte die Stadt an einer Entwicklung, wie sie sich etwa in den norditalienischen Städten vollzog, die sich zu Stadtstaaten erweitert hatten. In Deutschland blieb die Stadt ein in sich geschlossener Kosmos, und frühkapitalistische Wirtschaftsformen fanden in ihr nur dann Einlaß, wenn starke Einzelpersönlichkeiten, wie etwa die Fugger in Augsburg, durch das italienische Beispiel beeinflußt, diese erzwangen. Ähnliches vollzog sich im geistigen Raum. Der deutsche Humanismus als geistige und künstlerische Bewegung blieb auf einen kleinen Kreis beschränkt. Sein bedeutendster Vertreter war Erasmus von Rotterdam (1466—1538), der ein gereinigtes Christentum anstrebte und die großen Philosophen der griechischen Antike als Vorläufer Christi betrachtete. Solche Anschauungen fanden selbst innerhalb der deutschen Gelehrsamkeit nur wenig Zustimmung. Tiefgreifender war aber das Wirken der Humanisten, wenn sie in ihren Werken die Mißstände in der Kirche und vor allem in der Ordensgeistlichkeit angriffen, oder auch von der Kirche eine Rückbesinnung auf ihren eigentlichen Ursprung, die Bibel, verlangten. In dieser Beziehung hatten sie das Ohr weitester Kreise des Volkes; war doch gerade eine starke religiöse Unruhe das vielleicht typischste Kennzeichen der deutschen Haltung um die Wende des 15. und 16. Jahrhunderts, einer Haltung allerdings, die immer noch mehr dem Mittelalter zugeordnet werden muß, als daß sie schon zur Neuzeit hin geöffnet wäre.

Sechstes Kapitel

DIE REFORMATION IN DEUTSCHLAND

Martin Luther und seine religiöse Überzeugung

Dieser in Deutschland weit verbreiteten religiösen Unruhe gab der Mönch Dr. Martin Luther einen allgemein verständlichen Ausdruck, als er am 31. Oktober 1517 zu Wittenberg in lateinischer Sprache 95 Thesen veröffentlichte. Sie wurden, von Unbekannten ins Deutsche übersetzt, wie ein Sturmwind über den ganzen deutschen Sprachbereich getragen und riefen eine für Luther unerwartete Resonanz hervor. Der Anlaß zu dieser Thesenveröffentlichung war eine Predigt über den Ablaß durch den Dominikaner Tetzel in der Nähe Wittenbergs. Luther forderte in diesen Thesen, akademischem Brauch seiner Zeit gemäß, zu einer Disputation über Wert und Kraft der Ablässe und die damit zusammenhängenden Fragen von Buße, Schuld, Strafe und Fegefeuer auf. Seine Absicht war nicht der Bruch mit der Kirche, sondern ihre Reform. Was er in jahrelangem einsamen Ringen um den rechten Glauben als wahr erkannt zu haben meinte, war z. T. in diesen Thesen niedergelegt und trat auf die weltgeschichtliche Bühne.

Martin Luther wurde am 10. November 1483 zu Eisleben geboren. Sein Vater, einer bäuerlichen Familie entstammend, war durch die Gunst der wirtschaftlichen Lage des Bergbaus zu einem kleinen Wohlstand gelangt und gehörte zu der Schicht jener Bürger einer Landstadt, deren Söhne gern von den Möglichkeiten der Zeit Gebrauch machten, durch das Studium der Rechte in die höheren Schichten aufzusteigen. Seit 1501 studierte der junge Luther an der Universität Erfurt, trat aber 1506 überraschend auf Grund eines persönlichen Erlebnisses in das Kloster der Augustiner-Chorherren der gleichen Stadt ein. Der Orden war streng, sittlich hochstehend und zählte zu seinen Mitgliedern eine Reihe wissenschaftlich begabter Männer. In der Stille der mönchischen Zelle hoffte der junge Luther, durch genaue Beobachtung der mönchischen Regeln das beseligende Bewußtsein des durch Jesus Christus Erlösten zu erlangen. Aber dieses wurde ihm nicht zuteil. Immer quälender wurde ihm die Gewißheit seiner eigenen Nichtigkeit und Verlorenheit vor

Gott, dem unendlichen, menschenfernen und unerbittlich strafenden Richter, vor dem des Menschen Werke nicht bestehen können. In dieser Qual seines Herzens griff er zur Bibel, aus der ihm zwei Gewißheiten kamen: die absolute Verlorenheit des Menschen vor Gott und seine allein mögliche Errettung durch Jesus Christus aus der Gnade des Glaubens an ihn und seine Erlösungstat. „Da begann ich die Gerechtigkeit Gottes als diejenige Gerechtigkeit zu verstehen, durch welche der Gerechte durch Gottes Geschenk lebt, nämlich aus dem Glauben; und erkannte, der Sinn sei, das Evangelium offenbart Gottes Gerechtigkeit, das heißt jene passive Gerechtigkeit, durch die uns der barmherzige Gott rechtfertigt durch den Glauben, wie geschrieben steht: der Gerechte lebt aus dem Glauben. Da fühlte ich mich gänzlich von neuem geboren, und es war mir, als habe ich durch ein offenes Tor das Paradies betreten." Diese neue Erkenntnis, die Luther etwa in den Jahren 1513—18 an sich erfahren hatte, bedeutete ein zweifaches: das Verhältnis des Menschen zu Gott ist nicht abhängig vom Tun des Menschen, sondern von Gottes väterlicher Gnade; die Erfahrung dieser Gnade im Glauben an Jesus Christus vollzieht sich nur im einzelnen Menschen, bedarf nicht eines Priesters. Damit hatte sich Luther in zwei entscheidenden Punkten vom Katholizismus entfernt. Nach katholischer Auffassung ist zwar der Mensch durch die Erbsünde verderbt, aber dennoch fähig, durch eigene Kraft und den Gebrauch der kirchlichen Gnadenmittel die Erlösung zu erlangen. Zudem bedarf der Mensch der Kirche als der Verwalterin und Spenderin der göttlichen Gnade. Da aber Luthers neue Erkenntnis aus dem Studium der Quelle des christlichen Glaubens, der Bibel, erwachsen war, stand neben der persönlichen Glaubenserfahrung die unbedingte Autorität des Alten und Neuen Testaments.

Viele Thesen Luthers entsprachen durchaus römisch-katholischer Lehre, nur wenige ließen etwas von der neuen Glaubenserfahrung des Wittenberger Mönchs erkennen. Aber die durch die Thesenveröffentlichung hervorgerufene allgemeine und laute Kritik an der Kirche überhaupt beunruhigte die Kurie in Rom sehr stark. Für sie war Luthers Tat weniger Ausdruck eines tiefen Betroffenseins von den menschlichen Unzulänglichkeiten, die er allenthalben an seiner Kirche zu entdecken glaubte, als unberechtigte Opposition gegen die im Papsttum verkörperte Autorität. Deshalb entsprachen auch die Mittel, mit denen Rom den Mönch zum Widerruf seiner Thesen und Aufgabe seiner Kritik zu bewegen suchte, der bisher geübten Praxis. Aber theologische Streitgespräche mit Beauftragten der römischen Kirchenleitung brachten keine Änderung der lutherischen Haltung; sie führten im Gegenteil eher zu einer genaueren Präzisierung des lutherischen Standpunktes und schließlich zu seiner Berufung auf die

Heilige Schrift als die einzige und letzte Autorität. Das Papsttum beantwortete Luthers Haltung mit einer Bulle, in der ihm der Ausschluß aus der kirchlichen Gemeinschaft angedroht wurde, falls er nicht widerriefe. Als Luther diese Bulle vor dem Elstertor in Wittenberg im Beisein begeisterter Studenten verbrannte, trennte er sich von seiner Kirche.

Luthers Handeln ist mit der großen Reformbewegung vergleichbar, die im Mittelalter vom Kloster Cluny ausging. Wie dort handelte es sich auch bei ihm um eine kirchliche und religiöse Reform aus dem Geist des Evangeliums und der Tradition, wie er sie verstand. Luther war wie die Mönche von Cluny ein religiöser, kein politischer Mensch. Aber wie jene traf er auf eine Zeitlage, in der religiöse Forderungen zugleich zu einer politischen Entscheidung herausforderten, mochte diese nun für oder gegen ihn ausfallen. Insofern konnte sich die durch Luther ausgelöste Reformation nicht auf den religiösen Bereich beschränken, sondern mußte sich unmittelbar und von Anfang an auf das gesamte politische Gefüge des von ihr erfaßten Raumes erstrecken.

Nach mittelalterlichem Brauch mußte nunmehr der Fall Luther an die weltliche Autorität zur Entscheidung überwiesen werden. Der Kaiser wurde aufgefordert, Luther zu ächten. Gemäß der Wahlkapitulation von 1519 durfte jedoch kein Einwohner des Reiches in die Acht erklärt werden, ohne verhört worden zu sein. Ein Reichstag zu Worms sollte in des Kaisers Gegenwart über Luther entscheiden.

Die Reformation und ihre politischen Folgen

1519 war Maximilian, römischer Kaiser und deutscher König aus dem Hause Habsburg, gestorben. Um die deutsche Krone bewarben sich der König von Frankreich, Franz I., und Karl, Enkel Maximilians, König von Spanien und seinen Kolonien, Erbe Österreichs und seiner Gebiete, Burgunds, der Niederlande, Neapels und Siziliens. Die Bewerbung des französischen Königs war verständlich, mußte doch Frankreich eine Umklammerung seines Gebietes durch die habsburgische Großmacht befürchten, die es nicht aufzubrechen vermöchte. Bei den deutschen Kurfürsten traten jedoch politische Erwägungen hinter materiellen Überlegungen zurück. Beide Prätendenten versuchten, durch Bestechung eine Mehrheit der Wähler für sich zu gewinnen. In dem Augsburgischen Handelshaus der Fugger hatte sich Karl den größten Bankier seiner Zeit gesichert. So entschied dessen Geld die deutsche Königswahl. Als Karl V. bestieg der Habsburger den Thron Karls des Großen (1519—1556).

Die Umstände, die zur Wahl Karls führten, machten deutlich, in welche Lage das Reich gekommen war. Sein Schicksal lag in den Händen eines Bankiers. Die Fürsten hatten nicht einmal mehr die Kraft, ihre eigenen Interessen, die bei der Machtfülle beider Prätendenten gefährdet waren, unabhängig vom augenblicklichen materiellen Nutzen abzuwägen. Um diese dennoch gegen allzu hohe kaiserliche Ansprüche zu sichern, nötigten sie Karl V. in den sog. Wahlkapitulationen zu dem Versprechen, keine auswärtigen Kriege ohne Zustimmung der deutschen Fürsten zu führen und keine spanischen Truppen in Deutschland zu stationieren. Der Kaiser hat keines seiner Versprechen gehalten.

Karl V. war seit 1516 König von Spanien. Seit dem Abschluß der sog. Reconquista (Wiedereroberung Spaniens und Vertreibung der islamischen Mauren von der Halbinsel 1492) hatten sich in diesem Lande entscheidende Veränderungen vollzogen. Die ungetauften Juden waren durch königliches Edikt 1492 des Landes verwiesen worden, die getauften unterstanden der Aufsicht der Inquisition. 1502 folgte die Ausweisung aller nichtgetauften Mauren. Neben der Rechts-, Wirtschafts- und Verwaltungseinheit, die Spanien schon im Zuge der Wiedereroberung durch die Maßnahmen seiner Könige erhalten hatte, wurde auch die Glaubenseinheit erzwungen. Im Gefolge der großen Entdeckungsfahrten des Christoph Kolumbus errichtete Spanien sein großes Kolonialreich jenseits des Atlantik. Das unmittelbare Ergebnis dieses Erwerbs waren die Verlagerung des Handels vom Mittelmeer an den Westrand Europas und der ungeheure Zustrom von Edelmetallen, die Voraussetzung für die hegemoniale Stellung und Politik Spaniens im 16. Jahrhundert. Seit den ersten Regierungstagen Karls V. als römischer Kaiser war Spanien der wirtschaftliche Träger der habsburgischen Universalmonarchie.

In Karls V. Auffassungen vom Kaisertum lebte die Idee der *einen* Christenheit, deren einziges weltliches Haupt der Kaiser sei. So sah er seine höchste Aufgabe darin, die Einheit der Christenheit zu wahren. Der *eine* Glaube in der *einen* Kirche war ihm die allein mögliche Form des Daseins der *einen* Christenheit. Auch in der Politik galt ihm der katholische Glaube als unantastbar. Nur so ist sein politisches und sein religiös-sittliches Handeln zu verstehen. Seine Auffassung vom Wesen des Kaisertums war von der der Fürsten grundverschieden. Aus der objektiven Lagerung der Kräfte war die Regierung Karls V. in Deutschland auf einen Zusammenstoß angelegt.

Diese besondere politische Lage Deutschlands war durch den Zerfall des mittelalterlichen „Heiligen" Reiches in eine Vielzahl von Territorien gekennzeichnet. War die Kirche in den westeuropäischen Ländern in die Abhängigkeit vom jeweiligen Staatsapparat geraten, so hatte sich auch in Deutschland nach und nach ein Landeskirchentum herausgebildet. Schon der Kampf für eine Reformation der Kirche im 14. und 15. Jahr-

MATHIAS GRÜNEWALD

Isenheimer Altar: Auferstehung

Retable d'Issenheim: La Résurrection

Isenheim Altarpiece: The Resurrection

Retablo de Isenheim: La Resurrección

Retábulo de Isenheim: A Resurreição

1513—1515. Musée d'Unterlinden, Colmar

hundert war zugleich ein Versuch, die päpstliche Macht zu schwächen und die landeskirchlichen Kräfte zu stärken. Auch die Kirche mußte den Fürsten immer mehr Privilegien einräumen. Durch das Landeskirchentum versuchten die Fürsten außer der politischen Macht auch die Verfügung über die Kirchen ihres Territoriums in die Hand zu bekommen. Das Papsttum wirkte durch den Kampf gegen den Kaiser, durch Fürstenkonkordate und fortgesetzte Privilegien an die Landesherren im Sinne dieser Entwicklung selbst mit.

Der Niedergang des Kaisertums hatte aber auch einzelne Schichten der deutschen Bevölkerung in ihrer wirtschaftlichen Existenz oder in ihren Freiheitsrechten besonders gefährdet. Die Schuld daran schoben diese vor allem dem Papsttum zu, das sie auch wegen seiner zunehmenden finanziellen Forderungen ablehnten. So war bei Reichsrittern, Reichsstädten und Bauern ein starker nationaler Anti-Rom-Affekt weit verbreitet.

Luther hatte sich nach Zusicherung freien Geleites bereit erklärt, seine Sache auf dem Wormser Reichstag, den der Kaiser auf April 1521 einberufen hatte, persönlich zu vertreten. Seine Fahrt nach Worms glich einem Triumphzug. Wohin er auch kam, empfing man ihn mit Glockengeläut und Jubel. Am 17. April stand er vor den versammelten Reichsständen und Karl V. Der Aufforderung, seine in Wort und Schrift niedergelegte Lehre als Irrtum zu widerrufen, begegnete er am folgenden Tag mit der Erklärung: „Weder kann noch will ich widerrufen, da gegen das Gewissen zu handeln beschwerlich, unheilsam und gefährlich ist. Gott helfe mir! Amen." Darauf erließ der Kaiser das Wormser Edikt, durch das er über Luther die Reichsacht verhängte. Der Reformator konnte sich den Folgen dieser Reichsacht entziehen. Von seinem Landesherrn, Kurfürst Friedrich von Sachsen, ließ er sich auf der Wartburg „gefangensetzen".

Die Entscheidung für oder gegen Luthers Auffassungen und damit für oder gegen den Bruch mit Rom und der alten Kirche entsprang beim „gemeinen Mann" vielfach religiösen Überlegungen. Doch schon bald vermischten sich diese mit politischen, wirtschaftlichen und sozialen Erwägungen. Die reformatorische Bewegung ging weit über die Ziele hinaus, die ihr Luther gestellt hatte. Von den deutschen Kirchenfürsten blieben viele anfangs ihrer Kirche treu. Der Deutsche Orden trat unter seinem Hochmeister Albrecht von Brandenburg, der sich 1525 dem König von Polen als Lehnsherrn unterstellte, zum evangelischen Glauben über. Der katholisch gebliebene Teil des Ordens verlegte den Hochmeistersitz nach Bad Mergentheim. Aus der niederen Geistlichkeit und den Klöstern bekannten sich viele zu Luthers Lehre, so daß bald in zahlreichen Kirchen nur noch reformatorische Gottesdienste gehalten wurden und die Klöster leer standen. In Wittenberg selbst kam es wiederholt zu Tumulten, weil es den Anhängern Luthers bei der Abschaffung kirchlicher Bräuche und Einrichtungen nicht schnell genug ging. Gegen sie wandte sich Luther in täglichen Predigten, verdammte die Radikalen als Schwärmer und zwang sie, die Stadt zu verlassen.

Beim städtischen Bürgertum fand Luthers Lehre allgemeine und ungeteilte Zustimmung. Sicherlich spielte bei den freien Reichsstädten der nationale Anti-Rom-Affekt eine große Rolle. Soweit die Landstädte noch einem geistlichen Fürsten unterstanden, sahen sie in der Reformation eine willkommene Gelegenheit, sich der Herrschaft der Geistlichkeit zu entziehen.

Kritisch wurde für Luther und sein religiöses Anliegen die Lage, als sich Ritter und Bauern entschlossen, ihre politisch-sozialen Forderungen im Namen des Evangeliums mit Gewalt durchzusetzen.

Der Stand der Reichsritter hatte im hohen Mittelalter sein Schicksal untrennbar mit dem des römischen Kaisers verbunden. Seitdem aber die Romzüge immer seltener geworden waren und die Erfindung des Schießpulvers durch den deutschen Mönch Bertold Schwarz die Kriegstaktik verändert hatte, waren dem Rittertum seine wesentlichsten Aufgaben entzogen. Das kleine Lehen — eine Burg mit einem dazu gehörigen Dorf — ernährte nur dürftig seinen Besitzer. Die Reichsfürsten waren zudem bestrebt, den Rittern ihre Reichsunmittelbarkeit zu nehmen und sie zu ihren Untertanen und Beamten zu machen. Gegen diese Bedrohung ihrer Freiheit setzten sich die Reichsritter unter der Führung Franz von Sickingens 1523 zur Wehr. Sie verlangten die Sicherung ihrer Selbständigkeit, die gewaltsame Durchführung der Reformation und die Aufhebung der geistlichen Fürstentümer. Ihr beredtester Wortführer war der Humanist und Dichter Ulrich von Hutten. Der Kampf Franz von Sickingens richtete sich zunächst gegen den Kurerzbischof von Trier. Wider Erwarten hielt die Bevölkerung Triers ihrem geistlichen Haupt die Treue. Aber auch evangelische Territorialherrn stellten sich auf die Seite der katholischen geistlichen Fürsten. Gegen diese Übermacht konnte sich die Reichsritterschaft nicht behaupten. Mit der Eroberung der Burg Landstuhl bei Kaiserslautern in der Pfalz durch ein Fürstenheer und den Schlachtentod Franz von Sickingens brach der Aufstand der Reichsritter zusammen. Die politische Bedeutung des Rittertums war endgültig dahin.

Die wirtschaftliche Lage des deutschen, besonders des süddeutschen Bauernstandes war zu Beginn des 16. Jahrhunderts im allgemeinen nicht schlecht. Rodung, Absatz der Produkte in den nahe gelegenen Städten, bessere landwirtschaftliche Nutzung und weitgehende Durchsetzung der

Geldwirtschaft hatten den Bauern eine erträglichere Existenz gesichert. Viele nachgeborene Bauernsöhne waren über das Studium der Rechte in den sehr angesehenen Beruf der doctores an den Höfen der Landesfürsten aufgestiegen. Aber als Stand waren die Bauern bei Bürgern und Adel gleicherweise verachtet. Die alten Abhängigkeitsverhältnisse bestanden fort. Der Bauer war seinem Grundherrn durchweg hörig, Abgaben und Fronden waren unverhältnismäßig hoch, der Anteil an den Gemeindenutzungen (Jagd- und Fischereirecht) war nur gering.

Schon im 15. Jahrhundert hatten sich die Bauern in Bünden zusammengeschlossen, um ihre Ansprüche gewaltsam durchzusetzen. Ihre Aufstände waren erfolglos, weil sie auf den geschlossenen Widerstand von Adel und Geistlichkeit stießen.

1525 kam es erneut zu einem Aufstand der Bauern, der sowohl in seiner Wucht wie in seiner weiten Verbreitung (fast ganz Süddeutschland) alle bisherigen übertraf. Die Bauern begründeten ihre Forderungen naturrechtlich durch Berufung auf die mittelalterliche Lehre vom natürlichen Recht des Menschen; religiös durch Berufung auf die Bibel und göttliche Offenbarung; historisch durch Berufung auf die deutsche Frühzeit, in der ihre Vorfahren frei und unabhängig gewesen seien. Ihre Stoßkraft erhielt die Bewegung durch Luthers Lehre: „Ein Christenmensch ist ein freier Herr über alle Dinge und niemandem untertan", eine Lehre, die Luther natürlich religiös gemeint hatte. Aber den Bauern galt Luther als der Befreier schlechthin.

An die Spitze der Bauern stellten sich neben Standesgenossen auch Reichsritter, die die militärische Führung übernahmen. Die bekanntesten unter ihnen waren Götz von Berlichingen und Florian Geyer von Giebelstätt. Anfangs unterstützte Luther die berechtigten Forderungen der Bauern, die diese in 12 Artikeln niedergelegt hatten. In der Schrift „Ermahnung zum Frieden auf die 12 Artikel der Bauernschaft in Schwaben" wandte er sich mit scharfen Worten gegen die Fürsten und ermahnte sie zur Barmherzigkeit, wie sie das Evangelium verlangt. Aber gleichzeitig erwartete er auch von den Bauern unbedingten Gehorsam gegen die Obrigkeit. Ein Recht auf Aufruhr erkannte er nicht an. Als es dennoch dazu kam, wandte er sich mit Schärfe „Wider die räuberischen und mörderischen Rotten der Bauern". Der Aufstand selbst scheiterte an der Überlegenheit der fürstlichen Söldnerheere und wurde im Blute zahlloser Bauern grausam erstickt. Eine soziale Neuordnung erfolgte nicht. Der Bauernstand schied für die folgenden Jahrhunderte aus dem politischen und kulturellen Leben Deutschlands als Faktor aus.

Luther trennte aufs schärfste die geistliche und weltliche Ordnung und verzichtete im Gegensatz zu Katholizismus und Calvinismus auf die Gestaltung des politischen und sozialen Lebens. Als feste Ordnungsgefüge waren aber nur noch die Territorien und freien Reichsstädte, auch nach ihrem Übertritt zur Reformation, erhalten geblieben. Wollte Luther eine irgendwie geartete kirchliche Ordnung trotz seiner grundsätzlichen Auffassung, daß der einzelne allein vor Gott stehe, aufrechterhalten, mußte er sich mit den Landesfürsten verbinden. Diese Bindung der Reformation an die weltliche Gewalt wurde ihm durch seine Unterscheidung von geistlicher und weltlicher Ordnung erleichtert. Um der „reinen Lehre" willen überließ er die Welt der staatlichen Autorität, die er unter die von keiner irdischen Instanz kontrollierte Verantwortung vor Gott stellte. Nach seiner Auffassung war der Staat von Gott um der Bosheit und Schwachheit der Menschen willen eingesetzt. Das Verhältnis des einzelnen zur Obrigkeit sollte in Gehorsam und Unterordnung bestehen, mochte sich sein Rechtsgefühl noch so sehr gegen die Maßnahmen der weltlichen Gewalt auflehnen. Auch der Errichtung von Landeskirchen, die unter dem „Summespiskopat" der Fürsten standen, stimmte Luther zu.

Man hat Luther dafür verantwortlich gemacht, daß er durch seine scharfe Ablehnung des Bauernaufstandes eine Entwicklung verhindert habe, die durch die Lösung des Bauernstandes von den feudalen Bindungen allmählich Deutschland überhaupt aus dem Zeitalter des Feudalismus hätte herausführen können. Aber wer so urteilt, geht sowohl am Wesen einer religiösen Bewegung wie am Kern des Anliegens Luthers vorbei. Es ist schon darauf hingewiesen worden, daß die große Reformbewegung der Kluniazenser mit der Luthers verglichen werden kann. Auch jene verfolgte weder politische noch wirtschaftliche noch soziale Ziele. Trotzdem hatte sie in der Verwirklichung des Reformgedankens politische, wirtschaftliche und soziale Veränderungen zur Folge. Ähnlich erging es Luther. Von ihm jedoch zu verlangen, daß er die Folgen seiner religiösen Bemühungen, die sich im nichtreligiös-irdischen Bereich niederschlugen, erkannte und darüber hinaus förderte, heißt, ihn zu überfordern. Die innere Geschlossenheit der Persönlichkeit Luthers und damit die ungeheure Wirkung, die von ihm ausging, hatte ihren Grund ganz entscheidend in der Tatsache, daß für ihn allein das Religiöse Angelpunkt seines Denkens, Handelns und Lebens bedeutete. Das Hiesige hatte nur insofern für ihn einen Wert, als es der Verwirklichung des religiösen Anliegens diente. Die weltliche Ordnung, wie sie das Mittelalter geschaffen hatte, war für ihn nur insoweit von Bedeutung, als man unter Umständen durch Modifikationen an ihr diesem Ziel näher kommen konnte. Deshalb war es Luther auch gleichgültig, daß seine Haltung gegenüber den Bauern sein Ansehen herabsetzte und die Zahl seiner Anhänger, besonders unter ihnen, verringerte.

In dem gleichen Jahrzehnt (1520—1530), in dem politische und soziale Unruhen das Gesicht der Zeit vorwiegend bestimmten, prägte Luther durch seine Schriften und die Übersetzung der Bibel des Alten und Neuen Testamentes ins Deutsche Gehalt und Gestalt der evangelischen Kirche. Mit der von dem Mitarbeiter Luthers, Philipp Melanchthon, verfaßten „Confessio Augustana“, die zugleich ein Versuch sein sollte, die Glaubenseinheit auf dem Augsburger Reichstag 1530 wiederherzustellen, fand dieses Werk seinen vorläufigen Abschluß.

Die Errichtung von Landeskirchen hatte mit Luthers Zustimmung in den deutschen Territorien ähnliche Verhältnisse geschaffen, wie sie sich am deutlichsten im Spanien Karls V. ausgeprägt hatten. Infolge des Verfalls der ehemals katholischen Klöster und der katholischen sozialen Einrichtungen in den evangelischen Gebieten fielen die Besitztümer der Klöster, aber auch ihre Aufgaben an die jeweiligen Landesherren. Diese bauten mit Hilfe ihrer Beamten die landesherrliche Verwaltung weiter aus und festigten schrittweise ihre Unabhängigkeit sowohl von den Landständen wie vom Kaiser durch ihre finanzielle Überlegenheit, die ihnen aus dem ehemaligen Kirchengut erwuchs. In der Einheit des Glaubens sahen sie ebenso wie ihre katholischen Gegner einen wesentlichen Garanten für die Einheit des Staates.

Reformation und katholischer Glaube waren seit dem Wormser Edikt und der Entscheidung der überwiegenden Mehrheit der Deutschen für Luther in das Spannungsfeld von römischem Kaisertum und Territorialherrschaft, habsburgischer Universalmonarchie und Machtstaatbestrebungen einzelner europäischer Staaten geraten. Außenpolitische Erfolge Karls V. schwächten die Stellung der Territorialherren und begünstigten die Bekämpfung des neuen Glaubens durch den Kaiser, während außenpolitische Niederlagen den Kaiser in Abhängigkeit von den Fürsten brachten und dadurch die Reformation förderten.

Unmittelbar nach dem Wormser Reichstag hatten sich Frankreich und das Papsttum aus machtpolitischen Gründen zu einem Krieg gegen Karl V. verbündet, um die Umklammerung ihrer Staaten durch die habsburgische Großmacht aufzubrechen (1521—1526). Im Verlauf dieser Kämpfe verband sich Frankreich zum erstenmal in der Geschichte des christlichen Europa mit einer europafremden, nichtchristlichen Macht, den Türken, um so Habsburg zu einem Zweifrontenkrieg zu zwingen. Gleichzeitig suchte und fand es an den deutschen Fürsten beider Bekenntnisse eine nicht unerhebliche Stütze, da diese wiederholt die Stationierung spanischer Söldner auf deutschem Boden verweigerten, die Achtung der fürstlichen Libertät durch den Kaiser verlangten und als Anhänger Luthers ihre Unterstützung der Kriege Karls V. von Konzessionen in Glaubensfragen abhängig machten. Die politische Gegnerschaft des Papsttums gegen Karl wurde erst durch den Einmarsch deutscher Truppen in Rom im Jahre 1527 gebrochen. Die Art und Weise, wie sich dieser vollzog, löste Entsetzen und Verachtung der Deutschen aus, führte aber das Papsttum zu einer bedeutsamen inneren Wandlung. Das Jahr 1527 kennzeichnet das Ende des verweltlichten Renaissancepapsttums und den Beginn des Reformpapsttums.

Ein Jahr zuvor war die erste kriegerische Auseinandersetzung mit Franz I. von Frankreich zu Gunsten Karls beendet worden. Mailand, Neapel und Burgund blieben habsburgischer Besitz. Im gleichen Jahr war Karls Bruder Ferdinand als Gemahl Annas, der Erbtochter des Königs von Böhmen, zum König von Böhmen und Ungarn gewählt worden. Unmittelbarer Nachbar Ungarns war das Großreich der türkischen Osmanen, das seinen unaufhaltsamen Vormarsch auf dem Balkan nach der Eroberung Konstantinopels (1453) mit einem ersten Vorstoß auf Wien krönte (1529). Der gleichzeitige Angriff Frankreichs gegen Karl V. (1526—1529) brachte der Habsburger Monarchie die befürchtete doppelte Bedrohung an den Flanken ihres Großreichs. Dennoch gelang den beiden Gegnern, Franzosen wie Türken, kein Erfolg. Der Sultan mußte sich angesichts des Widerstandes der Wiener zurückziehen, Karl V. schlug erneut seinen Gegner Franz, dem er zwar Burgund überlassen mußte, aber von Italien fernhalten konnte. Eine Versöhnung mit dem Papst in Barcelona bedeutete das Ende der kriegerischen Auseinandersetzung mit dem Kirchenstaat und den Beginn des Kampfes beider Gewalten gegen die Reformation.

Mit dem Reichstag von Speyer (1529) trat das Werk Luthers erneut in eine kritische Phase. Der Kaiser verlangte dort die Einstellung aller Neuerungen in den Ländern, die sich zum evangelischen Glauben bekannten. Dagegen protestierten die Anhänger Luthers unter Führung des Landgrafen Philipps von Hessen und forderten Freiheit der religiösen Entscheidung und Einberufung eines allgemeinen Konzils auf deutschem Boden. Seit diesem Protest wurden die Evangelischen auch vielfach Protestanten genannt.

Der Versuch des gleichen Fürsten, die Front der Evangelischen durch einen organisatorischen Zusammenschluß der Schweizer Anhänger des Zürchers Zwingli mit den Lutheranern zu stärken, schlug fehl. Ein Gespräch beider Reformatoren über das Wesen des Abendmahls in Marburg im gleichen Jahr endete ergebnislos, weil Luther an den biblischen Einsetzungsworten festhielt.

So wesentlich die „Confessio Augustana“ des folgenden Jahres für die innere Gestaltung des Protestantismus war, so wenig wirksam wurde sie als ein letzter großer Versuch, die Einheit des Glaubens wiederherzustellen. Der Reichstag zu Augsburg lehnte sie als unvereinbar mit dem katholischen Glauben ab, verlangte Rückgabe aller Kirchengüter und Wiederherstellung der geistlichen Gewalt.

Das war für die protestantischen Fürsten der Anlaß, sich in Schmalkalden in einem Bündnis gegen den Kaiser zusammenzuschließen, um ihre politischen und religiösen Freiheiten notfalls mit Waffengewalt zu verteidigen. Der Bruch zwischen Katholiken und Evangelischen schien endgültig zu sein. Überraschend verband sich aber auch der katholische Herzog von Bayern mit den Schmalkaldenern, weil er die Übermacht Habsburgs fürchtete. Ebenso verbündete sich mit ihnen Frankreich, der natürliche Gegner Habsburgs.

Der Aufmarsch eines großen türkischen Heeres gegen Wien zwang den Kaiser zum Einlenken. 1532 erkannte er die protestantischen Mächte und den evangelischen Glauben an. Ein allgemeines Konzil sollte auf deutschem Boden stattfinden.

Die Kriege Karls V. mit Frankreich und den Türken hielten für mehr als ein Jahrzehnt den Kaiser von Deutschland fern. Während dieser Zeit konnte sich die Reformation ungehindert ausbreiten und innerlich festigen. Fast ganz Nord-, West- und Südwestdeutschland ging dem katholischen Glauben verloren. Nur Bayern und verschiedene Fürstbistümer hielten am Katholizismus fest. Von den Bistümern traten Osnabrück, Merseburg, Meißen und Naumburg zum Protestantismus über. In den habsburgischen Landen schloß sich vor allem der Adel Luther an, im Erzbistum Salzburg war der überwiegende Teil der Bevölkerung protestantisch. Die deutschen Siedler in Ungarn und Siebenbürgen traten sehr früh zum Protestantismus über. Auch das Baltikum wurde evangelisch.

Trotz der großen französisch-türkischen Übermacht gelang es Karl V., den türkischen Vormarsch auf dem Balkan aufzuhalten und einen Teil Ungarns von türkischer Herrschaft zu befreien. Allerdings geriet Nordafrika fast ganz in türkische Hand. Die militärischen Auseinandersetzungen mit Franz I. (1536—1544) konnten zwar die Großmachtstellung Frankreichs nicht erschüttern, sicherten aber Habsburg den weiteren Besitz der Freigrafschaft Burgund (Besançon) und die Herrschaft in Italien. Im Frieden von Crépy (1544) verpflichtete sich Franz I. überdies zum Kampf gegen die Reformation.

Der Kaiser hatte den Protestanten die Einberufung eines allgemeinen Konzils auf deutschem Boden versprochen. Infolge der politischen Entwicklungen und der Haltung des Papstes konnte er sein Versprechen nicht einlösen. Erst 1545 berief der Papst das Konzil nach Trient, einer

Stadt, die zwar auf deutschem Reichsboden lag, aber ihrer Bevölkerung nach italienisch war. Im Gegensatz zum Kaiser verlangte der Papst die Behandlung der Glaubensfragen vor denen der Kirchenreform. Die Evangelischen leisteten der Einladung nicht Folge. Luther starb ein Jahr nach der Einberufung des Konzils.

Nach erfolgreichem Abschluß seiner auswärtigen Kriege glaubte Karl V., durch einen Machtspruch die religiöse Frage in Deutschland regeln zu können. Aber diesem Anspruch des Kaisers widersetzten sich die Landesfürsten nicht nur aus religiösen, sondern auch aus wirtschaftlich-politischen Gründen. Wiederherstellung des Katholizismus hätte für sie Aufgabe des Landeskirchentums, Rückgabe des säkularisierten Kirchengutes und möglicherweise Verlust ihrer fast souveränen landesherrlichen Stellung bedeutet. Karl V. aber war entschlossen, den Widerstand der Protestanten militärisch zu brechen. 1547 schlug er sie in der Schlacht bei Mühlberg. Der Kaiser stand auf der Höhe seiner Macht, das Ende des Protestantismus schien gekommen, die Einheit des Glaubens in unmittelbare Nähe gerückt zu sein. Aber die Niederlage weckte innerhalb des Protestantismus Gegenkräfte, denen der Kaiser trotz der zahlreichen spanischen Söldner auf deutschem Boden nicht gewachsen war. Außerdem verbanden sich die Protestanten mit König Heinrich II. von Frankreich, dem der Kurfürst Moritz von Sachsen das Reichsvikariat über Metz, Toul und Verdun zusagte. Die Verbündeten fielen in Süddeutschland ein (1551/52). Nur mit Mühe entging der Kaiser seiner Gefangennahme in Innsbruck. Türkennot und ein neuer erfolgloser Kampf gegen Frankreich verhinderten danach eine schnelle Regelung der religiösen Frage in Deutschland. Schließlich kam in Augsburg ein Religionsfriede zustande (1555), an dem aber Karl V. aus Gewissensgründen und als Kaiser nicht hatte mitwirken wollen. Deshalb überließ er die Verhandlungen seinem Bruder Ferdinand.

Der Augsburger Religionsfriede stellte den evangelischen Glauben Luthers gleichberechtigt neben den katholischen. Nach dem Grundsatz „Cuius regio, eius religio" („wes das Land, dem der Glaube") bestimmten die Territorialherrn und Städte den Glauben in ihrem Gebiet. Die Glaubenseinheit wurde als Voraussetzung für die Staatseinheit rechtlich festgelegt. Den Andersgläubigen wurde nur das Recht auf Auswanderung eingeräumt. Die Spaltung Europas in evangelische und katholische Gebiete war endgültig vollzogen. Allerdings waren die Anhänger des Reformators Calvin vorläufig noch von dieser Regelung ausgeschlossen.

Im Bewußtsein, bei der Lösung der religiösen Frage gescheitert zu sein, dankte Karl V. 1556 ab und zog sich in das Kloster San Jeronimo

Abb. 21 Dürer: Mutter des Künstlers

Abb. 23 Das Heidelberger Schloß

◁ Abb. 22 Holbein: Thomas Howart

Abb. 24 Nördlingen

Abb. 25 Karlsruhe

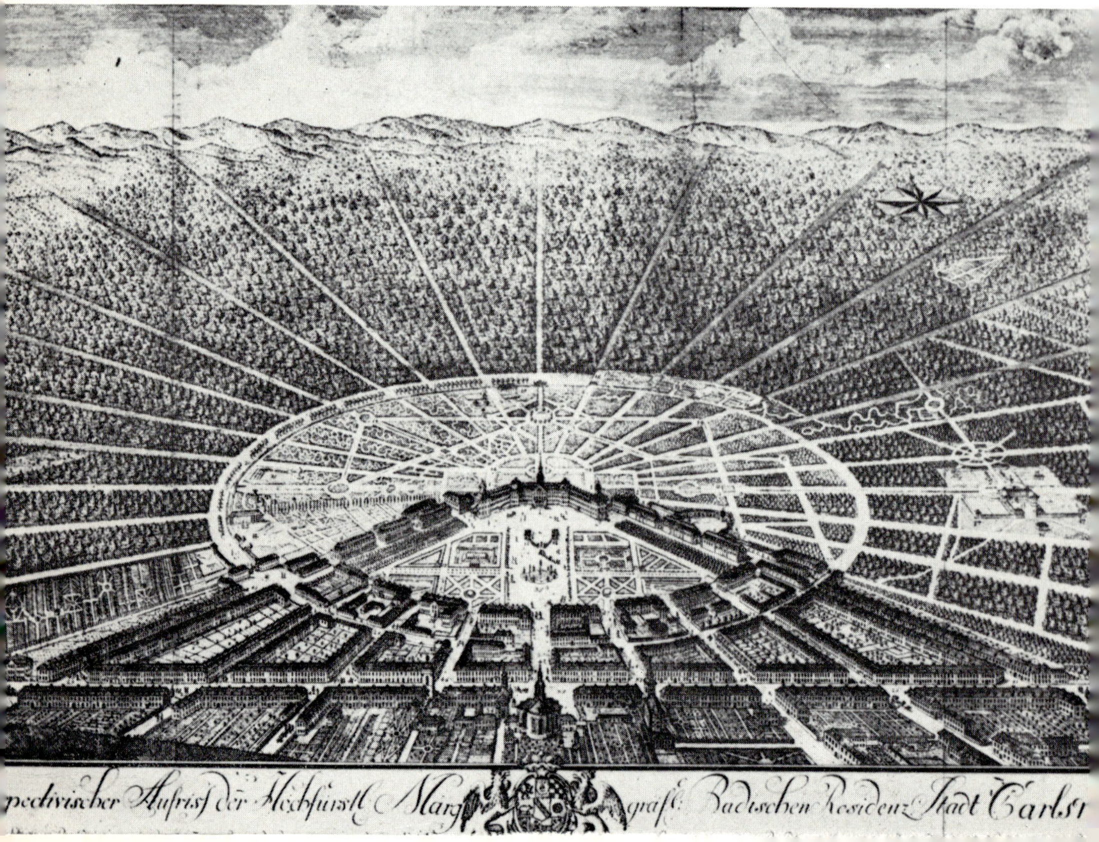

de Yuste in Spanien zurück. In seinen Erbländern folgte ihm sein Sohn Philipp II., in österreichisch-Habsburg und im Kaisertum sein Bruder Ferdinand I. Das Universalreich der Habsburger war geteilt.

Das Kaisertum Karls V. war der vorläufig letzte Versuch in Europa, mit den Mitteln eines universalen Reiches und aus der Kraft der universalen religiös-christlichen Idee des Mittelalters die politische und religiöse Einheit des Abendlandes neu zu festigen bzw. wiederherzustellen. Er scheiterte an dem entstehenden Staatensystem europäischer Nationalstaaten und an den deutschen Territorialfürsten. Darüber hinaus hatte sich, ganz wesentlich gestärkt durch die geistigen Bewegungen von Renaissance und Humanismus, der politische und religiöse Individualismus so weit durchgesetzt, daß er von nun an die Geschichte Europas und damit auch die Deutschlands entscheidend bestimmte.

Die kulturelle Entwicklung in Deutschland zur Zeit der Reformation

Die kulturelle Entwicklung in Deutschland stand während der Reformationszeit bis weit in das Zeitalter der Gegenreformation in einer ausgesprochenen Wechselwirkung zu den tiefgreifenden religiösen Erschütterungen, die Luthers Bruch mit der überkommenen Kirche hervorrief. Da sie noch primär religiös bestimmt war, setzte sie die im Spätmittelalter begonnene Linie fort, wenn auch unter sehr zurückhaltender Übernahme von Einflüssen, die von der italienischen Renaissance her auch den deutschen Sprachraum ergriffen. Deshalb überwogen in der Architektur die spätgotischen Stilelemente. Nur in Profanbauten fand der italienische Renaissance-Stil vereinzelte Nachahmer.

Erstaunlicherweise entwickelte die Kirche der Reformation weder im Reformationszeitalter selbst noch in den späteren Jahrhunderten einen eigenen Kirchenstil. Zunächst begnügte sich der Protestantismus mit der Übernahme ehemals katholischer Gotteshäuser, deren Kultraum er entsprechend seinen religiösen Vorstellungen umgestaltete, später baute er seine Gotteshäuser im Stil der jeweiligen Zeitanschauungen, so daß sich bis zum Ende des 19. Jahrhunderts katholische und evangelische Kirchen im Äußeren kaum voneinander unterschieden.

Den stärksten Ausdruck schuf sich das Reformationszeitalter in der Malerei. Ihre bedeutendsten Vertreter, die der deutschen Kunst Weltruhm verschafften, waren Matthias Grünewald und Albrecht Dürer. Während für Grünewald Renaissance und Humanismus überhaupt nicht wirksam waren und er ein Revolutionär innerhalb der gotischen Tradition wurde, versuchte Dürer in die Großartigkeit der italienischen

Kunst wie ein Ebenbürtiger hineinzuwachsen, um doch letztlich in der Verfolgung eigenster künstlerischer Gesetze den stärksten Ausdruck einer deutschen Malerei seiner Zeit zu finden.

Matthias Grünewald (wahrscheinlich Neithart auch Matthes von Aschaffenburg geheißen) starb 1528. Sein Geburtsjahr ist unbekannt. Sein Ruf wurde auch schon zu seiner Zeit durch sein großartiges Werk, den Isenheimer Altar (im Elsaß), begründet. Für Luther war ursprünglichster Ausdruck seines seelischen Erlebnisses das Wort, gestaltet entweder in der mitreißenden Predigt, der aufrüttelnden Flugschrift oder in der strengen, aber die Mitte des Sinns treffenden Übersetzung. Für Grünewald war es die Farbe. Was ihn als religiösen Menschen ebensowenig losließ wie Luther, nämlich die Frage nach der Erlösung, das drückte er aus im Bild. So wurde der Isenheimer Altar die große Darstellung dessen, was er in sich als die Armseligkeit des Menschen, die unfaßbare Größe der göttlichen Erlösungstat und die ganze Beseligung des Triumphes Jesu in der Auferstehung als Unterpfand des Erlöstseins erlebt hatte. Zwar stand Grünewald ganz auf dem Boden des überkommenen Christentums, aber er erlebte die christliche Wahrheit ebenso persönlich wie Luther.

Albrecht Dürer wurde am 21. Mai 1471 in Nürnberg als Sohn eines Goldschmiedes geboren. Zunächst ging er bei seinem Vater in die Lehre, aber sein zeichnerisches Talent war schon in seiner Jugend so ausgeprägt, daß der Vater ihn in eine Malerlehre gab. Früh fand er das besondere Wohlwollen der Kaiser Maximilian I. und Karl V. Die Hauptthemen seiner Werke waren dem religiösen Bereich entnommen, wenn auch die Darstellung seiner eigenen Entwicklung in zahlreichen Selbstbildnissen im Gegensatz zu den Gepflogenheiten der Zeit einen nicht unbedeutenden Teil seines Schaffens ausmacht. Am Ende des 15. Jahrhunderts entstanden seine Zeichnungen für die große Holzschnittfolge der Apokalypse, der Passion und verschiedene Einzelholzschnitte. In allen stand Dürer durchaus im Mittelalter und seinem festgegründeten Glauben. Auf seinen zahlreichen Reisen kam er in Italien auch mit der neuen Kunst der Renaissance in Berührung. Von entscheidender Bedeutung wurde für ihn aber erst die Begegnung mit dem deutschen Humanisten Pirkheimer. Ihm verdankte er die für sein Schaffen wesentliche Erkenntnis, daß in der richtigen Proportion Schönheit und Vollkommenheit beruhe — eine Erkenntnis, die auch die zeitgenössische italienische Malerei bestimmte. Anläßlich eines längeren Italienaufenthaltes entstanden jene Werke, in denen er es in dem neuen Stil zu solcher Vollendung brachte, daß Künstler wie Raffael und Michelangelo ihn als gleichbedeutend anerkannten. Dennoch schritt er nicht auf diesem Wege fort. Er wandte sich in Deutschland wieder Holzschnitt und Kupferstich zu, die ihm mehr Möglichkeiten zu bieten schienen, über das rein Malerische hinaus in den Sinn des menschlichen Tuns einzudringen, den er vom Religiösen her bestimmt sah. So wurde ihm der Inhalt seines künstlerischen Schaffens notwendig wichtiger als die Form. Obschon er sich Luther nicht anschloß, versuchte er in den berühmten „Vier Aposteln" dem neuen Gehalt der evangelischen Verkündigung einen Ausdruck zu geben, der den Betrachter zwingen sollte, „nicht für das Wort (Gottes) menschliche Verführung anzunehmen" (Luther). Albrecht Dürer starb 1528 in seiner Vaterstadt Nürnberg.

Neben Dürer und Grünewald wirkten als Zeitgenossen Lukas Cranach (1472—1553), Albrecht Altdorfer (1480—1538) und Hans Baldung (1480—1553). Cranach schloß sich der Reformation an und nahm seinen Wohnsitz in Wittenberg, wo er vor allem eindrucksvolle Porträts des Reformators schuf. Auch diesen Malern waren die neuen Bestrebungen der italienischen Renaissance durchaus vertraut. Keinem gelang es jedoch, eine klare Entscheidung für oder gegen sie zu vollziehen. So gab ihr Versuch, eine Synthese zu finden, ihren Werken das Zwiespältige, das für diese Zeit auch in anderen Bereichen zu beobachten ist.

Anders dagegen Hans Holbein d. J. (1497—1543). Er war wohl der einzige, der sich dem neuen Stil völlig hingab. Aber da er in seiner Heimatstadt Basel nicht die geeignete Wirkungsstätte fand, verließ er 1532 das deutsche Reichsgebiet und wurde vier Jahre später in England der Hofmaler Heinrichs VIII., der ihm auf seinem ureigensten Gebiete, der Porträtmalerei, reiche Schaffensmöglichkeiten bot.

Einen maßgeblichen Einfluß erlangte die Reformation auf die deutsche Literatur. Auf Luther, der den Dialekt der kursächsischen (Meißener) Kanzlei zum großartigen Gewande seiner Bibelübersetzung, seiner Predigten, Streitschriften und Kirchenlieder machte, geht die hochdeutsche Schrift- und Verkehrssprache zurück. In Nürnberg führte der „Schuhmacher und Poet" Hans Sachs den dort gepflegten Meistergesang auf die Höhe seiner Entfaltung. Als letztes Erzeugnis der spätmittelalterlichen Volksbücher wurde 1589 in Frankfurt die „Historie vom wissensgierigen Dr. Faust" gedruckt, der sich dem Teufel verschreibt und schließlich dessen Beute wird.

Eine weitwirkende Bedeutung erlangte das Werk des Domherrn in Frauenburg, Nikolaus Kopernigk (Kopernikus) (1473—1543), „Von den Umdrehungen der Himmelskörper", in dem er, angeregt durch antike Schriftsteller und unter Verwendung eigener Beobachtungen, das moderne Weltbild begründete. Er erklärte die beobachteten Planetenbewegungen durch die Umkehrung des bisherigen Weltbildes. Nicht die Erde, sondern die Sonne ist der Mittelpunkt unseres Planetensystems. Die Erde ist ein Wandelstern gleich den andern und umkreist die Sonne. Damit leitete Kopernikus auf naturwissenschaftlichem Gebiete eine Revolution ein. Aber nicht nur das Ptolemäische Weltbild brach zusammen. Auch die seelische Problematik des modernen Menschen, der sich zwischen Glauben und Naturerkenntnis hin- und hergerissen fühlt, nahm ihren Anfang.

Ganz in den Kreis des gelehrten Humanismus gehörte der Schweizer Paracelsus (1493—1541), der gelehrteste Arzt seiner Zeit und Wegbereiter einer modernen Medizin. Er sah in der Krankheit nicht eine Einzelerscheinung am Körper, sondern suchte in ihr den ganzen Menschen zu erfassen. Dabei erkannte er die Abhängigkeit des menschlichen Organismus von vielerlei bislang verborgenen Faktoren und entdeckte eine Reihe von Heilstoffen, die seiner Auffassung von dem In- und Miteinander allen natürlichen Lebens entsprachen. Daß er dabei vielfach ins Okkulte und Mystische abirrte, lag mehr an der mangelhaften medizinischen Wissenschaft seiner Zeit als an seiner eigenen Denkweise.

Siebtes Kapitel

DIE AGONIE DES REICHES

Das Ausscheiden der Niederlande aus dem Reichsverband

Die Teilung des habsburgischen Weltreiches durch Karl V. hatte Philipp II. zum Herrscher Spaniens und seiner Kolonien, der Freigrafschaft Burgund (Besançon), Italiens und der Niederlande gemacht. Die für den deutschen Handel wichtigen Schelde- und Rheinmündungen waren so der Botmäßigkeit des deutschen Königs und römischen Kaisers, Ferdinands I., entzogen worden und dem zentralistisch regierten und auf Bewahrung der Glaubenseinheit bedachten Spanien unterstellt. Philipp II. sah seine Hauptaufgabe als Herrscher in der Verteidigung bzw. Wiederherstellung des katholischen Glaubens. Für dieses Ziel fand er in dem von dem Spanier Ignatius von Loyola noch zu Lebzeiten Luthers gegründeten Orden der „Gesellschaft Jesu" eine wesentliche Stütze.

Die Niederlande, die in jener Zeit das heutige Holland und Belgien umfaßten, waren schon im 14. und 15. Jahrhundert durch Tuchweberei und einen ausgedehnten Wollhandel mit England und Mitteleuropa reich geworden. Im Zuge der Entdeckungen hatten sie über den Hafen Antwerpen auch Handelsbeziehungen mit den neuen Erdteilen aufgenommen. In ihren reichen Städten lebte ein selbstbewußtes Bürgertum, das an seinen ständischen Freiheiten gegenüber dem fürstlichen Herrschaftsstaat Spanien festhielt. Zudem hatte die Reformation schon früh bei den Niederländern des nördlichen (flämischen) Landesteils Eingang gefunden, während die südliche (mehr wallonische) Bevölkerung am Katholizismus festhielt. Die Übernahme der Reformation erfolgte ganz wesentlich in der calvinischen, nicht in der lutherischen Form. Im Gegensatz zu Luther hatte Calvin von Anfang an seine Reform auf die Gestaltung des politischen und sozialen Lebens aus dem Geist des Christentums abgestellt. Für den Gläubigen bestand die Pflicht, diesen christlichen Staat gegebenenfalls gewaltsam zu erzwingen; er hatte das Recht des Widerstands in einem Staat, der ihn an der Erfüllung der Glaubenspflichten hinderte. Neben den Bürgern der Städte hatten sich auch die Adligen der nördlichen Niederlande dem Calvinismus angeschlossen. Ihr Führer war der aus Dillenburg in Hessen stammende Graf von Nassau-Oranien (Orange in Frankreich), der in den nördlichen Niederlanden beträchtliche Besitztümer besaß. Aber auch seine katholischen Standesgenossen lehnten die spanische Herrschaft ab und verwarfen eine zwangsweise Bekehrung der Reformierten zum alten Glauben. Ihr politisches Vorbild erblickten sie in den Reichsfürsten und der von ihnen durchgesetzten Libertät gegenüber dem Kaiser.

Der Kampf Spaniens gegen die Niederländer entwickelte sich aus der religiösen Frage. Der offene Widerstand gegen Philipps Bestrebungen, die Reformation rückgängig zu machen, veranlaßte den König zu einer Herrschaft der Gewalt und des Schreckens durch seine Statthalter. Gegen sie schlossen sich unter Führung Wilhelms von Nassau-Oranien 1579 die sieben nördlichen protestantischen Provinzen in Utrecht zusammen, während sich die südlichen katholischen Provinzen nach anfänglichem Widerstand schließlich doch aus religiösen Gründen der spanischen Herrschaft beugten. Truppen aus Deutschland und Gelder von reformierten Fürsten machten die nördlichen Niederlande so stark, daß sie 1581 Philipp II. für abgesetzt und sich selbst für unabhängig erklärten. Die Niederlage der spanischen Flotte im Kampf gegen England 1588 machte es Spanien unmöglich, den Kampf fortzusetzen. 1609 schlossen die „Vereinigten Niederlande“ mit Spanien einen Waffenstillstand.

Wirtschaftlicher Niedergang und politische Schwäche

Bei der Teilung der habsburgischen Monarchie hatten zweifellos nicht nur politische, sondern auch wirtschaftliche Erwägungen eine Rolle gespielt. Die mehr und mehr sich abzeichnende Verlagerung des Handelsraumes von der Mitte Europas an den Westrand dieses Kontinents ließen es Karl V. geraten erscheinen, einen möglichst geschlossenen Ländergürtel in Westeuropa dem spanischen Reichsteil anzugliedern, um so in dem Besitz wichtiger westeuropäischer Häfen zu bleiben. Von ihnen aus konnten die spanischen Bestrebungen, das große Kolonialreich zu festigen bzw. zu erweitern, erfolgreich gefördert werden. Schon um 1600 gelang es den Holländern, sowohl in den amerikanischen wie in den indischen Raum einzudringen und vor allem die Interessen der holländischen Kaufleute im Gewürzhandel entscheidend zu sichern. Dagegen schied Deutschland aus der Weltpolitik für fast ein Jahrhundert aus.

Diese Entwicklung hatte schon unmittelbar nach dem Augsburger Religionsfrieden begonnen. Die deutschen Teritorialherren, die durch die nunmehr verbriefte Religionseinheit ihrer Territorien fast die unbeschränkte

Souveränität gewonnen hatten, sahen es als ihre wesentlichste Aufgabe an, das Erreichte zu konsolidieren. Da auch die österreichischen Habsburger keinen Versuch machten, ihre kaiserliche Stellung im Reich zu stärken, sondern sich selbst mehr als Territorialherrn denn als Kaiser fühlten, war der Rückzug Deutschlands „aus der Geschichte" fast vollkommen. Auch gegenüber der stets drohenden Türkengefahr verhielten sich Kaiser und Fürsten betont lässig. Bis 1606 suchte man ihr durch Zahlung eines jährlichen Tributs auszuweichen.

Um so folgenschwerer für den weiteren Verlauf der deutschen Geschichte war die passive Haltung der deutschen Menschen zu Staat, Reich und öffentlichen Angelegenheiten. Selbst die für dieses Jahrhundert noch brennende Frage nach der religiösen Wahrheit konnte nicht mehr diskutiert werden, weil der Landesherr sie für seine Untertanen entschied. Deshalb versuchte auch der Katholizismus, verlorene Gebiete in erster Linie durch Einfluß auf den Landesherrn wiederzuerobern. In dieser Beziehung blieben ihm Erfolge vor allem im süddeutschen Raum nicht versagt. In den lutherischen Gebieten griff der Landesherr entsprechend seiner Stellung als oberster Kirchenherr durch sog. Landesordnungen bis in Einzelheiten in das Kirchen- und Schulwesen ein. Die lutherische Geistlichkeit war ganz von ihm abhängig, die Vertretung der Stände verlor an Bedeutung. Der Unternehmergeist des Bürgertums der Städte, auch der noch freien Reichsstädte konnte sich infolge der Verlagerung des Handelsraumes und im Wettstreit mit den Seemächten Holland und England kaum noch entfalten. Innerhalb des Luthertums kam es zu zahlreichen Lehrstreitigkeiten, die allerdings zur Klärung entscheidender theologischer Probleme beitrugen. Trotzdem blieb ein weitverbreiteter religiöser und politischer Quietismus lange für das Luthertum charakteristisch.

Im Gegensatz dazu entwickelte der Calvinismus eine starke Aktivität auf allen Gebieten. Deshalb wurde er von lutherischen Fürsten fast mehr gefürchtet als der wiedererstandene Katholizismus, dessen autoritäre Haltung gegenüber dem einfachen Volk sich weitgehend mit der ihren deckte.

Infolge der Schwäche des katholischen Kaisers gewann der Protestantismus vor allem in den geistlichen Fürstentümern weiter an Boden. Mit Ausnahme von Hildesheim fielen alle Bistümer östlich der Weser an die neue Lehre. Obschon der Augsburger Religionsfriede in dem sog. geistlichen Vorbehalt den zum Protestantismus übergetretenen Bischöfen die Umwandlung ihres Bistums in ein weltliches Fürstentum untersagte, schritt der Kaiser nicht ein, wenn es geschah. Erst unter dem von Jesuiten in Madrid erzogenen Kaiser Rudolf II. (1576—1612) setzte sich der

Katholizismus auch politisch mit Erfolg zur Wehr und verhinderte nach dem Übertritt des Erzbischofs von Köln zum Calvinismus den Verlust dieses wichtigen westdeutschen Gebietes an die Reformierten. Gleichzeitig schuf er sich damit eine wichtige Bastion für die Rekatholisierung Westfalens und die Durchsetzung der Gegenreformation in anderen Bistümern.

Diese ersten größeren Erfolge des Katholizismus in Nordwestdeutschland führten vor allem auf seiten der calvinistischen Fürsten zu einer Abwehrstellung, die sich verstärkte, als weitere Eingriffe in protestantische Rechte durch den bayerischen Herzog Maximilian erfolgten, die die Protestanten als ungerechtfertigt ansahen. Auf Drängen sehr aktiver calvinistischer Fürsten, die immer noch von den Bestimmungen des Augsburger Religionsfriedens ausgeschlossen waren, verbanden sich 1608 die meisten evangelischen Fürsten und freien Städte zu einem Kampfbündnis, der Union, gegen den Katholizismus. An seine Spitze traten Friedrich IV. von der Pfalz und Christian von Anhalt. Diese protestantische Herausforderung beantworteten die Katholiken unter Führung Maximilians von Bayern ein Jahr später mit der Bildung der katholischen Liga, zu deren militärischem Führer Tserclaes von Tilly bestimmt wurde. Beide Bündnisse suchten Rückhalt an ausländischen Mächten: die Protestanten an England, Frankreich und den Niederlanden, die Katholiken an Spanien. Einen Beitritt des katholischen österreichischen Habsburgers lehnte Bayern ab, um die Reichsgewalt nicht zu stärken. Protestantismus und Katholizismus in Deutschland standen einander militärisch gegenüber.

Ein geschichtlich an sich unbedeutender Erbstreit um kleinere Landesteile am Niederrhein und in Westfalen zwischen den Brandenburgern und Pfalz-Neuburgern machte erneut die gespannte Lage in Deutschland offenbar, zumal bereits spanische Truppen auf katholischer Seite eingesetzt wurden. Aber der offene Ausbruch eines Krieges wurde noch verhindert, als sich beide Prätendenten einigten und die Erbmasse teilten. Das ostdeutsche Brandenburg erwarb zum erstenmal in den Grafschaften Kleve (Niederrhein), Mark (Westfalen) und Ravensberg (an der Weser) westdeutsches Gebiet — ein für Deutschlands Zukunft bedeutsames Ereignis (1614).

Der Dreißigjährige Krieg und seine Folgen

In keinem Lande war der Friede zwischen Katholiken und Protestanten mehr gefährdet als in Böhmen. Um ihre Herrschaft als Böhmens Könige zu sichern, hatte Habsburg den böhmischen Ständen eine Reihe von Rechten zur Ausübung der evangelischen Religion gege-

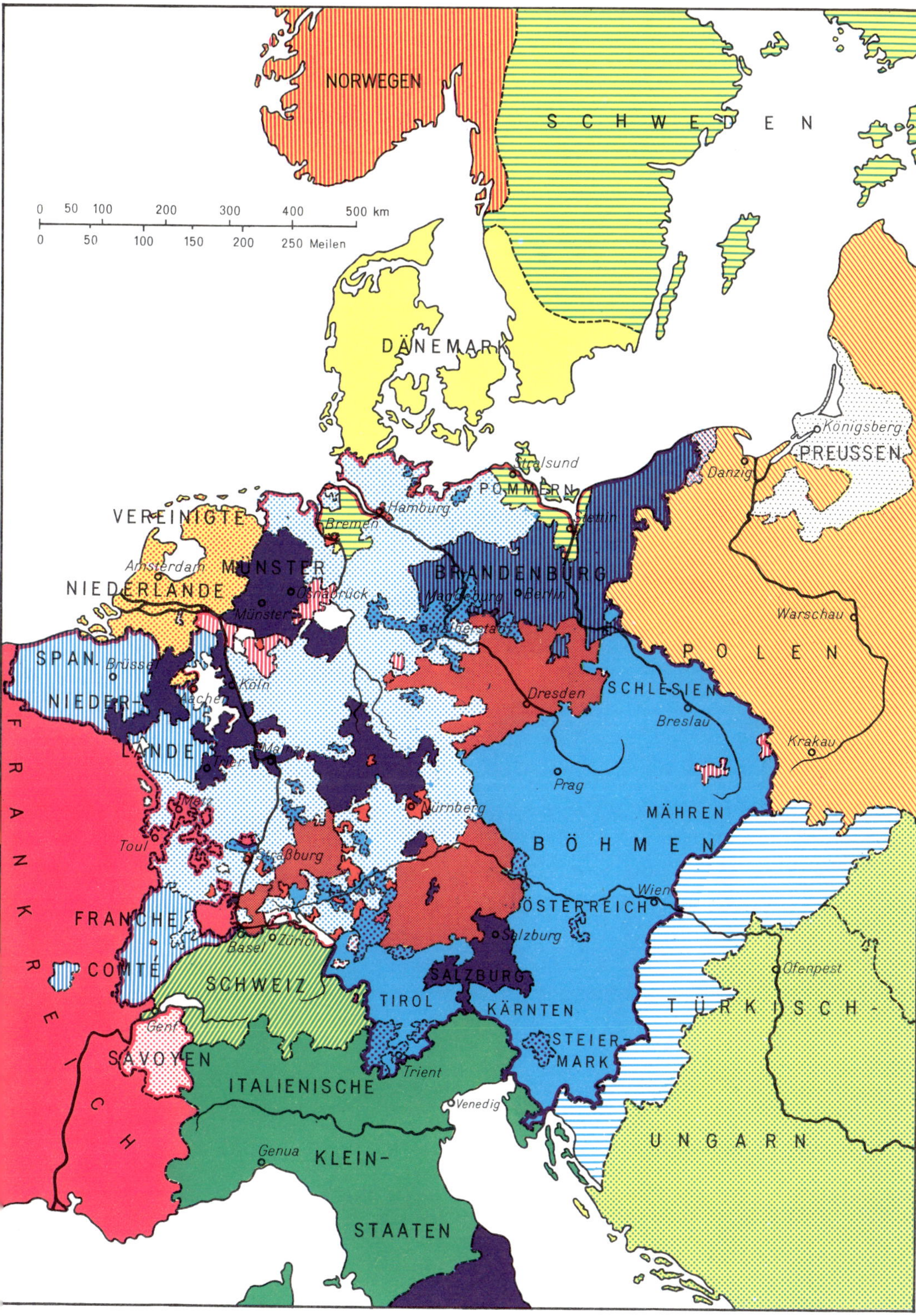

Mitteleuropa nach dem Dreißigjährigen Krieg (1648)

ben, zu der sich die meisten von ihnen bekannten. Darüber fühlten sich die Katholiken verletzt. Sie wachten eifrig darüber, daß die Protestanten die gewährten Freiheiten nicht überschritten. Der Erzbischof von Prag hielt sich für berechtigt, eine protestantische Kirche in einer kleineren Stadt schließen zu lassen, weil ihre Errichtung über die königlichen Privilegien hinausging. In Prag erschienen darauf die Abgeordneten der böhmischen Stände vor den kaiserlich-königlichen Statthaltern. Als diese ihren Beschwerden nicht nachgeben wollten, warfen die Abgeordneten sie aus dem Fenster der Prager Burg. Zwar kamen sie mit dem Leben davon, aber dieser „Prager Fenstersturz" entfachte einen der bedeutendsten und langwierigsten Kriege der deutschen und wohl auch der europäischen Geschichte (1618).

Mit dem Fenstersturz löste sich Böhmen von Habsburg und dem Reich. Aus nationalen und religiösen Gründen strebte es nach Selbständigkeit. Mähren und Schlesien schlossen sich Böhmen an. In dem Söldnerführer Ernst von Mansfeld und seinen Soldaten fand es einen Feldherrn und ein schlagkräftiges Heer. Zwar war Ernst katholisch und auch viele seiner Söldner mögen es gewesen sein, aber der Krieg war für ihn und für sie ein Handwerk, das seinen Mann ernähren mußte, und es war gleichgültig, an wen und für wen man sich verkaufte. Diesem Grundsatz Ernsts folgten für 30 Jahre viele andere, die ihn an Feldherrngabe und Erfolg bei weitem überragten. Aber immer war das Ergebnis Blut, Tränen, Opfer und Tod für Millionen Menschen, denn neben dem Kampf auf dem Schlachtfeld galt der raubende und plündernde Überfall auf Stadt und Land, Schuldige und Unschuldige als das selbstverständliche Recht jedes Söldnerheeres.

Ernsts Heer hatte in Böhmen Erfolge. Die Stände konnten anstelle des Habsburgers, Ferdinands II., den jungen Kurfürsten Friedrich von der Pfalz, Schwiegersohn des Königs von England und Haupt der protestantischen Union, wählen. Er war ein prunk- und prachtliebender Fürst. Als Calvinist lehnte er aber in den Gotteshäusern jeden Schmuck ab. Seine militärischen Gaben waren begrenzt und unvergleichlich gering gegenüber seinem gefährlichsten Gegner Tilly, der als Feldherr der katholischen Liga gegen ihn antrat. Von den lutherischen Fürsten blieben die meisten neutral, der protestantische Kurfürst von Sachsen stellte sich auf des Kaisers Seite. Dieser Übermacht erlag Friedrich 1620 in der Schlacht am Weißen Berge, unweit seiner Königsstadt Prag. Seine Herrschaft hatte kaum einen Winter gedauert. Rücksichtslos wurde in Böhmen der Katholizismus wiederhergestellt. Friedrich, der nach England geflohen war, verlor seine Kurwürde und mußte sie an die bayerischen Wittelsbacher abtreten.

Der katholischen Sache schien der Sieg gewiß, ein Sieg, der gleichzeitig die Stellung des Kaisers im Reich entscheidend gestärkt hätte. Da griff der Dänenkönig Christian IV. in den Kampf ein. Er war Protestant und wollte sich in den Besitz der norddeutschen Bistümer bringen. Im Bunde mit Holland und England fiel er mit einem starken Heer in Deutschland ein. Aus dem deutschen Krieg war ein europäischer geworden.

In dieser für Kaiser und Katholizismus bedrohlichen Lage, die trotz glänzender Siege Tillys infolge mangelnder Geldmittel der Liga auf die Dauer zu einem Sieg des Protestantismus geführt hätte, bot Graf Albrecht von Wallenstein dem Kaiser ein Heer an, das er aus eigenen Mitteln unterhalten wollte. Dieser ehrgeizige, von großen politischen Plänen erfüllte böhmische Adlige war der Sohn protestantischer Eltern, aber durch jesuitische Erziehung noch in seiner Jugend katholisch geworden. Im Gegensatz zu Tilly waren ihm aber Glaubensfragen nebensächlich. Persönlicher Reichtum und Organisationstalent hatten es ihm in kürzester Frist ermöglicht, ein stattliches Heer aufzustellen, das sich aus den Abenteurern aller europäischen Völker zusammensetzte und allein durch die Autorität seines Feldherrn Wallenstein zusammengehalten wurde. Was Ernst von Mansfeld begonnen hatte, setzte Wallenstein im großen Stil fort. Nur der Krieg konnte ein solches Monsterheer ernähren.

Mit Hilfe dieser zahlenmäßig überlegenen Heeresmacht gelang es dem Kaiser und der Liga, Christian IV. und seine Parteigänger aus Norddeutschland zu vertreiben und den Frieden von Lübeck (1629) zu erzwingen. Der dänische König sollte sich aller Einmischung in Norddeutschland enthalten. Wallenstein wurde mit dem Herzogtum Mecklenburg belehnt und zum „General des baltischen und ozeanischen Meeres" ernannt. Seine Pläne gingen aber weit über diese äußeren Ehrungen hinaus, hoffte er doch, die Ostsee wieder zum deutschen Meer zu machen und dem Kaiser eine Stellung einzuräumen, die ihm Unabhängigkeit von den Fürsten sicherte. Für sich selbst erstrebte Wallenstein dabei die Stellung des mächtigsten Reichsfürsten an der Seite des Kaisers.

Aber schon seine Ostseepläne scheiterten an dem Widerstand der protestantischen Stadt Stralsund, die von Dänemark und Schweden unterstützt wurde. Entscheidender wurde jedoch auch für sein Schicksal der Versuch seines kaiserlichen Herrn, die protestantischen Fürsten zur Rückgabe aller seit 1552 in Besitz genommenen geistlichen Güter zu zwingen und damit einer Rekatholisierung aller norddeutschen Stifte und zahlreicher süddeutscher Klöster und Abteien zuzustimmen. Gegen diesen Anspruch kaiserlichen und katholischen Machtstrebens setzten sich protestantische wie katholische Fürsten gleichermaßen zur Wehr, unterstützt von dem katholischen Frankreich und dem protestantischen Schweden. So verschieden die Motive auch waren, der geschlossenen Front seiner Gegner, denen es zunächst nur darum ging, die kaiserliche Vormachtstellung zu brechen, mußte Ferdinand II. auf dem Kurfürstentag zu Regensburg (1630) nachgeben. Wallenstein wurde entlassen, das kaiserliche Heer auf 40 000 Mann beschränkt. Die Rekatholisierung Norddeutschlands, die kaum begonnen hatte, scheiterte an dem Einmarsch eines neuen protestantischen Gegners, Gustav Adolfs von Schweden.

Der schwedische König war überzeugter und frommer Lutheraner. Zweifellos wollte er seinen bedrängten Glaubensbrüdern in Norddeutschland helfen. Aber ebenso sicher ist, daß er Schwedens Macht und Größe im Auge hatte, als er sich entschloß, an den Kämpfen zwischen Protestantismus und Katholizismus, kaiserlicher Vorherrschaft und fürstlicher Selbständigkeit in Deutschland teilzunehmen. Sein Ziel war zumindest die Sicherung der schwedischen Vormachtstellung in der Ostsee. Dazu aber mußte er die deutsche Gegenküste in schwedischen Besitz bringen. Diese Kriegsziele Gustav Adolfs sind auch von den protestantischen Fürsten Norddeutschlands sehr bald erkannt worden, denn nicht ohne Grund gewährte der bisher neutrale Kurfürst von Brandenburg erst nach langen Verhandlungen dem Schweden das Durchmarschrecht, obschon die Belagerung des evangelischen Magdeburg durch Tilly, unmittelbar vor den Toren seines Territoriums, die bedrohliche Lage des deutschen Protestantismus eindeutig kennzeichnete. Die Stadt konnte zwar nicht mehr gerettet werden, aber dieser neue Sieg des Kaisers brachte fast alle evangelischen Fürsten auf die Seite Gustav Adolfs, dessen schwedisches Heer durch starke deutsche Verbände ergänzt wurde. Dieser Übermacht und der militärischen Begabung des Schwedenkönigs war Tilly nicht gewachsen. Er selbst fand in der Schlacht den Tod. Fast mühelos kämpften sich die Schweden ihren Weg bis in das Herzland katholischen Widerstandes, Bayern, frei und zogen im Triumph in München ein.

In dieser Not wandte sich Ferdinand erneut an Wallenstein. In kürzester Zeit gelang es ihm, ein großes Heer aufzustellen. Bei Lützen standen sich beide Gegner gegenüber (1632). Zwar mußten die Wallensteiner das Feld räumen, aber die Schweden verloren ihren König, den bedeutendsten Feldherrn des Dreißigjährigen Krieges.

Für Wallenstein aber schien das Glück der Schlachten von nun an seine Bedeutung verloren zu haben. Seine Stellung als Oberkommandierender aller kaiserlichen Truppen war gesicherter als zuvor, und deswegen glaubte er, nunmehr seine kühnen Pläne auch ohne Schlachtensiege verwirklichen zu können. Da er einen Krieg um des Glaubens willen für sinnlos und überflüssig hielt, wollte er ihn durch Verhandlungen beenden. Wie er sich aber im einzelnen die Lösung der zahlreichen politischen und religiösen Probleme dachte, blieb Freund wie Feind gleicherweise unbekannt. Sicher ist, daß er sich selbst eine Schlüsselrolle zugedacht hatte und wohl auch nicht vor einer Absetzung der Habsburger zurückgeschreckt wäre. Obschon am Wiener Hof noch keine eindeutigen Beweise vorlagen, klagte man ihn des Hochverrates an und gab Befehl, ihn lebend oder tot nach Wien zu bringen. Von einem großen Teil seines Heeres verlassen, zog er von Pilsen nach Eger, wahrscheinlich um sich mit den Schweden zu vereinigen und mit ihrer Hilfe dem Land den Frieden zu geben. Doch bevor er seine Pläne verwirklichen konnte, traf ihn die Hand des Mörders.

Nach seinem Tod gelang es dem Kaiser für kurze Zeit, die katholische Sache noch einmal kräftig vorwärtszubringen. Die Schweden wurden 1634 bei Nördlingen besiegt, Bayern zurückerobert. Wiederum war die Lage der Protestanten bedrohlich, die kaiserlich-katholische Vormachtstellung schien gesichert zu sein. Da entschloß sich Frankreich, das bisher die kaiserlich-habsburgischen Gegner nur durch Geld unterstützt hatte, auch militärisch in den Krieg gegen die beiden habsburgischen Mächte, Österreich und Spanien, einzugreifen.

Der französisch-habsburgische Gegensatz hatte sich in der 2. Hälfte des 16. Jahrhunderts, während Frankreich durch die religiösen Auseinandersetzungen zwischen Katholiken und Hugenotten innenpolitisch geschwächt war, im wesentlichen auf die spanische Linie Habsburgs beschränkt. Aber seit dem Ausbruch des Dreißigjährigen Krieges hatte sich österreichisch-Habsburg von Madrid durch Geld und schließlich auch durch beträchtliche spanische Truppenkontingente unterstützen lassen, deren Hauptoperationsgebiete das Elsaß, die Pfalz und der schweizerische Kanton Graubünden waren. Spaniens Absichten zielten dabei neben der Durchsetzung der Gegenreformation in Deutschland politisch auf die Wiedererwerbung der Niederlande. Für Frankreich aber bedeuteten spanische Truppen am Rhein die erneute Umklammerung seines Landes durch die habsburgische Großmacht Spanien-Österreich.

Das französische Königtum hatte sich nach der Beendigung der religiösen Kämpfe durch das Edikt von Nantes (1598) gegenüber den zentrifugalen Gewalten eine starke Stellung verschaffen können. Es hatte sich von den Ständen unabhängig gemacht und die Macht des Adels gebrochen. Die innere Festigung des absoluten Königtums war das unbestrittene Verdienst des Kardinals Richelieu, der, obschon überzeugter Anhänger seiner Kirche, doch in erster Linie Staatsmann und Franzose war. Als solcher betrieb er die Verfolgung der Protestanten im eigenen

Lande wegen der Glaubenseinheit mit dem gleichen Eifer wie er die Protestanten in Deutschland und außerhalb unterstützte, wenn er sie zum Kampf gegen Habsburg einsetzen konnte.

In Bernhard von Weimar fand das verbündete Frankreich-Schweden einen Feldherrn, dem es gelang, die kaiserlich-katholischen Heere zu schlagen und das Elsaß von den spanischen Truppen zu säubern. Sein persönliches Ziel war die Erwerbung eines Herzogtums Elsaß. Aber er starb schon 1639.

Noch fast ein Jahrzehnt schleppte sich der Krieg als Raub- und Plünderungskrieg hin, ehe es zum Frieden kam. Ungeheuer waren die Verluste, die das deutsche Volk vor allem im letzten Abschnitt des Krieges zu tragen hatte. Von den geschätzten 18 Millionen Menschen lebten nach dem Kriege noch 9 Millionen. In Pforzheim z. B. lag noch 1667 ein großer Teil öde, in Baden bestand die Hälfte der Haushaltungen am Ende des Krieges nicht mehr. In der Pfalz blieben von 1 Million Einwohnern 50 000 übrig. Berlin zählte vor dem Kriege 12 000, nach dem Kriege 6 000 Einwohner. Das sind nur wenige Zahlen, die jedoch einen Begriff geben können, wie furchtbar der Krieg in Deutschland gewütet hatte. Demgegenüber war die Einwohnerzahl Frankreichs auf etwa 25 Millionen gestiegen.

Der Friede wurde in den beiden westfälischen Städten Münster und Osnabrück verhandelt und geschlossen und ging als Westfälischer Friede in die Geschichte ein (1648). Eigentliche Sieger des Krieges waren die deutschen Fürsten, Frankreich und Schweden. Den Territorialherren und freien Städten wurde auch rechtlich die volle Souveränität in ihren Gebieten zugestanden; sie durften Bündnisse schließen, „nur nicht gegen Kaiser und Reich" — eine völlig nutzlose Einschränkung, da es keine übergeordnete Instanz gab, die Territorialherren daran zu hindern. Rein rechtlich bestand das Römische Reich fort, der Kaiser blieb Oberherr aller Fürsten, auch die Hoheit des Reiches erstreckte sich nach wie vor über Gebiete, die jenseits der eigentlichen Reichsgrenzen lagen. Die Lehnsherrschaft des Reiches wurde noch von Savoyen, den südlichen Niederlanden und Lothringen, das zugleich Frankreich lehnspflichtig war, anerkannt. Praktisch aber hatte sich das Reich in einen losen Staatenbund aufgelöst; es bestand nur noch aus einer Summe von 355 Einzelstaaten, nach den Worten des Staatsrechtslehrers Pufendorf war es ein „Monstrum, kaum noch ein geographischer Begriff". Den Einzelstaaten war zwar dadurch der Weg zu kräftiger Weiterentwicklung frei gemacht worden, und Deutschland entging so dem Schicksal einer geistigen Uniformierung, aber es litt auch unter einem gefährlichen, eigensüchtigen Partikularismus.

Territorial wurde das Kurfürstentum Brandenburg 1648 von allen deutschen Staaten am meisten vergrößert. Es erhielt Hinterpommern und einige norddeutsche Bistümer. Bayern blieb im Besitz der Oberpfalz und behielt die Kurwürde. Dem Sohn des 1619 zum König von Böhmen gewählten Kurfürsten von der Pfalz wurde die Rheinpfalz wiedergegeben und für ihn eine neue achte Kurwürde geschaffen.

Frankreich wurde auch juristisch der Besitz von Metz, Toul und Verdun zugestanden; dazu erhielt es Besitzungen und Herrschaftsrechte im Elsaß, die bisher Habsburg innegehabt hatte. Rechts des Rheins erwarb es die Stadt Breisach.

An Schweden fielen Vorpommern mit Stettin und Rügen, das Erzbistum Bremen ohne die Stadt Bremen und das Bistum Verden.

Die Niederlande und die Schweiz schieden auch rechtlich aus dem Reiche aus und wurden als unabhängige Staaten international anerkannt.

In religiöser Beziehung suchte man zu einer endgültigen Ordnung zu kommen. Für die Rückgabe aller geistlichen Gebiete an ihre ursprünglichen Besitzer wurde der 1. Januar 1624 als Stichtag festgesetzt. Was bis dahin von den geistlichen Gütern in weltlichen Besitz überführt worden war, blieb weltlich (säkularisiert). In den Religionsfrieden von 1555 wurden auch die Calvinisten einbezogen. Der Landesherr sollte zudem verpflichtet sein, seinen andersgläubigen Untertanen das Recht häuslicher Andachtsübung einzuräumen. Nach fast 150 Jahren z. T. blutiger religiöser Auseinandersetzungen wurde die Pflicht zur Toleranz zumindest in einem Staatsvertrag feierlich anerkannt.

Der Dreißigjährige Krieg hatte für Deutschland das vollzogen, was sich schon lange vorbereitet hatte: das Reich verschwand als machtpolitische Größe innerhalb des europäischen Staatensystems. Es war zurückgeworfen worden auf seinen Anfang. Wie zu Heinrichs I. Zeiten (919—936) bestand es nur in seinen Teilen. Aber diese erhielten sich nicht aus dem Willen der sie verkörpernden Stämme, sondern sie unterstanden zahlreichen mehr oder weniger starken Fürsten. Politisch hatte also der Dreißigjährige Krieg in seinem Ergebnis in Mitteleuropa ein Mächte-Vakuum geschaffen, und der Friedensvertrag ließ völlig offen, welche Mächte dieses Vakuum anfüllen würden. Wirtschaftlich war Deutschland als ganzes durch die Kriegsläufte unermeßlich geschwächt, in seinen Teilen war dagegen die wirtschaftliche Lage unterschiedlich, je nachdem ob der Krieg dauernd oder nur hin und wieder über sie hinweggegangen war. Trotzdem lagen auch die vom Krieg verschonten Gebiete wirtschaftlich zunächst darnieder, denn die Randlage Deutschlands an den neuen Handels- und Warenzentren wirkte sich erst im 17. Jahrhundert vollends aus. So mußten die deutschen Städte, soweit sie nicht Regentschaftsmittelpunkte waren, veröden und zu Landstädten absinken, deren Bewohner in der landwirtschaftlichen Arbeit ihren Lebensunterhalt, in dem geringen Handel nur eine unbedeutende Einnahme fanden. Das deutsche Bürgertum, Träger der spätmittelalterlichen Kultur bis weit in das Reformationszeitalter hinein, wurde bedeutungslos. Deutschland war mehr denn je ein Land der Ackerbauern.

Darüber hinaus aber hatte die volle Durchsetzung der territorialherrlichen Souveränität innerhalb des nominell fortbestehenden Reiches entscheidend dazu beigetragen, daß sich in den Territorien jene Anschauungen von Wesen und Aufgabe des Staates durchsetzten, die als Erbe der Renaissance schon im 16. Jahrhundert die westeuropäischen Staaten geformt hatten. Das große Vorbild für fast alle deutschen Staaten wurde, unabhängig von der Konfession, Frankreich. Allerdings war sowohl die wirtschaftliche wie die machtpolitische Basis selbst bei den bedeutenderen Territorialstaaten Deutschlands so klein, daß sie mehr Objekt der internationalen Politik waren, als daß sie diese aktiv mitgestalten konnten. Wesentlich für die innere Entwicklung Deutschlands war es aber, daß die Fürsten im Kampf um ihre absolute Stellung beim Aufbau des modernen Staates gerade jene Kräfte zerbrachen, die unter Umständen einer freiheitlicheren Ordnung den Weg hätten bereiten können. Es waren die Stände. Bisher waren die Fürsten in ihren innen- und außenpolitischen Entscheidungen noch von ihrer Zustimmung abhängig gewesen. Verfassungsrechtlich wurden die Stände zunächst zwar nirgends abgeschafft, aber meistens ihres politischen Einflusses beraubt. Abgesehen von den geistlichen Fürstentümern hatte die Geistlichkeit als Stand vor allem in den protestantischen Gebieten ihre alte Bedeutung verloren. Allein der Adel war auf Grund seines ausgedehnten Landbesitzes noch in der Lage, politisch wirksam zu werden und seine traditionellen Rechte gegenüber dem Landesherrn zu verteidigen. Deswegen richtete sich das Territorialfürstentum auch vornehmlich gegen ihn, um seinen Widerstand gegen fürstliche Selbstherrlichkeit zu brechen. Das gelang im allgemeinen nicht in einem offenen Kampf, sondern in der Umwandlung der Adelsrechte. Um den Adel an sich zu binden und als Beamte oder Offiziere des absoluten Fürstenstaates zu verwenden, räumten ihm die Fürsten auf seinem ausgedehnten Grundbesitz eine fast unbeschränkte Macht über seine Bauern ein. Auch in den Kolonialgebieten des Ostens, in denen sich seit dem hohen Mittelalter ein bedeutender freier Bauernstand entwickelt hatte, wurden die Bauern unfrei und hörig.

Infolge der großen Zersplitterung Deutschlands in Hunderten von Territorialstaaten bestand fast jeder — abgesehen von den wenigen größeren — nur aus einigen tausend Einwohnern, die anders als in den westeuropäischen Großstaaten die Macht des absoluten Fürsten unmittelbar erlebten. Die meisten deutschen Territorialherren waren zwar keine blutigen Tyrannen, aber viele handhabten die Eintreibung der Steuern rücksichtslos und schreckten auch nicht davor zurück, ihre Landeskinder als Söldner an fremde Machthaber zu verkaufen. Auch war das Bürgertum wirtschaftlich weitgehend von den Höfen abhängig, ja selbst die ersten Anfänge einer Industrie gingen meistens wegen Kapitalmangels nicht von den Bürgern, sondern von den Fürsten aus. So entwickelte sich allzu leicht ein gewisser Untertanengeist, dem der Gehorsam gegenüber dem herrscherlichen Willen als Voraussetzung für die Erhaltung der nackten Existenz selbstverständlich wurde.

Achtes Kapitel

HABSBURG

Deutschland und Frankreich

Nach Abschluß des Dreißigjährigen Krieges waren Deutschlands eigentliche Herren Frankreich und Schweden. Beide Mächte waren die Garanten der fürstlichen Freiheit gegenüber dem Kaiser, beide hatten jederzeit das Recht, als Schiedsrichter in die innerdeutschen Verhältnisse einzugreifen. Schweden verdankte seine Machtstellung mehr der Geschicklichkeit und Kraft seiner Regenten als der Größe seines Volkes. Deshalb konnte sein Einfluß auf die deutsche Entwicklung nur vorübergehend sein. Freilich gelang es ihm im schwedisch-polnischen Kriege (1655—1660), seinen Einfluß im Ostseeraum noch zu verstärken, aber der Nordische Krieg (1700—1721) vernichtete endgültig seine Vorherrschaft im Norden. An seine Stelle trat Rußland, das jetzt erstmalig in den Ostseeraum eindrang. Neben dem Namen Ludwigs XIV. errang auch der Peters des Großen von Rußland Klang und Bewunderung. Beide Herrscher aber kennzeichneten in hervorragendem Maße das Zeitalter des Absolutismus.

Die absolute Fürstenherrschaft stellte das Ende einer Entwicklung dar, die vor allem in den westeuropäischen Ländern im Ringen des Königtums mit den ständischen und feudalen Gewalten schon im späten Mittelalter begonnen hatte. In diesen Auseinandersetzungen war in Spanien und Frankreich das Königtum Sieger geblieben. Das Bürgertum Frankreichs, das im Bunde mit dem südfranzösischen Adel gegen den König gekämpft hatte, konnte sich auf die Dauer nicht durchsetzen. Es wurde niedergeworfen und zu der Aufgabe gezwungen, den Staat zu erhalten, zu festigen und zu vergrößern. Diesen aber regierte der König kraft „göttlichen Rechts“. In ihm allein stellte er sich dar, im König allein ruhte die Fülle des Rechts und der Macht. Schon zu Beginn des 16. Jahrhunderts hatte der Italiener Machiavelli seine Lehre von der Allgewalt des Staates, dem sich alle andern Interessen zu unterwerfen und vor dem auch religiöse und sittliche Rücksichten zurückzutreten hätten, aufgestellt. Am Ende des gleichen Jahrhunderts begründete der Franzose Jean Bodin (1530—1596) den Absolutismus auch theoretisch. Die fürstliche Souveränität wurde als absolut und ewig unbeschränkt nach Macht, Aufgabe und Zeit definiert. Mit Frankreich als Vormacht Europas wurde das 17. Jahrhundert das Zeitalter der siegreichen absoluten Fürstenherrschaft.

Diese neue Haltung zum Staat als der Summe menschlicher Macht und zum Fürsten als dem Repräsentanten staatlicher Allmacht mußte aber zu folgenschweren Veränderungen in Europa führen. Das Ringen zwischen Karl V. und Frankreich zu Beginn des 16. Jahrhunderts war ein Vorspiel zu dem gewesen, was Europa drohte, wenn sich der dynastische Imperialismus absoluter Monarchen durchsetzen wollte. Zweifellos lag es in seinem Interesse, eine schrankenlose Eroberungspolitik zu treiben, die keine Rücksichten auf geographische und sprachliche Grenzen nahm. Aber im Widerstand gegen diese Bestrebungen nach Herrschaft einzelner Mächte über Europa erwachte zum erstenmal in der europäischen Geschichte in den Niederlanden und in England ein Nationalgefühl, das auch von breiteren Volksschichten getragen wurde. Freilich darf man es als politisch gestaltenden Faktor nicht überschätzen, obschon es sowohl in den Angriffskriegen Frankreichs wie bei der Abwehr französischer Forderungen eine nicht unbedeutende Rolle spielte.

Schon das 16. Jahrhundert hatte bewiesen, daß es einem Staat in Europa nicht mehr möglich war, sich den ganzen Kontinent zu unterwerfen. Spanien hatte seine hegemoniale Stellung England gegenüber nicht durchsetzen können. Habsburg konnte Frankreich nicht bezwingen, und selbst Verbindungen von Staaten waren kaum in der Lage, bestehende Machtblöcke zu zertrümmern, wie es der Dreißigjährige Krieg im Falle Habsburg bewiesen hatte. So entstand die Theorie von dem europäischen Gleichgewicht, gemäß der die großen Mächte in ihrer Gleichheit an Macht und Einfluß sich gegenseitig die Waage halten, um so den Frieden Europas zu gewährleisten. Besonders England unterstützte diese Theorie. Es schaltete sich immer dann in die europäischen Kriege ein, wenn es die balance of power gefährdet sah.

Das europäische Gleichgewicht hatte aber seine verwundbarste Stelle in dem Mächte-Vakuum, das der Friede von 1648 in Mitteleuropa geschaffen hatte, und das sich über Deutschland hinaus bis nach Italien erstreckte. Vor allem die Westgebiete Deutschlands mußten infolge ihrer territorialstaatlichen Zersplitterung Frankreich verlocken, sich in ihnen einen Einfluß zu verschaffen, durch den es jederzeit eine kraftvolle Reichspolitik der stärksten deutschen Macht, nämlich österreichisch-Habsburgs, verhindern konnte.

Der Wiederaufstieg Habsburgs

Trotz der schweren Niederlage, die das Reich und der Träger seiner kaiserlichen Krone, die österreichische Linie der Habsburger, durch den Dreißigjährigen Krieg erlitten hatten, wurde das Jahrhundert nach 1648, d. h. bis in die Anfänge der Regierungszeit Maria Theresias in Deutschland weitgehend von Habsburg bestimmt. Obschon seine Repräsentanten im Innern des Reiches keine eigentliche Macht mehr besaßen, gelang es ihnen doch, die deutsche Geschichte nach der Katastrophe von 1648 fortzuführen, weil sie nach einer Erholungspause von fast 20 Jahren Aufgaben übernahmen, die im gesamtdeutschen und sogar im gesamteuropäischen Interesse lagen. Dabei wäre es gewiß falsch anzunehmen, daß Habsburg in der Erfüllung dieser Aufgaben eine besondere Sendung erblickt hätte. Wie alle europäischen Staaten ließ es sich allein von Nützlichkeitserwägungen leiten. Aber im Ergebnis haben sich seine siegreichen Kriege gegen die türkischen Osmanen als positiv für Europas Entwicklung erwiesen.

Der Wiederaufstieg des österreichischen Hauses Habsburg zu einer neuen Großmachtstellung in Europa ist mit dem Kaisertum Leopolds I. (1657—1705) verbunden. Die Ausrichtung der habsburgischen Politik auf den Südosten Europas wurde unter ihm endgültig festgelegt. Da im Zeitalter des Absolutismus eine flächenmäßige Ausdehnung des Staates mehr bedeutete als dessen innere Geschlossenheit, die sich auf die Einheit des Volkstums und die Gleichheit der Sprache gründet, war dieser Drang nach Südosten verständlich. Habsburgs Besitzungen im Westen des Reiches waren seit eh und je gefährdet gewesen. Der Ausgang des Dreißigjährigen Krieges hatte es erneut bewiesen. Die französische Vormachtstellung in Westeuropa unter Ludwig XIV. und Frankreichs enge Beziehung zu den westdeutschen Territorialherren ließen es Habsburg als aussichtslos erscheinen, seine westdeutschen Besitzungen auf die Dauer gegenüber Frankreich erfolgreich verteidigen zu können. Daß durch diese Haltung Österreichs deutsches Volkstum an einen nichtdeutschen Staatsverband verlorengehen könnte, stand außerhalb aller politischen Überlegungen jener Zeit. In dieser Beziehung verhielt sich Habsburg nicht anders als die übrigen europäischen Mächte. Das Zeitalter des Nationalstaates lag noch in weiter Ferne.

Während des 16. Jahrhunderts war es den Türken gelungen, im Zuge ihrer Eroberungspolitik den Balkan ihrem asiatisch-afrikanischen Großreich einzufügen. Auch Ungarn war eine türkische Provinz. Erst 1606 erkannte das Osmanische Reich den römischen Kaiser aus dem Hause Habsburg als einen dem Padischah ebenbürtigen Herrscher an. In den

Dreißigjährigen Krieg hatte sich Konstantinopels „Hohe Pforte" nicht eingemischt, weil die osmanischen Herrscher durch die Unbotmäßigkeit der Janitscharen außenpolitisch gelähmt waren. Erst unter dem Sultan Mohammed IV. (1648—1687) begannen die Türken erneut, eine aktive Außenpolitik zu treiben. Sie war darauf gerichtet, die Grenzen gegenüber Venedig, dem noch österreichischen Teil Ungarns und gegenüber Österreich selbst zu erweitern. 1663 mußten die Ungarn vor den heranflutenden Türken weichen. Tartarenschwärme erschienen vor den böhmischen Städten Brünn und Olmütz. Der deutsche Reichstag, eine Vertretung der Stände, erklärte sich zu einer Geldhilfe und Stellung eines kleinen Reichsheeres bereit. Durch ein starkes österreichisches Heer, das durch französische Hilfstruppen ergänzt wurde, konnten die Türken 1664 geschlagen werden. Seit den Kreuzzügen kämpften zum erstenmal wieder Deutsche und Franzosen nebeneinander. Leider sollte es für Jahrhunderte auch das letzte Mal sein. Der Friede, der nach diesem kurzen Waffengang abgeschlossen wurde, beließ den Türken immer noch halb Ungarn. Damit waren die ungarischen Magnaten nicht einverstanden. Ludwig XIV. schürte ihre Empörung über Habsburgs „verräterisches Spiel". Ein Aufstand der ungarischen Großen, der für 1670 gegen die habsburgische Herrschaft geplant war, konnte jedoch rechtzeitig erstickt werden.

Den Rückzug österreichisch-Habsburgs aus Westeuropa kennzeichnet ein Geheimabkommen Wiens mit Paris aus dem Jahre 1668. In diesem ging Leopold I. mit Ludwig XIV. einen Teilungsvertrag über die spanische Erbschaft ein. Danach wurde Ludwigs Mitbeteiligung an dem spanischen Erbe grundsätzlich anerkannt und ihm die spanischen Niederlande, Neapel und Sizilien zugesprochen. Drei Jahre später wurde dieser Vertrag noch durch einen Neutralitätsvertrag ergänzt.

Auch die erfolgreiche Unterdrückung der ungarischen Aufstände durch Habsburg hatte die Türken nicht dazu bewegen können, ihren Ausdehnungsdrang nach Norden zu zügeln. Unterstützt wurden sie dabei wie zu den Zeiten Karls V. von Frankreich, dem jede Schwächung Habsburgs willkommen war. Auch die kaiserlichen Bemühungen um Reichshilfe für einen Krieg gegen die Türken fanden bei vielen Reichsfürsten nur eine kühle, bei Brandenburg eine scharf ablehnende Aufnahme. Dagegen waren Sachsen, Hannover und Bayern bereit, Truppen zu stellen. Den vereinigten Bemühungen des Papstes und des Kaisers gelang es schließlich, Polen aus der frankreich-freundlichen Politik zu lösen und auf die kaiserliche Seite herüberzuziehen. Kaum waren jedoch die einzelnen Heere mit dem kaiserlichen vereinigt worden, als Europa durch die Nachricht erschreckt wurde, daß die Türken vor Wien stünden und die Stadt belagerten. Unter Führung des Polenkönigs Johann Sobieski wurde die Stadt durch die Schlacht am Kahlenberge 1683 entsetzt. Dieser europäische Sieg über die Osmanen bezeichnet einen Wendepunkt in dem Verhältnis Europas zu dem großtürkischen Reich. In dem Bestreben, die Türken endgültig niederzuwerfen, schloß Leopold mit Ludwig XIV. zu Regensburg einen 20jährigen Waffenstillstand (1684). In ihm bestätigte er den Franzosen ihre problematischen Rechtsansprüche (sog. Reunionen) und den Besitz der Stadt Straßburg im Elsaß. Frankreich machte aber keinen Versuch, dem Elsaß oder der Stadt Straßburg ihren deutschen Charakter zu bestreiten.

Mit Hilfe Polens und Venedigs gelang es den kaiserlichen Waffen, 1686 ganz Ungarn von der Türkenherrschaft zu befreien. 1687 wurde Ungarn mit Österreich in Personalunion vereinigt. Während Habsburg und die mit ihm verbündeten Mächte den Kampf gegen die Türken erfolgreich weiterführten, brach 1688 Frankreich in die Pfalz ein. Ludwig XIV. begründete diesen neuen Vorstoß nach Westdeutschland mit Erbansprüchen seiner Schwägerin Liselotte von der Pfalz. Auf Betreiben Wilhelms von Oranien, der 1689 auch König von England wurde, bildete sich eine große Allianz gegen Frankreich. Ihr schloß sich außer Spanien, Schweden, Brandenburg, Sachsen, Hannover, England, Holland und Savoyen auch Habsburg an. Der Krieg zog sich über neun Jahre hin, sein nachhaltigstes Ergebnis war die Verwüstung der Pfalz, die Zerstörung des Heidelberger Schlosses, die Schändung der deutschen Kaisergräber im Dom zu Speyer und die Brandschatzung vieler Orte links des Rheins durch französische Truppen. Obschon die Allianz zur See überlegen war, gelang es ihr nicht, das militärische Übergewicht Frankreichs zu brechen. Im Frieden von Ryswijk (1697) wurde Ludwig XIV. der Besitz der elsässischen Gebiete einschließlich Straßburgs bestätigt. Freiburg i. Br. und einige rechtsrheinische Gebiete, die Frankreich annektiert hatte, fielen an an den Kaiser zurück.

Nach erfolgreichem Abschluß der Kämpfe gegen die Türken erreichte Österreich im Frieden von Karlowitz (1699) die Verbindung Siebenbürgens, Slawoniens und Kroatiens mit seiner Krone, Polen die Angliederung von Teilen der Urkraine und Podoliens; Asow kam an Rußland. Österreich war europäische Großmacht geworden. Ein neuer Versuch der Türken, verlorenes Gebiet zurückzuerobern, scheiterte an der Feldherrnkunst des Prinzen Eugen von Savoyen, der sich dem Hause Habsburg zur Verfügung gestellt und bereits in dem europäischen Krieg um die spanische Erbschaft (sog. Spanischer Erbfolgekrieg 1701—1713/14) bedeutende militärische Erfolge erzielt hatte. Der Koalition der europäischen Mächte gegen die Ansprüche Ludwigs XIV. auf das spanische Erbe nach dem Aussterben der spanisch-habsburgischen Linie verdankte Österreich die Angliederung der europäischen Nebenländer Spaniens (Mailand, Neapel, Sardinien und die spanischen Niederlande, d. i. das heutige Belgien). Im Kampf gegen die Türken eroberte Prinz Eugen 1717 Belgrad. Der Friede von Passarowitz (1718) sicherte Österreich den Besitz dieser Stadt und des größten Teils von Serbien.

Österreichs Erwerbung dieser völkisch sehr gemischten Gebiete legte den deutschen Einfluß auf dem Balkan für mehr als zwei Jahrhunderte fest. Gleichzeitig erhielt Österreich den Charakter eines Vielvölkerstaates, der durch seine Besitzungen in Italien und Westeuropa (Belgien) besonders betont wurde. Seine innere Struktur war von Anfang an äußerst labil, weil die Bindung der einzelnen Teile an die herrschende Dynastie von den verschiedenartigsten völkischen, geschichtlichen und kulturellen Gesichtspunkten bestimmt wurde. Der Prinz Eugen, der bis zu seinem Tode (1736) oberster Feldherr, Organisator des Heeres und leitender Staatsmann Österreichs war, versuchte deshalb, den Reichsgedanken auch in Wien wieder zu beleben, um so der neuen Großmacht eine breitere deutsche Basis zu verschaffen. In dieser Hinsicht blieb ihm aber jeder Erfolg versagt. Sein Nachruhm gründete sich allein auf seine Feldherrngaben und die Weite seines Geistes, der er durch das Schloß Belvedere in Wien, seine umfangreiche Bibliothek und seine reiche Kupferstich- und Antikensammlung einen beredten Ausdruck verliehen hat. Als er starb, meinte der junge Kronprinz von Preußen, der spätere Friedrich der Große, Österreich habe mit ihm „den Atlas“ verloren, der den Kaiserthron und den Staat getragen habe.

Aus einer Randlage in einem Gebiet, das durch Jahrhunderte eine Außenpforte des Reiches gegenüber den Völkern des Südostens gewesen war, hatte sich Wien im 17. und beginnenden 18. Jahrhundert zum Mittelpunkt einer europäischen Großmacht entwickelt, deren Handlungen nicht nur in Deutschland, sondern auch an den großen Höfen des übrigen Europa sorgfältig beobachtet wurden. Das Kernland Österreich blickte mit seiner Hauptstadt Wien auf eine alte Tradition zurück, deren Wurzeln ebenso wie die des westlichen Randgebietes Deutschlands bis in die römischen Zeiten hineinragten. Christlicher Glaube und christliche Kultur waren in diese Tradition gleicherweise eingegangen wie mittelalterlich-ritterliche Gesinnung und spätmittelalterlich-bürgerlicher Handwerks- und Handelsgeist. Die Reformation hatte nur die Oberschicht der Bevölkerung und diese auch nur für eine kurze Zeitspanne erfassen können. Mit dem endgültigen Sieg des Katholizismus war zugleich die große Nachblüte einer ins Katholische gewandelten italienisch-spanischen Renaissance-Kultur über das Land gegangen. So stand Österreich von jeher mit der gesamten europäischen Kultur in Verbindung, ohne seinen eigenen Charakter zu verlieren. Das Kennzeichnende seiner Existenz war vielleicht überhaupt, daß sich manche Gegensätze in seinem Klima außerordentlich milderten, so daß es jedem Extrem abgeneigt war. Die Natur kam dem Lande darin sehr entgegen. Österreich war niemals über Gebühr reich, aber es besaß wertvolle Bergbaugebiete, die den Habsburgern eine finanzielle Macht verliehen. Acker, Weide und Wald befriedigten die Bedürfnisse seiner Bewohner, die Donau war eine wichtige Handelsstraße, und die Wege, die nach Süden — Venedig, Mailand, Genua — führten, waren kurz und größtenteils im eigenen Besitz. So besaß das Land einen gewissen natürlichen Wohlstand, der durch die Eroberungen auf dem Balkan beträchtlich vergrößert wurde.

Neuntes Kapitel

BRANDENBURG — PREUSSEN

Unbedeutende Anfänge

Das Kurfürstentum Brandenburg war ein Kolonialgebiet. Seine Wurzeln reichten in die Zeit zurück, als das mittelalterliche Deutschland auf der Höhe seiner Macht und Altdeutschland am Vorabend seiner ersten Kulturblüte standen. Das Gesetz des Kolonisten, der sich die Welt täglich neu erobern muß, bestimmte lange sein Geschick. Erst als aus dem Überschuß des Westens Menschen in die Mark Brandenburg strömten, die Tradition und Unternehmungslust miteinander verbanden, wurde es dem Westen ähnlicher. Aber es blieben Unterschiede. Seine Dome, die es baute wie der Westen auch, erwuchsen aus der gleichen Baugesinnung, aber ihr Material, der gebackene Stein, erzwang eine Eigenprägung. Seine Städte waren im stärkeren Maße Kultur- und Wirtschaftszentren, aber auch lange Zeit Inseln in einer fremden Umwelt, die als kulturell rückständig galt. Auch der siedelnde Bauer aus dem Altreich fühlte sich dem slawischen Standesgenossen überlegen. Das Herrengefühl gegenüber dem Untergebenen prägte sich stärker aus, als es sich je im Westen entwickeln konnte. Je weiter sich im Verlauf der mittelalterlichen Geschichte das Reich den Osten unterwarf und für seinen Bevölkerungsüberschuß zum wesentlichsten Siedlungsgebiet machte, um so stärker mußte sich der besondere Charakter eines Kolonialgebietes entwickeln. Das galt im erhöhten Maße für das Ordensland Preußen, in dem die Erobererschicht zudem noch ritterlich-ordensmäßig gebunden war. Bedeutete dieses auch zunächst eine stärkere Hinwendung auf die christliche Verkündigung, so kann doch nicht übersehen werden, daß für die Ausbreitung des Evangeliums das Schwert ebenso wichtig war wie Predigt und Pflug. Die Ordensritter waren nicht nur ausgezogen, um Kirchen, Klöster und Städte zu bauen und das Christentum zu predigen, sie waren auch Männer, denen Besitz und Reichtum, zumindest für ihre Ordensgemeinschaft, selbstverständlicher Anspruch war. Gegen diesen setzten sich im 15. Jahrhundert die Städte und der bodenständig gewordene deutsche Adel in einem Bündnis mit Polen zur Wehr. Der Orden wurde als landfremd empfunden und verlor seine Selbständigkeit an Polen. Der Übertritt der Brandenburger Kurfürsten und der Ordensritter zum Protestantismus war für das Ordensland höchst bedeutsam. Aus den Ordensrittern wurden weltliche Herren, die ihren Besitz so auszuweiten suchten, daß er Familie und Geschlecht genügen konnte. Der Ertrag der Landwirtschaft in den Gebieten östlich der Elbe konnte sich im allgemeinen mit dem westdeutschen nicht vergleichen lassen. Das Kurfürstentum Brandenburg hieß schon im Mittelalter „Des Heiligen Römischen Reiches Streusandbüchse". Sollte der Acker seinen Mann ernähren, mußte der bäuerliche Besitz wesentlich größer sein als im Westen. Die allmähliche Unterdrückung des kleineren Bauern durch den größeren Grundherren machte im 16. und 17. Jahrhundert beträchtliche Fortschritte. Das freie Bauerntum sank stärker als im Westen zur fast völligen Erbuntertänigkeit ab. Bereits im 17. Jahrhundert setzte eine Abwanderung nach Westen ein, wenn auch geringen Ausmaßes. Wie im übrigen Deutschland konnte sich die landesherrliche Gewalt der brandenburgischen Kurfürsten in ihrem eigenen Kurfürstentum und nach 1618 in ihrem Erblande Preußen gegenüber den Grundherren und den städtischen Patriziern nur unter großen Schwierigkeiten durchsetzen. Erst die zweite Hälfte des 17. Jahrhunderts bedeutete in dieser Beziehung eine entscheidende Wende. In ihrem Bestreben, die Souveränität der Krone nach innen und außen endgültig aufzurichten, entsprachen die brandenburgischen Hohenzollern freilich dem Geist ihrer Zeit. Bedeutungsschwer wurde aber dieses Bemühen deshalb, weil es sich über mehr als hundert Jahre auf ein Gebiet erstreckte, das in einem weit geringeren Maße als das Reich diesseits von Elbe und Saale einer langen Tradition verhaftet war. Bei der Überwindung von Schwierigkeiten, die in Tradition oder Menschen liegen konnten, waren die Hohenzollern in Brandenburg oder Preußen gegenüber ihren Standesgenossen in andern Teilen des Reiches im Vorteil.

Organisation und Zucht

Als im Jahre 1640 Friedrich Wilhelm I., der Große Kurfürst, den brandenburgischen Thron bestieg, standen sein Land und Deutschland unter den großen Wirkungen des Dreißigjährigen Krieges. Das eigentliche Kernland Brandenburg lag zwar nicht im Mittelpunkt des europäischen Ringens, trotzdem hatte auch hier der Krieg tiefe Wunden geschlagen. Die brandenburgischen Gebiete am Rhein und in Westfalen (Kleve, Mark und Ravensberg) lagen weit von Berlin entfernt, zwischen

Brandenburg und das ererbte ehemalige Ordensland Preußen schob sich das polnische Königreich, Lehnsherr über Preußen. Die Finanzen des kleinen Staates waren in Unordnung, der Adel setzte dem Kurfürsten einen starken Widerstand entgegen. Aber in Friedrich Wilhelm brannte der Ehrgeiz, aus seinem dürftigen Land einen Staat zu machen, der sich würdig an die Seite der andern deutschen Staaten stellen konnte. Rücksichtslos brach er — nach französischem Vorbild — den Widerstand des Adels, der ihm vor allem bei der Erhebung neuer Steuern in den Weg getreten war. Aus den größeren Staatseinnahmen schuf er ein kleines, stehendes Heer. Schon auf dem Westfälischen Friedenskongreß gelang es ihm, beträchtliche Gebietsforderungen durchzusetzen, ohne allerdings in den Besitz des fruchtbaren und hafenreichen Vorpommerns zu kommen. Dafür erwarb er im Westen Kammin, Minden, Halberstadt und schließlich (1680) Magdeburg mit Halle. Die Verbindung zwischen dem Stammgebiet und den Westgebieten wurde erleichtert. Von nun an zielte Friedrich Wilhelms Streben darauf, im Streit der großen Mächte untereinander möglichst lange neutral zu bleiben und sich erst im letzten Augenblick auf die Seite dessen zu stellen, der wahrscheinlich Sieger bleiben würde. Ein zweimaliger Wechsel der Bundesgenossen im Kriege zwischen Schweden und Polen erschien ihm nicht verwerflich, brachte dieser ihm doch die Lehnsunabhängigkeit Preußens von Polen ein und machte ihn zu einem unabhängigen Herzog von Preußen, das jetzt zu einem wesentlichen Bestandteil des brandenburgischen Staates wurde. Als einige Jahre später Ludwig XIV. gegen die Niederlande zog, stand Friedrich Wilhelm mit dem habsburgischen Kaiser gegen Frankreich und Schweden. In diesem Kriege errang sein Heer den ersten Sieg über die bisher für unschlagbar gehaltenen Schweden bei Fehrbellin. Doch der erhoffte Siegespreis, Vorpommern, blieb aus. Kurz entschlossen wechselte der Kurfürst seine Bundesgenossen und stellte sich 1679 auf die Seite Ludwigs XIV., der ihm Geldunterstützung zusicherte. Dafür versprach er diesem bei der nächsten deutschen Kaiserwahl seine Stimme. Aber auch über dieses Bündnis gewann er nicht das so sehr begehrte Vorpommern, obschon er sogar, seinen Bündnisverpflichtungen getreu, dem Kaiser jede Hilfe zur Befreiung Wiens von türkischer Bedrohung verweigerte. Erst 1685 brach er mit Frankreich, sicherlich auch, weil er die Vertreibung der Hugenotten durch Ludwig XIV. nach Aufhebung des Ediktes von Nantes mißbilligte. Den Vertriebenen gewährte er in seinem Lande eine Freistatt, weil er sie auch als tüchtige Handwerker und Kaufleute schätzte. In der preußischen Geschichte haben manche Nachkommen dieser französischen Emigranten eine nicht unerhebliche Rolle gespielt.

Am Ende seines Lebens schloß Friedrich Wilhelm mit dem Kaiser ein Bündnis. Über die Ansprüche auf Schlesien kam es zu einem Vergleich. Der Kurfürst verzichtete auf die schlesischen Gebiete und erhielt dafür den Kreis Schwiebus.

Die Ausgaben für das Heer, das er bis zum Ende seiner Regierungszeit auf die stattliche Zahl von 36 000 Berufssoldaten brachte, erforderten eine staatlich geförderte und staatlich gelenkte Volkswirtschaft im Sinne des französischen Merkantilismus. Ihre Grundlage war der bedeutende Domänenbesitz des Staates, den der Kurfürst neu ordnete und einer straffen Beamtenverwaltung unterstellte. Durch Ansiedlung holländischer Kolonisten und Experten, Anbau von Kartoffeln und Tabak, Trockenlegung der Havel-, Oder- und Warthesümpfe und Anlage von Fabriken (Glas und Eisen) suchte er die natürliche Kargheit Brandenburgs zu überwinden. Dabei blieb ihm ein gewisser Erfolg nicht versagt. Den Bau eines Kanals von Schlesien nach Berlin und die Eröffnung einer Postverbindung von Königsberg nach Kleve sollten seine Untertanen fest mit der Hauptstadt verbinden. Obschon es Friedrich Wilhelm nicht im vollen Umfang gelang, die gesamte Staatsverwaltung nach französischem Vorbild in der Hand des Herrschers zu zentralisieren, gehörte Brandenburg am Ende seiner Regierungszeit zu den gut verwalteten Territorien. Die Stände, die sowohl im Gesamtstaat wie in den einzelnen Landesteilen noch gewisse Herrschaftsbefugnisse ausübten, hatten sich weitgehend zu einer freiwilligen Preisgabe ihrer politischen Rechte bewegen lassen. Der Adel hatte dafür eine Erweiterung seiner Befugnisse über die hörigen Bauern eingetauscht. Als stolzestes Erbe übergab Friedrich Wilhelm aber bei seinem Tode seinem Nachfolger ein bedeutendes stehendes Heer, für dessen Unterhalt er ein Vielfaches von dem aufwandte, was andere Staaten seiner Zeit, z. B. Frankreich, für ihre Truppen aufbrachten. In dieser Abstellung des Staatszwecks auf die Bedürfnisse seiner bewaffneten Macht, die der Große Kurfürst auch seinem Nachfolger als Erbschaft überließ, lagen Gefahren, denen das junge Staatswesen leicht zu seinem Nachteil erliegen konnte.

Dem unmittelbaren Nachfolger Friedrich Wilhelms I. aber, Friedrich III. (1688—1713), ging es mehr um den äußeren Glanz seines Landes als um seine innere Stabilität. Deswegen strebte er nach dem Königstitel. 1701 verlieh ihm der Kaiser das Recht, sich als Friedrich I. „König in Preußen" zu nennen. Königsberg wurde die Krönungsstadt für alle preußischen Könige.

Der eigentliche Begründer des brandenburgisch-preußischen zentralistischen Staates war der „Soldaten-König" Friedrich Wilhelm I.

(1713—1740). Die politische Richtung, die der Große Kurfürst dem brandenburgischen Territiorium durch seine innen- und außenpolitischen Maßnahmen gewiesen hatte, wurde von ihm konsequent weiter verfolgt. Sein Ziel war die Macht des brandenburgisch-preußischen, in der Person des Herrschers zentralisierten Staates. Er stellte sich dar im Königtum, im Heer und in seinen Beamten. Diese sollten die unanfechtbaren und unangefochtenen Träger des brandenburgisch-preußischen Staates sein.

Kurfürst Friedrich Wilhelm hatte die politischen Vorrechte des Adels beseitigt, als er ihm wie in den andern absolutistisch regierten Staaten eine wirtschaftliche Sonderstellung einräumte. König Friedrich Wilhelm I. schränkte auch diese ein. Seit 1717 wurden die Rittergüter mit Abgaben belegt. Das gefährdete zwar nicht die wirtschaftliche Vorzugsstellung der adligen Güter in Brandenburg-Preußen, machte aber den Adel noch mehr vom König abhängig.

Entscheidender war die Verwaltungsreform. Der Staat hatte zwei Einnahmequellen, den Domänenbesitz und die Steuern. 1713 unterstellte der König die Domänenverwaltung dem Generaldirektorium, die Steuerverwaltung dem Generalkriegskommissariat. 1723 faßte er beide unter dem Generaldirektorium zusammen und gliederte die gesamte Verwaltung nach dem Grundsatz der Einzelverantwortung von unten nach oben. Die Beamtenstellen besetzte er allein aus dem Adel.

Die Verwaltungsreform beseitigte alle Vorrechte, welche die Stände oder Städte noch hatten. Sie gab dem Adel eine neue Stellung, da der Dienst als Beamter zu einem Ehrendienst für König und Staat erklärt wurde. Die wirtschaftliche Grundlage des adligen Beamten blieb das Gut, dessen Besitz der König garantierte. Die finanzielle Unabhängigkeit und das Ethos, das der König in seiner Beamtenschaft entwickelte (Beamtendienst = Ehrendienst), sicherten dem preußischen Beamten für eine lange Zeit seiner Geschichte ein hohes Ansehen.

In noch höherem Maße als der Große Kurfürst stellte Friedrich Wilhelm I. den Staat auf das Heer ab. Das stehende Heer war am Ende seiner Regierungszeit 83 000 Mann stark. Das Land wurde in Werbebezirke eingeteilt. Eingezogen wurden nur die Söhne der erbuntertänigen Bauern und die Handwerksgesellen. Die anderen Städter wurden aus wirtschaftlichen Gründen geschont. Die Soldaten wurden bei den Bürgern in Quartier gelegt, die Hauptleute bekamen Vorschüsse, mit denen sie die Kompanie zu unterhalten hatten. Für das Offizierskorps verwandte Friedrich Wilhelm fast ausschließlich den Adel, der durch Verleihung von Vorrechten und Auszeichnungen zum Dienst im Heer herangezogen wurde.

Mit Ausnahme eines späten Eingreifens in den Nordischen Krieg hat Friedrich Wilhelm sich außenpolitisch kaum aktiv betätigt. Sein Verhältnis zum Kaiser war bis 1739 gut.

Als Friedrich Wilhelm 1740 starb, betrugen die Jahreseinnahmen seines Staates 7 Millionen Taler, von denen 5 Millionen für das Heer bestimmt waren. Der Staatsschatz enthielt 8 Millionen Taler.

Friedrich Wilhelm schuf einen Staat, der durch sein sauberes Beamtentum und seine Armee mit ihrem einheitlichen Offizierskorps innerhalb Deutschlands und Europas eine Sonderstellung einnahm. Diese Leistung wurde nur erzielt, weil der König auch in seiner eigenen Lebensführung alles den Bedürfnissen des Staates unterordnete. Die Hingabe an den Staat und seine Förderung betrachtete er als eine religiöse Aufgabe, der er sich aus einem tiefen Verantwortungsbewußtsein unterzog. Die gleiche Haltung verlangte er von seinen Untertanen. Dadurch bereitete Friedrich Wilhelm Brandenburg-Preußen auf eine Großmachtstellung vor, die sich aus den natürlichen Gegebenheiten des Landes nicht ergeben konnte. Von Friedrich Wilhelms Regierungszeiten an entwickelten sich in dem brandenburgisch-preußischen Staat, zuerst in Heer und Beamtentum, gewisse „typisch preußische" Eigenschaften wie unbedingte Pflichterfüllung, Genauigkeit und Pünktlichkeit, bedingungsloser Gehorsam gegenüber allen obrigkeitlichen Anordnungen, der Wille, mehr zu sein als zu scheinen. Neben dem unleugbar Positiven ergab sich doch leicht die Gefahr, daß dem Staat alle menschlichen Tätigkeiten untergeordnet wurden, der Staat selbst aber zu einem seelenlosen Mechanismus erstarrte. Preußen ist dieser Gefahr im Laufe seiner Geschichte mehrfach erlegen. In der politisch-militärischen und geistigen Auseinandersetzung mit dem von Friedrich Wilhelm geschaffenen Staat und seinem besonderen Ethos hat sich ein wesentlicher Teil der späteren deutschen Geschichte vollzogen.

Zehntes Kapitel

DIE KULTUR DES BAROCKS IN DEUTSCHLAND

Die Grundlagen

Geistesgeschichtlich gesehen hat die Barockkultur zwei Wurzeln. Die eine lag in dem wiedererstandenen Katholizismus, die andere in dem Machtbewußtsein des absoluten Fürsten. Die religiös-kirchliche Wurzel war die ursprünglichere, die weltlich-fürstliche die weitaus fruchtbarere. Der Barock erfüllte ein wesentliches Anliegen der in seiner Zeit wirkenden Mächte: die Darstellung ihres ungebrochenen Lebenswillens, ihrer Kraft und ihres universalen Anspruchs. In der Begründung ihrer Ansprüche griffen Katholizismus und Absolutismus zurück auf die den Menschen auszeichnende Vernunft, die in der Lage sei, der dem Menschen gleichfalls zugestandenen Kraftfülle Sinn, Richtung und Ordnung zu verleihen. Nach katholischer Auffassung war es die große Leistung des Tridentiner Konzils, die Geheimnisse des christlichen Glaubens rational zu begründen. Obschon sich der Katholizismus darüber klar war, daß seine Kirche wie viele ihrer Einrichtungen und Bräuche in ihrem Wesen nur von dem gläubigen Herzen verstanden werden konnten, legte er dennoch höchsten Wert auf die Kraft des ordnenden Verstandes, damit Willkür weder das Ganze noch einen Teil seiner Kirche gefährden konnte. Dadurch erreichte er seine monumentale Geschlossenheit, ohne die Kraft eines stark pulsierenden Glaubenslebens zu verlieren. Der Absolutismus hatte in vieler Beziehung verwandte Züge mit dem Katholizismus. Sein Ziel war aber nicht jenseitig, sondern diesseitig, nicht auf eine religiöse Heilsanstalt, sondern auf einen irdischen Staat gerichtet. Im Ergebnis der kulturellen Betätigung erkennt man den tragenden Grund, wenn es sich um Kirche oder Schloß, Jesuitendrama oder Gesellschaftspoesie handelt.

Die künstlerischen Wurzeln des Barocks liegen in der Renaissance. Von ihr übernahm er die rational berechnete Symmetrie, aber er füllte sie mit vielfältigstem Leben. Die gerade Linie verwandelte sich in die geschwungene, die tragende Säule in eine schmückende, die geschlossene Kuppel öffnete sich nach oben hin, um das Auge immer höher hinaufzureißen. Überhaupt duldete der Barock kein Verweilen. Es war geradezu sein Grundsatz, das Kunstwerk in der unaufhörlichen Bewegung der Sinne zum Erlebnis zu bringen. Bildende Kunst wie Wortkunst unterscheiden sich darin nicht voneinander, und auch die Tonkunst folgte ihrem Beispiel.

Die geistliche Barockkultur

Das Ursprungsland des Barocks war Italien, das in Bernini seinen genialsten Repräsentanten hervorbrachte. Auch in Deutschland verdankte er seine Durchsetzung dem kirchlich-katholischen oder fürstlichen Bedürfnis nach Repräsentation. Im Katholizismus waren es vor allem die Jesuiten, die in der Pracht ihrer Kirchen die Monumentalität ihres Glaubens, die Sinne und Geist in gleicher Weise ansprechen sollte, der Nüchternheit und Zerrissenheit des Protestantismus gegenüberstellen wollten. Überall wo der alte Glaube in den schon siegreichen Protestantismus eine Bresche schlagen wollte, wandte er sich besonders erfolgreich durch das barocke Kirchengebäude an das Volk. Die über die west- und süddeutschen Landesteile verstreuten barocken Kirchen- und Klostergebäude sind noch heute ein beredtes Beispiel für Richtung und Sieg des wiedererstandenen Katholizismus. Überragende künstlerische Bedeutung erlangten unter den Kirchenbauten die Theatinerkirche in München und die Karlskirche in Wien. Daneben schufen einzelne, besonders reich begüterte Orden Niederlassungen, die mehr an Schlösser denn an Klöster erinnern, aber sowohl im Kirchen- wie im Klosterbau hervorragende Denkmäler ihrer Epoche sind (Göttweig von Hildebrandt, Melk und St. Florian in Österreich, Ebrach in Franken, Weingarten in Württemberg, Grüssau in Schlesien, Klosterneuburg bei Wien, Maria Einsiedeln in der Schweiz).

Auch die katholische Dichtung des Barockzeitalters entsprach vor allem den lehrhaften Absichten der Kirche. Religiöse, geschichtliche und sagenhafte Stoffe waren vorzüglich Inhalt des Dramas. Die Anforderungen an seinen künstlerischen Wert waren meist gering. Die technisch ausgezeichnete Bühne und die Sinnfälligkeit des Stückes waren um der Wirkung willen, die auf den Zuschauer ausgeübt wurde, der als Gewandelter das Theater verlassen sollte, wichtiger als die künstlerische Form.

Nur im Kirchenlied und in der Mystik kam es zu Werken von einem gewissen künstlerischen Wert. Die zarte Liedpoesie des Jesuiten Spee stand neben der kräftigeren, aus starker seelischer Erschütterung quillenden des Protestanten Paul Gerhardt. In der Mystik waren der Protestant Jakob Böhme und der Katholik Angelus Silesius einander durchaus gleichwertig an Aussagekraft und Innerlichkeit.

Abb. 26 St. Michael, München

Abb. 27 Residenztheater, München

Abb. 28 Der Dresdener Zwinger

Abb. 29
Schloß Belvedere, Wien

Abb. 30 Die Dresdener
Frauenkirche

Abb. 31 Andreas Schlüter: Der Große Kurfürst

Die weltliche Barockkultur

Mehr als Kirche und Glauben bestimmten aber schon im 18. Jahrhundert die irdischen Gewalten das Gesicht ihrer Zeit. Deshalb ist es nicht verwunderlich, daß die großen Schöpfungen barocker Kultur- und Lebensgestaltung von dem fürstlichen Absolutismus getragen wurden. Das städtische Bürgertum hatte in den großen politischen und wirtschaftlichen Veränderungen seine schöpferische Kraft eingebüßt. Das Fürstentum versuchte, sich nach dem Vorbild Frankreichs auch sinnfällig zum Mittelpunkt seiner Untertanen zu machen. Da Deutschland im Gegensatz zu Westeuropa ein Reich zahlreicher, nur im Rang unterschiedlicher, sonst aber in ihren Territorien absoluter Fürsten war, mußte auch sein Gesicht so verschieden von dem Westeuropas werden wie sein staatlicher Aufbau. Die Vorstellung, die sich der Fremde von Frankreich machte, wurde ganz wesentlich von seiner Hauptstadt Paris bestimmt. Deutschland aber war die Summe seiner Residenzstädte. Auf diese Weise rettete es die große Mannigfaltigkeit seiner Städte aus dem Mittelalter hinüber in die heutige Zeit, wenn sich natürlich auch das durch den Absolutismus gewandelte Antlitz mancher Stadt vielfältig erkennen läßt.

Vorbild jeder fürstlichen Residenz war Versailles in der Geschlossenheit seiner Anlage, in der Repräsentation königlicher Gewalt. So entstanden in Deutschland überall „kleine Versailles“, die in der Großartigkeit ihrer Durchführung häufig die finanzielle Kraft ihrer kleinen Territorien weit überstiegen. Wien, Potsdam, Dresden, Würzburg und Salzburg verdanken ihre Prägung dem Jahrhundert des fürstlichen Absolutismus, Mannheim, Karlsruhe und Bruchsal sogar ihr Entstehen. Nirgendwo setzte sich vielleicht fürstlicher Wille in dem Umfassenden seines Anspruchs ein sinnfälligeres Denkmal als in dem schachbrettartigen Mannheim oder dem fächerförmigen Karlsruhe, in denen schon die Anlage der Stadt auf das Zentrum des Landes, das fürstliche Schloß, hinwies. Neben diesen ausgesprochenen Residenzstädten aber verwandelte fürstlicher Wille häufig durch eine ausgedehnte Schloßanlage die Landschaft im Sinne des 18. Jahrhunderts. Charlottenburg und Potsdam bei Berlin, die Favorita und Schönbrunn bei Wien, Nymphenburg und Schleißheim bei München, Herrenhausen bei Hannover, Wilhelmshöhe bei Kassel, Ludwigsburg bei Stuttgart, Nordkirchen bei Münster i. W., Veitshöchheim bei Würzburg sind die großen Zeugen fürstlicher Baugesinnung und künstlerischer Größe derer, die sie schufen. Wenn auch das ausländische Vorbild für den deutschen Künstler maßgebend war, so konnten sich doch Johann Balthasar Neumann (1687—1753) in seinen Würzburger Schöpfungen, Lukas von Hildebrandt (1688—1745) mit seinem Wiener

Belvedere, Andreas Schlüter (1664—1714) mit seinem Berliner Zeughaus, dem Schloß und dem Standbild des Großen Kurfürsten, Fischer von Erlach (1656—1723) mit seiner Wiener Reichskanzlei, Hofbibliothek, Karlskirche und seinem Schloß Schönbrunn und vor allem Bähr und Daniel Pöppelmann (1662—1732) in ihren großartigen Dresdener Schöpfungen den Ausländern gleichberechtigt zur Seite stellen.

Dem Schloß und seiner Atmosphäre zugehörig entwickelte sich die Gesellschaftspoesie zur Darstellung gesellschaftlicher Sitte und Lebensart und zur Überhöhung und Verfeinerung des gesellschaftlichen Alltags. Sie war für den unmittelbaren Gebrauch bestimmt, wollte nicht Aussage seelischer Vorgänge sein, sondern sollte sich glatt und schmeichelnd in den Rhythmus einfügen, dem das Leben am Hofe entsprach. Gemäß der rationalen Grundverfassung des Zeitalters waren die Schemata, die diesen Dichtungen zugrundelagen, erlernbar. Es bedurfte einzig der Empfindungen, Stimmungen und oberflächlichen Gefühle der höfischen Gesellschaft, die sich, in Sprache gefaßt, wie Ranken und Arabesken um die aus dem Ausland als vorbildlich übernommenen Schemata legten. Der weltmännische Opitz (1597—1639) brachte es hierin zu einer ersten Meisterschaft. Zugleich aber erschloß sein „Buch von der deutschen Poeterey“ die Dichtung wieder der deutschen Sprache.

Am stärksten entsprach dem höfischen Lebensgefühl im künstlerischen Ausdruck die Oper, die von Italien aus ihren Siegeszug über alle deutschen Höfe nahm. Gelang es ihr doch, Auge und Ohr gleicherweise angenehm zu erfreuen. Ihr Inhalt verklärte das höfische Leben mit einem leichten Schimmer von Abenteuer und Romantik. Wenn auch die italienische Musik lange Zeit eine fast ausschließliche Bedeutung erlangen konnte, so trug sie doch ganz wesentlich dazu bei, die Entstehung einer deutschen Oper zu ermöglichen. Ihre Träger waren Willibald von Gluck (1714—1787) und Wolfgang Amadeus Mozart (1756—1791). Dadurch wurde das schon starke deutsche musikalische Schaffen, das sich zunächst mit den Namen Georg Friedrich Händel (1685—1759) und Johann Sebastian Bach (1685—1750) und später mit Joseph Haydn (1732—1809) verband, um einen wertvollen Zweig erweitert. Freilich nahm das musikalische Werk Bachs in dieser Zeit eine Sonderstellung ein. Seine letzten Wurzeln waren nicht das Bedürfnis nach Repräsentation, sondern tiefste Gläubigkeit im Sinne Luthers, der Ausdruck zu verleihen, Bachs Musik ein vollkommenes Mittel wurde. Es war auch nicht ohne Bedeutung, daß sein Werk sich nicht an einem Fürstenhof, sondern in der einfachen Stellung eines Kantors an der Thomaskirche und -schule in Leipzig vollendete.

Schon Luther hatte die Einrichtung und Ordnung des Schulwesens den Fürsten als eine Hauptaufgabe empfohlen. Der Absolutismus kam sowohl auf protestantischer wie katholischer Seite dieser Empfehlung entgegen, zumal er in der Einflußnahme auf das Bildungswesen eine günstige Gelegenheit zur Durchsetzung seiner Anschauungen von Wesen und Aufgabe des Staates erblickte. Das Volksschulwesen wurde zu Beginn des 18. Jahrhunderts in manchen deutschen Staaten entscheidend gefördert, ohne daß eine Schulpflicht bestand. Herzog Christian Albrecht von Holstein-Gottorp gründete 1665 die Kieler Universität, Friedrich I., König in Preußen, 1694 die Universität Halle, die in Christian Thomasius (1655—1728) einen bedeutenden Gelehrten und den Verfechter einer deutschen Gelehrtensprache fand. Kaiser Leopold I. gründete die katholischen Universitäten Innsbruck (1677) und Breslau (1712). Am bedeutendsten aber erwies sich die Gründung der Universität Göttingen (1737), weil sie zu einer Pflegestätte neuer Wissenschaften (z. B. der Geschichtswissenschaft) und zahlreicher literarischer und künstlerischer Schätze des Mittelalters wurde.

Obschon der Einfluß des Auslandes auf das deutsche geistige Leben vielfältig und stark war, gelang es der deutschen Wissenschaft, in Gottfried Wilhelm, Freiherrn von Leibniz (1646—1716) ihren ersten bedeutenden Repräsentanten von europäischem Format hervorzubringen. Als Staatsmann versuchte er, seine Gedanken der religiösen Toleranz und der Verständigung der Fürsten untereinander durch ein von der Vernunft geleitetes Gespräch durchzusetzen. Als Wissenschaftler hoffte er, über die Gründung von fürstlichen Akademien (Preußische Akademie 1701) den Fortschritt der Kultur zu erweitern. Als Mathematiker erfand er unabhängig von Newton die Differential- und Integralrechnung, als Physiker die Formel für die Bestimmung der kinetischen Energie. Als Philosoph war er der Überzeugung, das Widerstreitende in einem großen System zu einer Einheit verbinden zu können, wobei gerade die Mannigfaltigkeit eine besondere Auszeichnung dieser Einheit sein sollte. So wichtig ihm aber auch immer das Denken sein mochte, entscheidender war die Tat. Das menschliche Leben ist nach ihm das große Feld der menschlichen Leistungen. Richtschnur soll die Vernunft sein, Antrieb die Lust des Menschen am Handeln. Das Glück des Menschen aber liege in der steten Vervollkommnung der Welt durch Arbeit und immer fortschreitende Bildung.

Es entsprach dem Geist der Zeit, wenn der Versuch gemacht wurde, die Beziehungen der Staaten untereinander auf eine neue Rechtsgrundlage zu stellen. Im Anschluß an den Niederländer Hugo Grotius (1583—1645) untersuchte Samuel Pufendorf (1632—1694), der Geschichtsschreiber des Großen Kurfürsten, inwiefern das natürliche Recht und das natürliche Sittengesetz in dem unerforschlichen Willen Gottes begründet seien. Er war der Auffassung, daß die Vernunft und die menschliche Natur eine solche Erkenntnis forderten. Wie Grotius sah er im Staat das Mittel, die von Gott verlangte Friedensordnung durchzusetzen. Den Staat selbst aber führte er auf Verträge zurück. Auch die absolute Fürstengewalt sollte durch Vertrag eingeschränkt werden. Falls die Fürsten eine solche verweigerten, hielt er eine Revolution für gerechtfertigt. Mit diesen Anschauungen wurde er ein früher Vorläufer der deutschen Aufklärung.

Einen ersten Versuch, den Krieg innerhalb der europäischen Völkerfamilie unmöglich zu machen, bedeutete die Anregung des schleswigholsteinischen Diplomaten Samuel Rachel, ein Völkerrecht zu schaffen, das die zwischenstaatlichen Beziehungen regelte. Schon 1676 forderte er einen Internationalen Gerichtshof, der seine Schiedssprüche, gestützt auf genügende Machtmittel, gegen jeden Staat durchsetzen könne.

Wie wenig aber die Welt der repräsentativen Kirchen und Schlösser, der Gelehrsamkeit und Gesellschaftspoesie eine verwandelnde Beziehung zu den unteren Schichten des Volkes fand, bewies am deutlichsten der einzige Dichter der Zeit, Hans Jakob Christoffel von Grimmelshausen (1610—1676), obschon seine Werke eng mit den großen Zeitereignissen verbunden waren. Christliche Grundanschauungen durchziehen sein gesamtes Schaffen. Der Mensch muß sich in der völlig schlechten Welt durch eigene Tatkraft und Vertrauen auf Gottes Güte durchsetzen. Dabei sparte Grimmelshausen nicht mit kräftigem Spott und derber Satire auf alle möglichen Zustände seiner Zeit. Die lebendigste Darstellung des Dreißigjährigen Krieges ist sein Roman „Der abenteuerliche Simplizissimus“.

Elftes Kapitel

DIE ENTSTEHUNG DES DEUTSCHEN DUALISMUS

Die Auseinandersetzung zwischen Österreich und Preußen um Schlesien

Die Jugend des preußischen Thronerben, Friedrichs II., wurde entscheidend von dem Gegensatz zwischen ihm und seinem Vater, Friedrich Wilhelm I., beeinflußt. Dieser hatte sich nicht nur aus den natürlichen Spannungen zwischen einem starken Vater und einem Sohn, der sich seiner eigenen Individualität früh bewußt war, entwickelt. In ihm stießen gleichzeitig zwei Zeitalter hart aufeinander, die infolge der besonderen geistigen Lage Brandenburg-Preußens als unvereinbar empfunden werden mußten. Der Vater hatte bei seinem Regierungsantritt mit allem aufgeräumt, was in geistig-kultureller Hinsicht einen Anschluß Brandenburgs an die große Welt des europäischen Barocks hätte bedeuten können. Die preußischen Universitäten verloren ihr Ansehen, die von Leibniz gegründete Preußische Akademie siechte dahin, das geistige Leben in den königlichen Schlössern unterschied sich kaum von dem eines pommerschen Landedelmannes. Friedrich Wilhelm I. hatte die imponierende militärische Macht seines Staates wenig zu kriegerischen Eroberungen benutzt, obschon ihm Heer und Soldatentum das größte Anliegen seines königlichen Berufes waren. Die Erwerbung von Vorpommern bis zur Peene mit den Inseln Usedom und Wollin durch die Friedensschlüsse des Nordischen Krieges (1720) war wesentlich der Gunst der politischen Verhältnisse zu verdanken. Obschon Österreich sein Versprechen, das es im Zusammenhang mit der Regelung der weiblichen Erbfolge durch die Pragmatische Sanktion Brandenburg gegeben hatte, nicht einlöste, nutzte Friedrich Wilhelm Habsburgs kritische Lage, die durch den Verlust Belgrads in dem erfolglosen Türkenkrieg von 1737—1739 entstanden war, nicht aus. Fragt man nach den Gründen für ein so wenig aktives Verhalten eines absoluten Monarchen, so findet man sie wahrscheinlich auch in Friedrich Wilhelms starker Religiosität. Diese und die sich aus ihr ergebenden Auffassungen von den Aufgaben eines Herrschers wollte der König seinem Sohn Friedrich als wichtigstes Ergebnis seiner Erziehung vermitteln. Aber der Einfluß Sophie Dorotheas von

Hannover, der Mutter des jungen Kronprinzen, war stärker als sein eigener. Sie wurde ihrem Sohn zu einer feinsinnigen Vermittlerin westlichen und aufklärerischen Geistesgutes und bestärkte seinen Hang zur Musik und zur Bejahung der sinnenfreudigen Barockkultur. So richteten sich Friedrichs frühe Neigungen auf eine exakte Philosophie und künstlerische Betätigung in französischer Sprache und Musik. Politik, Wirtschaft und Militärwesen lagen völlig außerhalb seiner Interessen. Er hielt sich als Regent des brandenburgischen Staates für so wenig geeignet, daß er 1730 seine Flucht nach England beschloß, um der strengen Zucht seiner väterlichen Erziehung zu entkommen. Der Versuch mißglückte. Friedrich wurde mit seinem treuesten Freunde gefangengesetzt. Der Vater ließ in Köpenick ein Kriegsgericht zusammentreten. Der Freund wurde zum Tode verurteilt und vor Friedrichs Augen hingerichtet. Der Kronprinz wurde gezwungen, sich in Küstrin in die Staatsverwaltung einzuarbeiten.

Friedrich fügte sich den Anordnungen seines Vaters durch Anpassung an das über ihn Verhängte. Aber er schuf sich neben der äußeren Welt der Pflichterfüllung und des Dienstes eine ihm ganz eigene, innere. Aus dem Jüngling, der sich angemaßt hatte, sein Leben nach seinem Willen gestalten zu können, entwickelte sich der Mann, der lernte, im Verbergen seiner Gedanken seine Mitmenschen zu beherrschen. Das Opfer, das er dem Vater in der Aufgabe der eigenen Wünsche zu bringen schien, löste ihn aus allen Bindungen. Er verachtete die Menschen, weil sie nicht in der Lage seien, sich zum Herrn ihrer selbst zu machen, und blind ihren Trieben folgten. In diese geistige Lage Friedrichs, der ein hervorragender Verwaltungsbeamter und ein guter Soldat wurde, der sich mit der von seinem Vater angeordneten Ehe mit der ungeliebten Prinzessin Elisabeth von Braunschweig-Bevern abfand, fiel die Begegnung mit Voltaire, dem bedeutendsten Manne der französischen Aufklärung. Seit 1736 hatte der Kronprinz das Schloß Rheinsberg bezogen, das er zu einem Musensitz ausgestaltete. Die zunächst briefliche und später persönliche Freundschaft mit dem bewunderten französischen Spötter und Philosophen bestärkten ihn in seinem Glauben an die Vernunft als den einzigen Maßstab allen Denkens und Handelns. Dieser Auffassung entsprach die theoretische Forderung, daß sich auch der Herrscher in seinem Handeln an eine objektive Rechtsnorm zu binden habe. Der Krieg als Mittel der Politik sei ebenso abzulehnen wie die Eroberungssucht der absoluten Fürsten. In der Sicherung und Bewahrung des Friedens als des größten Gutes und in der Übung der Tugend der Menschenliebe habe der Fürst seine höchste Aufgabe zu erblicken. 1738 legte Friedrich diese Anschauungen in dem polemischen Werk „Antimachiavell“ nieder. Zur gleichen Zeit vertrat er auch den Standpunkt, daß der Herrscher sich in allem den Interessen seines Staates zu unterwerfen hätte, denn er sei nur „der erste Diener seines Staates“.

Friedrich war von seinem Vater in die Regierungsgeschäfte gezwungen worden. Karl VI. von Habsburg hatte Maria Theresia, seine älteste Tochter und Erbin der österreichischen Großmacht von jeder politischen Tätigkeit ferngehalten. Die Ereignisse der großen Politik erlebte sie nur aus dem Gesichtskreis ihrer Erzieher und Erzieherinnen oder dem ihrer Mutter, die aus dem gleichen Hause Braunschweig-Bevern stammte wie Friedrichs Gattin. Die Welt, die Maria Theresia umgab, war die eines offenen überzeugten Katholizismus, dessen Gesetze und Anordnungen Fürst wie Untertan banden. Die Aufklärung hatte keinen Anteil an der geistigen Formung der jungen Prinzessin. Um so stärker wirkten auf sie italienische Literatur und Musik, denen sie sich mit echt fraulicher Aufgeschlossenheit hingab. Die Wahl ihres Mannes, des Herzogs Franz Stephan von Lothringen, der im Polnischen Thronfolgekrieg (1733—1735) sein Herzogtum Lothringen gegen Toskana dem Schwiegervater Ludwigs XV., Stanislaus Leszczynski, hatte überlassen müssen, entsprach der Neigung der Habsburgerin. Sie war als Kind seine Gespielin gewesen und ihm in Liebe verbunden. Auch ihre Ehe sollte ihr nach dem Willen des Vaters nicht ein politisches Weltbild geben, sondern der Monarchie einen Sohn schenken, um Österreich vor der Herrschaft einer Frau zu bewahren. Trotzdem hatte Karl VI. die Anerkennung der weiblichen Erbfolge in Österreich bei allen Großmächten, wenn auch unter Opfern, durchgesetzt. Als er aber 1740 kurz nach dem Regierungsantritt Friedrichs II. in Brandenburg-Preußen starb, hinterließ er seine Lande einer Frau, die für ihren Beruf als Herrscherin über eine Großmacht nichts als eine natürliche frauliche Aufgeschlossenheit für ihre Aufgaben, einen klaren, schnell erfassenden Verstand und ein starkes mütterliches Herz mitbrachte.

Nach dem Tode Karls VI. wählten die deutschen Kurfürsten unter der Führung Brandenburg-Preußens den Kurfürsten von Bayern zum Kaiser. Frankreich hatte diese Wahl aufs eifrigste befürwortet. Friedrich II. forderte von Maria Theresia ganz Schlesien gegen die Verpflichtung, den übrigen habsburgischen Besitz gegen alle etwaigen Feinde zu verteidigen. Die Habsburgerin lehnte das Angebot ab. Darauf ließ Friedrich, während er noch weiterverhandelte, seine Truppen in Schlesien einfallen. Der preußische Sieg bei Mollwitz (1741) führte zum Frieden von Breslau (1742). In ihm wurden Schlesien und die Grafschaft Glatz an Friedrich II. abgetreten. Zwei Jahre später fiel auf Grund eines älteren Vertrages Ostfriesland an Preußen.

Zur gleichen Zeit mußte Maria Theresia gegen eine mächtige Koalition unter Frankreichs Führung um die Anerkennung ihrer Herrschaft kämpfen. Ihr erbittertster Widersacher, der gewählte Römische Kaiser und Kurfürst von Bayern, wurde aus seinem Stammlande vertrieben. Dennoch konnte er sich 1742 in Frankfurt als Karl VII. zum Kaiser krönen lassen. Nach der Eroberung Bayerns wurden die Franzosen über den Rhein zurückgeworfen. England, das auf Österreichs Seite stand, besiegte die französischen Truppen bei Dettingen. Fast schien es, als ob es Österreich gelingen würde, das Elsaß und Lothringen, das Stammland des Gemahls Maria Theresias, zurückzuerobern. Unter dem Eindruck der österreichischen Siege hatte sich auch ein großer Teil der Reichsfürsten von dem gewählten Kaiser abgewandt. In dieser für Österreich günstigen Lage schloß sich Friedrich II. der französischen Koalition an (1744) und brach von Schlesien aus in Böhmen ein. Er konnte sich dort zwar nicht behaupten, siegte aber entscheidend über die Österreicher bei Hohenfriedberg (1745). Noch im gleichen Jahr wurde der Friede zu Dresden geschlossen. In ihm behielt Friedrich Schlesien, erkannte jedoch Franz von Lothringen als Kaiser an. Nach diesem Friedensschluß wurde er beim Einmarsch in Berlin von seinen Landsleuten mit dem Titel „Der Große" begrüßt. Brandenburg-Preußen wurde die fünfte europäische Großmacht neben England, Frankreich, Österreich und Rußland. Allerdings begründete der Dresdener Friede auch den Dauerkonflikt zwischen Preußen und Österreich.

Karl, Römischer Kaiser und Kurfürst von Bayern, starb 1745. Neben der Überlegenheit der österreichischen Waffen über Bayern und Frankreich brachte sein Tod dem Gemahl der Maria Theresia, Franz I. (1745—1765) die Anerkennung als Kaiser. Der Friede von Aachen (1748) sicherte Maria Theresia die habsburgische Erbschaft gegen Bayerns und Frankreichs Ansprüche.

Friedrich II. verwandte die nächsten zehn Jahre auf den Ausbau der Verwaltung, vor allem auf die Eingliederung Schlesiens, das er verhältnismäßig leicht seinem Staat einfügen konnte, weil er in Glaubensfragen Protestanten wie Katholiken gegenüber eine strikte Toleranz wahrte. In diesen Jahren ließ er sein Schlößchen Sanssouci bei Potsdam errichten.

Maria Theresia konnte den Verlust Schlesiens nur schwer verwinden, weil jede Abtretung eines deutschen Gebietes eine große Gefahr für ihr Reich bedeutete, das in sich mehr fremde Völker vereinigte als deutsche. Deshalb stellte sie ihre Politik auf einen neuen Waffengang mit Preußen ab. Beiden deutschen Großmächten kam die weltpolitische Lage, die sich aus dem Gegensatz Frankreich-England in der Frage der Kolonien in

Nordamerika und Indien ergab, zustatten. Es gelang Friedrich Anfang 1756, England auf seine Seite zu ziehen. Preußen übernahm den Schutz Hannovers, mit dem das englische Königshaus in Personalunion verbunden war. England stellte die Zahlung von Hilfsgeldern in Aussicht. Nach Bekanntwerden der englisch-preußischen Abmachungen gelang es Österreich, mit Frankreich, das sich von seinem preußischen Bundesgenossen hintergangen fühlte, ein Bündnis abzuschließen — eine sensationelle Wendung im „Konzert der Mächte". Rußland, das hoffte, sich in einem Konflikt der beiden großen deutschen Mächte nach Westen ausdehnen zu können, trat ebenfalls auf Österreichs Seite. Der Zarin Elisabeth, einer persönlichen Gegnerin Friedrichs des Großen, wurde für den Fall eines Sieges das ehemalige Ordensland Preußen versprochen.

Eine österreichische geheime Staatskonferenz hatte 1755 einen Krieg gegen Preußen im darauffolgenden Jahre beschlossen, weil Österreich überzeugt war, daß Friedrich es erneut angreifen würde. Der preußische König verlangte 1756 von Österreich, beunruhigt durch russische und österreichische Rüstungen, in ultimativer Form die Zusicherung, daß man „ihn weder in diesem noch im folgenden Jahr angreifen würde". Friedrich wurde diese Zusicherung verweigert. Er glaubte, sich nur noch durch einen Präventivkrieg der drohenden Vernichtung entziehen zu können. Ohne Kriegserklärung fiel er 1756 in Sachsen, das zur gegnerischen Koalition gehörte, ein. Das Reich erklärte darauf Friedrich in die Reichsacht und stellte ein Heer gegen ihn auf. Schweden schloß sich Österreich an, um die Odermündung zurückzugewinnen. Frankreich und Rußland standen zu ihren Bündnisverpflichtungen. England unterstützte Friedrich mit Geld und hannoverschen Truppen und focht in Amerika gegen Frankreich und dessen Kolonien. Ein Weltkrieg hatte begonnen. Sieben Jahre verheerte er Schlesien und die angrenzenden Gebiete.

Es gelang Friedrich sehr schnell, mit seinem schlagkräftigen Heer von 150 000 Mann Sachsen zu besetzen. Die Lasten, die er diesem Lande auferlegte, waren hart. Während der ersten drei Kriegsjahre blieb Friedrich in fast allen größeren Schlachten Sieger. Zwar mußte er den Russen zeitweise das ehemalige Ordensland Preußen überlassen, aber er konnte Schlesien gegenüber Österreichern und Franzosen behaupten. Vor allem die Schlacht bei Roßbach, in der sein zahlenmäßig schwaches Heer gegen eine Übermacht von Franzosen, Österreichern und Reichstruppen siegte, machte auf die Deutschen in allen Teilen des Reiches einen großen Eindruck. Die meisten wurden nach einem Wort Goethes „fritzisch gesinnt". Man begann, in Friedrich einen nationalen Helden zu sehen, der nicht gegen die Österreicher, sondern gegen die Feinde des deutschen

Volkes kämpfte. Schon Friedrich nutzte diese Stimmung propagandistisch sehr geschickt aus. In einer späteren preußischen „Geschichtsschreibung" erwuchs daraus der Mythus von Friedrich dem Großen als dem Vorkämpfer der deutschen Einheit.

Von 1759 an machte sich aber die vielfache Überlegenheit der vereinigten Russen, Franzosen und Österreicher bemerkbar. Bei Kunersdorf erlitt Friedrich seine größte Niederlage. Dresden ging verloren, österreichisch-russische Truppen besetzten Berlin. England schloß 1762 mit Frankreich Frieden, nachdem es seine Kriegsziele in Nordamerika erreicht hatte, und trat von dem Bündnis zurück. Kanada und das Mississippigebiet fielen an England. Brandenburg-Preußen stand vor dem wirtschaftlichen Untergang. In dieser für Friedrich fast ausweglosen Lage starb seine glühendste Feindin, die Zarin Elisabeth von Rußland. Ihr Nachfolger wurde der Zar Peter von Holstein-Gottorp, der die Persönlichkeit Friedrichs bewunderte und den Krieg gegen Preußen nicht fortsetzte. Ein Jahr später kam es auch mit Österreich zum Frieden in Hubertusburg. Preußen behielt Schlesien.

Der Siebenjährige Krieg hatte Friedrich bewiesen, daß er eine Vergrößerung seines Landes durch einen Angriffskrieg gegen die Großmächte seiner Zeit nicht erreichen konnte. Deshalb hatte er schon während des fast aussichtslosen Ringens jeden Gedanken auf Annexionen aufgegeben und die Erhaltung des Vorkriegsbesitzes als sein wesentlichstes Kriegsziel angesehen. Nach dem Hubertusburger Frieden näherte er sich Rußland. 1764 kam es zu einem preußisch-russischen Beistandspakt. Rußland erhielt freie Hand in Polen, in dem anarchische Zustände herrschten, Preußen konnte sich ungestört dem inneren Ausbau seines Staates widmen, weil es Österreich nicht mehr zu fürchten brauchte. Zum polnischen König ließ Katharina II. von Rußland ihren ehemaligen Günstling Stanislaus Poniatowski erheben, der als Stanislaus II. den polnischen Thron bestieg. Wiederholte Eingriffe Rußlands in die inneren Angelegenheiten Polens veranlaßten 1768 die Türkei, Rußland den Krieg zu erklären, um die polnische Opposition gegen Stanislaus und Katharina II. zu unterstützen. Aber die russischen Land- und Seestreitkräfte waren den Türken überlegen. Die Moldau und Walachei wurden von Rußland besetzt. Diese bedeutende russische Expansion auf dem Balkan veranlaßte Maria Theresia 1771, ein Bündnis mit den Türken zu schließen. Ein Krieg, in dem Preußen — diesmal an der Seite Rußlands — erneut gegen Österreich kämpfen mußte, schien unvermeidlich. Da schlug Katharina II. eine Teilung Polens unter den östlichen Großmächten vor. Friedrich erklärte sich einverstanden und erreichte durch Vermittlung seines Verehrers, des österreichischen Thronfolgers, Josephs II., auch die Zustimmung Maria Theresias für diesen Plan. Preußen erhielt das ehemals zum Ordensgebiet gehörige Westpreußen, Rußland das Land jenseits von Düna und Dnjepr, Österreich Galizien. Polen blieb in seinem Kern erhalten.

Die erste Teilung Polens stellt in der Zeit absolutistischer Kabinettspolitik ein Meisterstück ausgeklügelten Länderschachers dar und lag ganz in der Linie der Politik, die Ludwig XIV. gegenüber den Niederlanden und Deutschland begonnen hatte. Sie war aber auch Ausdruck einer Macht- und Eroberungspolitik, die sich des Erfolges wegen der Schwäche des Gegners gewiß war. Während sich der großgrundbesitzende polnische Adel, der eigentliche Schuldige an Polens nationaler Schwäche, verhältnismäßig leicht assimilieren ließ, standen Bürger- und Bauerntum, gestärkt durch einen betont nationalen Katholizismus, vor allem Rußland und Preußen feindlich gegenüber. Jedoch verfolgten weder Österreich noch Preußen mit der Einverleibung polnischer Gebiete Germanisierungstendenzen. Die Ansiedlung deutscher Bauern in Westpreußen hatte wirtschaftliche, nicht nationale Ziele. Wie in allen anderen preußischen Gebieten wurde sie von der Absicht bestimmt, den wirtschaftlichen Wohlstand zu heben. An ihm hatte auch die polnische Bevölkerung teil. Deshalb behielten die vorwiegend polnischen Gebiete ihren polnischen Charakter in Sprache, Religion und Kultur.

Einige Jahre nach der mit Österreich durchgeführten polnischen Teilung wäre es beinahe erneut zu einem Waffengang zwischen den beiden führenden deutschen Staaten gekommen. 1778 starben die bayerischen Wittelsbacher aus. Kaiser Joseph II. erhob Ansprüche auf Bayern. Friedrich widersetzte sich ihnen und ließ seine Truppen in Böhmen einmarschieren. Infolge der Vermittlung Rußlands zwischen Preußen und Österreich kam es nicht zu Kriegshandlungen. Bayern trat das Innviertel an Österreich ab. Die Rheinpfalz und Bayern wurden vereinigt.

Als 1785 Joseph II. erneut versuchte, den künftigen Erben Bayerns zum Tausch seines Erblandes mit Belgien (den österreichischen Niederlanden) zu überreden, gründete Friedrich den deutschen Fürstenbund mit dem Ziel, jede Änderung der territorialen Struktur des Reiches zu verhindern. Vor dieser Drohung aus dem Norden wich Joseph II. zurück. Die Vereinigung Bayerns mit Österreich, die zweifellos der deutschen Geschichte des 19. Jahrhunderts einen völlig anderen Verlauf gegeben hätte, konnte nicht verwirklicht werden.

Die Auffassung von der Aufgabe des absoluten Herrschers, das Territorium seines Staates zu vergrößern, hatte Friedrichs Außenpolitik geleitet und trotz einiger bedrohlicher Rückschläge zu einem Erfolg geführt, den die Mitwelt bewundernd anerkannte. Friedrich hatte durch seine geniale Feldherrnleistung den preußischen Staat zu einer europäischen Macht erhoben und ihn mit nachhaltigem Erfolg verteidigt. Daß er dadurch dem Reich, das trotz seiner lockeren Struktur immer noch in Österreich sein natürliches Haupt sah, den Todesstoß versetzte, war ihm gleichgültig. Wenn sich trotzdem im Ringen um die Neugestaltung des Reiches im 19. Jahrhundert gerade die Wortführer einer deutschen Einheit unter Preußens Führung seiner Person bemächtigten und sie mythisch verklärten, so lag das sowohl in Friedrichs Feldherrnruhm wie in seiner Innenpolitik begründet.

Der aufgeklärte Absolutismus

Das 18. Jahrhundert stand philosophisch im Zeichen der Aufklärung. Obschon die Regierungsform des Absolutismus von fast allen kontinentaleuropäischen Mächten als die einzig wirksame und fortschrittliche betrachtet wurde, versuchten dennoch einzelne Monarchen, sich mit den neuen Ideen, die den absoluten Staat ablehnten, auseinanderzusetzen und diese für ihr Regierungsprogramm soweit zu verwerten, als dadurch nicht die unbeschränkte Macht des Herrschers gefährdet wurde. In dieser Beziehung wurde Friedrich der Große zum bedeutenden Bahnbrecher und Vorbild nicht nur für seinen eigenen Staat, sondern auch — vor allem über seinen Bewunderer Joseph II. — für Österreich und manche der übrigen deutschen Territorien.

Friedrich der Große schuf den preußischen Rechtsstaat. Alle Untertanen waren ohne Unterschied des Standes und der Konfession vor dem Gesetz gleich, wenn auch gelegentliche Eingriffe des Königs aus Gründen der „Staatsraison“ in die Rechtssprechung erfolgten. Die Richter waren unabsetzbar und ausreichend besoldet. Für die Prozesse wurden der Codex Fridericianus und eine allgemeine Prozeßordnung bedeutsam. Das Allgemeine Preußische Landrecht, das erste moderne Gesetzbuch in deutscher Sprache, wurde auf Friedrichs Veranlassung erarbeitet, erschien aber erst nach seinem Tode. Es war die erste königliche Gesetzeskodifikation seit dem Gesetzbuch des römischen Kaisers Justinian. Sein eigentlicher Schöpfer war Suarez. Durch das Allgemeine Preußische Landrecht wurde das Recht von der Person des Herrschers unabhängig gemacht und der Herrscher ebenso dem Recht unterstellt wie der Untertan. Das Rechtswesen selbst wurde von veralteten Methoden der Rechtsfindung (Folter usw.) gereinigt. Das in allen Landesteilen einheitliche preußische Landrecht entwickelte sich seit 1794 zu einem starken Bindemittel des preußischen Staatsbewußtseins.

Im Sinne der Aufklärung proklamierte Friedrich die Toleranz gegenüber allen religiösen Anschauungen. Dadurch machte er das Verhältnis des Staatsangehörigen zum Staat vom religiösen Bekenntnis unabhängig. Im einzelnen bestanden freilich noch mancherlei Beschränkungen. So war den Katholiken der Zutritt zu den höheren Staatsstellungen verwehrt; die Juden bildeten eine eigene Nation innerhalb des Staates unter demütigendem Ausnahmerecht.

Die strenge Gliederung des Staates in Adel, Bürger- und Bauerntum wurde von Friedrich durch Maßnahmen, die eine Vermischung der Stände verhinderten, aufrechterhalten. Der Ankauf adliger Güter durch Bürger und Bauern war verboten. Dadurch wurde das System einer starren Bevorrechtung des Adels in Preußen trotz der aufklärerischen Haltung des Königs im Rechts- und Religionswesen verstärkt.

So blieb der Adel die staatstragende Schicht (Beamte, Offiziere), ihm stand das Kleinbauerntum als Untertan gegenüber. Das Bürgertum der Städte war weiterhin politisch rechtlos und dem Staatsleben gegenüber indifferent. Das Bauertum war zwar gegen Gewalttätigkeit und gegen das Bauernlegen des Adels durch königliche Erlasse geschützt, jedoch waren die Bauern außer auf den Krondomänen und in den westlichen Gebieten Preußens rechtlich nur Fahrhabe, Zubehör zum Gut.

Friedrich der Große sah den Staat rein mechanisch-rationalistisch. Er war für ihn eine überpersönliche Größe, der sich Herrscher wie Untertan durch Dienst unterzuordnen hatten. Die Stellung des einzelnen im Staatsganzen wurde von dem Wert des Dienstes bestimmt, den er dem Staat leistete. Dieser war aber im wesentlichen von dem Stand abhängig, in den er hineingeboren war. Solange der Staat, verkörpert im König, seinem Heer und seinen Beamten, mit absoluter Macht den Untertanen gegenüberstand und den Individuen übergeordnet war, konnte der aufgeklärte Absolutismus Härten mildern, aber nicht beseitigen. Friedrich der Große sah sich selbst als ein Glied des Staates, dem er wie jeder andere in nimmermüder Arbeit zu dienen hatte.

Friedrich ersetzte die Beamtenregierung des Generaldirektoriums durch eine Kabinettsregierung. Die Kabinettsräte arbeiteten die Verordnungen für den König aus, dem die letzte Entscheidung vorbehalten blieb. Die Minister mußten mit dem Kabinett schriftlich verkehren. Jeder Minister des Generaldirektoriums verwaltete eine Provinz, so daß keiner einen Überblick über die gesamte Staatsverwaltung hatte. Die einzelnen Provinzen mußten ihre Haushaltspläne einreichen, die dann vom König zum Staatshaushaltsplan zusammengezogen wurden. So hatte er allein Kenntnis von der Finanzlage des Gesamtstaates.

Friedrich der Große machte Potsdam für seine Zeit durch sein persönliches Interesse zu einem preußischen Kulturmittelpunkt, an dem in besonderem Maße französische Kultur und Geistigkeit gepflegt wurden. An dem Aufblühen einer deutschen Kultur ging er achtlos oder mit Spott vorüber. Wissenschaft und Schulwesen erfuhren durch ihn eine beträchtliche Förderung. Die von ihm angeregten Bauwerke atmen den Geist preußischer Nüchternheit und Strenge trotz anmutiger Form.

Dem zweifellos überragenden König Friedrich dem Großen stand in der gleichen Zeit die nicht minder bedeutende Kaiserin Maria Theresia gegenüber. Dennoch waren beide völlig wesensverschieden. Das entsprang ihrer gegensätzlichen Auffassung von den Aufgaben des Herrschers. Friedrich der Große glaubte, daß seine Aufgabe im Dienst an der überpersönlichen Größe „Staat" erfüllt sei. Maria Theresia erblickte in ihrer Sorge für die ihr anvertrauten Untertanen einen Auftrag Gottes. Sie versuchte, wo immer es angängig war, über die staatlichen Notwendigkeiten ihr Gewissen als tiefgläubige christliche Frau zu stellen, die auch in ihrer privaten Lebensführung stets eine vorbildliche Gattin und Mutter blieb. Nach dem Tode ihres Gemahls, des Kaisers Franz I., regierte sie mit ihrem Sohn, dem Kaiser Joseph II., ihre Länder gemeinsam. Schon als selbständige Regentin führte sie eine schärfere Zentralisierung in ihren Erblanden durch. Die Rechtssprechung wurde von der Verwaltung getrennt. Neben die Hofkanzlei (Ministerium des Innern) trat die Staatskanzlei (Ministerium des Äußern). Als aber ihr Sohn die Herrschaft übernahm, wurden die Reformen überstürzt. Maria Theresia stand häufig im Gegensatz zu ihm.

Joseph war ein glühender Verehrer Friedrichs des Großen und stärker vom Geist der Aufklärung als von der christlichen Glaubenshaltung seiner Mutter geprägt. Seine Kirchen-, Schul- und Kulturpolitik ist als „Josephinismus" in die Geschichte eingegangen. Gegen die katholische Kirche ging der Kaiser schroff vor. Alle beschaulichen Orden wurden aufgelöst. Auch in das innere gottesdienstliche Leben der Kirche griff Joseph ein. Prozessionen und Bruderschaften wurden untersagt, der Gottesdienst und die Zahl der Feiertage geregelt, die Kerzen bei der Messe aus Sparsamkeitsgründen eingeschränkt. Eine Zeitlang beabsichtigte der Kaiser eine Lostrennung der katholischen Kirche Österreichs von Rom.

Die Protestanten erhielten unter ihm die bürgerliche Gleichberechtigung und den Zutritt zu den Staatsämtern. Die Rechtsstellung der Juden wurde erleichtert. Sie wurden zum Studium, zum Handwerk, zur Gründung von Fabriken zugelassen, durften deutsche Familiennamen tragen und die Sonderkleidung ablegen.

Ein Ehepatent erklärte 1783 die Ehe als einen bürgerlichen Vertrag, wenn auch vorläufig die kirchliche Trauung noch vorgeschrieben blieb. Doch wurden Scheidung und Wiederverheiratung für Nichtkatholiken gestattet.

1781 erging eine geheime Entschließung über die vorläufige Aufhebung der Todesstrafe. Einige Jahre später erschien ein neues, humanes Gesetzbuch, die „Josephina", in der offiziell die Folter und die Todesstrafe abgeschafft wurden.

Um das Los der Bauern zu verbessern, hob Joseph als erster deutscher Fürst 1781 in den habsburgischen Landen die bäuerliche Erbuntertänigkeit auf. Die Bauern erhielten freies Recht zur Heirat, Freizügigkeit, freie Arbeitswahl, ungehinderten Verkauf des Eigentums. Sie sollten durch Vereinbarungen mit ihrem Grundherrn die Frondienste und Naturalabgaben ablösen und zu Zinspächtern werden.

Da Joseph seinem Volke die Neuerungen gewaltsam aufzwang, trieb er die Bevölkerung, besonders durch seine Kirchenpolitik, zum Aufruhr. Vor dem Widerstand des Adels, der Geistlichkeit und der breiten Masse mußten viele Reformen wieder zurückgenomemn werden. Der Duldungserlaß gegenüber den Protestanten und Juden, die grundsätzliche Aufhebung der Leibeigenschaft und die „Josephina" blieben bestehen. Nach den Absichten des Kaisers sollte im Habsburgerstaat jegliche nationale und provinzielle Selbständigkeit verschwinden. Dieselben Vorschriften sollten an der türkischen Grenze wie in den österreichischen Niederlanden gelten. Aus diesen Gründen wurde die deutsche Amtssprache und Verwaltung für Böhmen und Ungarn eingeführt. Der österreichische Gesamtstaat sollte ein deutsches Gepräge annehmen. Gegen dieses Bevormundungssystem empörten sich die Völker Österreichs. Vor allem in Ungarn und den österreichischen Niederlanden erlitt der Kaiser mit seinen Plänen Schiffbruch.

Zweifellos erfüllte der aufgeklärte Absolutismus manche Erwartungen, die die Aufklärungsphilosophie an den Staat und seinen Regenten stellte. Dadurch gelang es ihm, Gegensätze abzumildern, die vor allem in Frankreich das Verhältnis der Stände untereinander und die Haltung des Bürger- und Bauerntums zum Staat vergifteten. Aber er vermochte nicht, den Staat auf eine neue Grundlage zu stellen, für die nicht nur die rechtliche Gleichheit aller vor dem Gesetz, sondern auch die Aufhebung der ständischen Bindungen die Voraussetzung waren. Sicherlich war es Friedrichs Überzeugung, daß eine so weitgreifende Reform den inneren Bestand des preußischen Staates gesprengt hätte, und Joseph II. mußte erfahren, daß zahlreiche seiner Reformen auf den erbitterten Widerstand der Bevölkerung stießen. Trotzdem hat die Aufklärung das deutsche Geistesleben entscheidend beeinflußt und die Wiedergeburt Deutschlands als Kulturnation im Zeitalter Goethes vorbereitet. Diese aber war die Voraussetzung für den Aufstieg Deutschlands im 19. Jahrhundert und für seine politische Einigung.

Zwölftes Kapitel

DAS ZEITALTER GOETHES (1749—1832)

Aufklärung und Klassik

Durch die Entdeckung Amerikas hatte sich der Handel an den Westrand des Kontinents verlagert. Das Bürgertum Mitteleuropas wurde dadurch in seinem wirtschaftlichen Aufstieg jäh gehemmt, bevor die geistige Bewegung von Humanismus und Renaissance ihre umgestaltende Kraft voll entfalten konnte. Im deutschen Raum hatte zudem die geistig-religiöse Erschütterung der Reformation den Blick der Menschen wesentlich nach innen gelenkt. Zusammen mit dem wirtschaftlichen Niedergang der einst blühenden deutschen Städte unterstützten die langwierigen religiösen Kämpfe die Bereitschaft des Bürgertums, sich ohne allzu großen Widerstand dem Willen des Territorialherrn zu unterwerfen. Im Gegensatz dazu entwickelte sich in Westeuropa ein wirtschaftlich starkes Bürgertum. In Holland schuf es sich im religiös-politischen Kampf gegen Spanien einen eigenen Staat und eine eigene Kultur. In England benützte es die politische Auseinandersetzung mit der Krone zu einer geistigen Überprüfung des Verhältnisses, das der Mensch zur Religion, zur Gesellschaft, zum Staat und schließlich sich selbst gegenüber haben sollte. Dabei bedeuteten vor allem Newtons Lehren eine Kampfansage gegen die überkommene Philosophie, deren tragender Grund bisher die Offenbarung gewesen war. Die Abkehr von ihr aber war eine entscheidende Voraussetzung für die Lehre von der menschlichen Autonomie. Danach stehe es dem Menschen als vernunftbegabtem Wesen zu, alle Bereiche des menschlichen Daseins einer kritischen Beurteilung zu unterziehen. Dem Staat bestritt man seine bisherige „religiöse“ Grundlage und gab ihm den Charakter eines Zweckverbandes mit betont eingeschränkten Rechten. „Der Staat ist eine Vereinigung von Menschen, einzig und allein zu dem Zwecke geschaffen, um ihre bürgerlichen Interessen zu vertreten, zu behaupten und zu entwickeln“ (John Locke). Das erste Interesse bestand aber in der Wahrung der natürlichen Rechte des Lebens, der Freiheit und des Eigentums. Um dieses zu sichern, entwickelte Locke die Grundsätze des Repräsentativsystems und der Gewaltenteilung. Das bedeutete auch die theoretische Überwindung des Absolutismus.

Das praktische Beispiel einer revolutionären Selbstbefreiung des Bürgertums und Kleinadels aus der Vormundschaft von Königtum und Hochadel in der englischen Revolution von 1688 und die theoretische Begründung des neuen Staatswesens aus der Philosophie der Aufklärung griffen anregend auf Frankreich über. Die bereitwillige Übernahme der neuen Ideen durch das französische Bürgertum lag in seiner wirtschaftlichen Stärke begründet, die ihm, wie in England vorher, die politische Rechtlosigkeit innerhalb des absoluten Systems noch deutlicher werden ließ. Wie John Locke verlangte Montesquieu 1718 die Trennung der Gewalten. Die Notwendigkeit der Gewaltenteilung begründete er mit der Freiheit, die dem einzelnen nur so im Staate gesichert werden könne. Freiheit bestimmte er dahin, „tun zu dürfen, was das Gesetz gebietet, nicht tun zu müssen, was es untersagt“, ein Zeugnis für den noch ungebrochenen Glauben an die Harmonie von positivem und Naturrecht.

Je mehr man aber unvoreingenommen die wirkliche Natur des Menschen studierte, um so mehr mußte man die Vorstellung aufgeben, daß die Vernunft allein das Wesen des Menschen bestimme. In Rousseau entstand deshalb der Aufklärung ein erster bedeutender Kritiker ihres reinen Vernunftglaubens. Gegenüber der einseitigen Herrschaft des Verstandes betonte er, freilich ebenso einseitig, das Recht des „Herzens“ und der Leidenschaften. Jedoch hielt er insofern an den Grundanschauungen der Aufklärung fest, als ihm Natur und natürliches Dasein das eigentliche Glück des Menschen bedeuteten. Nur dadurch, daß er Natur und Kultur einander gegenüberstellte, gab er dem Naturbegriff einen Inhalt, der nicht mehr wie bisher mit der Vernunft gleichzusetzen war.

Die Ideen der Aufklärung fielen in Deutschland schon sehr früh auf einen fruchtbaren Boden. Aber in der Art, wie sich die geistig führende Schicht Deutschlands ihrer bemächtigte und sie zur Grundlage einer ganz eigenen philosophischen und künstlerischen Entwicklung machte, enthüllte sich die Bedeutung des unterschiedlichen geschichtlichen Weges Deutschlands und seiner westlichen Nachbarn. Ein Staat oder eine Gesellschaft, die Ursache einer tiefgreifenden Problematik und Ziel ihrer Überwindung sein konnten, bestand in Deutschland nicht. Jeder Versuch einer starken Persönlichkeit, sich von der Bevormundung eines der zahlreichen kleinen Fürsten zu befreien, mußte ohne Aussicht auf Widerhall in einem selbstbewußten Bürgertum bleiben, weil es dieses nicht gab. Auch eine literarisch geführte Fehde gegen die durch den Absolutismus heraufgeführten politischen Zustände konnte sich jeweils nur gegen einen bestimmten Fürsten richten, niemals aber das ganze System treffen, weil dieses sich in jedem deutschen Staat anders als etwa im Frankreich Ludwigs XVI. darstellte. Während einzelne deutsche Kleinstaaten in absolutistischer Enge und Rückständigkeit verharrten, hatten sich andere durch ihren Herrscher den neuen Ideen geöffnet und versucht, ihre Untertanen an ihnen in gemäßigter Weise teilhaben zu lassen. Da deshalb ein politisch oder wirtschaftlich erstrebenswertes Ziel, das für alle Deutschen verbindlich sein konnte, nicht unmittelbar vor Augen lag, richteten sich die Blicke leicht auf ein imaginäres „Reich" der Zukunft oder wandten sich zurück in eine große Vergangenheit. Auch den bürgerlichen Gelehrten war es nur selten gelungen, sich eine sozial geachtete Stellung neben Adel und Geistlichkeit zu verschaffen. Deshalb wandelte sich die Aufklärungsphilosophie in Deutschland anfangs oft zu einem rationalistischen Subjektivismus, der sich in zahlreichen Selbstbiographien und Selbstbekenntnissen widerspiegelt. Neben ihm lief ein stark pietistischer Subjektivismus einher, der im Gegensatz zur Aufklärung die Religion rein vom Gefühl des einzelnen zu erfassen strebte. Die Beziehung auf den einzelnen gab beiden ihr besonderes Gepräge. Auch in der Kunst suchte man zunächst diese und fand sie in der Befreiung von der Bindung an die Gesellschaft und ihre Sitte. Klopstocks (1724—1803) Lyrik und Epik sind dafür ein frühes Beispiel.

Demgegenüber stellt das Werk Gotthold Ephraim Lessings (1729—1781) den Versuch dar, den philosophischen Ideen der Aufklärung einen künstlerisch adäquaten Ausdruck zu verleihen. Mit der Aufklärung teilte er den stets regen Trieb nach Wahrheit und den Optimismus eines immerwährenden Fortschritts. Darüber hinaus aber wollte er ihren Ideen durch sein künstlerisches Schaffen eine Allgemeingültigkeit verleihen, die über Konfession und Nationalität hinaus ins Allgemeinmenschliche stieß („Die Erziehung des Menschengeschlechts"; „Nathan der Weise"). Jedoch entbehrten seine Werke der Kraft, das Leben in seiner Gesamtheit zu spiegeln, ein Mangel, der ihm vor allem in der Auseinandersetzung mit Shakespeare bewußt geworden war. Deshalb war es ihm auch zunächst nicht vergönnt, einen größeren Einfluß auf seine Zeitgenossen auszuüben, die zudem in der Bindung an die Aufklärung allzu sehr eine Einschränkung ihres künstlerischen Subjektivismus und ihrer vitalen künstlerischen Kraft erblickten. Mit Rousseau glaubten viele von ihnen, daß die eigentlichen Wurzeln des Menschen in der Natur liegen, die Leben im Sinne des Unbegreiflichen und Unfaßbaren bedeute, im Gegensatz zu dem von Sitte und Gesetz geprägten Leben des Menschen. Zwischen der wahren und vergewaltigten Natur des Menschen klaffe ein Widerspruch, aus dem sich die Problematik des menschlichen Daseins ergebe. Diese in der

Vielfalt ihrer Erscheinungen auszusagen, unternahm der sog. Sturm-und-Drang.

Wie Rousseau sah er zwar auch sein Ideal im Naturmenschen, aber er entwarf diesen nicht allein als Gegensatz zum Kulturmenschen des 18. Jahrhunderts, sondern entdeckte ihn in jedem Volk zu einem bestimmten Zeitpunkt seiner Entwicklung. Wie das Individuum habe auch ein Volk sein Jugend-, Mannes- und Greisenalter und seine nur ihm gehörige unverkennbare Individualität, die es von allen andern Völkern unterscheide. Damit hatte der Sturm-und-Drang dem Volk eine Eigenbedeutung und Besonderheit verliehen, die es bisher im europäischen Denken nicht gehabt hatte, und die sich vor allem durch Herders (1744—1803) Abhandlung „Ideen zur Philosophie der Geschichte der Menschheit" nachhaltig auf das europäische geistige und politische Leben auswirken sollten. Unmittelbares Ergebnis dieser neuen Anschauungen aber war die Rückwendung der Dichtergeneration des Sturm-und-Drangs in die deutsche Vorzeit und die Wiederentdeckung Shakespeares, Homers, des Volksliedes und der Gotik als Ausdruck naturnaher Kunst durch Herder und J. W. Goethe, später auch durch Friedrich Schiller (1759—1805). Im Gegensatz zur Aufklärung, die geschichtslos und zukunftsgläubig war, wurde der Sturm-und-Drang von einem starken geschichtlichen Bewußtsein getragen und wandte seinen Blick in eine von naturhaftem Leben getragene Vergangenheit zurück. Wiederherstellung des Alten aus den Kräften des jungen, unverbrauchten einfachen Volkes wurde sein Ziel.

Die Verwirklichung eines solchen, dichterisch erträumten Ziels lag aber politisch außerhalb jeder Möglichkeit. Sofern schöpferischer Wille nach Gestaltung drängte, mußte er sich ein anderes Feld für seine Beschäftigung suchen. Die Wandlung, die sich in der frühen Goethezeit vollzog, knüpfte zwar in mancher Beziehung wieder an die Aufklärung und an den Sturm-und-Drang an, schritt aber weit über beide hinaus. Die Auffassung, daß der Mensch ein Wesen sei, bei dem man Natur und Geist nicht trennen könne, entnahm sie dem Sturm-und-Drang. Die Anschauung aber, daß der Geist die gestaltende Kraft des Lebens sein müsse, verband sie mit der Aufklärung. Indem sie dem Menschen eine für alle verbindliche sittliche Norm gab, die ihn in seiner Eigenexistenz durch einen Akt freier Willensentscheidung an eine Gemeinschaft gleichstrebender Menschen ohne Rücksicht auf Herkommen, Nation, Rasse oder Religion band, ging sie über Aufklärung und Sturm-und-Drang hinaus (vgl. dazu Herder: „Briefe zur Beförderung der Humanität"; Goethes und Schillers klassische Periode). Der Einfluß der griechischen Antike, wie sie durch Johann Joachim Winckelmann (1717—1768) gesehen worden war, wurde gerade in dieser Beziehung von entscheidender Bedeutung.

Die deutsche Klassik war der — wohl letzte — Versuch, in der Verkündigung des Humanitätsideals eine alle Menschen verpflichtende Norm aufzustellen. Daß dieses Unterfangen im wesentlichen scheiterte, lag nicht zuletzt an den gänzlich veränderten geschichtlichen Gegebenheiten des 19. Jahrhunderts.

Die bedeutendsten Leistungen erzielte die deutsche Klassik in der Literatur (Goethe, Schiller), der Musik (Ludwig van Beethoven, 1770—1827) und in der Philosophie (Immanuel Kant, 1724—1804). Diese aber waren in allen genannten Bereichen so vielfältig und allumfassend, daß in diesem Rahmen auf Einzelheiten nicht eingegangen werden kann.

Die Romantik

Noch auf dem Höhepunkt von Goethes und Schillers künstlerischem Schaffen entstand der Klassik in der deutschen Romantik ihre bedeutungsvollste Kritik. Mit der Aufklärung hatte sie die Verherrlichung der Freiheit gemeinsam. Aber während es dem beginnenden 18. Jahrhundert um das ganz konkrete Anliegen einer Befreiung von Bindungen an überholte politische und soziale Zustände ging, proklamierte die Romantik die absolute Freiheit, gemäß der dem Menschen keine objektiven Grenzen gesetzt sind mit Ausnahme jener, die er selbst seinem Denken und Handeln zu setzen bereit sei. Der Vernunft wurde ihre normsetzende Aufgabe bestritten. Die einzige Bestimmung des Menschen sei ein unendliches Streben, um dadurch die Unendlichkeit zu erreichen. Obschon der Mensch durch seine Endlichkeit eingeschränkt sei, könne er diese durch sein Streben, das unendlich sei, überschreiten.

Die wesentlichste Idee der Romantik war demnach die Sehnsucht nach einem Ideal, das auf die Überwindung der Materie durch den Geist abzielte. Das bedeutete ein völliges Versenken in sich selbst, da ja nur die Sehnsucht einer Aussage wert ist. Ununterbrochen machte der Romantiker sich selbst zum Objekt seiner Bemühungen um die Darstellung der unendlichen Sehnsucht. Dabei zertrümmerte er jede äußere Form der Dichtung wie der Musik. Gleichzeitig aber erweiterte er das Feld der psychologischen Erkenntnisse in bisher unbekanntem Maße. Darüber hinaus führte die durchaus verschiedenartige Ausprägung der Sehnsucht jedes einzelnen zu der Ansicht, daß das Individuum etwas Einmaliges und Unwiederholbares darstelle. Im Zusammenhang mit dem Begriff der Freiheit entstand aus dieser Anschauung erneut ein übersteigerter

Subjektivismus, eine Herrschaft der reinen Willkür, die keine bindende Norm anerkannte. Vertreter dieser Haltung waren der junge Friedrich Schlegel (1772—1829) und der junge Ludwig Tieck (1773—1853).

Damit aber hatte die Romantik mit ihrer ins Maßlose gesteigerten Lehre von der Autonomie jedes einzelnen Menschen ihren Höhepunkt erreicht. Der Weg, den sie nunmehr beschritt, nahm zwar die Erkenntnis von der unbedingten Vorzugsstellung des Geistes über die Materie, von der Einmaligkeit und Unwiederholbarkeit des Individuums und der Freiheit auf, anerkannte die Sehnsucht als gestaltendes Prinzip, aber er versuchte auch eine Anknüpfung an konkrete Gegebenheiten. Das führte zu einer neuen Versenkung in die Geheimnisse einer vergangenen Welt oder in die verklärende Schau einer zukünftigen. Auf dem Gebiet der Musik gelang diese Wendung am leichtesten. Zwar war das Werk Franz Schuberts (1797—1828) noch stark mit der Klassik verknüpft, dennoch verstand auch er die Welt aus der Sehnsucht wie nach ihm Felix Mendelssohn-Bartholdy (1809—1847), der bedeutendste jüdische Romantiker, und Karl Maria von Weber (1786—1826). In der Dichtkunst aber erstreckte sich die Rückwendung zu einer vergangenen Welt zunächst auf die griechische Antike, wenn auch nicht im Sinne Winckelmanns und Goethes, vor allem bei dem jungen Friedrich Schlegel, Friedrich Hölderlin (1770—1843) sowie Heinrich von Kleist (1777—1811). Allerdings sind die beiden Letzteren nur sehr bedingt als Romantiker anzusprechen. Der verklärenden Darstellung der Griechen, ihrer Geschichte und ihrer politischen Entwicklung entsprach eine ebenso einseitige Verherrlichung des deutschen Mittelalters, die vorerst nur die künstlerische und religiöse Seite der mittelalterlichen Kultur betraf und mit Wackenroders (1773—1798) „Herzensergießungen eines kunstliebenden Klosterbruders" und Tiecks „Franz Sternbalds Wanderungen" begonnen hatte. Ihr folgten bald die Tieck'schen Übersetzungen der Minnelieder und v. d. Hagens deutsche Geschichte des Mittelalters, die die wissenschaftliche Beschäftigung mit dem Mittelalter einleitete. Novalis und die Brüder Schlegel sahen im Mittelalter und seinem Universalismus eine neue Hoffnung für Europa (Novalis: „Die Christenheit oder Europa" 1799).

Schließlich stellte man auch die große geschichtliche Vergangenheit der Deutschen, wie man sie vorbildlich im Mittelalter verwirklicht glaubte, der eigenen Gegenwart in der Vielzahl der Kleinstaaten und unter der Herrschaft Napoleons gegenüber. Der Romantiker wurde zum politischen Dichter. Da ihm aber jede konkrete Vorstellung von der Gestalt des Staates fehlte, der einmal auch für die Deutschen der Rahmen ihres politischen Handelns sein sollte, wurde das „Volk" als lebendiger Organismus zum mystischen Gestalter und Träger eines in seiner Begriffsbestimmung unklaren „Reiches“ gemacht. Diese neue Beschäftigung mit dem „Volk“ und seiner Tradition, seinem „Geist“ und seiner „Erde“ war zwar dichterisch ungemein fruchtbar und erschloß bisher unbekannte Bereiche (Märchen, Volkslied, Volkskunst), war politisch aber nicht unbedenklich, weil das eigene Volk leicht zum absoluten Wert erhoben werden konnte. Die Romantik ist dieser Gefahr nur in wenigen ihrer Vertreter von zweitrangiger Bedeutung erlegen. Im ganzen war ihr ein nationalistischer Zug fremd. Ihre großartigen bleibenden Ergebnisse waren im Gegenteil die liebevolle Versenkung in fremde Volkskulturen, die Beschäftigung mit dem Geist und Wesen der Sprache und der unerhörte Aufschwung der Geschichtswissenschaft. Durch hervorragende Übersetzungen wurden die bedeutendsten Werke der Weltliteratur zum geistigen Besitz der Deutschen (z. B. die Schlegel-Tieck Shakespeare-Übersetzung). W. v. Humboldt und die Brüder Grimm wurden bahnbrechend auf dem Gebiet der Sprachforschung. Wahrhaft universal war Leopold von Ranke (1795—1886), der „Altmeister der deutschen Geschichtswissenschaft“.

Die Goethezeit hat somit geistesgeschichtlich infolge ihrer besonderen soziologischen Bedingungen, unter denen sie sich entwickelte, ganz eigengeprägte Ergebnisse gezeitigt. In ihrer aufklärerischen Periode hatte sie zunächst wie auch in Westeuropa den Grund für eine rein rationale Betrachtung der Welt gelegt. In der Sturm-und-Drang-Periode gab sie den Deutschen erstmals ein geschichtliches und nationales Bewußtsein. In dieser Beziehung knüpfte die Romantik am stärksten an den Sturm-und-Drang an. In ihrer klassischen Periode überwand sie Volk und Staat zugunsten eines geistigen Weltbürgertums. In allen Phasen ihrer Entwicklung hat sie jedoch das Individuum in der Einmaligkeit seiner Erscheinung und in der Eigengesetzlichkeit seiner Existenz scharf betont. Die politischen Ereignisse im Zusammenhang mit der Französischen Revolution und den Napoleonischen Kriegen zwangen die geistig führenden Schichten, die durch Aufklärung, Klassik und Romantik postulierte Freiheit auf ihre politische Relevanz zu prüfen. Als Ergebnis entwickelte sich der Zwiespalt von weltbürgerlichem und nationalstaatlichem Denken, ein Zwiespalt, der in der deutschen Geschichte des 19. Jahrhunderts nicht aufgelöst werden konnte.

CASPAR DAVID FRIEDRICH

Greifswalder Hafen nach Sonnenuntergang

Le Port de Greifswald après le coucher du soleil

Greifswald Harbour After Sunset

Puerto de Greifswald después del crepúsculo

O pôrto de Greifswald após o pôr do sol

1819. Stiftung Preußischer Kulturbesitz, Berlin-Dahlem

Dreizehntes Kapitel

DEUTSCHLAND UND DIE FRANZÖSISCHE REVOLUTION

Revolutionskriege und Ende des Reiches

Schon der amerikanische Unabhängigkeitskrieg gegen England und die Bildung der souveränen „Vereinigten Staaten von Amerika" waren in Deutschland nicht ohne Echo geblieben. Der von einzelnen deutschen Staaten erzwungene Kampf deutscher Soldaten im Solde Englands gegen die aufständischen amerikanischen Kolonisten wie die nicht unbedeutenden Leistungen einiger preußischer Offiziere im Heere Washingtons hatten das Interesse an den Vorgängen jenseits des Atlantiks verstärkt. Zudem hatte Friedrich der Große von Preußen noch kurz vor seinem Tode die Vereinigten Staaten anerkannt und mit ihnen diplomatische Beziehungen aufgenommen, die zu einer amerikanisch-preußischen Freundschaft ausgebaut wurden. Nachhaltiger waren aber die Wirkungen, die von der Französischen Revolution (1789) ausgingen. Das lag nicht nur an den engen nachbarschaftlichen Beziehungen, sondern wesentlich an dem ungebrochenen kulturellen Einfluß, den Frankreich seit fast 150 Jahren auf Deutschland ausübte. Auch durch die Auseinandersetzung der deutschen Klassik mit der französischen Literatur hatte dieser kaum an Bedeutung verloren.

Die revolutionären Ereignisse, die mit dem Sturm auf die Bastille ihren sinnfälligen Anfang nahmen, wurden deshalb in weiten Kreisen des gebildeten deutschen Bürgertums fast mit der gleichen Begeisterung begrüßt wie in Frankreich. Man sah in ihnen den Beginn einer neuen Epoche der Menschheitsgeschichte. Die Aufhebung aller Vorrechte des Adels und der Geistlichkeit, die Abschaffung der Leibeigenschaft der Bauern, die Proklamierung der Freiheit und Gleichheit aller Menschen, die Befreiung der Juden aus dem Getto wie die Beschränkung der absoluten Herrschaft des Königs durch eine Verfassung entsprachen Forderungen, die deutsche Dichter (z. B. Lessing und Schiller) in ihren Dichtungen erhoben hatten. Trotzdem blieb selbst Schillers positive Einstellung zu den revolutionären Ereignissen in Frankreich nur auf einen kurzen Zeitraum beschränkt. Entscheidend dafür waren sowohl ideelle wie politische Gründe. Deutschlands Dichter und Denker erwiesen sich gerade in ihrer schwankenden Haltung zur Französischen Revolution als im Letzten unpolitische Menschen. Daß eine so gewaltige, alle bisherigen Formen sprengende, erstmals von Massen getragene Bewegung auch Ergebnisse zeitigen konnte, die der großen Idee des Ursprungs nicht entsprachen, wurde in vorschneller Kritik als Verrat an der Idee empfunden. Zudem lieferten die außenpolitischen Übergriffe der Revolutionäre den beharrenden Kräften Europas einen willkommenen Vorwand, durch einen Krieg zur Wiederherstellung des historisch gewordenen Rechts die Revolution selbst im Keime zu ersticken. Allzu leicht konnte der Glaube vieler Franzosen, daß es Frankreichs Bestimmung sei, die neuen Ideen über ganz Europa zu tragen, als Fortsetzung der französischen Eroberungspolitik seit den Tagen Ludwigs XIV. entlarvt werden. Die anfängliche Zustimmung wich einer herben, keineswegs mehr objektiven Kritik; Deutschland wurde die neue Heimat zahlreicher französischer Emigranten aus Adel und Geistlichkeit, die das politische Verhältnis zu Frankreich zusätzlich belasteten.

Gegenüber den Drohungen Österreichs und der mit ihm verbündeten deutschen Fürsten, dem französischen König zu Hilfe zu kommen, wenn seine Rechte weiter eingeschränkt würden, erzwang die gesetzgebende Versammlung in Paris im April 1792 eine Kriegserklärung an Österreich und seine Mitstreiter. Zunächst gelang es diesen, in Nordfrankreich einzubrechen. Preußische Truppen eroberten Verdun. Bei Valmy stellte sich ihnen ein französisches Heer revolutionärer Freiwilliger entgegen, das dem preußischen Druck standhielt. Die preußischen Truppen traten den Rückzug an, die Österreicher wurden in Belgien geschlagen, das Land wurde erobert, und bald standen die französischen Heere in Mainz und Frankfurt a. M.

Die österreichisch-preußische Koalition hatte keinen langen Bestand. Um im Verein mit Rußland Restpolen aufzuteilen und Warschau zu annektieren, brauchte Preußen Deckung im Westen und schloß deshalb mit Frankreich den Sonderfrieden zu Basel (1795). In einer Geheimklausel trat es das linke Rheinufer an Frankreich ab. Dafür wurde Norddeutschland für neutral erklärt, so daß es für die nächsten zehn Jahre von Kriegsunruhen verschont blieb. Außerdem sollte Preußen in einem künftigen allgemeinen Frieden auf dem rechten Rheinufer für seine linksrheinischen Verluste entschädigt werden. In völliger Verkennung der Gefahren, die von einem siegreichen Frankreich drohten, trieb Preußen eine rein egoistische Hausmachtpolitik alten Stils. Es gab dadurch Frankreich die Möglichkeit, ganz Europa zu unterwerfen. Die Auflösung des Reiches wurde durch seine Politik weiter beschleunigt.

Schon 1793 war es zwischen Rußland und Preußen zu einer neuen Teilung Polens gekommen. Preußen nahm die Städte Danzig, Thorn und Posen mit den umliegenden Gebieten. Während das Land von Polen bewohnt wurde, war der Prozentsatz an Deutschen in den Städten beträchtlich hoch. Rußland erhielt ein weites Gebiet mit 3,5 Millionen Einwohnern. Zwei Jahre später teilten Rußland, Preußen und Österreich den Rest Polens fast gleichmäßig unter sich auf. Die preußischen Grenzen verliefen jetzt östlich von Warschau. Die Zahl der polnischen Einwohner Preußens war höher als die der deutschen. Preußen konnte kaum noch ein deutscher Staat genannt werden. Gerade diese dritte Teilung Polens und damit die Auslöschung eines souveränen Staates ist mit Recht als Verbrechen bezeichnet worden.

Nach dem Ausscheiden Preußens aus dem Krieg gegen Frankreich setzte Österreich, verbündet mit einigen kleineren deutschen Staaten, den Kampf gegen die inzwischen noch schlagkräftigeren französischen Heere unter Napoleons Führung fort. Der französische Stoß richtete sich hauptsächlich gegen die österreichischen Besitzungen in Norditalien, die in Napoleons Hand fielen. In dem 1797 abgeschlossenen Frieden von Campo Formio trat auch Österreich seine Besitzungen links des Rheins an Frankreich ab. Der Preis dafür war das neutrale Venetien. Was die Bourbonen in jahrhundertelangen Kriegen vergebens erstrebt hatten, erzielten die Heere der Revolution nach einem fünfjährigen Krieg: Frankreichs „natürliche Grenze“ war der Rhein.

Das vergebliche ägyptische Abenteuer Napoleons und die Vernichtung der französischen Flotte bei Abukir führten zwei Jahre später die ehemaligen Verbündeten mit Ausnahme Preußens erneut zusammen. Aber wiederum gelang es Napoleon, auf dem Festlande siegreich zu bleiben. In einer öffentlichen Erklärung mußte der Kaiser im Namen des Reiches den Rhein als Staatsgrenze zwischen Deutschland und Frankreich anerkennen. Fast 4 Millionen Deutsche wurden Angehörige der französischen Republik, ein Siebtel der deutschen Reichsbevölkerung. Auch England wurde 1802 zum Frieden mit Frankreich gezwungen.

Als Erbe einer Revolution gegen die alten Throne Europas und der traditionellen Anti-Habsburg-Politik Frankreichs versuchte Napoleon, seit dem Staatsstreich von 1799 Erster Konsul, nicht nur das Reich weiter zu schwächen, sondern auch den Reichsgedanken endgültig zu vernichten. Anlaß dazu boten ihm die Bestimmungen des Friedens von Basel mit Preußen und von Lunéville (1801) mit Österreich. Um ein Gegengewicht gegen Österreichs Reichspolitik zu schaffen, mußte Preußen nach Napoleons Auffassung so vergrößert werden, daß es eine von Österreich unabhängige Politik treiben konnte. Einer möglichen Verbindung der beiden deutschen Großmächte sollten aber kraftvolle, selbständige Mittelstaaten gegenübergestellt werden, die eine Gesamtpolitik des Reiches jederzeit verhindern konnten. Zur Festsetzung der Entschädigung für jene Mächte, die linksrheinische Besitzungen verloren hatten, bestimmte der Regensburger Reichstag eine sog. Reichsdeputation. Unter dem Druck Frankreichs, aber auch Rußlands, das wegen der noch ungelösten Probleme auf dem Balkan (sog. orientalische Frage) ebenfalls an einer Schwächung des Reiches interessiert war, kam es zum sog. Reichsdeputationshauptschluß von Regensburg 1803.

Nach französischem Vorbild wurden sämtliche geistliche Fürstentümer säkularisiert und 45 unmittelbare Reichsstädte sowie 1500 Reichsritterschaften mediatisiert, d. h. sie verloren ihre Reichsunmittelbarkeit und wurden einem Landesherrn unterstellt. Durch die Säkularisierung büßte die katholische Kirche den größten Teil ihres weltlichen Besitzes ein. Dieser fiel weithin an protestantische deutsche Fürsten. Nur die drei Hansestädte Hamburg, Bremen und Lübeck sowie die Reichsstädte Nürnberg, Augsburg und Frankfurt a. M. behielten ihre Selbständigkeit. Baden, Württemberg und Bayern wurden beträchtlich vergrößert; Preußen erhielt für seine Verluste links des Rheins und für seine Neutralitätspolitik ein fünffach größeres Gebiet.

Zwar bedeutete die Regensburger Entscheidung zunächst den Zusammenbruch des alten „Römischen Reiches deutscher Nation". Dennoch kann der Regensburger Beschluß nicht nur negativ beurteilt werden. Er legte den Grund zur Überwindung des Feudalismus und der Kleinstaaterei in Deutschland und führte zu einer klaren Trennung von kirchlichen und staatlichen Aufgaben.

Unter dem Druck Napoleons schlossen sich 1806 sechzehn mittlere und kleinere deutsche Staaten des Westens und Südens zum Rheinbund zusammen und erklärten ihren Austritt aus dem Deutschen Reich. Sie stellten Frankreich ihre Festungen und Truppenkontingente zur Verfügung. Das Deutsche Reich hatte aufgehört zu bestehen. Mit ihm hatte auch das Erbe Karls und Ottos des Großen, die Krone des „Heiligen Römischen Reiches Deutscher Nation" ihren Symbolcharakter für alle Deutschen eingebüßt. Am 6. August 1806 legte Franz II. von Österreich die römische Kaiserkrone nieder und nahm für seine Erblande den Titel „Kaiser von Österreich" an. Napoleon aber glaubte, die Tradition Karls des Großen in verwandelter Form als „Kaiser der Franzosen" weiterführen zu können. Sein Besuch in der alten Kaiserstadt Aachen kurz vor seiner Krönung in der „Notre Dame" in Paris 1804 und die Erneuerung des langobardischen Königreiches sind dafür beredte Beispiele.

Die Napoleonischen Kriege und die Entstehung des deutschen Nationalgefühls

Der unsichere Friede, den Österreich und England mit dem Frankreich Napoleons geschlossen hatten, war nur von kurzer Dauer. Die Überlegenheit der englischen Seemacht und die kompromißlos feindliche Haltung, die England gegenüber Frankreich als Vormacht des europäischen Kontinents immer erneut bewies, bewogen Napoleon, eine Invasion der britischen Inseln vorzubereiten. England aber fand in Österreich und Rußland Verbündete, die im Falle einer Invasion Frankreich zu einem Zweifrontenkrieg gezwungen hätten. Um ihm zu entgehen, brach Napoleon seine Landungsvorbereitungen bei Boulogne ab und stellte sich den vereinigten russisch-österreichischen Heeren bei Austerlitz (1805). Sein glänzender Sieg wurde jedoch durch die Niederlage überschattet, die Nelson der französischen Flotte kaum sechs Wochen vorher bei Trafalgar zugefügt hatte. Napoleon mußte den Gedanken aufgeben, England direkt angreifen und besiegen zu können.

Der Tag von Trafalgar entschied aber gleichzeitig für die nächsten 10 Jahre über das Schicksal Europas. Solange Napoleons Politik von der Furcht bestimmt war, daß jede militärisch starke Macht Europas ein möglicher Verbündeter Englands sei, hielt er einen Präventivkrieg gegen sie für gerechtfertigt. Deswegen sind die Gründe belanglos, die den napoleonischen Krieg gegen Preußen 1806/07 auslösten und zum Zusammenbruch des Staates Friedrichs des Großen, 20 Jahre nach seinem Tode, führten. Das französische Empire erstreckte sich nun bis zur Elbe, Hamburg stand unter französischer Verwaltung, in Kassel regierte Napoleons Bruder Jérome das neu geschaffene Königreich Westfalen. Polen erstand wieder als Herzogtum Warschau unter dem König von Sachsen. Danzig wurde eine freie Stadt mit französischer Garnison. Rußland, das Preußen unterstützt hatte, als Napoleon bereits in Berlin eingerückt war, hatte ebenfalls seinen Frieden mit Napoleon gemacht und sich der 1806 gegen England verhängten Kontinentalsperre angeschlossen.

Um die britischen Inseln wirtschaftlich auf die Knie zu zwingen, untersagte Napoleon allen europäischen Staaten jeglichen Handel mit England. Die in den kontinentalen Häfen ankommenden englischen Schiffe und Waren wurden konfisziert. Als Gegenschlag raubte England dem mit Napoleon verbündeten Dänemark ohne Kriegserklärung die Flotte und schoß Kopenhagen in Brand. Gefährlich war die Blockade besonders für die agrarischen Länder Preußen und Rußland, deren Getreide und Holz wertlos wurden. Aber auch die andern Länder hatten unter Nachteilen zu leiden. Andererseits blühte die europäische Industrie auf, weil die englischen Fabriken nicht liefern konnten. In Deutschland kam es erstmals zum Anbau von Rübenzucker. Im Rheinland entstand eine blühende Textilindustrie. Für England führte die Kontinentalsperre zu einer schweren Absatzkrise, es gewann jedoch die Weltmärkte.

Sowohl aus wirtschaftlichen wie ideologischen Gründen war die napoleonische Herrschaft bei der deutschen Bevölkerung zunächst durchaus nicht auf einhellige Ablehnung gestoßen. Die zahlreichen Reformen, die Frankreich aus dem Geist der Revolution von 1789 auch in seinen besetzten Gebieten durchführte, wurden als eine willkommene Befreiung von der drückenden Bevormundung durch den Feudalstaat empfunden. Die Einführung des Code Napoléon in den Rheinlanden schuf die Voraussetzung für die rechtliche Gleichstellung aller Bürger vor dem Gesetz. Die Befreiung des Handels und der Wirtschaft von den Bindungen, die z. T. noch aus dem Mittelalter stammten, legte den Grund für ein freies Unternehmertum. Leibeigenschaft, ständische Ordnung, Vorrechte für Adel und Geistlichkeit gehörten der Vergangenheit an. Auch in den besetzten Gebieten sollte es nur noch freie Bürger geben.

Je weiter sich aber Napoleons Eroberungszüge erstreckten, um so drückender wurden die Lasten, die er den eroberten Gebieten auferlegen mußte, um seine Kriegsmaschine in Gang zu halten. Die Gleichheit vor dem Gesetz war nicht nur eine Gleichheit der Rechte, sondern auch der Pflichten, was nach Napoleons Ansicht bedeutete, daß auch Nichtfranzosen zum Dienst in der französischen Armee wie zu wirtschaftlichen Opfern für den Krieg herangezogen werden konnten. Zudem wurde es immer offenkundiger, daß Frankreich beabsichtigte, die besetzten Gebiete durch Einführung der französischen Sprache fest mit dem Mutterland zu verbinden und ihnen damit den deutschen Charakter zu nehmen. In der Abwehr dieser als unberechtigt empfundenen Maßnahmen eines landfremden Eroberers bildete sich das deutsche Nationalgefühl.

Das Verhältnis der Deutschen zu ihrem Land war bisher von einer unreflektierten Liebe zur Heimat bestimmt. Es gab keinen einheitlichen Reichspatriotismus. In den größeren Territorien wie Preußen, Bayern oder Österreich hatte sich auch in der Bevölkerung ein gewisser Stolz auf die besonderen Leistungen des Landesherrn entwickelt. Die Entdeckung des „Volkes“ durch den Sturm-und-Drang war auf einen kleinen Kreis beschränkt geblieben und wurde über das Bekenntnis zum Weltbürgertum bald vergessen. Erst unter dem Eindruck der Fremdherrschaft vollzog sich in der Romantik und teilweise auch in der Klassik, vor allem in Schillers dramatischer Dichtung, eine Wendung. Fichte (1762—1814) und Hegel (1770—1831) betonten den Wert von Staat und Gemeinschaft. Mit dem Satz: „Es gibt nur eine Tugend, sich selbst zu vergessen, nur ein Laster, an sich selbst zu denken", war der Subjektivismus, von dem auch die deutsche Frühromantik getragen wurde, überwunden.

Für Sturm-und-Drang, Klassik und Romantik war jedoch die Idee der Freiheit Mittelpunkt des philosophischen und künstlerischen Bemühens. Das hatten sie mit den Repräsentanten der Französischen Revolution gemeinsam. Die Frage, was Freiheit eigentlich sei, spaltete die Menschen nicht nur in Deutschland, sondern in fast allen Teilen des französisch besetzten Europa in verschiedene Lager. Das zeigte sich zunächst in den Zielsetzungen, die man mit dem Kampf um die Befreiung vom napoleonischen Joch verband, das mehr und mehr, selbst von vielen Franzosen, als Ausdruck der Maßlosigkeit dieses Mannes empfunden wurde.

In Deutschland bildeten sich verschiedene große Strömungen. Den Auffassungen der deutschen Klassik von der Aufgabe des Menschen standen jene Politiker am nächsten, deren Staatsideal die Gemeinschaft freier, selbstverantwortlicher Persönlichkeiten war, die ihre Vollendung im Dienst an dieser Gemeinschaft finden. Zu ihnen gehörte ein Teil der preußischen Reformer. Ihre Feindschaft gegen Napoleon entsprang weder einer Ablehnung Frankreichs noch der Ideen der Französischen Revolution. Sie sahen diese im Gegenteil durch Napoleon verraten. Deshalb unterschieden sie sich auch nur wenig von den Verfechtern eines frühen deutschen Liberalismus, der sein Ideal in der Errichtung eines deutschen Nationalstaats nach französischem Vorbild und aus den Ideen der Französischen Revolution erblickte. Dabei war es den deutschen Liberalen nicht bewußt, daß gerade der „messianische Nationalismus", der sich als Folge der Revolution in Frankreich entwickelt und die französischen Eroberungskriege mitverursacht hatte, aufs gefährlichste die Verwirklichung der Freiheitsidee bedrohte. Im Banne der Romantik aber standen alle jene, die die Freiheit des „Volkes" in einem wiedererstandenen deutschen Reich erstrebten und sich für eine Wiederherstellung des „deutschen" Kaisertums nach mittelalterlichem Vorbild einsetzten. Auch zu ihnen gehörten einige der großen Reformer in Österreich und Preußen und vor allem der wortgewandte Publizist Joseph von Görres (1776—1848), dessen „Rheinischen Merkur" Napoleon als fünfte Großmacht bezeichnete.

Alle Bestrebungen aber wurden zunächst dem einen Ziel untergeordnet, die napoleonische Herrschaft abzuschütteln. In diesem Sinne wurde Napoleon der große Einiger des deutschen wie anderer Völker Europas. Diese Einigkeit war von vornherein auf ein eng begrenztes Ziel gerichtet und entsprang in Deutschland nicht einer einheitlichen politischen Auffassung.

Preußens Neubau ist mit den Namen des Freiherrn vom und zum Stein und des 1814 zum Fürsten erhobenen Karl August von Hardenberg verbunden. Beide waren als Nichtpreußen in den preußischen Staatsdienst getreten. Als Diener des Königs konnten sie ihre Reformen nur dann verwirklichen, wenn sie von vornherein sowohl die Sicherung der Krone als auch die Erhaltung der besonderen Stellung des großgrundbesitzenden Adels in ihre Pläne miteinbezogen. Reform bedeutete also in Preußen ein Kompromiß zwischen den geschichtlich gewordenen Mächten und den neuen, die von unten andrängten und Freiheit und Verantwortung erstrebten. Die Frage, ob die bürgerlichen und kleinbäuerlichen Kräfte in Preußen stark genug gewesen wären, von sich aus einen Umbau des Staates zu erzwingen, muß für die Zeit des beginnenden 19. Jahrhunderts verneint werden, weil ein wirtschaftlich starkes Bürgertum, das der Träger eines solchen Gedankens hätte werden können, nicht bestand. Reform konnte also nur von oben, im Interesse des Staates erfolgen. So stand auch am Anfang einer freieren Entwicklung in Preußen zu Beginn des 19. Jahrhunderts der Staat im Mittelpunkt aller Überlegungen. Er war es, der seinen Bewohnern durch einen Regierungsakt besondere Rechte gewährte, für die hinwiederum der Staatsbürger dem Staat gegenüber zu fest umrissenen Leistungen verpflichtet wurde.

Der Reichsfreiherr vom und zum Stein wurde 1757 in Nassau geboren. 1780 trat er in den Dienst Friedrichs des Großen und wurde zunächst in der westfälischen Verwaltung verwandt. Nach wenigen Jahren stieg er zum Direktor der westfälischen Bergwerke und später zum Oberpräsidenten der klevischen, mindenschen und märkischen Kammer auf. 1807 wurde er wegen schwerwiegender Differenzen mit König Friedrich Wilhelm III. (1797—1840) aus dem preußischen Staatsdienst entlassen, aber nach der Niederlage Preußens auf Verlangen Napoleons noch im gleichen Jahr wiedereingestellt.

In seinem Reformwerk vereinigen sich Erfahrungen, die er in Westfalen gemacht hatte, mit Anschauungen, die sich bei ihm aus der Beschäftigung mit der Aufklärungsphilosophie, vor allem mit Montesquieu, und den englischen und französischen politischen Zuständen entwickelt hatten. Er suchte diese mit den bestehenden Verhältnissen in Preußen so zu verbinden, daß dessen Grundlagen, nämlich Königtum und Heer, erhalten blieben und dabei dennoch die innere Anteilnahme jedes Bürgers an diesem Staat gewährleistet war. Zur Durchführung seiner Pläne konnte er sich auf ein Beamtentum stützen, das besonders in den westlichen Teilen der preußischen Monarchie verhältnismäßig stark von den

Abb. 32 Die Wartburg

Abb. 33 Tischbein: Goethe

Abb. 34 Runge: Die Hülsenbeckschen Kinder

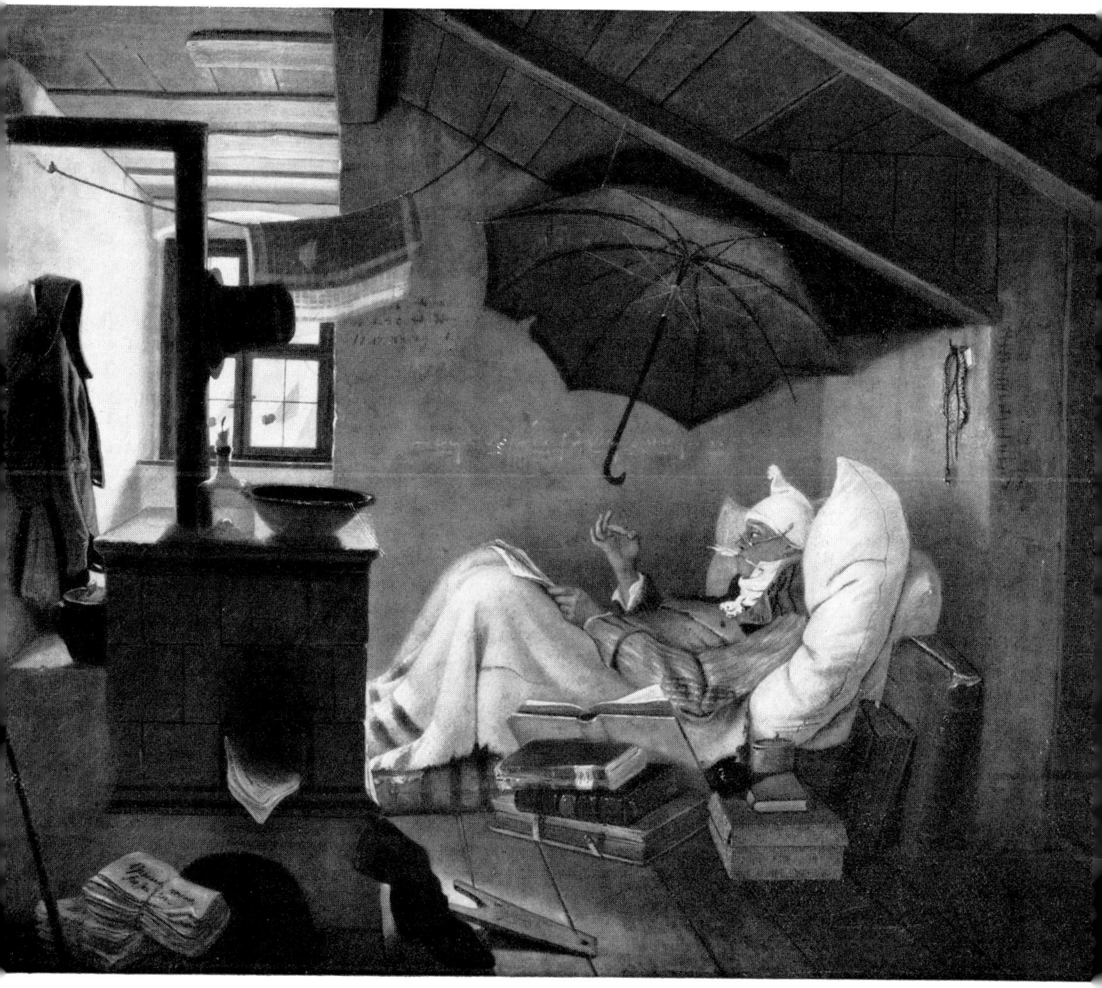

Abb. 35 Spitzweg: Der arme Poet

Abb. 36 Barlach: Der Rächer

Ideen der Aufklärung erfaßt war. Hinderlich war seinen Plänen die verschiedenartige Schichtung der Bevölkerung in Ost und West. Das zeigte sich schon innerhalb des östlichen Landesteiles, des ehemaligen Ordensgebietes Preußen. Während die Bürger der Stadt Königsberg den wirtschaftlich-liberalen Ideen Adam Smith's und die Professoren der Königsberger Universität der Lehre Kants von der Würde der freien Persönlichkeit sehr aufgeschlossen gegenüberstanden, lehnten die gutsbesitzenden Junker auf dem Lande alle Neuerungen ab. Stein stand somit vor der Frage, ob er Heer und Verwaltung des Staates weiterhin nur der Schicht des gutsherrlichen Adels anvertrauen sollte, oder ob er es durchsetzen könne, die tragenden Kräfte dieses Staates durch Bürger und Bauern zu verbreitern. In den westlichen Landesteilen Preußens konnte er sich dabei auf ein Bürgertum stützen, das durch die beginnende Industrialisierung zu einem gewissen Selbstbewußtsein gelangt war. Auch das Bauerntum dieser Gebiete war verhältnismäßig frei und unabhängig.

Kernstück der Reform war die Bauernbefreiung im gesamten Staatsgebiet. „Mit dem Martinitag 1810 (11. Nov.) hört alle Gutsuntertänigkeit in unsern sämtlichen Staaten auf. Nach dem Martinitag 1810 gibt es nur noch freie Leute." Damit entfielen alle persönlichen Beschränkungen, Schollengebundenheit, Zwangsgesindedienst, Prügelstrafen, herrschaftliche Heiratsgenehmigung und Erbfolgeregelung; bestehen blieben aber alle wirtschaftlichen Beschränkungen und Belastungen wie Hand- und Spanndienste, Gefälle und Zinszahlungen, weil sie nicht an die Person, sondern an den Hof gebunden waren. Der Ankauf adliger Güter durch Bürger und Bauern, bäuerlicher Güter durch Adlige und Aufteilung, Zusammenlegung und Verpachtung großer Güter wurden gestattet. Der Boden stand aber unter dem besonderen Schutz des Staates. Zum Verkauf von Rittergütern mußte der König seine Zustimmung geben.

Das gleiche Edikt proklamierte die freie Berufswahl. Damit war der Kastenstaat Friedrichs des Großen theoretisch überwunden.

Die Städte waren bisher im Auftrag des Königs durch „Direktoren" regiert worden. Stein setzte an ihre Stelle die Selbstregierung der Städte durch ein Stadtverordneten-Kollegium, das von allen grundbesitzenden Bürgern nach gleichem Wahlrecht gewählt wurde. Die Stadtverordneten wählten aus ihrer Mitte den Magistrat, der vom König bestätigt werden mußte. Dadurch erhielt die Stadt das Recht der Selbstverwaltung in allen städtischen Angelegenheiten und wurde ein demokratisches Gemeinwesen.

An die Stelle des Generaldirektoriums Friedrichs des Großen wurden Minister gesetzt, die dem König verantwortlich und für ihre Bereiche entscheidungsberechtigt waren. Die Provinzen wurden durch Oberpräsidenten verwaltet, denen in den Regierungsbezirken die Regierungspräsidenten unterstanden.

Auch den Adel suchte Stein zu reformieren. Er wollte, daß der Adelstitel mit dem Grundbesitz jeweils nur an den ältesten Sohn vererbt würde, alle anderen Familienangehörigen sollten den Titel verlieren. Gleichzeitig sollte der Adel durch Ernennungen aus dem einfachen Volk bei vorliegendem besonderen Verdienst ununterbrochen erneuert werden. Aber diese Reformbestrebungen scheiterten an dem geschlossenen Widerstand des Königs und des Adels.

Ein Brief Steins, in dem er von seiner Hoffnung auf Befreiung vom napoleonischen Joch sprach, fiel den Häschern des Kaisers in die Hände. Napoleon setzte Steins Entlassung durch. Von ihm geächtet, fand er Zuflucht in Österreich, später in Rußland. Sein Nachfolger wurde der Hannoveraner Hardenberg. Er führte die volle Gewerbefreiheit ein. Der Gewerbebetrieb, den bisher nur Mitglieder der Zunft eröffnen durften, wurde jetzt jedermann freigegeben. Die Juden erhielten die völlige Gleichstellung mit den Christen und wurden zu gleichberechtigten Staatsbürgern.

Wie bei den Stein-Hardenberg'schen Reformen zeigte sich auch bei der Heeresreform der Gegensatz von konservativ-reaktionärer und fortschrittlicher Haltung. König und Adel verlangten die Erhaltung eines stehenden Heeres als Bürgschaft staatlicher Macht und Sicherung der königlichen und adligen Sonderstellung. Für ein stehendes Heer setzte sich Scharnhorst ein. Demgegenüber vertraten Gneisenau, Clausewitz und Boyen den Gedanken eines Bürgerheeres, einer Nationalmiliz.

Auch Scharnhorst und Gneisenau waren Nichtpreußen. Bis zur Niederlage hatten sie keine entscheidenden Stellungen im preußischen Heer. Erst danach setzten sie sich beim König und in der alten Generalität durch, weil sie dem Heer einen neuen Geist durch Einsatz der moralischen Kräfte des Volkes zu geben versprachen, die sie aus einem neuen Begriff vom Staat und preußischen Vaterland zu entwickeln gedachten. Scharnhorst und noch stärker Gneisenau und Clausewitz standen in der Tradition Herders und der Romantik.

Auch die Heeresreform war das Ergebnis eines Kompromisses. Neben dem stehenden Heer wurden Landwehr und Landsturm geschaffen, was dem Gedanken einer allgemeinen Volksbewaffnung entsprach. Gleichzeitig gab die Errichtung eines Kriegsministeriums, der Kriegsakademie und des Generalstabes dem preußischen Heer in seiner Führung eine zentral geleitete Befehls- und Ausbildungsstätte.

Die organisatorischen Reformen wurden durch die neue Wertung des Soldatentums entscheidend ergänzt. Die Siege der französischen Armeen waren wesentlich eine Folge der moralischen Kraft der französischen Soldaten. Diese auch dem preußischen Soldaten zu verleihen, war das Bestreben der Reformer. Deswegen schaffte man die entehrenden Strafen ab; die Offizierslaufbahn wurde auch den Bürgerlichen geöffnet, soweit sie zu den gehobenen Bildungsschichten gehörten.

So erhielt Preußen für einen neuen Kampf gegen Napoleon ein starkes Machtinstrument, das für die Durchsetzung der Idee des „Volkes in Waffen" einen genügend weiten Rahmen bot. Nur dadurch konnte es dem französischen Heer gewachsen sein.

Der frühe deutsche Liberalismus verband das Ideal der freien, selbstverantwortlichen Persönlichkeit mit dem der Humanität. Eine weltbürgerliche Gesinnung war ihm selbstverständlicher als das Streben nach einem Nationalstaat. Wie die Aufklärung glaubte er an die Allmacht der Erziehung. Insofern gehörte Wilhelm von Humboldt (1767—1835) als einer der wenigen politisch tätigen Männer der geistigen Elite zum frühen deutschen Liberalismus, als er 1810 im Zuge der preußischen Reformen die Universität Berlin gründete. In ihr sollte der Geist jene Pflegestätte erhalten, die geeignet sei, in der Bildung der Jugend der Nation zur freien sittlichen Persönlichkeit dem großen Ziel einer freien Menschheit zu dienen. Es gelang ihm als Minister, diesen Geist der Humanität für eine gewisse Zeit der Berliner Universität zu sichern und ihn gleichzeitig durch eine allgemeine Schulreform frühzeitig im Kinde zu verankern. In diesen Bestrebungen traf er sich mit dem großen Pädagogen Pestalozzi (1746—1827), der wie er von dem einzelnen ausging, um zu einer großen Gemeinschaft freier, selbstverantwortlicher Persönlichkeiten zu gelangen.

Nach dem militärischen Zusammenbruch von 1805 hatte man auch das österreichische Staatswesen von Grund auf zu erneuern versucht. An der Spitze dieser Bewegung stand der Graf von Stadion, ein Mann aus altem reichsritterlichen Geschlecht. Er hatte in Göttingen die Rechte studiert und war dann in die diplomatischen Dienste Österreichs getreten. 1794 war er auf eignen Wunsch ausgeschieden, als er erkannte, daß das absolutistische System die Fragen der neuen Zeit nicht lösen konnte. 1805 berief ihn der Kaiser zum leitenden Minister. Von Stadion stand der französischen Revolution und Napoleon ablehnend gegenüber. Er übernahm die schwierige Aufgabe, den schwerfälligen Regierungsapparat zu vereinfachen und die bürgerlich weiterentwickelten deutschsprechenden Teile der Bevölkerung zur verantwortlichen politischen Arbeit aufzurufen. Als große Hemmnisse für das Reformwerk erwiesen sich die Finanznot des Staates, die Korruption, die Unordnung in der Verwaltung und die politische Gleichgültigkeit der Bevölkerung. Außerdem konnten die Reformgedanken fast ausschließlich nur in den deutschen Teilen Österreichs verwirklicht werden. Denn die volle Gewährung der Selbstverwaltung an die nichtdeutschen Nationalitäten hätte leicht die Gesamtmonarchie sprengen können. Zudem mußte auch Stadion auf den reichen und mächtigen Adel Rücksicht nehmen; an eine Beseitigung der ständischen Vorrechte war trotz der vorangegangenen Reformversuche Josephs II. nicht zu denken. Aus diesen Gründen war das Hauptstreben der Reform auf einen baldigen Befreiungskrieg gerichtet. Der Schöpfer der neuen österreichischen Armee war der volkstümliche Erzherzog Karl, der sich bereits in den früheren Kriegen ausgezeichnet hatte. Er setzte in Österreich die allgemeine Wehrpflicht durch; nur soweit die wirtschaftlichen Verhältnisse des Landes es erforderten, sollten Befreiungen vom Dienst möglich sein. Die barbarischen Militärstrafen wurden gemildert. Neben dem regulären Heer entstand eine Landwehr.

Die vom freiheitlichen Geist Stadions getragene Reformbewegung blieb jedoch Episode in der Geschichte des Habsburgerreiches. Nach der österreichischen Niederlage von 1809 wurde Stadion gestürzt, an seine Stelle trat der rheinische Graf Metternich. Er lenkte geschickt in das absolutistische Fahrwasser zurück und betrachtete jeden Versuch, mit Hilfe von Volksheeren das napoleonische Joch abzuwerfen, als eine Bedrohung des Bestandes der österreichischen Monarchie.

Die Befreiung von der napoleonischen Herrschaft und die Neuordnung Europas und Deutschlands

Das freundschaftliche französisch-russische Verhältnis, das Napoleon nach der preußischen Niederlage als Voraussetzung für die Befriedung des Kontinents und die Anerkennung der französischen Vorherrschaft durch England ansah, hielt der wirtschaftlichen Belastung durch die Kontinentalsperre nicht stand. Deshalb näherte sich Rußland wieder England, um seinen wirtschaftlichen Niedergang zu vermeiden. Napoleon beantwortete diese russische politische Wende mit einem militärisch gut vorbereiteten Einfall in Rußland im Juni 1812. Ein großes französisches Heer, verstärkt durch deutsche und italienische Kontingente sollte im schnellen Siegeszug den russischen Widerstand brechen und noch vor Einbruch des Winters Moskau erreichen. Zwar konnte Napoleon in Moskau einmarschieren, aber die Sicherung des eroberten Gebietes scheiterte an den großen Entfernungen, an dem russischen Winter und der Tapferkeit der russischen Soldaten. Der größte Teil des französischen Heeres wurde vernichtet.

In dieser für Napoleon überaus ernsten Lage erklärte am 30. Dezember 1812 in der Mühle von Tauroggen der preußische General von York gegenüber dem russischen General von Diebitsch sein Korps, das auf französischer Seite kämpfen sollte, für neutral. Das war Bruch des Gehorsams, zu dem der preußische Heerführer seinem König verpflichtet war. Aber York glaubte, die Interessen seines Landes über seinen Fahneneid stellen zu müssen. Die Niederlage Napoleons schien ihm unvermeidlich, wenn Preußen an Rußlands Seite kämpfen würde.

Der preußische König entschloß sich aber erst nach längerem Zögern, endgültig mit Napoleon zu brechen. Im Frühjahr 1813 kam es zum förmlichen Bündnis mit Rußland, dem wenige Monate später Österreich und die meisten Rheinbundstaaten mit Ausnahme Sachsens beitraten. Die Völkerschlacht bei Leipzig im Oktober 1813 entschied über Napoleons Schicksal. Als Geschlagener kehrte er mit den Trümmern seines Heeres nach Frankreich zurück und verzichtete in Fontainebleau auf Herrschaft und Kaiserkrone. Die Sieger überließen ihm die Insel Elba als souveränes Fürstentum. Frankreich wurden die Grenzen von 1792 zugestanden.

Die Uneinigkeit der Siegermächte über die Neuordnung Europas und die Unzufriedenheit der Franzosen mit der wiederhergestellten bourbonischen Herrschaft erschienen Napoleon als eine Möglichkeit, seine Herrschaft in Frankreich wiederaufzurichten. Aber seine Niederlage bei Waterloo 1815 und seine Verbannung nach St. Helena machten seiner „Herrschaft der hundert Tage“ ein Ende.

Zur Neuordnung Europas versammelten sich die Staatsmänner der Siegermächte in Wien. Nach dem ursprünglichen Plan sollten nur England, Österreich, Preußen und Rußland über die europäischen Fragen beraten. Aber sowohl dem Zaren wie dem Fürsten Metternich, dem Kanzler Österreichs, lag nichts daran, Frankreich aus dem „Konzert der europäischen Mächte“ auszuscheiden. So erreichte es Talleyrand, der geschmeidige Bevollmächtigte des besiegten Frankreich, seine Nation noch auf dem Wiener Kongreß in den Kreis der fünf europäischen Großmächte zurückzuführen, obschon er selbst sowohl der Republik wie anfangs Napoleon als verantwortlicher Minister gedient hatte.

Die wesentlichsten Aufgaben des Kongresses waren die Neuordnung des Kontinents und die Lösung der „deutschen Frage“. Soweit es sich um territoriale Probleme handelte, waren alle europäischen Mächte in irgendeiner Weise interessiert; die Lösung der deutschen Frage blieb aber vornehmlich eine innerdeutsche Aufgabe.

Der große Sieger in dem Kampf um die Zertrümmerung der französischen Vormachtstellung in Europa war zweifellos England. Deshalb hatte das Wort seiner Staatsmänner neben dem Metternichs auf dem Kongreß ein entscheidendes Gewicht. Es war Englands erklärtes Ziel, keine Großmacht in den Besitz seiner europäischen Gegenküste kommen zu lassen. Weil Österreich aber die westliche Flankendeckung Deutschlands gegenüber Frankreich nicht mehr übernehmen wollte, sondern eine Abrundung seines Gebietes im Südosten anstrebte, schuf der Kongreß ein Königreich der Vereinigten Niederlande unter der Krone Hollands. Österreich gab damit die Herrschaft über Belgien auf. Infolge seines Verzichtes auf den Sundgau im Oberelsaß und den Breisgau in Baden und seiner Weigerung, das Elsaß als Herzogtum einem Mitglied des habsburgischen Hauses zu unterstellen, trat auf Veranlassung des englischen Vertreters Castlereagh Preußen an seine Stelle als Verteidiger der deutschen Westgrenze. Der Kongreß sprach ihm die beiden wichtigen Gebiete Rheinland und Westfalen zu und machte so die zweite deutsche Großmacht zum unmittelbaren Nachbarn Frankreichs. Der Verzicht auf das Elsaß, den die deutschen Patrioten nicht verstanden, entsprach einmal dem Wunsche Metternichs, die französische Monarchie der Bourbonen nicht mit Gebietsabtretungen zu belasten, zum andern aber auch seiner staatsmännischen Einsicht. Zwar fühlten sich die Elsässer kulturell mit Deutschland verbunden, politisch erblickten sie jedoch in Frankreich ihr Vaterland.

Besonders schwierig erwies sich die Neuordnung der osteuropäischen Verhältnisse. Rußland wünschte eine weitere Verschiebung seiner Grenzen nach Westen. Bereits 1809 hatte der Zar den Schweden Finnland entrissen und es mit Rußland vereinigt. Der Kongreß bestätigte den Besitz und verband dafür Norwegen mit Schweden. Die lange dänisch-norwegische Gemeinschaft löste sich auf. Das bisher dänische Helgoland fiel an England. Polen, auf das vor allem der Machthunger Rußlands gerichtet war, wurde in verkleinertem Umfang wiederhergestellt und über einen russischen Vizekönig in Personalunion mit Rußland verbunden. Posen, Thorn und Danzig fielen an Preußen.

Österreich erhielt von Bayern Salzburg und Tirol zurück. Venetien und die Lombardei wurden der Donaumonarchie angegliedert.

Die territorialen Veränderungen in Innerdeutschland hatten die bisherigen Verhältnisse fast ins Gegenteil verkehrt. Preußen, eine ausgesprochen östliche Macht, wuchs nach Deutschland hinein und erhielt, vor allem durch die spätere Industrialisierung, seinen wirtschaftlichen Schwerpunkt im Westen. Aber auch die politischen Aufgaben, die ihm gestellt wurden, verknüpften es mehr und mehr mit den Problemen Westeuropas. Demgegenüber wuchs Österreich aus Deutschland heraus. Es wollte wohl weiterhin die Vorherrschaft in Deutschland ausüben, aber ohne große Verantwortung zu übernehmen. Es wollte nicht mit der „Wacht am Rhein“ belastet sein, ohne dafür die übrigen Kräfte Deutschlands miteinsetzen zu können.

Aber weder Preußen noch die deutschen Mittelstaaten, deren Selbstgefühl durch die Rangerhöhung ihrer Fürsten unter Napoleon und die scheinsouveräne Politik, die sie im Bunde mit Frankreich gegen Preußen und Österreich führen konnten, gestiegen war, erklärten sich bereit, etwas von ihrer Souveränität aufzugeben und sich Österreich zu unterstellen. So konnte sich die Hoffnung der deutschen Patrioten auf die Wiederherstellung eines geeinten Reiches nach mittelalterlichem Vorbild nicht erfüllen. Das Problem des deutschen Dualismus, verdeckt durch das Bündnis gegen Napoleon, tauchte erneut auf. Das Ergebnis zahlloser Verhandlungen um die Neugestaltung Deutschlands war schließlich der „Deutsche Bund“, ein loses Gefüge von 39 souveränen Einzelstaaten, in dem Österreich eine Art von Ehrenvorrang hatte. In ihm waren drei ausländische Fürsten vertreten: der englische König als König von Hannover, der dänische König als Herzog von Holstein und der König der Vereinigten Niederlande als Großherzog von Luxemburg. Nicht zum „Deutschen Bunde“ gehörten von Preußen Ostpreußen, Westpreußen und Posen, das mit Holstein verbundene Schleswig und die meisten nichtdeutschen Gebiete Österreichs.

Das Organ des Bundes war der Bundestag zu Frankfurt a. M., ein ständiger Gesandtenkongreß. Da zur Beschlußfassung eine Zweidrittelmehrheit, manchmal sogar Einstimmigkeit erforderlich war, konnte der Bundestag nur selten handlungsfähig sein.

Es war in der sog. „Deutschen Bundesakte“ zwar vorgesehen, daß allen Bundesstaaten eine geschriebene Verfassung gegeben werden sollte. Aber abgesehen von einigen Kleinstaaten hielt man sich nicht an diese Bestimmung.

Die hochgespannten Ziele der Kämpfer gegen Napoleon, die für Freiheit und Einheit in den Krieg gezogen waren, wurden also nicht verwirklicht. Eine tiefe Ernüchterung und Enttäuschung war die Folge. Noch mehr als zuvor schien jede öffentliche Tätigkeit, wenn sie das Bestehende ändern wollte, zum Scheitern verurteilt zu sein. Allein die Welt des Geistes und der Phantasie schien den produktiven Kräften des deutschen Volkes noch offen zu stehen.

Diese Auffassungen wurden durch die außen- und innenpolitischen Maßnahmen der politisch führenden Mächte Europas bestätigt. Auf Veranlassung des Zaren Alexander von Rußland schlossen 1815 Österreich, Rußland und Preußen eine „Heilige Allianz", um die Kräfte der Revolution gegen die „legitime Ordnung", Nationalismus und Streben nach Freiheit, zu bekämpfen und den status quo zu sichern. Der absolute Fürstenstaat wurde überall wiederhergestellt, das Gottesgnadentum der Herrscher noch stärker betont, der Bund von „Thron und Altar", von Königtum und Adel erneuert. Jede revolutionäre Bewegung wurde durch die „Karlsbader Beschlüsse" der deutschen Fürsten von 1819 im Keim erstickt. Träger liberaler Gedanken galten als Demagogen. So siegte zunächst das Prinzip der Legitimität über die Revolution. Restauration und Reaktion waren die bestimmenden Faktoren der Zeit nach 1815.

Dennoch kann nicht geleugnet werden, daß der Wiener Kongreß in der weisen Mäßigung aller beteiligten Nationen, der Sieger und Besiegten, Europa eine langen Friedenszeit gegeben hat. Das ist die große geschichtliche Leistung Metternichs. Aus übernationaler, abendländischer Sicht und Verantwortung hat er die äußere Gestalt Europas für mehrere Jahrzehnte festgelegt. Rußlands Einfluß reichte nicht über die Weichsel hinaus. Mit Hilfe der fünf Großmächte zog ein neues Zeitalter der Ordnung und außenpolitischen Ruhe herauf. Freilich entsprach diese neu geschaffene Ordnung nicht den Hoffnungen des europäischen Bürgertums auf eine freiheitliche Entwicklung des politischen Lebens in einem geschlossenen Nationalstaat. An dem mangelnden Verständnis Metternichs für die bewegenden Ideen seiner Zeit und an dem Unvermögen der verantwortlichen Politiker nach 1815, diese Ideen zu berücksichtigen, anstatt sie zu bekämpfen, ist ein Menschenalter später Metternichs System zusammengebrochen. Der Abbau der alten Ordnung begann im Westen und spaltete Europa zeitweise in einen liberalen Westblock (Frankreich, England) und einen reaktionär-konservativen Ostblock (Preußen, Österreich, Rußland). Schließlich aber gewannen auch in Deutschland die fortschrittlich-liberalen Kräfte die Oberhand. Daß sich dieser Prozeß in der Mitte Europas langsamer vollzog als im Westen hatte neben nationalpolitischen auch wirtschaftliche Gründe.

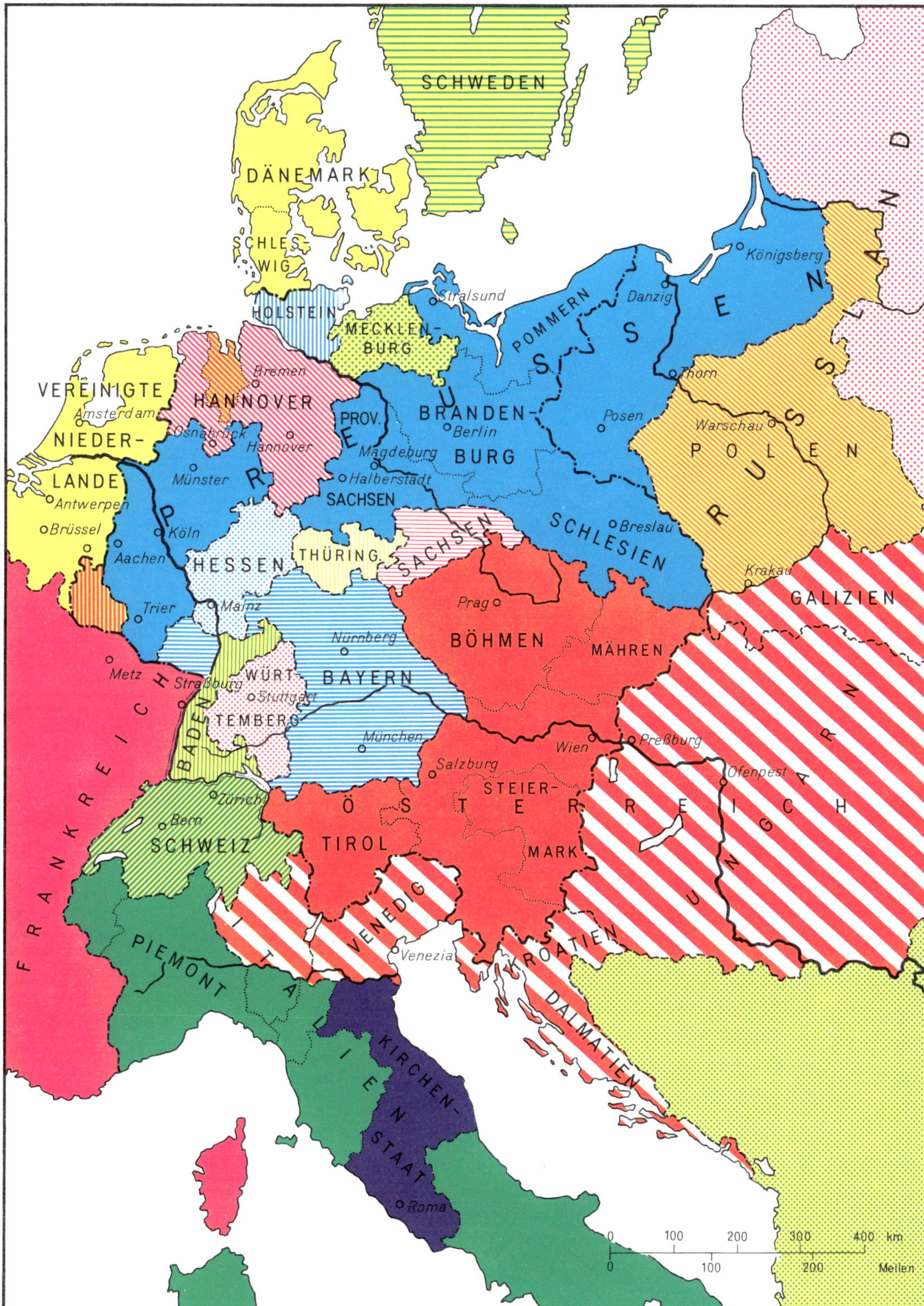

Mitteleuropa nach dem Wiener Kongreß (1815)

Vierzehntes Kapitel

KONSERVATIVISMUS UND LIBERALISMUS

An der ideologischen Begründung der restaurativen und teilweise reaktionären inneren Ordnung der einzelnen deutschen Bundesstaaten hatten die Anschauungen der Romantik einen beträchtlichen Anteil. Nicht nur das Volk, auch der Staat wurde als ein lebendiger Organismus betrachtet, dessen Gesundheit auf der Zusammenarbeit der Glieder beruhe. Der romantische Staats- und Wirtschaftsphilosoph Adam Müller (1779—1829) entwickelte daraus die Lehre, daß der Staatskörper kein künstliches Gebilde sei, Produkt des Übereinkommens einzelner Menschen, die sich aus Vernunftgründen verbänden, sondern aus kleinen Zellen wachse. Familie, Sippe und Stamm erweiterten sich im Laufe der Zeit zum Staat. Je größer die Lebenskraft eines Staates sei, desto mehr Lebensraum könne er beanspruchen. Deshalb sei auch der Krieg zu rechtfertigen. Neben der natürlichen Gliederung der Gesellschaft gebe es auch eine andere: die ständische nach Berufen, von denen jeder seine Aufgabe im Rahmen des Ganzen habe.

Diese Gedanken entwickelte der nach 1815 entstehende deutsche Konservativismus weiter. Grundlegend für die konservative Staats- und Gesellschaftsauffassung wurde „Die Philosophie des Rechts" des ursprünglich jüdischen, später protestantischen Berliner Professors und Politikers Friedrich Julius Stahl (1802—1861). Danach haben Staat und Recht einen göttlichen Ursprung, der durch die Offenbarung verbürgt ist. Die Einmaligkeit und Besonderheit jedes Volkes entspricht dem göttlichen Schöpfungsplan und der göttlichen Schöpfungsordnung. Innerhalb eines Volkes sind die Stände Ausdruck dieser göttlichen Ordnung, die als gegeben hingenommen werden muß. Diese Anschauungen Stahls wurden die Ideologie der preußischen und deutschen Konservativen und erlangten über die konservativen Parteien eine bedeutende politische Wirkung. Stahl selbst wurde Mitglied des preußischen Herrenhauses und Führer der konservativen Partei.

Gegen diese Staatsauffassung wandte sich der deutsche Liberalismus, der unter dem Druck der Reaktion nach 1815 und mit beginnender Industrialisierung Westdeutschlands politische Zielsetzungen entwickelte, die denen der westeuropäischen liberalen Bewegung verwandt waren. Mit den freiheitlichen Bestrebungen verbanden sich nationalstaatliche. Die enge Verbindung von „Thron und Altar“ führte wie in Frankreich vor 1789 zu einem Kampf gegen die geistige Bevormundung des Menschen durch die Kirchen beider Konfessionen. In diesen griffen auch die Dichter der Nachromantik ein, die sich selbst als „Junges Deutschland“ bezeichneten. Sie forderten Emanzipation des Bürgers, Gleichstellung der Frau mit dem Mann, volle bürgerliche Gleichberechtigung des Judentums, Freiheit der Literatur, der Presse und des Theaters, Beschränkung der fürstlichen Stellung durch eine Verfassung und als Fernziel Umwandlung des Fürstenstaates in eine freiheitlich-demokratische Republik. Ihre begabtesten Wortführer waren Heinrich Heine (1797—1856) und Ludwig Börne (1786—1837). Beide waren Juden; Heine jedoch trat in jungen Jahren zum Protestantismus über, neben Goethe war er der bedeutendste Lyriker des 19. Jahrhunderts. Infolge der rücksichtslosen Bekämpfung aller freiheitlichen Bestrebungen durch Preußen emigrierten beide nach Paris und unterzogen in ihren Schriften, ersten Meisterwerken eines deutschen politischen Feuilletons, die deutschen Zustände einer harten, manchmal überscharfen Kritik. Ihr politisches Ziel war die Revolution, die durch die Errichtung eines freien demokratischen Staates den Bürger von allen bestehenden Bindungen befreien sollte. In dieser Beziehung gingen sie allerdings weit über die Forderungen der deutschen Liberalen hinaus.

Es war die Tragik des deutschen Liberalismus der ersten Hälfte des 19. Jahrhunderts, daß er sich nicht auf ein breites, wirtschaftlich starkes Bürgertum stützen konnte. Er war im wesentlichen ein „Katheder-Liberalismus“. Seine streitbarsten Verfechter waren Professoren oder Dichter, die zudem noch meistens den Häschern der Reaktion zum Opfer fielen und ihr freies Wort mit Gefängnis oder Emigration bezahlten. Eine freie Presse wurde nicht geduldet, jeder Versuch, eine solche zu begründen, mußte an den strengen Zensurbestimmungen scheitern. Solange sich aber die wirtschaftlichen und mit ihnen die gesellschaftlichen Zustände Deutschlands nicht entscheidend änderten, war eine politische Wandlung unmöglich.

Fünfzehntes Kapitel

INDUSTRIALISIERUNG UND SOZIALE FRAGE

Die industrielle Revolution in Deutschland

Die Zeit nach 1815 bis zu dem für Deutschland entscheidenden Jahr 1848 muß als Übergangszeit betrachtet werden. Politisch ist sie arm an bemerkenswerten Ereignissen. Der Kampf liberaler Gruppen — vor allem unter der studentischen Jugend — gegen Reaktion und Restauration erschien im Lichte der Revolution von 1848 bedeutender, als er es gewesen war. Selbst die neue Erschütterung Europas durch die Französische Revolution von 1830 stellte keine ernsthafte Bedrohung des politischen Systems dar, das der „Wiener Kongreß" für Deutschland festgelegt hatte.

Entscheidend wurden aber die wirtschaftlichen Veränderungen, die sich unter der Oberfläche einer, wie es schien, festen politischen Ordnung vollzogen. Sie waren die Folge einer allmählichen Industrialisierung, die als „industrielle Revolution" in der ersten Hälfte des 19. Jahrhunderts von England aus zunächst auf Westdeutschland übergriff. Beispielgebend wurden die Brüder Cockerill, englische Unternehmer, die durch Errichtung von gemischten Betrieben, bestehend aus Eisenhütten, Kohlengruben und Walzwerken in Lüttich in Belgien die belgische Industrie begründeten, in Preußen Musterbetriebe einrichteten und so zum „Lehrmeister des Kontinents" wurden. Zunächst lag deshalb auch die langsam sich entwickelnde Schwerindustrie in der Hand ausländischer, vor allem englisch-irischer Unternehmer. Wesentliches Hemmnis für die Entstehung eines deutschen schwerindustriellen Unternehmertums war der Kapitalmangel, der durch die staatlichen Verbote, Aktiengesellschaften zu gründen, lange Zeit nicht überwunden werden konnte. Selbst in einer so weltoffenen Stadt wie Hamburg lag der Handel bis zum Ende des 18. Jahrhunderts fast ausschließlich in der Hand der Holländer, denen die Stadt auch die Errichtung einer Giro-Bank und damit den Eintritt in den Welthandel verdankte. Der frühe deutsche Beitrag zur industriellen Revolution ist an einige markante Unternehmerpersönlichkeiten gebunden. In Westfalen errichtete der Industrielle Friedrich Harkort Eisen- und Kupferwerke, trat für den Bau von Kanälen und Eisenbahnen ein und förderte die Dampfschiffahrt. Fast zur gleichen Zeit gründete Friedrich Krupp in der damals noch unbedeutenden Stadt Essen a. d. Ruhr ein erstes deutsches Stahlwerk. Neben dem Kapitalmangel erschwerte die Haltung der deutschen Arbeiter den Ausbau der Werke. Sie waren entweder interessenlos auch gegenüber höherem Verdienst oder infolge mangelnder Spezialkenntnisse unbrauchbar. Deshalb war die junge deutsche Industrie auf englische Facharbeiter angewiesen. Die deutsche Kleinstaaterei erschwerte den Verkehr und den größeren Austausch der Wirtschaftsgüter. Aus diesen Hemmnissen für jeden wirtschaftlichen Aufschwung entsprangen die Forderungen, die von fast allen Unternehmern zu Beginn der industriellen Entwicklung gestellt wurden: Einrichtung von Volksschulen für alle Kinder, Bau von Eisenbahnen und Umwandlung des „Deutschen Bundes“ in einen einigen nationalen deutschen Verfassungsstaat. Damit wurden wesentliche Forderungen des deutschen Liberalismus von der Wirtschaft unterstützt. Ihr beredtester Anwalt war der Tübinger Professor Friedrich List.

Schon 1819 ist er im Namen der süddeutschen Kaufmannschaft erfolglos an den Frankfurter Bundestag mit der Bitte herangetreten, sämtliche Binnenzölle in Deutschland aufzuheben. Sein Fernziel war die Errichtung einer mitteleuropäischen Wirtschaftseinheit, die Österreich, Luxemburg, die Niederlande, Belgien, die Schweiz und Ungarn umfassen sollte. Politische Verfolgungen zwangen ihn zur Emigration in die USA. Nach seiner Rückkehr legte er in der Schrift „Nationales System der politischen Ökonomie“ (1840) seine Gedanken zu einer Wirtschaftsreform nieder. In ihr untersuchte er die Bedingungen, unter denen sich die deutsche Wirtschaft entwickeln sollte. Als den entscheidenden Faktor, den Wohlstand zu steigern, erblickte er jedoch nicht den Reichtum an materiellen Gütern, sondern den an „produktiven Kräften“. Dazu gehörten nach ihm die Wissenschaft, die Kunst, die Bildungsanstalten, insofern sie Menschen heranbildeten, die ihre Intelligenz in den Dienst des Volksganzen stellten. Seine politischen Forderungen erstreckten sich vor allem auf den Bau von Verkehrswegen und die Errichtung eines einheitlichen Zoll- und Wirtschaftsgebietes. Schutzzölle gegenüber ausländischer Konkurrenz hielt er aber nur für die Zeit des Aufbaus einer nationalen Industrie für erforderlich. Sein wirtschaftliches Ideal war der Freihandel.

Schon relativ bald nach dem Ende der Befreiungskriege hatten sich im preußischen Handelsministerium Männer zusammengefunden, die den Erfordernissen der jungen deutschen Industrie aufgeschlossen begegneten. Ihr Ziel war die Errichtung eines deutschen Zollvereins, der alle deutschen Staaten mit Ausnahme Österreichs umfassen sollte. Am 1. Januar 1834 wurde dieses Ziel weitgehend verwirklicht. Von nun an konnte im gewissen Sinne von einer deutschen Volkswirtschaft gesprochen werden. Ein Jahr später baute eine bayerische Kapitalistengruppe die erste deutsche Eisenbahn von Nürnberg nach Fürth. Im Laufe der nächsten Jahre erweiterte sich das Schienennetz ständig. 1837 gründete Borsig in Berlin die erste deutsche Maschinenfabrik. Die Firma Krupp stellte einen neuen Gußstahl her, der dem englischen gleichwertig war. Zwar gehörte noch der größte Teil der deutschen Bevölkerung dem Bauernstande an, aber langsam verschob sich das Verhältnis zugunsten der in der Industrie arbeitenden Menschen. Da die gesellschaftlichen Verhältnisse vor allem in den Gebieten östlich der Elbe einen sozialen Aufstieg erschwerten, wanderten viele Bauernsöhne aus dem Osten ab. Aber auch zahlreiche Handwerker konnten mit den billigen englischen Industrieerzeugnissen nicht mehr konkurrieren und reihten sich deshalb in die Masse der Industriearbeiter ein. So tauchte auch in Deutschland die „soziale Frage“ auf. Wiederum war es Preußen, das als erster deutscher Staat den Versuch machte, allzu große Härten, die sich aus dieser gesellschaftlichen Umschichtung ergaben, gesetztlich zu mildern. Schon 1839 setzte es für Jugendliche unter 16 Jahren die Höchstgrenze der Arbeitszeit auf 10 Stunden täglich fest. Fünf Jahre später zeigte aber der Aufstand der schlesischen Weber, wie sehr die industrielle Revolution auch in Deutschland die bisher gewohnten Verhältnisse erschüttert hatte.

Die soziale Frage

Sicherlich war zu Beginn der industriellen Revolution in Deutschland in der ersten Hälfte des 19. Jahrhunderts die soziale Frage nicht derart brennend, daß zu ihrer Lösung entscheidende politische Maßnahmen ergriffen werden mußten. Es kennzeichnete die deutsche geistige Lage nach dem Tode Hegels (1831) und Goethes (1832), daß sich auf allen Gebieten eine stärkere Hinwendung zur Wirklichkeit des Hier und Jetzt bemerkbar machte. Dabei wirkte das Denken in großen Systemen, wie es dem deutschen Idealismus eigen war, nachhaltig auf die unmittelbaren Erben der bedeutendsten deutschen philosophischen Epoche ein. Das Ganze der Welt in ein System zu bringen, blieb auch jetzt noch das entscheidende Anliegen.

Die theoretische Beschäftigung mit der sozialen Frage hatte in Frankreich schon früh eingesetzt und griff befruchtend auf Deutschland über, während praktische Lösungsversuche zum erstenmal in England erprobt wurden. Zudem waren in England die Auswirkungen der industriellen

Revolution von größerem Gewicht. Die Verbannung aus Deutschland brachte den bedeutendsten Theoretiker der sozialen Frage, Karl Heinrich Marx, mit beiden Ländern in unmittelbare Berührung. Die entscheidenden Impulse für den von ihm begründeten wissenschaftlichen Sozialismus als Grundlage seines ökonomischen Systems empfing er von der deutschen Philosophie, vor allem der Georg Wilhelm Friedrich Hegels (1770—1831).

Hegels System gehört einer Strömung des abendländischen Denkens an, deren Quelle in der griechischen Antike liegt. Heraklit (um 540 — um 480 v. Chr.) hatte den Satz geprägt: „Der Kampf ist der Vater aller Dinge", Leben besteht und entsteht also aus Polaritäten, d. h. Spannungen. Damit war ein Gedanke zum erstenmal ausgesprochen, der für Hegel den Schlüssel zum Verständnis aller Erscheinungen in Natur, Geschichte, Kunst und Wissenschaft bildete: der Gedanke der Dialektik. Überall gelte das gleiche Gesetz, daß auf die These die Antithese und, beide zusammenfassend, die Synthese folge. Für Hegel war die Welt Offenbarung der Vernunft, so daß er die berühmte und berüchtigte Behauptung aufstellen konnte: „Was wirklich ist, das ist vernünftig, und was vernünftig ist, das ist wirklich." Betonte man den ersten Teil des Satzes, so war der konservative Staat philosophisch gestützt; hielt man sich an den zweiten Teil, so war mit der Feststellung, daß das Vernünftige notwendig wirklich werden müsse, die Revolution gerechtfertigt. Hegels eigenes Staatsideal war der preußische Staat der Reformzeit, weil er am „fortgeschrittensten" sei, denn in ihm schien die Synthese zwischen den Ansprüchen des Ganzen und den Rechten des einzelnen vollzogen zu sein. Bemüht, die Vernunft mit der Wirklichkeit in Harmonie zu bringen, suchte Hegel auch die negativen Erscheinungen des Völkerlebens in sein System einzuordnen. Marx entwickelte Hegels Lehre weiter und gestaltete sie um.

In den ehemaligen Römerstädten an Rhein und Mosel blickte das deutsche Judentum auf die längste Tradition deutsch-jüdischen Zusammenlebens zurück und war deshalb auch am stärksten mit der deutschen Kultur vertraut. Karl Marx war der Sohn eines in Trier ansässigen preußischen Justizrats, der vom jüdischen zum christlichen Glauben übergetreten war. Deshalb wurde auch er evangelisch getauft. Nachdem er an einem Trierer Gymnasium die Reifeprüfung bestanden hatte, studierte er in Berlin Philosophie und Geschichte, um sich auf eine akademische Laufbahn vorzubereiten. Jedoch ließ er diesen Plan als getaufter Jude fallen und wurde Journalist an der „Rheinischen Zeitung". In diese Zeit fiel seine erste Beschäftigung mit ökonomischen Fragen. Wegen seiner radikal-demokratischen Haltung mußte er Preußen verlassen.

Er emigrierte nach Paris und begründete dort die „Deutsch-französischen Jahrbücher". Gleichzeitig redigierte er mit Heinrich Heine den „Vorwärts" und setzte sich zum erstenmal mit Hegel, seinem verehrten philosophischen Lehrmeister, kritisch auseinander. Auf Veranlassung des preußischen Gesandten in Paris mußte Marx Frankreich verlassen. Über Brüssel, wo er einige Zeit blieb, ging er nach London. Hier lebte er mit Frau und Familie, unterstützt von seinem Freund Friedrich Engels (1820—1895), in dürftigen Verhältnissen bis zu seinem Tode.

Karl Marx war Gelehrter, nicht Politiker. Er entstammte auch nicht einem proletarischen Milieu. Sein Elternhaus und seine Ehe mit der Adligen Jenny von Westphalen stellten ihn eher außerhalb jeden proletarischen Einflusses. Dennoch wurde er der Begründer einer Bewegung, die nicht nur das Proletariat zahlreicher Nationen erfaßte, sondern auch in ihrer politischen Bedeutung immer mehr zunahm. Die Gründe dafür lagen in seiner Persönlichkeit und in seinem System.

Für die Persönlichkeitsgestaltung von Karl Marx war zweifellos seine Abstammung aus dem Judentum mitentscheidend. Väterlicher- und mütterlicherseits waren seine Vorfahren seit Generationen Rabbiner. Deshalb trug er in sich die lange Generationserfahrung eines Volkes, das trotz zahlreicher Versuche, in eine Verbindung mit dem deutschen Volk zu gelangen, ausgestoßen und gemieden blieb. Daraus erklärt sich bei Karl Marx der starke Zug des Mitleids mit den ähnlich Gequälten. Dieser aber paarte sich mit einem leidenschaftlichen Willen zu ändern. Daraus entsprangen seine radikalen Forderungen als junger Journalist und Verfasser des „Kommunistischen Manifests", das 1847 als Flugblatt erschien und in einer sprachlich ungemein packenden Form die kapitalistische Ordnung kritisierte und ihr in einer alttestamentlich anmutenden prophetischen Sicht die zukünftige kommunistische Weltordnung als Heil der Menschheit gegenüberstellte. Seine Parole „Proletarier aller Länder vereinigt Euch!" wurde zur Kampfansage an die bestehende Gesellschaft.

Marxens wissenschaftliche Entwicklung ist weder ohne Hegel noch ohne das Studium der englischen Form des Kapitalismus zu verstehen. Hegels Philosophie hielt er stets „für das Summum der deutschen Philosophie", glaubte aber, daß dessen System seiner eigenen Errungenschaft, der Dialektik, widerspreche. An ihrer Interpretation als Selbstentfaltung des objektiven Geistes setzte er mit seiner Kritik an und verwarf sie als „idealistische Schrullen". Er übernahm aber von Hegel die Methode der Dialektik, wodurch es ihm bei seinen Analysen gelang, etwa „im Proletariat nicht nur die Negation des Menschen zu sehen, sondern eben deshalb, wegen dieser auf die Spitze getriebenen Entmenschung, die Bedingungen einer Negation der Negation zu finden".

Ähnliche Bedeutung gewann für Marx Feuerbachs Kritik an Hegel, weil dessen philosophische Umdeutung der christlichen Religion hier durch ihre offene Kritik ersetzt war, und nach Marx ist „die Kritik der Religion die Voraussetzung aller Kritik", insofern die Gottesvorstellung den Menschen an seiner Selbstvollendung hindere. Zudem schätzte Marx Feuerbach, weil dieser Hegel vorwarf, daß er nicht die unendliche Mannigfaltigkeit des Konkreten zu erklären vermöge. Das aber sei das einzig Wahre, die Idee sei nur ein Abbild der greifbaren Wirklichkeit. So wurde Hegels Philosophie „vom Kopf auf die Füße gestellt". Marx ging aber über diese These noch einen Schritt hinaus. Er warf Feuerbach vor, daß er sich bei seinem Bemühen, das eigentlich Menschliche des Menschen zu finden, zu sehr an den abstrakten Menschen, nicht aber an den konkret in einer bestimmten Zeit und Gesellschaft lebenden halte, und gelangte zu der Überzeugung, daß der Mensch erst dann wirklich Mensch sei, wenn er über sich selbst und alles, was er schaffe, selbständig verfügen könne. Diese „Selbstverwirklichung" sei dem Menschen im Laufe der Zeit als Folge eines Differenzierungsprozesses im Arbeitsvorgang abhanden gekommen und drohe immer mehr zu schwinden. Der Arbeiter sehe sich einer anonymen Macht gegenüber, die ihm sein Menschenrecht, Nutznießer des Ertrages seiner Arbeit zu sein, raube: dem Kapital. Erst wenn die „Selbstentfremdung des Menschen" aufgehört habe, sei wahrhaft die Vernunft Wirklichkeit geworden („Was vernünftig ist, das ist wirklich", Hegel).

Diese „Selbstentfremdung des Menschen" aber sei die Folge bestimmter ökonomischer Verhältnisse, die es zu untersuchen gelte, um ihre Bedeutung für den Menschen zu erkennen. Dabei kam Marx schon sehr früh zu der Überzeugung, daß das Denken beim Menschen sich mit seinem beruflichen Dasein ändere, d. h. abhängig sei von den „materiellen Produktionsverhältnissen". „Es ist nicht das Bewußtsein der Menschen, das ihr Sein, sondern ihr gesellschaftliches Sein, das ihr Bewußtsein bestimmt." Diese Auffassung legte Marx seiner Betrachtung der Geschichte des Menschen zugrunde. Dabei wurde er entscheidend von seinem Freunde Friedrich Engels unterstützt, der vor allem in England den Klassengegensatz von Proletariat und Kapital eingehend studiert hatte. Geschichte wird ihm vom Kampf der Klassen, die einander feindlich gegenüberstehen, bestimmt, seien es Sklaven gegen Sklavenhalter, leibeigenen Bauern gegen geistliche oder weltliche Feudalherren, Gesellen gegen Meister, Arbeiter gegen Unternehmer. Jede Störung des gesellschaftlichen Gefüges sei ein Zeichen dafür, daß zwischen Produktionsmethoden und Austauschformen kein richtiges Verhältnis bestehe. Marx blieb nun bei der reinen Betrachtung des Ablaufs der Geschichte nicht stehen. „Die Philosophen haben die Welt nur verschieden interpretiert, es kommt aber darauf an, sie zu verändern!“ Diese Veränderung herbeizuführen, sei die Aufgabe des Proletariats, das infolge des im voraus zu berechnenden Ablaufs der kapitalistischen Wirtschaftsentwicklung zur herrschenden Klasse werden müsse. Dann erst werde die wahre Demokratie entstehen, weil der Gegensatz der Klassen in einer klassenlosen Gesellschaft aufgehoben sei. Sie lege den Grund für die freie Entwicklung des einzelnen gemäß seinen geistigen, seelischen und körperlichen Anlagen. Weil der Staat nach Marx' Auffassung nichts anderes ist als Mittel und Ausdrucksform der Herrschaft einer Klasse über die andere, müsse er absterben, sobald der Zustand der klassenlosen Gesellschaft erreicht sei.

Als Kritik am Kapitalismus entwickelten Marx und Engels vor allem zwei Theorien, die die Notwendigkeit erweisen sollten, das Privateigentum abzuschaffen: die Theorie vom Mehrwert und die Verelendungstheorie. Der Arbeiter verkaufe seine Arbeitskraft an den Kapitalisten gegen einen Lohn, der gerade zur Erhaltung dieser Arbeitskraft ausreiche. Er erzeuge aber während seiner Arbeitszeit mehr Ware, als ihm dafür an Gegenwert in Form von Lohn ausgezahlt werde. Der Wert dieser zusätzlich hergestellten Ware sei der Mehrwert. Der Unternehmer bereichere sich demnach auf Kosten des Arbeiters, er beute ihn aus. Aus dieser Überlegung bestreitet er dem Unternehmer das Recht auf Eigentum an Produktionsmitteln, weil es ihm dazu verhelfe, sich Güter anzueignen, die von den Arbeitern erarbeitet seien. Die Anhäufung von Kapital freilich in der Hand weniger ermögliche gleichzeitig die Steigerung der Produktionsfähigkeit eines Unternehmers durch die Entwicklung der Produktionsmittel (Investition). Der Unternehmer werde dann aber Arbeiter entlassen, die durch die arbeitssparenden Maschinen überflüssig geworden seien, es folgten Absatzkrise, Arbeitslosigkeit, Massenelend. Der Kapitalismus ziehe so seinen eigenen Totengräber groß. „Die Zentralisation der Produktionsmittel und die Vergesellschaftung der Arbeit erreichen einen Punkt, wo sie unerträglich werden mit ihrer kapitalistischen Kälte. Sie wird gesprengt. Die Stunde des kapitalistischen Privateigentums schlägt“, weil es dem Kapitalismus infolge des Überangebots an Waren, ohne daß eine Nachfrage dafür bestünde, nicht mehr gelinge, der hierdurch entstandenen Krisen Herr zu werden. Das zwangsläufige Ergebnis dieser Entwicklung ist nach Marx der Zusammenbruch des Privatkapitalismus und der Übergang aller Produktionsmittel aus den Händen der letzten Großkapitalisten in den Besitz der Gesellschaft („Expropriation der Expropriateure“). Sobald sich das Proletariat seiner Kräfte bewußt werde und sich politisch zusammenschließe, werde in allen Staaten die Arbeiterklasse zur Herrschaft gelangen. „Mit dem Gegensatz der Klassen im Innern der Nation fällt die feindliche Stellung der Nationen gegeneinander.“ Nur die „Diktatur des Proletariats“ verhindere in Zukunft den Krieg, der lediglich den Besitzenden nütze. Daher schloß das „Kommunistische Manifest“ mit den Worten: „Mögen die regierenden Klassen vor der Kommunistischen Revolution erzittern. Die Proletarier haben nichts zu verlieren als ihre Ketten. Sie haben die ganze Welt zu gewinnen. Proletarier, aller Länder vereinigt euch!“ In einer kommunistischen Weltordnung liege das Heil beschlossen.

Der erste Band des Hauptwerkes von Karl Marx „Das Kapital“ erschien in Hamburg im Jahre 1867.

So gering auch zunächst der unmittelbare Einfluß von Karl Marx gewesen ist, so kann doch nicht übersehen werden, daß bereits 1848 der revolutionäre Angriffsgeist des Bürgertums gegen die bestehende Ordnung durch die Furcht vor einem proletarischen Radikalismus gehemmt wurde. Der Pariser Juni-Aufstand von 1848, eine erste kommunistische Erhebung, lähmte die Energie auch des deutschen Bürgertums gegenüber dem Obrigkeitsstaat und bestärkte die Neigung des Besitzbürgertums, ein Bündnis mit diesem einzugehen. Seit dem Erscheinen des „Kommunistischen Manifests“ haben Karl Marx und seine Theorien den Gang der deutschen wie späterhin der Weltgeschichte mitgestaltet.

Die christlichen Kirchen versuchten zunächst, die durch die Industrialisierung entstandene Not durch praktische Maßnahmen zu lindern. Auf katholischer Seite entstand 1833 der Vinzenzverein für Armen- und Krankenpflege; 1846 gründete der Priester Adolf Kolping den Gesellenverein, um das selbständige Handwerk zu unterstützen. Seit der Mitte des Jahrhunderts beschäftigte sich vor allem der Bischof von Mainz, von Ketteler, aus dem Geist des Christentums auch theoretisch mit der sozialen Frage, die er als brennendes Anliegen seiner Zeit erkannte. Im Gegensatz zu den Anschauungen weiter Kreise des Bürgertums billigte er dem Arbeiter das Recht zu, um einen ausreichenden Lohn und die Anerkennung seiner menschlichen Würde zu kämpfen, wenn die bestehende Sozialordnung ihm beides freiwillig nicht gewähre. Aus dieser Einstellung heraus wurde Ketteler zum Wegbereiter der christlichen Gewerkschaften.

Im gleichen Jahr wie der Vinzenzverein entstand auf evangelischer Seite das von Johann Heinrich Wichern in Hamburg gegründete sog. „Rauhe Haus“ zur Aufnahme von Kindern aus armen Familien. 1848 wurde der „Zentralausschuß für die Innere Mission der Deutschen Evangelischen Kirche“ die organisatorische Grundlage für eine umfassende Liebestätigkeit. 1854 entstand in Bonn die erste „Herberge zur Heimat“, ein Heim für wandernde Handwerker und Arbeiter. 1867 legte Bodelschwingh den Grundstein zu seinem Lebenswerk Bethel bei Bielefeld zur Pflege der Geisteskranken. Trotz dieser sicherlich beachtlichen Leistungen beider Konfessionen kann nicht übersehen werden, daß sich beide Kirchen nur zögernd der sozialen Frage annahmen und ihre Lösung lange entweder radikalen Theoretikern oder politischen Instanzen überließen. Eine Entfremdung zwischen Arbeiter und Kirche war die Folge.

Sechzehntes Kapitel

DIE REVOLUTION VON 1848

Vorspiel

1840 war in Preußen Friedrich Wilhelm IV. zur Regierung gekommen. Schon als Kronprinz hatte er sich manchen fortschrittlichen Ideen gegenüber offen gezeigt, und so war seine Thronbesteigung begeistert begrüßt worden. Freiheitliche und nationale Kreise nicht nur Preußens, sondern Deutschlands, sahen in ihm die große Hoffnung der Nation auf ein einiges und freies Vaterland Deutschland.

Die ersten Regierungsmaßnahmen entsprachen den Erwartungen. Eine allgemeine Amnestie öffnete den „Demagogen" die Gefängnisse. Auf Veranlassung des preußischen Königs stellte man auch in den übrigen deutschen Bundesstaaten die Verfolgung politisch Verdächtiger ein. Friedrich Wilhelms IV. Außenpolitik war von einem starken Friedenswillen bestimmt. Obschon Preußens militärische und politische Lage günstig war, vermied der König 1841 trotz der drohenden Ansprüche Frankreichs auf den Rhein einen Krieg und fand in Verbindung mit den übrigen Großmächten Europas einen friedlichen Ausgleich.

Friedrich Wilhelm IV. war jedoch kein Liberaler. Die Ideen von 1789 lehnte er leidenschaftlich ab. Er war ein königlicher Romantiker im Sinne Adam Müllers. Sein Ideal war der christliche Ständestaat. Tief durchdrungen von seinem Gottesgnadenkönigtum war er ein Gegner jeder Verfassung, die die Macht des Königs einschränken könnte.

1847 berief er die Vertreter der preußischen Stände als „Vereinigten Landtag der Monarchie", um sich von ihm eine Anleihe für den Bau einer Eisenbahn von Berlin nach Königsberg bewilligen zu lassen. In dieser ständischen Vertretung forderten die Liberalen die Ausarbeitung einer Verfassung. Der König lehnte ab und beschwor die Abgeordneten leidenschaftlich, im „Gehorsam um Gottes und des Gewissens willen" die Anleihe zu bewilligen und alle Bestrebungen auf eine Änderung der bestehenden Ordnung aufzugeben. Da sich die Liberalen dem königlichen Wunsch nicht beugten, kam es zum Konflikt zwischen Krone und ständischer Vertretung.

In Österreich, in dem immer noch Metternich als verantwortlicher

Staatsmann die Politik bestimmte, war die Lage durch eine große Finanznot der Monarchie gekennzeichnet. Infolge seines Ausschlusses vom Deutschen Zollverein hatte es Deutschland als Absatzgebiet verloren. Die Industrialisierung machte kaum Fortschritte. Die scharfe Zensur Metternichs erstickte jedes geistige Leben. Selbst ein so bedeutender Dichter wie Grillparzer, durch seine Werke im ganzen deutschen Sprachgebiet bekannt, mußte sich den strengen Zensurbestimmungen unterwerfen. Der nationale Gedanke, vor allem durch Herder und die Romantik belebt, erfaßte Tschechen, Ungarn und Italiener und drohte den Rahmen der Monarchie zu sprengen. Von dieser Seite hatte Österreich eine größere Gefahr zu erwarten als von der deutschen Einigungsbewegung.

Revolution

Im Februar 1848 brach in Frankreich erneut eine Revolution aus. Wiederum wurde die Republik ausgerufen. In Deutschland löste diese Nachricht einen Begeisterungssturm aus. Volksversammlungen wurden abgehalten und die Beschlüsse dieser Versammlungen den Regierungen überreicht. In fast allen Staaten verlangte man Pressefreiheit, Volksbewaffnung, Heranziehung bürgerlicher Laien zur Rechtsprechung (Schwurgerichte), Volksvertretungen und vor allem ein deutsches Parlament. Die Regierungen wagten kaum Widerstand. In den meisten Kleinstaaten wurden die bisherigen Minister durch neue, liberal gesinnte ersetzt. In München dankte König Ludwig I. zugunsten Maximilians II. ab.

Entscheidend waren jedoch die Vorgänge in den beiden deutschen Großmächten. In Wien erhoben sich Bürger, Studenten und Arbeiter gemeinsam gegen den verhaßten Metternich, der nach England fliehen mußte. Darauf versprach der Kaiser eine Verfassung, verlegte aber seinen Regierungssitz nach Innsbruck. Die Revolution in Wien war auch das Startzeichen für revolutionäre Erhebungen in anderen Teilen der Monarchie. Im Gegensatz zum Kernland hatten diese einen doppelten Charakter. Sie erstrebten politische Freiheit und nationale Unabhängigkeit von Wien. Im Kampf um die Verwirklichung der ersten Forderung waren sich die Liberalen in Österreich mit den Revolutionären in Prag, Budapest, Preßburg, Mailand und Venedig einig. Die zweite Forderung stieß auf den geschlossenen Widerstand der Deutschen in der Monarchie. So stand Österreich gleich zu Beginn der Revolution vor der gleichen Frage wie 1815. Von ihrer Beantwortung hing in der Donaumonarchie nicht nur die Erhaltung ihres Besitzstandes, sondern auch die Freiheit ihrer Bürger ab, denn eine freiheitliche Ordnung schien den Vielvölkerstaat sprengen zu müssen.

Deshalb entschloß sich Wien, militärisch gegen die Revolutionäre in Böhmen, Ungarn und Italien vorzugehen. Die Aufstandsbewegungen in Prag und in Italien wurden noch im Jahre 1848 niedergeworfen. In Ungarn mußten russische Truppen miteingesetzt werden, die der Zar, schärfster Gegner der Revolution, wo immer sie auftrat, gern zur Verfügung stellte. Im August 1849 war Ungarns Kampf um seine nationale Unabhängigkeit im Sinne Wiens entschieden.

In Preußen schien es, als wollte der König freiwillig den liberalen Forderungen nachgeben, als er durch königliches Patent vom 18. März 1848 Pressefreiheit und eine Verfassung zugestand. Noch am gleichen Tage versammelte sich ein großer Teil der Berliner Bevölkerung auf dem Schloßplatz, um dem König zu danken. Zufällig fielen zwei Schüsse aus der Mitte des Militärs, das den Schloßplatz räumen sollte. Die Teilnehmer der Kundgebung fühlten sich verraten, bauten Barrikaden und gingen gegen das Militär vor. Der Kampf dauerte bis zum andern Tag, es gab zahlreiche Tote. Dann sah sich der König gezwungen, ihn abzubrechen. In einem Aufruf „An meine lieben Berliner" erklärte sich Friedrich Wilhelm IV. bereit, die Truppen zurückzuziehen. Am 21. März unternahm er einen Umritt durch Berlin, widerwillig unter den schwarz-rot-goldenen Farben, und verkündete, daß „Preußen in Deutschland aufgehen" solle. Zweifellos hoffte Friedrich Wilhelm, die revolutionäre Bewegung auf die Dauer in die Hand zu bekommen.

Zur gleichen Zeit kam es in Schleswig-Holstein zu einem Aufstand gegen Dänemark, weil die deutschen Schleswig-Holsteiner befürchteten, daß Dänemark eine Zwangseingliederung Schleswigs in seinen Staatsverband plane. Dänische Truppen rückten in Schleswig-Holstein ein. In Kiel bildete sich eine eigene Regierung. Der preußische König stellte sich auf die Seite der Schleswig-Holsteiner; preußische Truppen überschritten die Eider und rückten in Jütland ein.

Die Nationalversammlung in Frankfurt

Neben einer verfassungsmäßigen Ordnung der Einzelstaaten erstrebte die Revolution die Einigung Deutschlands. In Frankfurt hatten sich 50 Männer versammelt, die als Vertreter der revolutionären Einheitsbewegung in allen deutschen Staaten eine konstituierende Nationalversammlung aus freien Wahlen vorbereiten sollten. Die Anerkennung ihres Beschlusses durch den Bundestag und die Einzelregierungen verschaffte dem am 18. Mai 1848 eröffneten „Frankfurter Parlament" in der Paulskirche, das aus freien Wahlen hervorgegangen war, die rechtliche Grundlage. Die Versammlung zählte die geistige Elite Deutschlands zu ihren

Mitgliedern; Universitätsprofessoren saßen neben Dichtern, Juristen und Männern aus der Wirtschaft.

Das Ziel aller Abgeordneten war Einheit und Verfassung. Zunächst wurde ein Reichsverweser gewählt, der solange regieren sollte, bis die Frage der endgültigen Regierungsgewalt entschieden sei. Die Wahl fiel auf den Erzherzog Johann von Österreich, einen liberal gesinnten Fürsten. Er bildete ein Reichsministerium. Doch schon bald zeigte es sich, daß in den Einzelstaaten die Revolution an Stoßkraft verlor. So war es für die Zukunft des Frankfurter Parlaments von entscheidender Bedeutung, ob die großen und kleinen Monarchen bereit waren, auf ihre Souveränität ganz oder teilweise zugunsten eines einigen deutschen Reiches zu verzichten. Solange die Fürsten ihre Selbständigkeit nicht antasten ließen, fehlten dem Reichsministerium wie dem Parlament die Machtmittel des Staates, Heer und Polizei.

Ohne diese wesentliche Frage geklärt zu haben, schufen die Männer in Frankfurt eine Verfassung. Über die „Grundrechte" wurde Einigung erzielt. Schwierigkeiten machten die Fragen nach dem Umfang des Reiches, nach seinem Verhältnis zu den Einzelstaaten und der Verteilung der Gewalten. Das Haupthindernis für die Lösung dieser Aufgaben lag in Österreich. Der Nachfolger Metternichs, Fürst Schwarzenberg, wollte die Existenz der Donaumonarchie auf keinen Fall aufs Spiel setzen. Deshalb forderte er die Eingliederung der Gesamtmonarchie in das zu bildende Reich unter Anerkennung Österreichs als Führungsmacht. Die Parlamentarier waren sich darüber klar, daß dadurch die deutsche Einigung ernstlich gefährdet sei. Mit einem Stimmenverhältnis von 267 zu 263 wurde beschlossen, auf die sog. großdeutsche Lösung zu verzichten und Deutschland unter der Führung Preußens mit dem König von Preußen als erblichen Kaiser zu einigen. Das kleindeutsche Reich sollte mit Österreich einen Bund schließen. Die Macht des zukünftigen Kaisers sollte durch die beschlossene Verfassung und ein frei gewähltes Parlament (Reichstag) eingeschränkt sein.

Der Sieg der Reaktion

Während die Nationalversammlung in der Frankfurter Paulskirche tagte und fast ohne Rücksicht auf die politischen Möglichkeiten theoretisch Freiheit und Einheit verwirklichte, vollzogen sich in den deutschen Einzelstaaten entscheidende politische Wandlungen. Noch bevor die kaiserliche Regierung in Wien die Aufstände in den nichtdeutschen Teilen der Monarchie niedergeworfen hatte, oktroyierte Schwarzenberg im März 1848 eine Verfassung, die aus dem Vielvölkerstaat einen Einheitsstaat machen sollte. Sie enthielt keine Zugeständnisse an die Nationalitäten und machte deshalb eine Zusammenarbeit der Vertreter der verschiedenen Volksgruppen unmöglich. Nach der endgültigen Niederwerfung der verschiedenen Aufstände hob Schwarzenberg 1851 seine eigene Verfassung wieder auf. Als absolutistisch regierter Staat trat Österreich in die zweite Hälfte des 19. Jahrhunderts ein. Trotzdem brachte die Revolution von 1848 einige Gewinne. Die Erbuntertänigkeit der Bauern wurde endgültig abgeschafft. Die Donaumonarchie wurde ein einheitliches Wirtschaftsgebiet.

In Preußen war im März 1848 eine Nationalversammlung zusammengetreten, die aus allgemeinen Wahlen hervorgegangen war. In ihr hatten die Liberalen gegenüber den Konservativen das Übergewicht. Ihre Forderungen waren radikal und zielten auf Verwirklichung aller jener Ideen, die der europäische Liberalismus seit der Französischen Revolution verfochten hatte. Schärfster Gegner des Liberalismus waren der preußische Adel und die von ihm gegründete preußische konservative Partei. In der „Neuen Preußischen Zeitung“ (später „Kreuzzeitung“) schuf sie sich ein Publikationsorgan, das bis in die Zeit des Nationalsozialismus den preußischen Konservativismus vertrat. Zu den konservativen Ultras der Zeit von 1848 gehörte auch Otto von Bismarck.

Nach den Märzereignissen von 1848 ernannte Friedrich Wilhelm IV. den konservativen General Graf von Brandenburg zum preußischen Ministerpräsidenten. Preußische Truppen zogen wieder in Berlin ein, die Nationalversammlung wurde in das ruhige und Revolutionen abgeneigte Städtchen Brandenburg verlegt. Schon im Dezember ließ sie sich vom König auflösen. Am 5. Dezember oktroyierte der König eine Verfassung, die von 1850—1918 mit wenigen Änderungen für Preußen gültig blieb. Sie verwirklichte zwar manche liberale Forderungen wie Gleichheit aller vor dem Gesetz, Presse- und Religionsfreiheit, aber das neugebildete Herrenhaus, dessen Mitglieder vom König ernannt wurden, bedeutete ein Hemmnis für jeden Fortschritt, weil ein Gesetz nur durch Übereinstimmung von Herrenhaus und Landtag zustande kommen konnte. Trotz des einschränkenden Wahlrechts, das den Besitz begünstigte, errangen im allgemeinen die freiheitlich Gesinnten im Landtag die Mehrheit. Bemerkenswert war, daß Besitz mehr politische Rechte verlieh als Bildung. In der Hand des Königs lag die Exekutive. Er ernannte die Minister und entschied über Krieg und Frieden.

In den beiden größten deutschen Staaten hatte die Reaktion trotz einiger Konzessionen an den Zeitgeist gesiegt. Heer und Beamtentum hatten sich als feste Stütze der Krone erwiesen. Dieser Sieg konnte nicht ohne Folgen für die übrigen deutschen Staaten bleiben.

In Frankfurt wählte die Nationalversammlung am 28. März 1849 den König von Preußen zum deutschen Kaiser. Durch eine Abordnung wurde Friedrich Wilhelm IV. die Kaiserkrone im Namen des deutschen Volkes angeboten. Preußens König machte die Annahme von der Zustimmung der anderen deutschen Fürsten abhängig. Das kam einer Ablehnung gleich. Friedrich Wilhelm IV. wollte kein Kaiser von Volkes Gnaden sein, er sah in der Krone ein „Hundehalsband, mit dem man mich an die Revolution von 1848 ketten will“. Gleich nach der Kaiserwahl waren die österreichischen Abgeordneten in die Heimat zurückbefohlen worden. Das Frankfurter Parlament löste sich auf, ein Rumpfparlament tagte in Stuttgart weiter, wurde aber mit Gewalt zum Verlassen der Stadt gezwungen. In Dresden, in der Pfalz und in Baden kam es zu Volksaufständen, die zuletzt von preußischen Truppen niedergeworfen wurden. In Dresden kämpfte Richard Wagner, in Baden Karl Schurz zusammen mit den Aufständischen. Wagner emigrierte in die Schweiz, Schurz nach Amerika.

Friedrich Wilhelm IV. hatte sein Nein zu der Kaiserkrone auch mit dem Ausspruch begründet: „Ich bin kein Friedrich der Große.“ Er wollte damit wohl andeuten, daß er sich den Schwierigkeiten nicht gewachsen fühlte, die ihn bei einer Annahme der Krone in Deutschland selbst und auch im Ausland erwarteten. Rußland hatte Preußen wissen lassen, daß es einer deutschen Einigung nicht zustimme. Damals wog ein russisches Wort schwer in Preußen. Ungewiß waren Frankreichs und Österreichs endgültige Haltung. Preußen hätte sich vielleicht erneut in der Lage Friedrichs des Großen im Siebenjährigen Krieg befunden.

Das zeigte sich deutlich, als Friedrich Wilhelm IV. auf Veranlassung seines Ratgebers von Radowitz Einigungspläne verfolgte, die die Wiedererrichtung des Deutschen Reiches als einen Bund der Fürsten vorsahen, in dem der preußische König erblich den Vorsitz führen sollte. Gegen diese Pläne wandten sich Österreich, Bayern, Württemberg, Sachsen, Hannover und die preußischen Konservativen mit Einschluß Bismarcks. Rußland stellte sich auf Österreichs Seite. In dieser Entscheidung sahen Marx und Engels den wesentlichen Grund für das Scheitern von 1848. Preußen mußte in Olmütz auf seine Pläne verzichten. Der Bundestag in Frankfurt wurde unter dem Vorsitz Österreichs wiederhergestellt. Bismarck, dessen loyale Haltung der König nicht vergessen hatte, ging als preußischer Gesandter nach Frankfurt.

Der Sieg der Reaktion bedeutete auch das Ende der nationalen Bestrebungen in Schleswig-Holstein. Im Londoner Protokoll von 1852 einigten sich die Großmächte über den Status dieses Gebietes. Danach sollte Schleswig nicht Dänemark einverleibt werden.

Siebzehntes Kapitel

NEUER WIRKLICHKEITSSINN

Die Revolution von 1848 und der Versuch der Frankfurter „Paulskirche“, das Leben eines geeinten Deutschland auf eine neue Grundlage zu stellen, waren gescheitert. Der idealistische Schwung wich einer tiefen Ernüchterung. Für viele schien eine Emigration nach Amerika die einzige Hoffnung auf ein sinnerfülltes Leben zu bieten. Die Zahl der deutschen Einwanderer in die Vereinigten Staaten wuchs von Jahr zu Jahr.

In Deutschland selbst verstärkte sich die Neigung, die Angelegenheiten des Staates wie bisher den Berufspolitikern zu überlassen. Die wachsende Einsicht, daß der Staat seinem Wesen nach zunächst Macht ist, machte zwar das Scheitern von 1848 verständlicher, weil die Politiker der Revolution es nicht verstanden hatten, die vorhandenen Machtmittel der Einzelstaaten in ihre Hände zu bringen, führte aber auch bei vielen zu einer Flucht aus der Politik. Andererseits setzte sich vor allem bei den Liberalen die Überzeugung durch, daß die wirtschaftlichen Triebkräfte allein nicht stark genug seien, die deutsche Einheit zu erzwingen, und es deshalb die Pflicht des Bürgertums sei, sich mit der staatlichen Macht zu verbinden. Eine Politik, die sich nüchtern der Macht bediene, um ihre Ziele durchzusetzen, wurde vielfach als die allein mögliche angesehen, weil sie nun einmal den „Realitäten“ entspreche.

Eine mehr realistische Betrachtung der Welt und ihrer Erscheinungen hatte sich nach Goethes und Hegels Tod auch in den Wissenschaften und in der Kunst durchgesetzt. Schon zu Anfang des Jahrhunderts hatte Schopenhauer (1788—1860) dem idealistischen Glauben von der gestaltenden Kraft des Geistes widersprochen. In seinem 1819 erschienenen Werk „Die Welt als Wille und Vorstellung“ sah er das Leben als eine Kette von Leiden an. Nur eine Verneinung des Willens zum Leben könne aus dem Kreislauf von Begierde und Übersättigung erlösen. Nach Hegels Tod setzte sich die Kritik der sog. „Linkshegelianer“ gegenüber den überkommenen Anschauungen durch. David Friedrich Strauß (1808—1874) untersuchte in seinem Werk „Das Leben Jesu kritisch bearbeitet“ die Evangelien auf ihren Quellenwert und kam zu dem Schluß, daß diese ein Mythus, Produkt des unbewußt dichtenden Urchristentums seien. Ludwig Feuerbach verwandelte jede Theologie in Anthropologie und behauptete, Religion sei nichts anderes als die Wunschtendenzen des menschlichen Egoismus. Der Mensch schaffe sich seinen Gott oder seine Götter nach seinem Bilde. Unsterblichkeit könne nur als ein Fortleben in den vom Menschen geschaffenen Werken oder in seinen Kindern verstanden werden. Damit war der Durchsetzung einer rein materialistischen Weltanschauung der Weg geebnet. Diese wurde noch durch die neuen naturwissenschaftlichen Erkenntnisse, gewonnen aus Erfahrung und mit Hilfe höchst verfeinerter Methoden, unterstützt. Deutschland trat in die Reihe der naturwissenschaftlich führenden Völker ein. Auf dem Gebiet der Physik fand der Heilbronner Arzt Robert Mayer das Gesetz von der Erhaltung der Kraft. Theodor Schwann wies nach, daß die Zelle die Grundlage für alles tierische und pflanzliche Leben bilde (1839). Der Augustinermönch Mendel erforschte an Pflanzen die Vererbungsgesetze. Die Gesetze des Stoffwechsels verwertete Justus Liebig, um den Ertrag der Landwirtschaft durch künstliche Düngung zu erhöhen (1843). Gleichzeitig leiteten seine Forschungen den Aufschwung der deutschen chemischen Wissenschaft ein. Die Entwicklung des Elektromagnetismus durch Ampère (1826) führte zum Nadeltelegraph der Göttinger Professoren Gauß und Weber (1833) und zum Schreibtelegraph des Amerikaners Morse (1835).

Auch für die Dichtung wurde die Auseinandersetzung mit dem wirklichen Leben das eigentliche Thema. Diese erfolgte aber nicht aus einem überpersönlichen Gesichtspunkt, sondern vollzog sich vornehmlich aus der ganz persönlichen Sicht des einzelnen Dichters. Während die Kunst der Goethezeit Lebensmitte sein wollte, wurde sie jetzt, wie zum Teil schon die Religion, ein Teilgebiet des vielfältigen Lebens. Grundzug fast aller Dichtung war ein tiefer Pessimismus. Lenau, Grabbe, Büchner und Hebbel wurden nicht müde zu zeigen, wie der einzelne, selbst der Begnadete, an den kleinlichen Nichtigkeiten des Lebens zugrunde gehen muß. Auch da, wo der einfache Mensch aus seinem dunklen Trieb heraus handelt, wie in Büchners „Woyzeck", gibt es keine Lösung. Dagegen sahen Immermann und Jeremias Gotthelf im einfachen Volk und seinem Leben und in einem bewußten Bekenntnis zu der nüchternen Wirklichkeit seines Daseins ein Mittel der Erlösung von der quälenden Unruhe, in die das Schwanken zwischen den Wünschen des eigenen Ichs und den überpersönlichen Forderungen den Menschen geführt habe. Das Heil komme aus der Erfüllung der Gesetze, die die Natur dem Menschen auferlege.

Zu dieser Anschauung bekannten sich bewußt die beiden angesehensten Dichter der Mitte des Jahrhunderts, der Schweizer Gottfried Keller (1819—1890) und der Schleswiger Theodor Storm (1817—1888). Die Menschen ihrer Dichtungen sind Helden des Alltags, die, verwurzelt in Stamm und Heimat, hingegeben an ihre Aufgabe, immer erneut beweisen, daß sich wahre menschliche Größe in der Stille eines einfachen, an sich unbedeutenden Lebens vollzieht.

Nur in Eduard Mörike (1804—1875) und Annette von Droste-Hülshoff (1797—1848) schien sich ein Stück der Goethezeit in der Dichtung erhalten zu haben, insofern beide aus der lebenskräftigen Mitte eines sicherlich sehr persönlichen Glaubens ihre Werke gestalteten. Dichtung war bei ihnen noch Aussage menschlicher Anliegen überhaupt im Spiegel von Natur und Mythos und im Blick auf eine Erlösung durch eine übermenschliche Macht. Aber ihre Dichtung ergriff nicht die Zeit. Lange gingen sie unbekannt neben ihr einher.

Die deutsche bildende Kunst war arm an bedeutenden Gestaltern. Die Historienmalerei beherrschte die Zeit. Allein der preußische Maler Adolf Menzel übertraf um ein Geringes das durchgängige Mittelmaß.

In einer Zeit, in der die Kraft der deutschen Philosophie erlahmte, Klassik und Romantik ihren Glanz verloren, die technischen Wissenschaften ihren Aufstieg vorbereiteten und die beginnende Industrialisierung ihre Mensch und Landschaft umgestaltende Macht entfaltete, bereitete sich Otto von Bismarck auf seine staatsmännische Laufbahn als preußischer Minister und Schöpfer des Deutschen Reiches vor.

Achtzehntes Kapitel

BISMARCK

Herkunft und erste politische Versuche

Die Zeit der preußischen Reaktion hatte der am 1. April 1815 in Schönhausen einem altmärkischen Adelsgeschlecht entsprossene Otto von Bismarck als Schüler des „Grauen Klosters" in Berlin kennengelernt und abgelehnt. Als er die Schule verließ, war er überzeugter Republikaner. Der Jura-Student in Göttingen interessierte sich wie seine Mitstudenten für die neuen revolutionären Ideen seiner Zeit. Jugendlicher Gefühlsüberschwang und jugendlicher Trotz gegenüber den bestehenden Autoritäten ersetzten aber lange eine nüchterne Zielsetzung und eine klare Entscheidung. Auch die kurzfristige Beamtentätigkeit als Regierungsreferendar in Potsdam (1837—38) brachte ihn zunächst nur zur Erkenntnis dessen, was er nicht wollte. Aber der Entschluß, die Beamtenlaufbahn aufzugeben, führte ihn in die jahrhundertealte Tradition seiner Familie zurück und gab seinem Leben eine neue Richtung. Bismarck war nunmehr Landedelmann aus Beruf, nicht nur gemäß Geburt. Aufgaben, Rechte und Pflichten eines Gutsherrn lernte er in der praktischen täglichen Arbeit kennen. Aus ihrer Bewältigung formte sich ihm das Bild eines gutsherrlichen Daseins, das er unverlierbar in sein Leben mitnahm. Das gutsherrliche Leben entsprach seinem Willen zur selbstgestaltenden Leistung, entwickelte aber auch seine Überzeugung, daß in dem Unterschied von Herrn und Knecht, von Befehlen und Gehorchen der tragende Grund für jede Leistung liege, die sich über das Persönliche hinaus erstrecke. Er glaubte zu erkennen, daß die besondere Bedeutung des gutsbesitzenden Adels für Preußen in dem starren Festhalten an seiner bevorzugten Stellung innerhalb des Staates liege, schien es ihm doch selbstverständliche Pflicht des Adels zu sein, seinen Besitz im Interesse des Staates zu verwenden. Aber nur eine starke monarchische Spitze konnte diese Ordnung erhalten. Der Dienst für den König als den Repräsentanten der staatlichen Macht erhielt damit den zweifachen Sinn einer Hingabe an die überpersönliche Idee des Staates und der Sicherung einer Ordnung, in der unausgesprochen zugleich auch die eigene Stellung gewahrt war. Aus der Einsicht, daß in jeder Teilnahme des Bürgertums an der Regierung des Staates der traditionelle preußische Staatsaufbau mit seinen Sonderrechten für den gutsbesitzenden Adel gefährdet sei, entschloß sich Bismarck zur Politik, um zunächst im streng konservativen Sinne die bestehende Ordnung gegen jeden Angriff zu verteidigen.

Diese konservative preußische Einstellung zur Politik wurde von einer starken, wenn auch sehr subjektiv gefärbten protestantisch-religiösen Haltung getragen. In seiner Jugend hatte sich Bismarck wie seine Zeitgenossen von den Ideen aufklärerischer Skepsis bestimmen lassen. Aber seine Liebe zu Johanna von Puttkamer, seiner späteren Frau, machte ihn wieder mit der Welt eines praktisch bestimmten lutherischen Protestantismus vertraut. Ihm entsprangen der in vieler Beziehung vorbildlichtreue Dienst an seinem König wie die Auffassung, daß es Pflicht des Staatsmannes sei, Interessen und Macht des Staates in nimmermüder Hingabe an den Staat zu wahren. Neben dem preußischen König Friedrich Wilhelm I. hat niemand so sehr wie Bismarck jenen Typ eines persönlich überzeugten christlichen Staatsmannes verkörpert, der gemäß Luthers Auffassung im Staat eine eigengesetzliche Welt sah, die sich nicht nach den Maßstäben des Christentums ordnen und lenken lasse. Trotzdem war es wohl seine innerste Überzeugung, daß christliches Ethos und preußisches Staatsethos einander letztlich nicht widersprechen könnten.

Leidenschaftlicher Wille, sich durchzusetzen, war die Triebfeder, junkerliches Preußentum war zunächst die Grundlage seines Handelns. Das Jahr 1847 rief ihn als Vertreter seines Standes im preußischen Landtag auf die politische Bühne. 1848 war er der schärfste Gegner der Revolution und der rührigste Verfechter antirevolutionärer Ideen. Noch stand er nicht im vollen Licht der Öffentlichkeit. Aber durch die konservative Presse wie über seine Standesgenossen suchte er den König von Preußen zu einer Änderung seiner Haltung gegenüber dem preußischen Landtag und dem Frankfurter Parlament zu bewegen. Der Sieg der Reaktion in Preußen und Deutschland erfüllte ihn mit Genugtuung.

Die Revolution von 1848 bedeutete durch den Aufstieg Napoleons III. zum „Kaiser der Franzosen" (1852) eine entscheidende Wende der europäischen Politik. Die Heilige Allianz, Ausdruck des Bedürfnisses der europäischen Fürsten nach politischer Ruhe und Stabilität nach Abschluß der napoleonischen Kriege, hatte ihre verbindliche Kraft verloren. Im Krimkrieg brach sie vollends auseinander. Der Pariser Kongreß von 1856, der den Abschluß des Krieges bildete, sah Frankreich an der Seite der siegreichen Mächte England, der Türkei und Sardiniens über Rußland. Frankreich konnte glauben, seine Niederlage von 1814/1815, für die es im wesentlichen Rußland verantwortlich gemacht hatte, endgültig überwunden zu haben.

Bismarck war zur Zeit des Krimkrieges preußischer Gesandter beim Bundestag in Frankfurt. Obschon er anfangs nicht antiösterreichisch eingestellt war, kam er durch die Begegnung mit der österreichischen Diplomatie bald zu der Überzeugung, daß der Dualismus Preußen—Österreich in Deutschland auf die Dauer zugunsten Preußens beseitigt werden müsse. Die zwielichtige Haltung Österreichs im Krimkrieg, das sich entgegen den Erwartungen Rußlands neutral verhielt, isolierte die Donaumonarchie. Rußland löste sein enges Verhältnis zu ihr und suchte Anschluß an Preußen. Die Westmächte, vor allem Frankreich, hatten eine aktive Beteiligung Österreichs am Krieg erwartet. Die Aufnahme Sardiniens, des Gegners Österreichs, in den Kreis der siegreichen Mächte, verstärkte die antihabsburgische Stimmung in Italien, das in Napoleon III. seinen wichtigsten Bundesgenossen sah.

1859 kam es zum Kriege zwischen Österreich und Sardinien um den Besitz der Lombardei. Schon nach wenigen Monaten waren die österreichischen Heere geschlagen. Die Feiern zu Schillers 100. Geburtstag entfachten in ganz Deutschland eine starke nationale Begeisterung. Preußen glaubte, sich ihr nicht entziehen zu können und war unter gewissen Bedingungen bereit, an der Seite Österreichs in den Krieg einzutreten, um gegen Frankreich, den Bundesgenossen Sardiniens, den „Po am Rhein zu verteidigen“. Da bot Napoleon Waffenstillstand an. Österreich verlor die Lombardei; Savoyen und Nizza fielen an Frankreich. Bismarck, jetzt Gesandter in Petersburg, war nicht müde geworden, Preußen zur Neutralität zu mahnen. Das überraschend schnelle Ende des Krieges entsprach seinen politischen Wünschen. In Petersburg betrachtete er es als seine Hauptaufgabe, die preußisch-russische Freundschaft zu festigen.

1862 kam er für einige Monate als Gesandter nach Paris. Hier gewann er tiefe und wertvolle Einblicke in die ehrgeizige Politik Napoleons III.

Ministerpräsident in Preußen

In Preußen hatte der kranke König Friedrich Wilhelm IV. seinem Bruder Wilhelm die Herrschaft übertragen. 1861 starb Friedrich Wilhelm, und sein Bruder bestieg den Thron. Nach dem österreichisch-italienischen Krieg von 1859 hatte der preußische Landtag die Krone aufgefordert, das Heer zu verstärken. Wilhelm ging auf seine Wünsche ein und ließ durch seinen Kriegsminister v. Roon eine Heeresreform vorbereiten. Danach sollten die Linienregimenter mit dem adligen Offizierskorps verstärkt werden, während die Landwehr, die viele bürgerliche Offiziere hatte, verkleinert werden sollte. Außerdem sollte die Wehrpflicht von 2 auf 3 Jahre heraufgesetzt werden. Gegen diese Pläne der Regierung wandte sich die liberale Mehrheit des Landtages, die sich in der „Deutschen Fortschrittspartei" organisiert hatte. Sie wünschte die Umwandlung des königlichen Heeres in ein Volksheer. Jede Vergrößerung des stehenden Heeres bedeutete eine Vermehrung der Offiziersstellen und damit eine Verstärkung des königlichen Einflusses. Zwar erklärte sich der Landtag bereit, die Mittel für eine Heeresreform zu bewilligen, verlangte aber vom König, daß er seinen Plan nur gemäß den von den Abgeordneten vorgeschlagenen Veränderungen durchführe. 1862 wurde der Heeresetat gänzlich abgelehnt, weil der König auf seinen Forderungen beharrte. Neuwahlen verstärkten die Zahl der liberalen Abgeordneten. Der Konflikt zwischen Volk und König war offenkundig. Wilhelm war geneigt, zugunsten seines Sohnes abzudanken. Da trat ihm ein Mann zur Seite, der versprach, auch ohne das Parlament die Pläne des Monarchen durchzusetzen: Otto von Bismarck. Wilhelm ernannte ihn zum preußischen Ministerpräsidenten.

Da das Parlament Bismarck schärfsten Widerstand entgegensetzte, regierte er ohne genehmigten Etat, indem er sich auf eine zweifelhafte „Lückentheorie" berief. Danach, so meinte er, dürfe die Regierung auch ohne Budget arbeiten, wenn keine Übereinstimmung zwischen Abgeordneten- und Herrenhaus bestünde. Diesen Fall habe die Verfassung nicht vorgesehen. Die Heeresreform wurde durchgeführt. Heer und Beamte standen loyal zur Regierung.

Durch außenpolitische Erfolge suchte Bismarck der Schwierigkeiten Herr zu werden, die sich ihm entgegenstellten. Selbst innerhalb der königlichen Familie hatte er einflußreiche Gegner. Die Königin Augusta, der Kronprinz und seine Gemahlin, eine Tochter der Königin Viktoria von England, waren mit seiner Politik nicht einverstanden. Trotzdem behielt er sein Ziel fest im Auge. Mit Rußland verstärkte er die engen Beziehungen, indem er sich anläßlich eines Aufstandes der Polen gegen die russische Herrschaft eindeutig gegen Polen erklärte, was ihn in Preußen und Deutschland die letzten Sympathien bei den Liberalen kostete.

Da kam ihm ein außenpolitisches Ereignis entgegen. 1863 wurde in Dänemark eine neue Verfassung beschlossen, die eine Trennung Schleswigs von Holstein und eine „Inkorporierung" in den dänischen Staatsverband vorsah. Das war ein klarer Bruch des Abkommens von London (1852). Bismarck gelang es, Österreich in dieser Frage zu einem gemeinsamen Handeln zu bewegen. Als Dänemark es ablehnte, irgendein Zugeständnis zu machen, erklärten beide Mächte den Krieg. Die dänischen Armeen wurden besiegt und Dänemark gezwungen, Schleswig, Holstein und Lauenburg an Preußen und Österreich abzutreten. Beide Mächte sagten eine spätere Volksabstimmung zu. Vorerst wollten sie gemeinsam die Provinzen verwalten.

Aber die gemeinsame Verwaltung konnte nicht von Dauer sein. Die öffentliche Meinung in Deutschland wünschte, daß aus den neuen Gebieten ein eigener Staat geschaffen wurde. Österreich unterstützte den Vorschlag, um das Land nicht in preußische Hände fallen zu lassen. Dagegen stellte Bismarck die Forderung, daß die Herzogtümer in ein enges Verhältnis zum preußischen Staat träten, ihre Truppen der Kriegshoheit des preußischen Königs unterstellten und den wichtigen Kieler Hafen zum Ausbau als Kriegshafen an Preußen abträten. Österreich war einverstanden, wenn ihm Preußen einen Teil Schlesiens zurückgäbe und seinen italienischen Besitz garantiere. Bismarck aber suchte ein Bündnis mit Italien und lehnte ab. Schließlich kam es zu einer vorläufigen Abmachung, dem „Gasteiner Vertrag“, nach dem Holstein durch Österreich, Schleswig durch Preußen verwaltet werden sollte.

Bismarck sah in diesem Vertrag keine endgültige Lösung, sondern eher ein Mittel, die deutsche Frage in seinem Sinne zu lösen. Es kam ihm aber vor allem darauf an, einen möglichen Krieg mit Österreich allein zu führen, ohne daß dieses Bundesgenossen gewann. Deshalb knüpfte er Verhandlungen mit Italien an (1866), um es für sich zu gewinnen, und mit Frankreich, um seine Neutralität zu erreichen. In einem Geheimabkommen verpflichtete sich Napoleon III. gegenüber Preußen, in einen Krieg gegen Österreich nicht einzugreifen, falls Preußen gemeinsam mit Italien kämpfen würde. Bismarck stellte darauf beim Bundestag in Frankfurt den Antrag, den Bund zu reformieren und ein deutsches Parlament durch allgemeine, geheime Wahlen zu wählen. Dadurch wollte er die Liberalen auf seine Seite ziehen. Diese lehnten aber wie die meisten deutschen Fürsten Bismarcks Antrag ab. Österreich verlangte jetzt vom Bundestag, über die Zukunft der Länder zwischen Nord- und Ostsee zu entscheiden. Darin sah Bismarck eine Verletzung der getroffenen Abmachungen, ließ preußische Truppen in Holstein einmarschieren und legte dem Bundestag nahe, Österreich aus dem Bund auszuschließen. Österreich beantragte im Gegenzug die Mobilmachung der Bundestruppen gegen Preußen. Der Krieg zwischen den beiden führenden deutschen Staaten war unvermeidlich geworden. Mit Preußen war Italien im Bunde. Auf Österreichs Seite stand mit Ausnahme von Mecklenburg und einigen kleineren norddeutschen Staaten ganz Deutschland. Bismarck forderte die Regenten von Hannover, Sachsen, Hessen und Hessen-Nassau auf, Preußens Plan auf eine Reform des Bundes anzunehmen. Doch sie lehnten ab. Daraufhin besetzten preußische Truppen ihre Länder.

Die preußische Armee stand nun bereit, um Österreich niederzuwerfen. Am 3. Juli 1866 kam es zur Schlacht bei Königgrätz (in Frankreich und England Sadowa genannt). Österreich wurde geschlagen. Innerhalb von drei Wochen war der Krieg beendet.

Nur widerwillig hatte sich der preußische König zu einem Krieg gegen Österreich entschließen können. Das Gefühl der Zusammengehörigkeit war bei allen Deutschen seit den Befreiungskriegen und unter dem Einfluß nationalstaatlicher Ideen so stark geworden, daß auch dynastische Erwägungen davor zurücktraten. Bismarck mußte seinem Regenten klar machen, daß Österreich die Absicht habe, Preußens Stellung in Deutschland zu untergraben und seine Vorherrschaft in Norddeutschland zu vernichten. Nachdem sich jedoch Wilhelm zu einem Waffengang entschlossen hatte und Österreich so entscheidend geschlagen war, wollte er auch die Früchte des Sieges. Er verlangte Gebietsabtretungen von Österreich und Sachsen und den Einzug preußischer Truppen in Wien. Bismarck aber ging es darum, in Österreich kein Gefühl der Bitterkeit aufkommen zu lassen. Es sollte unversehrt als „ein Stein im europäischen Schachbrett“ erhalten bleiben. Doch Wilhelm blieb unerbittlich. Bismarck dachte an Rücktritt, an Selbstmord. Im Kronprinzen, seinem Gegner, fand er einen Bundesgenossen. Schließlich gelang es ihm, dem König den Vorfrieden von Nikolsburg abzutrotzen, kurz bevor Napoleon III. die Pfalz und Teile von Hessen beanspruchte. Im Frieden von Prag verpflichtete sich Österreich, auf Schleswig-Holstein und Venetien, das an Italien fiel, zu verzichten, aus Deutschland auszuscheiden und der Bildung eines norddeutschen Bundes unter Preußens Führung zuzustimmen. Es erklärte sich auch bereit, Kriegskosten zu zahlen. Mit den süddeutschen Staaten schloß Preußen einen Frieden ohne Annexionen. Hannover, Kurhessen, Hessen-Nassau, Frankfurt und Schleswig-Holstein wurden von Preußen annektiert, obschon Wilhelm dagegen starke legitimistische Bedenken hatte. Aber Bismarcks realpolitische Erwägungen, Preußen zu einem geschlossenen Staat in Norddeutschland zu machen, überwanden die Widerstände der Krone. Die Lücke zwischen den ost- und westdeutschen Provinzen Preußens war geschlossen.

In geheimen Militärbündnissen stellten die süddeutschen Staaten ihre Truppen unter preußischen Oberbefehl. Sie waren dazu durch Bismarcks Mitteilung bewogen worden, daß Napoleon als Lohn für seine Neutralität die Saar, die Bayerische Pfalz und Rheinhessen mit Mainz gefordert hatte.

Der Prager Friede hatte das vielhundertjährige Band zerrissen, das die Deutschen Österreichs mit denen des übrigen Deutschland verbunden hatte. Von der Geschichte des Habsburger Reiches gesehen, schien das eine logische Folge seiner Entwicklung zu sein. Seit dem 17. Jahrhundert war Österreich immer mehr aus dem Reich herausgewachsen. Seine Balkan- und Italien-Interessen hatten es daran gehindert, Deutschlands Westgrenze mit Nachdruck zu verteidigen. Sein Anspruch, als Ganzes in ein geeintes Deutschland aufgenommen zu werden, erschien auch den Parlamentariern von 1848 undurchführbar. Wahrscheinlich hätte eine solche Lösung auch den entschiedenen Widerstand Rußlands und Frankreichs hervorgerufen. Rußlands Balkanaspirationen mußten in einem solchen Falle als Illusion erscheinen. Frankreich hätte seine europäische Stellung als bedroht betrachten müssen.

Österreich selbst empfand den endgültigen Ausschluß aus dem Reich nicht als Schmälerung seiner Großmachtstellung in Europa, war es doch trotz seiner Verluste in Italien der Überzeugung, daß die Gesamtmonarchie durch den nationalen Gedanken noch nicht gefährdet sei. Deshalb suchte es schon ein Jahr nach der Niederlage, sein Staatswesen neu zu ordnen. 1867 entstand die Doppelmonarchie Österreich—Ungarn (die sog. k. und k. Monarchie). Österreich und Ungarn bildeten fortan zwei selbständige Staaten mit eigener Regierung und Verwaltung und eigenem Staatsbürgerrecht unter der Krone Habsburgs. Der Kaiser von Österreich war gleichzeitig König von Ungarn und wurde durch einen Statthalter vertreten. Jeder Staat hatte ein eigenes Parlament, in dem die Landessprache offizielle Verhandlungssprache war. Auswärtige Angelegenheiten, Heer und Finanzen unterstanden einer gemeinsamen Verwaltung, Kroatien erhielt durch einen eigenen Landtag innerhalb Ungarns eine Sonderstellung. Zu Ungarn gehörten zudem Slawonien und Transsylvanien, zu Österreich die übrigen Gebiete der Monarchie, aufgeteilt in siebzehn Provinzen. Ungeklärt blieb die slawische Frage. Tschechen, Slowaken und Serben fühlten sich als Bürger minderen Rechts und wurden immer stärker von der panslawistischen Bewegung erfaßt. In dieser Tatsache lagen die entscheidenden Gefahrenmomente für die Monarchie.

Der Ausgang des deutschen Krieges hatte somit die Entscheidung über die weitere Entwicklung des deutschen Volkes allein in Preußens Hand gelegt. Kein anderer deutscher Staat konnte es von nun an mit Erfolg wagen, Preußen entgegenzutreten. Bismarcks Vorschlag, die Staaten nördlich des Mains zum Norddeutschen Bund unter Führung Preußens zu vereinigen, fand deshalb eine schnelle Verwirklichung. Bereits am 1. Juli 1867 wurde eine vom Norddeutschen Reichstag und den Regierungen gebilligte Verfassung veröffentlicht. Sie war Bismarcks Werk und stellte den nicht ungeschickten Versuch dar, monarchische und demokratische Vorstellungen zu einer Synthese zu zwingen. Der Reichstag wurde in allgemeinen, gleichen und direkten Wahlen gewählt. Zur Gesetzgebung war neben dem Reichstag der Bundesrat, die Vertretung der einzelnen Bundesstaaten, notwendig. An der Spitze des Bundes stand der preußische König als erblicher Präsident. Er ernannte als Bundeskanzler einen Mann seines Vertrauens. Erster Bundeskanzler war Otto von Bismarck.

Zweifellos war allen Deutschen bewußt, daß der erste Abschnitt auf dem Wege zur deutschen Einheit erreicht war. Das Verhältnis zu Bismarck, dem Mann, der in einer unglücklichen Stunde des erbittertsten Kampfes mit dem preußischen Parlament davon gesprochen hatte, daß die großen Fragen der Geschichte sich nur „durch Eisen und Blut" lösen ließen, begann, sich zu wandeln. Der fühlbare Aufstieg der deutschen Industrie und des Handels, der die sechziger Jahre charakterisierte und sich durch die Schaffung größerer Wirtschaftsräume noch steigerte, machte weite Teile des liberalen Bürgertums geneigt, mit dem Schöpfer des Norddeutschen Bundes Frieden zu schließen. Diesem Wunsch kam Bismarck entgegen, als er im preußischen Landtag 1867 um „Indemnität" (Straflosigkeit) wegen der seit Jahren ausgegebenen unbewilligten Staatsgelder nachsuchte. Damit erkannte er das Budget-Recht des Parlamentes an. Mit 230 gegen 75 Stimmen ging der Landtag auf seinen Wunsch ein. Die Liberalen spalteten sich in eine „Fortschritts"- und eine „Nationalliberale Partei". Für die Nationalliberalen traten von nun an die Freiheitsideale, für die sie jahrelang gekämpft hatten, hinter Prestige- und Wirtschaftserwägungen zurück. Sie wurden die schärfsten Verfechter der Politik Bismarcks.

Gründer des Deutschen Reiches

Napoleon III., Kaiser der Franzosen und Träger eines verpflichtenden Namens, brauchte, je länger er regierte, außenpolitische Erfolge, um seine Herrschaft im Innern zu sichern. Der Fehlschlag des Abenteuers in Mexiko, auf das sich Frankreich im Zusammenhang mit dem amerikanischen Bürgerkrieg einließ, um seine Stellung in Latein-Amerika zu festigen, hatte nicht nur Maximilian von Habsburg Krone und Leben gekostet, sondern auch Napoleons internationales Ansehen geschwächt. Im Innern drohten Konflikte mit der katholischen Kirche, weil diese in Napoleon einen Förderer des italienischen Nationalismus sah, der den päpstlichen Staat als Hemmnis der Einigung bedrohte. Österreichs Niederlage hatte sich ohne jede Intervention Frankreichs vollzogen. Deshalb setzte Napoleon seine Bemühungen fort, eine Änderung der nordöstlichen Grenzen Frankreichs zu erreichen. 1867 versuchte er, Luxemburg von Holland käuflich zu erwerben. Das Großherzogtum war Mitglied des Deutschen Bundes gewesen, und Preußen hatte in der Festung Luxemburg Besatzungsrecht. Bismarck hätte den Kauf hingenommen, aber der Norddeutsche Bund protestierte. In London einigten sich die Großmächte darauf, das Land zu neutralisieren. Preußen zog seine Truppen zurück, Luxemburg blieb im deutschen Zollverein.

1870 erwogen spanische Politiker, den vakanten Thron ihres Landes mit einem Hohenzollern aus der katholischen Linie dieses Hauses zu besetzen. Bismarck befürwortete diese Kandidatur. In Frankreich wurden Erinnerungen an die Umklammerung unter Karl V. wach. Kriegerische Reden des Außenministers Gramont schufen eine krisenhafte Atmosphäre. Ohne Bismarcks Rat abzuwarten, verzichtete der Hohenzollern-Prinz auf den Thron. Die Krise konnte damit als beendet betrachtet werden. Bismarck hatte eine persönliche Niederlage erlitten.

In diesem Augenblick überspannte jedoch der französische Außenminister den Bogen. Durch seinen Gesandten ließ er den preußischen König Wilhelm I. auf der Brunnenpromenade in Bad Ems, wo dieser sich aufhielt, auffordern, sich dafür einzusetzen, daß die Kandidatur des Hohenzollern-Prinzen auch für alle Zukunft nicht mehr erneuert würde. Wilhelm lehnte das ab und ließ dem Gesandten mitteilen, daß er ihm in dieser Angelegenheit nichts weiter zu sagen hätte. Zugleich ließ er Bismarck von dem Vorgefallenen telegraphisch benachrichtigen. Dieser veröffentlichte die Depesche in verkürzter und verschärfter Form („Emser Depesche"). Dadurch sah es so aus, als habe der französische Gesandte den preußischen König beleidigt. In Preußen war die Bevölkerung aufs höchste erbittert, während gleichzeitig die Franzosen glaubten, eine große außenpolitische Niederlage erlitten zu haben. In beiden Ländern forderte man den Krieg. Am 18. Juli 1870 erklärte Frankreich Preußen den Krieg. Napoleon III. hoffte, daß die süddeutschen Staaten Bayern, Baden und Württemberg sich auf seine Seite stellen würden, wenn er die ersten Schlachten gewonnen hätte. Stattdessen traten sie geschlossen auf Preußens Seite. Schon bald stießen die vereinigten deutschen Armeen über den Rhein vor. Um Metz kam es zu heftigen Kämpfen, die Festung wurde eingeschlossen. Kaum sieben Wochen nach Beginn des Krieges siegten die deutschen Heere in der Schlacht bei Sedan und nahmen Napoleon gefangen.

Das führte zu einer Änderung der Staatsform in Frankreich. An die Stelle des Kaiserreiches trat wiederum die Republik (Dritte Republik).

Die neue Regierung suchte Friedensverhandlungen anzuknüpfen, aber infolge des Anspruches Preußens auf Abtretung von Elsaß-Lothringen mit den Festungen Straßburg und Metz wurden die Verhandlungen abgebrochen. Der Krieg ging weiter. Die deutschen Armeen umzingelten Paris, und am 28. Januar 1871 mußte sich die Stadt infolge einer allgemeinen Hungersnot ergeben. Am gleichen Tage wurde der Waffenstillstand unterzeichnet. Am 10. Mai 1871 erfolgte der Friedensschluß in Frankfurt am Main. Frankreich mußte 5 Milliarden Frs. Kriegskosten bezahlen und Elsaß-Lothringen abtreten. Bis zur Bezahlung der Kriegskosten blieben neun französische Provinzen von deutschen Truppen besetzt.

Für die Abtretung Elsaß-Lothringens an Deutschland waren für Bismarck im wesentlichen militärische, nicht nationale Gründe maßgebend. Die starke Betonung des „Deutschgewesenseins und Deutschredens der Elsässer" war für ihn „eine Professorenidee". Dagegen erschien ihm die Annexion der Festungsgebiete und der Provinzen aus politischen und militärischen Gründen mit Rücksicht auf Süddeutschland einleuchtend, weil er in „Straßburg und Metz eine Ausfallpforte für Frankreich" sah und eine Beeinflussung der Süddeutschen durch Frankreich befürchtete.

Zwar war das Elsaß Jahrhunderte ein Teil des Reiches, und seine Bewohner sprachen eine deutsche Mundart. Aber die innige Verbindung mit Frankreich, seinen politischen Anschauungen und seiner kulturellen Tradition war vor allem seit der französischen Revolution selbstverständlich. Abgesehen von zahlreichen Elsässern und Lothringern, die sofort das Land verließen, fühlte sich auch der überwiegende Teil der Bevölkerung fremd in Deutschland. Diese Einstellung verstärkte sich noch durch die Maßnahmen des neuen Deutschen Reiches nach dem Anschluß. Elsaß-Lothringen wurde durch das Gesetz vom 9. Juni 1871 ein „Reichsland" und erhielt so nicht die Rechte der übrigen Bundesstaaten. Erst 1874 erlangte es das Wahlrecht und entsandte daraufhin nur Abgeordnete in den Reichstag, die den Anschluß ablehnten. Später erstrebten die Elsässer den Status eines selbständigen Bundesstaates, was jedoch abgelehnt wurde. Seit 1879 verwaltete ein kaiserlicher Statthalter mit einem Staatssekretär und vier Unterstaatssekretären das Land. Vielfach wurden preußisch-protestantische Beamte in diesem überwiegend katholischen Land eingesetzt. 1911 gab man dem Land eine Verfassung und räumte ihm drei Sitze im Bundesrat ein.

Die Annexion belastete das deutsch-französische Verhältnis schwer, zumal die Haltung der Elsaß-Lothringer dem Reich gegenüber fast dauernd ablehnend war. Daraus nährte sich die französische Politik der

„Vergeltung" (revanche), deren Hauptanliegen es war, die Entscheidung von 1871 zu revidieren.

Dem endgültigen Zusammenbruch Frankreichs und dem Abschluß des Waffenstillstands ging ein Ereignis voraus, das für Deutschland und die Welt von entscheidender Bedeutung war: die Errichtung des Deutschen Reiches im Schloß zu Versailles am 18. Januar 1871. Sie war das Ergebnis mühevoller Verhandlungen Bismarcks mit den süddeutschen Fürsten. Württemberg und vor allem Baden zeigten sich zugänglicher als Bayern. Ludwig II. von Bayern, der Freund Richard Wagners, war nur schwer zu bewegen, auf einen Teil seiner souveränen Rechte zu verzichten. Nach langen Verhandlungen erklärte sich Ludwig bereit, dem König von Preußen die Kaiserkrone anzubieten. Doch jetzt hatte dieser ernste Bedenken. Ihm lag nichts an einem Titel. Als Preuße achtete er die bisherige Würde höher und wollte sie nicht für einen leeren Titel aufgeben.

Nachdem im November 1870 eine Einigung über die „Reservatrechte" der süddeutschen Fürsten erzielt war, bot Ludwig von Bayern in einem von Bismarck verfaßten Schreiben im Namen der deutschen Fürsten dem König von Preußen die Kaiserkrone an. Bald folgte eine Abordnung des Norddeutschen Reichstages, geführt von dem gleichen Mann, der 1849 dem Vorgänger Wilhelms in Berlin die Kaiserkrone angeboten hatte, dem aus einer Königsberger jüdischen Familie stammenden Nationalliberalen Eduard Simon. Als solcher verkörperte er die Sehnsucht des deutschen Volkes nach einem einigen deutschen Reiche. Wilhelm nahm die Krone an. In seiner ersten von Bismarck verfaßten Thronrede erklärte er: „Uns aber und Unsern Nachfolgern an der Kaiserkrone wolle Gott verleihen, allezeit Mehrer des Deutschen Reiches zu sein, nicht an kriegerischen Eroberungen, sondern an den Gütern und Gaben des Friedens, auf dem Gebiete nationaler Wohlfahrt, Freiheit und Gesittung." Nachdem Deutschland seine Einheit verwirklicht hatte, wollte es den Frieden. Wie wenig letztlich dem preußischen König die Kaiserkrone bedeutete, bekundete er dadurch, daß er für seinen Kanzler Bismarck am Tage der Krönung, dem 18. Januar 1871, nicht einmal einen dankenden Händedruck hatte.

Die Verfassung des Deutschen Reiches glich der des Norddeutschen Bundes. Auch das Reich war ein Bundesstaat. Der Schwerpunkt der Verfassung lag nach wie vor beim Bundesrat, d. h. bei den Fürsten. Heer und Marine, die Gesetzgebung über das bürgerliche Recht und das Strafrecht, die Zoll- und Handelsgesetzgebung, die Ordnung von Maß, Münze und Gewicht und das Postwesen waren Sache des Reiches. Die übrigen Angelegenheiten regelten die einzelnen Staaten. An der Spitze der Reichsverwaltung stand allein der Reichskanzler, dem sämtliche Reichsbehörden (die sog. Reichsämter) untergeordnet waren. Der Reichskanzler war zugleich preußischer Ministerpräsident.

Das Deutsche Reich war ein Nationalstaat, insofern es den größten Teil der deutschsprechenden Bewohner Europas in sich vereinigte und nur sehr wenige Minderheiten (Polen, Dänen, Franzosen) hatte. Bismarck selbst hat sich stets mit der Streulage der Deutschen in Europa abgefunden und nie daran gedacht, diese politisch auszumünzen. Erst einer späteren Zeit blieb es vorbehalten, die Forderung zu erheben, die kulturelle Verbundenheit der Deutschen auch in eine staatliche umzuwandeln.

Als eine neue Großmacht trat das Deutsche Reich in den Kreis jener europäischen Mächte ein, die ihre staatliche Form schon seit Jahrhunderten gefunden hatten. So mußte es vorerst mit einem gewissen abwartenden Mißtrauen rechnen. Mehr als je zuvor hing alles davon ab, welche Prägung die neue Großmacht ihrer Außenpolitik geben würde.

Politik der Friedenssicherung

Das Verhältnis des jungen Deutschen Reiches zu seinen Nachbarn war von dem Gedanken Bismarcks beherrscht, daß Frankreich wegen des Frankfurter Friedens immer und unter allen Umständen ein Gegner Deutschlands sein müsse. Da aber nach Bismarcks Auffassung Deutschland selbst „saturiert" war, und weil deshalb eine nach irgendeiner Richtung hin offensive Außenpolitik außerhalb jeder Möglichkeit lag, mußte es sein Bestreben sein, Frankreich daran zu hindern, Mittelpunkt eines Bündnissystems in Europa zu werden. Das Ziel einer deutschen Außenpolitik nach 1871 konnte demnach nur die Isolierung Frankreichs in Europa sein. Zudem schienen die natürlichen Bedingungen eine solche Politik zu begünstigen. Rußland hatte sich Preußen gegenüber in den Kriegen um die deutsche Einigung wohlwollend neutral verhalten. Dafür hatte Preußen sich noch während des deutsch-französischen Krieges dafür eingesetzt, daß Rußland auf der Pontus-Konferenz in London freie Schiffahrt auf dem Schwarzen Meer zugestanden wurde. Österreichs Außenminister, der ungarische Graf Julius Andrassy, vertrat eine Politik der Anlehnung an Deutschland und wurde darin sowohl von seinem Souverän wie von Bismarck unterstützt. Eine Begegnung der Kaiser Rußlands, Österreichs und Deutschlands im September 1872 in Berlin war das Vorspiel zu Verhandlungen über einen Konsultativpakt, der 1873 abgeschlossen wurde und für den Fall eines Angriffs von dritter Seite gegenseitige Konsultationen vorsah. Als jedoch drei Jahre später Bismarck, beunruhigt durch französische Rüstungen, glaubte, Paris durch einen Zeitungsartikel unter der Überschrift „Ist der Krieg in Sicht?" warnen zu müssen, gelang es der französischen Diplomatie, England und Rußland zu einem Friedensschritt in Berlin zu veranlassen. Irrtümlich waren beide Mächte der Auffassung, daß Deutschland einen Präventivkrieg gegen Frankreich plane. Bismarck aber mußte eindeutig zur Kenntnis nehmen, daß die beiden Flügelmächte Europas, anders als 1870, nicht mehr bereit waren, eine Machtsteigerung Deutschlands auf Kosten Frankreichs hinzunehmen. Das bestärkte ihn in der Auffassung, daß jede Gefährdung des europäischen Friedens automatisch auch Deutschlands europäischer Stellung abträglich sein müßte. Da aber Rußland, das für sich in Anspruch nahm, 1875 den Frieden gerettet zu haben, auf Deutschland einen Druck ausübte, seine Balkan-Ansprüche gegenüber der Türkei vorbehaltlos zu unterstützen, mußte das deutsch-russische Verhältnis erkalten, weil Bismarck dazu nicht bereit war. Außerdem wirkte sich die panslawistische Bewegung in Rußland gegen eine Anlehnung an Deutschland aus, weil diese in dem mit dem Reich eng verbundenen Österreich ein wesentliches Hindernis für ihre Expansionspolitik auf dem Balkan erblickte. Als 1877 Rußland die Türkei angriff und im schnellen Siegeszug bis vor die Tore Istanbuls vorstieß, stand Bismarck deshalb vor der Frage, ob er sich durch Österreich in einen europäischen Krieg hineinziehen lassen sollte, weil dieses wie England eine Machtausweitung Rußlands auf Kosten der Türkei nicht hinnehmen konnte, ohne seinen eigenen Bestand ernstlich zu gefährden. Es zeugt von dem internationalen Ansehen des Kanzlers und von dem Vertrauen, das man in ihn setzte, daß es ihm gelang, alle an der orientalischen Frage interessierten Mächte zum Berliner Kongreß (1878) zu versammeln, um auf ihm als „ehrlicher Makler" einen Ausgleich der widerstreitenden Interessen zu suchen. Das konnte nur auf Kosten Rußlands geschehen, weil England wegen seiner Mittelmeerstellung an einer Erhaltung des schwachen türkischen Reiches interessiert war, Österreich jede entscheidende Verstärkung der russischen Machtposition auf dem Balkan ablehnte. Rußland fühlte sich deshalb von Bismarck durch das Ergebnis des Berliner Kongresses, der es seiner Auffassung nach um die Früchte seines Sieges brachte, hintergangen; bestätigte doch Bismarck England den Besitz Zyperns, beließ er der Türkei Mazedonien und nahm so Rußland über Bulgarien den erstrebten Zugang zum Ägäischen Meer. Montenegro, Serbien und Rumänien wurden für unabhängig erklärt. Bosnien und die Herzegowina kamen unter die Verwaltung Österreich-Ungarns. Rußland erhielt Bessarabien bis zum Donaudelta und in Asien Kars, Ardahan und Batum als Freihafen. Ein wesentlich verkleinertes Bulgarien wurde für autonom erklärt, mußte aber der Türkei Tribut zahlen. Gegen russische Wünsche wählte die bulgarische Nationalversammlung Alexander von Battenberg aus dem Hause Hessen-Darmstadt zum Fürsten. Für Deutschland war das Ergebnis des Berliner Kongresses eine beträchtliche Abkühlung des deutsch-russischen Verhältnisses. Die außenpolitische Lage des Reiches war erschwert, zumal sich das internationale Ansehen Frankreichs gehoben hatte.

Von nun an war Bismarcks Außenpolitik von dem Gedanken beherrscht, daß es zu einer russisch-französischen Annäherung kommen könne. Deshalb war er trotz der reservierten Haltung Rußlands bestrebt, „den Draht nach Petersburg nicht abreißen zu lassen“. Andererseits suchte er engere Anlehnung an eine europäische Großmacht. Von den fünf europäischen Großmächten blieb nur Österreich-Ungarn als möglicher Partner, da England seine Politik der „splendid isolation“ nicht aufgeben wollte. Das deutsch-österreichische Verhältnis hatte sich gewandelt. Der Besiegte von 1866 konnte den Inhalt eines Bündnisses mit dem Reich bestimmen. Österreich aber war nur zu einem Verteidigungsbündnis gegen Rußland und seine möglichen Verbündeten bereit. Bismarck mußte auf diese Bedingungen eingehen, um Deutschland nicht zu isolieren (1879). Damit aber war das Reich mit der österreichischen Balkanpolitik verflochten. Im Falle eines Angriffs Frankreichs auf Deutschland war Österreich nur zu einer wohlwollenden Neutralität verpflichtet.

Dieser Zweibund wurde bald durch den Hinzutritt Italiens zu einem Dreibund erweitert. Aber auch dieses Bündnis war von vornherein durch das gespannte Verhältnis Italiens zu Österreich belastet, da immer noch Gebiete Italiens zur Donaumonarchie gehörten. Deshalb hatte Italien zunächst ein gutes Verhältnis zu Frankreich gesucht. Aber als Frankreich 1881 die Schutzherrschaft über Tunis übernahm, das Italien zu erwerben hoffte, schloß es sich den Mittelmächten an (1882). Für alle drei Mächte war der Bündnisfall gegeben, wenn Frankreich und Rußland gemeinsam angriffen. In allen sonstigen Fällen sollten die Mächte jeweils wohlwollende Neutralität wahren. Italien behielt sich vor, nicht gegen England in einen Krieg eintreten zu müssen. Dem Dreibund schloß sich Rumänien in einem Geheimvertrag an (1883).

Es war Bismarcks Wunsch, England für ein Bündnis zu gewinnen. Obschon das neben der englischen Politik der „splendid isolation“ an Englands Mißtrauen gegenüber dem inneren Bestand der Donaumonarchie scheiterte, vermied es Bismarck, das Verhältnis Deutschlands zu England zu belasten. Er lehnte es ab, mit England auf den Weltmeeren in irgendeinen Wettbewerb zu treten. Erst spät entschloß er sich, dem

Drängen deutscher Kaufleute auf Erwerb eigener Kolonien nachzugeben und die von dem Bremer Kaufmann Lüderitz an der südwestafrikanischen Küste erworbenen Gebiete unter den Schutz des Reiches zu stellen (1884). Damit wurde der Grund zu der Kolonie Deutsch-Südwestafrika gelegt, der einzigen, die sich zur Ansiedlung deutscher Auswanderer eignete. Fast gleichzeitig wurden Togo und Kamerun für Deutschland erworben. Später gewann das Reich noch Deutsch-Ostafrika und einige Inseln in der Südsee.

Bismarcks Verhältnis zu Rußland war von ähnlichen Erwägungen bestimmt wie das zu England. Es lag ihm vor allem daran, auch nicht den leisen Verdacht einer rußlandfeindlichen Haltung aufkommen zu lassen. Selbst das Drei-Kaiser-Einvernehmen lebte 1881 noch einmal auf, wenn auch der Vertrag wegen des Panslawismus in Rußland geheim gehalten werden mußte. Als jedoch der österreichisch-russische Gegensatz auf dem Balkan eine harmonische Beziehung der drei Mächte untereinander als aussichtslos erscheinen ließ, schloß Bismarck mit Rußland einen geheimen Neutralitätsvertrag, wodurch sich beide Mächte verpflichteten, wohlwollende Neutralität zu wahren, wenn eine der beiden Mächte durch eine dritte angegriffen würde (sog. Rückversicherungsvertrag). Er sicherte Deutschland gegen einen möglichen Angriff durch Frankreich, Rußland gegen einen möglichen Angriff durch England, zu dem es wegen kolonialer Differenzen in einem gespannten Verhältnis stand. Allerdings bedeutete die im Zusatzprotokoll zugestandene Besetzung der Meerengen durch Rußland einen Widerspruch zu der von Bismarck gutgeheißenen Mittelmeerentente, die sich die Erhaltung der Türkei zum Ziele setzte.

Bismarck war der Überzeugung, daß durch seine Bündnispolitik ein Krieg verhindert wurde, der sein Lebenswerk bedrohen mußte. Eine unmittelbare Kriegsgefahr konnte aber nach des Kanzlers Meinung nur von Frankreich ausgehen, das seit 1887 in Europa isoliert war. Aus diesem Grunde hielt er den Frieden für gesichert, den Vertrag mit Rußland aber für eine absolute Notwendigkeit. Die imponierende militärische Macht des Reiches, die er in ihrem Ausbau finanziell tatkräftig unterstützte, sah er als ein Mittel an, um den eigenen Bündniswert zu erhöhen und den Gegner abzuschrecken. Er hat stets darauf geachtet, daß das Militär den Primat der Politik respektierte. Gerade das enge Einvernehmen mit dem Generalstabschef von Moltke schien ihm dafür die beste Bürgschaft zu sein. Die Stellung, die er dem Reich innerhalb der europäischen Pentarchie zuwies, war rein kontinentaleuropäisch bestimmt und hatte keinerlei weltpolitische Aspirationen. Auch die Auffassung, daß Deutschland „den napoleonischen Weg zu gehen hätte, um, wenn nicht der Schiedsrichter, auch nur der Schulmeister in Europa sein zu wollen", die ihm das Ausland häufig unterstellte, hat Bismarck weit von sich gewiesen. Sein verehrtes staatsmännisches Vorbild war bis in sein hohes Alter Metternich. Wie dieser war er jeder Politik abhold, die das historisch Gewordene zu sprengen versuchte oder die legitimen Rechte anderer Nationen aufs gröbste verletzte. Auch im Erfolg ging ihm der Sinn für das Maß nie verloren. Das war einer der wesentlichsten Gründe für sein internationales persönliches Ansehen, aber auch für die Stellung Deutschlands in Europa, das als mitteleuropäischer Ordnungsfaktor toleriert und respektiert wurde.

Problematische Innenpolitik

Bismarck hatte dem Reich eine Verfassung gegeben, die viele demokratische Züge aufwies. Dennoch war sie nichts anderes als ein geschickter Versuch, den Anspruch der Krone, vertreten durch den Kanzler ihres Vertrauens, auf selbständige Führung des Staates mit den neuen demokratischen Ideen zu verbinden, ohne eine wirkliche Demokratie zu errichten. Zwar gab es Parteien, und die Volksvertretung, der Reichstag, nach demokratischem Wahlrecht gewählt, setzte sich aus Mitgliedern dieser Parteien zusammen. Aber der Reichstag hatte auf die Regierungsbildung keinen Einfluß. Niemals konnte eine Partei damit rechnen, die volle Verantwortung zu tragen. Zwar spiegelten die Wahlen und ihre Ergebnisse die Volksmeinung, aber weder der Kaiser noch sein Kanzler waren gezwungen, den Mehrheitswillen zu respektieren, wenn es dem Kanzler gelang, für seine gesetzgeberischen Maßnahmen unter Umständen jeweils wechselnde Mehrheiten zu finden. Andererseits war der Kanzler auch nicht unabhängig von der Kräfteverteilung im Reichstag.

Die Hauptstützen Bismarcks im Reichstag waren anfangs die Nationalliberalen, in deren Reihen hauptsächlich Vertreter des Bürgertums saßen. Zwar waren sie mit der Bismarck'schen Konzeption des Reiches nicht voll einverstanden — der Aufbau war zu föderalistisch, die Regierung zu autoritär — dennoch verbanden sich in der praktischen Tagespolitik manche Vorstellungen des Nationalliberalismus mit denen Bismarcks. Diese lagen auf wirtschaftlichem wie auf kulturpolitischem Gebiet. Schon 1869 hatte die volle Gewerbefreiheit, die die Gewerbeordnung des Norddeutschen Bundes gewährte, den wirtschaftspolitischen Hauptwunsch des Liberalismus erfüllt. Auch der Freihandel, dem sich nach der Gründung des Reiches ein großes Wirtschaftsgebiet erschloß, entsprach zunächst den Interessen der deutschen Unternehmer. So gelang es dem Kanzler mit Hilfe dieser Partei, eine Reihe wichtiger Gesetze, die der Vereinheitlichung des Reiches dienten, durchzusetzen. Ihre Verständigungsbereitschaft ermöglichte es, die jährliche Genehmigung des Militäretats, worauf die englisch-orientierten Freisinnigen drangen, in das sog. Septennat umzuwandeln (1874), wonach der Reichstag nur alle sieben Jahre über die Kosten des Heeres zu bestimmen hatte. Von den Konservativen, Bismarcks Standesgenossen, trennten ihn deren allzu beschränkt altpreußische Gesinnung. Bittere Feindschaft gegen Bismarcks Politik bestand bei den welfischen, polnischen und dänischen Abgeordneten sowie bei den Elsässern. Sie arbeiteten im Reichstag mit zwei Parteien zusammen, die Bismarck häufig den heftigsten Widerstand leisteten, dem Zentrum und den Sozialdemokraten.

In der Frankfurter Nationalversammlung hatten sich zum erstenmal katholische Abgeordnete zusammengefunden. Nach ihren Sitzen in der Mitte des Parlaments nannten sie sich Zentrum. Ihr erstes Programm enthielt als wichtigstes politisches Ziel die Forderung nach der Schaffung Großdeutschlands. Auf innenpolitischem Gebiet zeigten sie eine starke Neigung zum Föderalismus. Betont wurde auch der konfessionelle Charakter der Schule. Die 58 katholischen Reichstagsmitglieder des Jahres 1871 stammten vorwiegend aus dem Westen. Das Hauptanliegen der Partei im Reichstag war der Schutz der kirchlichen Einrichtungen gegenüber den Machtansprüchen des Staates.

Die Hoheitsrechte des Staates gegenüber der Kirche schienen aber Bismarck nicht in dem Maße gewährleistet, wie er es für richtig hielt. Seine Einstellung entsprang rein politischen, nicht religiösen Erwägungen, wenn er auch als evangelischer Christ die katholische Auffassung vom Wesen des Staates und seiner Stellung innerhalb der von Gott bestimmten irdischen Ordnung nicht verstand. Er betrachtete die 1870 zum verpflichtenden Dogma erhobene Unfehlbarkeit des Papstes in Sachen des Glaubens und der Sitte als Minderung der staatlichen Autorität und als eine Bedrohung seines Werkes.

Als die Kirche altkatholischen Lehrern, die das Unfehlbarkeitsdogma nicht anerkannten, verbot, Religionsunterricht zu erteilen, und diese erklärten, als Staatsbeamte der Kirche nicht untertan zu sein, brach der Kampf zwischen Bismarck und der katholischen Kirche aus.

Viele Liberale erhofften für Deutschland eine romfreie Nationalkirche und glaubten, in der altkatholischen Bewegung die Anfänge einer solchen zu erblicken. Die Altkatholiken erfuhren deshalb eine starke staatliche Unterstützung.

Im Kampf gegen die katholische Kirche verband sich Bismarck mit dem Liberalismus in der Nationalliberalen Partei. Als Erbe der Aufklärung hoffte der Liberalismus auf eine endgültige Überwindung des Einflusses der Kirche, die er als Hemmnis für den kulturellen Fortschritt betrachtete. Deshalb gab auch einer seiner Anhänger dem Kampf Bismarcks den Namen „Kulturkampf". Bismarck selbst teilte diese Anschauungen nicht. Auch die meisten bewußt evangelischen Christen lehnten den Kulturkampf ab. Die im Reich und den Bundesstaaten verabschiedeten Gesetze gegen die Kirche brachten die deutschen Katholiken in schwere Gewissenskonflikte. Die diplomatischen Beziehungen zwischen dem Vatikan und Preußen wurden abgebrochen. Die Zahl der Zentrumsabgeordneten stieg aber auf 93, ein Beweis dafür, daß die Kulturpolitik Bismarcks starken Widerstand fand. Trotz staatlicher Gewaltmaßnahmen gegen den Klerus hielt der katholische Volksteil treu zur Kirche. Eine geistlich-religiöse Macht konnte durch staatliche Gewalt nicht bezwungen werden, solange diese an die Regeln des Rechtsstaates gebunden blieb.

Der Kulturkampf war aber auch die Ursache dafür, daß das preußisch-deutsche Kaiserreich und innerhalb dieses besonders der preußische Staat in weiten Kreisen der katholischen Bevölkerung über die Kulturkampfzeit hinaus in einer Sicht gesehen wurden, die zwar aus der Kampfsituation verständlich ist, aber durch eine gewisse Einseitigkeit gekennzeichnet war. Diese Haltung erschwerte vielen Katholiken ein Verhältnis zu dem neuen Reich, das über die bloße kühle Loyalität hinausging.

Die Einsicht, einen politisch falschen Weg beschritten zu haben, und andere realpolitische Erwägungen veranlaßten Bismarck, die Kampfgesetze von 1873/74 nach und nach abzubauen. Es blieben die Einrichtung der Zivilehe, die Registrierung der Geburten und Todesfälle durch die Standesämter, ferner das Schulaufsichtsgesetz, das Jesuitengesetz und der sog. „Kanzelparagraph", der es den Geistlichen verbot, von der Kanzel politische Erklärungen abzugeben.

Bismarcks wirtschaftliche Gesetzgebung lag seit der Gründung des Norddeutschen Bundes auf der Linie des von den Liberalen verfochtenen Freihandels. Auch die Konservativen setzten sich für ihn ein, um den deutschen Getreideüberschuß exportieren zu können. Die Wandlung des Weltverkehrs, die schnelle Industrialisierung Deutschlands und die Zunahme seiner Bevölkerung wirkten sich jedoch besonders nachteilig auf die Landwirtschaft, aber auch auf die eisenschaffende Industrie aus. Seit 1878 konnte die deutsche Landwirtschaft den Markt nicht mehr befriedigen. Von Argentinien, Amerika und Rußland strömte billiges Getreide nach Deutschland. Die englischen Eisenwaren standen im Preise günstiger als die deutschen und überschwemmten nach Aufhebung der letzten Eisenzölle (1877) den deutschen Markt. Deshalb stieß die Freihandelslehre nun auf starke Kritik. Die Großgrundbesitzer des Ostens und Teile der Industrie drängten auf Einführung von Schutzzöllen, während der Liberalismus am Freihandel festhielt. Bismarck gelang es, sich durch die Konservativen und das bisher scharf bekämpfte Zentrum im Reichstag eine Mehrheit für einen neuen Zolltarif zu schaffen. Dieser trat 1879 in Kraft. Getreide und Vieh, Eisen und Holz mußten in Zukunft bei der Einfuhr verzollt werden. Diese Maßnahmen hoben zwar die Preise, aber die Löhne folgten nicht.

Bismarcks Gründe für den Bruch mit den Liberalen, mit denen er solange zusammengearbeitet hatte, lagen in der finanziell ungesicherten Lage des Reiches und in seinem Bestreben, die konservativen Kreise, die alte staatstragende Schicht, an seinen Staat heranzuführen. Nach der Verfassung verfügte das Reicht nicht über eigene Einnahmen, es war „Kostgänger der Bundesstaaten". Die Zolleinnahmen machten es nun finanziell unabhängig. Um des Reiches willen glaubte Bismarck, die Parteien benutzen zu dürfen, wie es jeweils seinen politischen Zwecken diente.

1862 war Ferdinand Lassalle, der Sohn eines Breslauer Kaufmanns, mit einem sozialen Reformprogramm an die Öffentlichkeit getreten. Nach seiner Auffassung hat der Staat nicht nur die Aufgabe, Freiheit und Eigentum des einzelnen zu schützen, er hat sich aller anzunehmen, d. h. die soziale Frage zu lösen. Was Lassalle von Marx trennte, war seine Meinung, daß jeder Staat seine Arbeiterschaft durch Gewährung des allgemeinen und gleichen Wahlrechts gewinnen könne, wenn er zugleich dafür sorge, daß die Arbeiter am Gewinn beteiligt werden. Das sei nur möglich, wenn Produktionsgenossenschaften gebildet würden, denen der Staat das nötige Kapital sichert. Die Staatsform war für Lassalle weniger wichtig als für Marx, der grundsätzlich Republikaner war.

1863 gründete Lassalle den „Allgemeinen Arbeiterverein", der zunächst nur etwa 5000 Mitglieder hatte und zwei Vertreter in den Norddeutschen Reichstag schickte. Als dann Bismarck und Lassalle in persönlicher Aussprache über die Möglichkeit verhandelten, durch das allgemeine Wahlrecht die bürgerlich-liberale Mehrheit im preußischen Landtag zu entthronen, schien der Augenblick eines „sozialen Königtums" gekommen. Aber der Tod Lassalles im Duell vereitelte eine mögliche Zusammenarbeit mit Bismarck.

Im Jahre 1864 hatte sich in London die „Erste Internationale" gebildet, die mit allen Mitteln in sämtlichen Staaten die Forderungen der Arbeiterschaft durchsetzen wollte. Karl Marx spielte bei der Ausarbeitung der Statuten eine bedeutende Rolle. Jedoch wurde ihre Wirksamkeit von Anfang an durch Richtungskämpfe innerhalb des „Generalrats" erschwert. Erst auf dem Basler Kongreß von 1869 setzte sich Marx' Auffassung vom Kommunismus durch. Bereits 1876 löste sich diese „Erste Internationale" auf ihrem Kongreß in Philadelphia (USA) auf. W. Liebknecht, der 1848 am Aufstand in Baden teilgenommen hatte und nach England geflüchtet war, verbreitete die Lehren von Karl Marx in Deutschland. Sein Hauptmitarbeiter war der Drechsler August Bebel. Beide wurden die Gründer der sozialdemokratischen Partei. In Eisenach hielt sie ihre erste Tagung ab (1869). Es wurde von entscheidender Bedeutung, daß beim „Einigungsparteitag" 1875 in Gotha diese „orthodoxe" marxistische Richtung über Lassalles Auffassung den Sieg davontrug.

Darüber hinaus enthielt das Programm eine Reihe von staatsreformerischen Vorschlägen, die auf eine demokratische Ausgestaltung der Verfassung hinausliefen.

1871 waren zwei sozialdemokratische Abgeordnete in den Reichstag eingezogen, 1877 waren es 12. Bismarck sah in dieser Partei wegen ihres Internationalismus und ihres Kampfes gegen die Monarchie eine Gefahr für das Reich und wollte ihre Presse unterdrücken. Aber der bürgerliche Liberalismus blieb sich zunächst treu und versagte seine Zustimmung.

Zwei Attentatsversuche auf Kaiser Wilhelm I. führten einen Umschwung herbei (1878). Obwohl durch nichts bewiesen war, daß hinter den Tätern die sozialdemokratische Partei stand, wurde mit konservativ-liberaler Mehrheit ein Gesetz angenommen, das an die Karlsbader Beschlüsse von 1819 erinnerte. Alle Vereine, die durch „sozialdemokratische, sozialistische oder kommunistische Bestrebungen den Umsturz der bestehenden Staats- oder Gesellschaftsform" erstrebten, wurden aufgelöst, ihre Mitglieder mit Landesverweisung bedroht, ihre Presse wurde verboten, wenn auch eine Wahlkandidatur von Sozialdemokraten weiter möglich blieb.

1887 und 1890 erhielt die sozialdemokratische Partei $^3/_4$ und dann sogar 1 Million Stimmen. Das Gothaer Programm hatte noch einen, wenn auch eingeschränkten Willen zur Mitarbeit am bestehenden Staat erkennen lassen. Das Erfurter Programm von 1891 erwähnte den Staat nicht mehr. Die deutsche Arbeiterschaft versagte sich dem nationalen Staat. Auch die soziale Gesetzgebung, deren sich Bismarck zur Gewinnung des vierten Standes bedienen wollte, konnte daran nichts ändern. Im Gegensatz zu England erkannte Bismarck nicht, daß es sich bei der Arbeiterfrage nicht nur um eine finanzielle Angelegenheit handelte. Das Problem lag weit mehr in der sinnvollen Einordnung der Arbeitermassen in die geistige, wirtschaftliche und politische Struktur des bestehenden Staates unter gleichzeitiger Wahrung der Freiheit des einzelnen.

Schon als preußischer Ministerpräsident hatte Bismarck sich mit dem Gedanken getragen, das oft so unsichere Los der Arbeiterschaft zu bessern. Als Kanzler hielt er es im Interesse des Staates für angebracht, sich um das äußere Wohl des Arbeiters zu kümmern. Eine kaiserliche Botschaft vom 17. 11. 1881 kündigte eine Reihe von Gesetzen an, um „den Hilfsbedürftigen größere Sicherheit und Ergiebigkeit des Beistandes, auf den sie Anspruch haben, zu hinterlassen". Die soziale Gesetzgebung der nächsten Jahre — 1883 Krankenversicherung, 1884 Unfallversicherung, 1889 Invaliditäts- und Altersversicherung — machte zwar Deutschland auf diesem Gebiete führend, versöhnte aber nicht die Arbeiterschaft mit dem Bismarck'schen Staat.

Der Sturz

Am 9. März 1888 starb Wilhelm I., der Kaiser, dem Bismarck fast während seiner ganzen Regierungszeit gedient hatte. Zwar war er oft anderer Meinung als sein Kanzler gewesen, hatte sich aber letztlich immer dem Rat des Erfahrenen gebeugt. Sein Nachfolger war sein Sohn Friedrich, ein von einer tödlichen Halskrankheit gezeichneter Mann. Er stand dem liberalen Bürgertum nahe und war deshalb mehrfach gegen Bismarck aufgetreten. Jedoch hatte er sowohl 1866 wie bei der Reichsgründung einen bedeutenden Anteil an der Durchsetzung Bismarck'scher politischer Ideen. Aber sein Tod, 100 Tage nach der Übernahme der Regierung, nahm ihm jede Möglichkeit, seine politisch-liberalen Auffassungen in die Tat umzusetzen. Sein Nachfolger war Wilhelm II., ein Mann von 29 Jahren. Im Laufe eines Jahres ging die Herrschaft vom Großvater auf den Enkel über. Eine ganze Generation, die noch aus eigener Erfahrung die zahlreichen ungelösten deutschen Probleme der Zeit von 1871 kannte, fiel an verantwortlicher Stelle aus.

Bismarck begegnete dem jungen Kaiser von Anfang an mit ausgesprochener Skepsis. Allerdings spürte er wohl auch, daß in der Innen- wie Außenpolitik nicht alles zum Besten stand. Trotz des eben abgeschlossenen Rückversicherungsvertrages war der „Alpdruck der Koalitionen" nicht gewichen. Die für die damaligen Verhältnisse großzügige Sozialpolitik hatte die Arbeiterschaft nicht mit dem Reich ausgesöhnt, die Zahl der sozialdemokratischen Wähler wuchs. Der junge Kaiser, der sich gern als „roi des gueux" (König der Bettler) sah, wünschte eine Erweiterung des Arbeiterschutzes durch ein Verbot der Sonntagsarbeit. Bismarck nannte das „Humanitätsduselei" und war entschlossen, die Sozialdemokratie gewaltsam niederzuschlagen, den Reichstag aufzulösen und notfalls ohne jede parlamentarische Unterstützung zu regieren. Wilhelm II. forderte demgegenüber innenpolitisch, das Verbot der sozialdemokratischen Partei aufzuheben, und außenpolitisch, mit Rücksicht auf Österreich den Rückversicherungsvertrag nicht zu erneuern. Das war mehr als ein bloßer Entzug des kaiserlichen Vertrauens; eine solche Forderung stellte die gesamte Innen- und Außenpolitik des greisen Kanzlers in Frage. Am Nachmittag des gleichen Tages, an dem der russische Botschafter Schuwalow mit Bismarck über eine Verlängerung des Rückversicherungsvertrages eine Aussprache gehabt hatte, teilte der Kanzler dem Ministerrat mit, daß er sein Entlassungsgesuch eingereicht habe. Diesen Schritt hatte ihm der Kaiser nahegelegt. Die Reichsverfassung gab ihm das Recht dazu, denn der Kanzler bedurfte des Vertrauens seines Souveräns. So wurde Bismarck das Opfer einer Verfassung, die er einst selbst geschaffen hatte. Den Text seines Gesuches hatte er so abgefaßt, daß dem Kaiser die Schuld zufiel, wenn sein Lebenswerk scheitern sollte. Am 20. März 1890 endete seine politische Tätigkeit an verantwortlicher Stelle. Grollend zog er sich nach Friedrichsruh im Sachsenwald bei Hamburg zurück. Dort starb er am 10. Juli 1898. Sein Grabstein trägt die von ihm gewünschte Inschrift: „Ein treuer deutscher Diener Kaiser Wilhelms I."

Die Entlassung Bismarcks durch den deutschen Kaiser bedeutete einen tiefen Einschnitt in der Entwicklung des jungen Deutschen Reiches. Fast 30 Jahre hatte der Kanzler die gesamte Innen- und Außenpolitik Preußens und Deutschlands bestimmt. Sie hatte Deutschlands Einigung durch einen Bund seiner Fürsten unter Preußens Führung und Österreichs Ausschluß erzwungen und durch eine kluge Bündnispolitik die außenpolitische Sicherung der neuen Großmacht erzielt. Das Einigungsergebnis entsprach nicht allen Vorstellungen der Männer von 1848. Die Nation fand sich aber damit ab, weil der politische und wirtschaftliche Aufschwung des Reiches zahlreiche Mängel seiner Konstruktion verbarg. Sie wurden nur an einzelnen Stellen der Innenpolitik sichtbar. Aber diese gefährdeten Bismarcks Werk noch nicht unmittelbar. Zwar erhielt er für seine politischen Maßnahmen, die seiner Auffassung von der Verantwortung entsprachen, die er Reich und Kaiser gegenüber habe, immer die Zustimmung einer Reichstagsmehrheit. Aber er benutzte das Parlament durch die überlegene Art, in der er mit ihm und den Parteien zu spielen verstand, häufig nur, um es in den Augen des Volkes herabzusetzen. Ihm fehlte infolge seiner konservativ-junkerlichen und preußisch-monarchistischen Haltung der Blick für die Mitverantwortungsbereitschaft des gesamten Volkes im Staat, die in allen westeuropäischen Nationen zu einer immer stärkeren Demokratisierung des politischen Lebens führte. Die einzige Aufgabe, die er einem Parlament zugestehen wollte, war die Kontrolle der Herrschaft eines einzelnen; Initiative sollte es nicht entwickeln.

Aus diesem Grunde zogen sich die zur Mitverantwortung anfangs entschlossenen Männer aus der Politik zurück, weil ihnen Mitbestimmung versagt wurde. Auf außenpolitischem Gebiet hatte Bismarck viele Züge mit seinem verehrten Vorbild Metternich gemeinsam. Beiden gelang es, ihre Schöpfungen durch eine wohlabgewogene Politik vor Krieg und den daraus entstehenden Gefahren zu bewahren. So ermöglichten sie Europa eine lange Friedenszeit, unbestreitbar ein bedeutendes Verdienst ihrer kühlen und klugen Diplomatie. Aber beiden fehlte der Blick für die großen Strömungen, die sich unterhalb der diplomatischen Sphäre einen Weg bahnten. Metternich respektierte nicht genug die Kraft der liberalen und nationalen Bewegung, Bismarck fehlte das Verständnis dafür, daß die wirtschaftlichen Kräfte und Sozialideen des endenden Jahrhunderts auch die Richtung der Gesamtpolitik bestimmen könnten. Er bewegte sich in den Bahnen der überkommenen Kabinettspolitik, die das dynamische Element der Wirtschaft noch nicht in ihre Überlegungen miteinbezogen hatte. Seine Überzeugung, daß Deutschland saturiert und deshalb ein Faktor der Stabilität in Europa sei, gab seiner Außenpolitik das weltweite Vertrauen, aber setzte ihr zugleich die Grenzen, als diese Überzeugung nicht mehr aufrechterhalten werden konnte. Drängte auch Deutschlands Wirtschaft in die Welt und suchte neue Entfaltungsmöglichkeiten, konnte seine Politik leicht in Konflikte mit Mächten geraten, die Deutschlands Stellung als stärkste Kontinentalmacht bejahten, einen deutschen Imperialismus aber bekämpften.

Bismarck hat die Macht geliebt wie viele große Staatsmänner vor ihm. In der Periode seines Kampfes um Preußens Vormachtstellung in Deutschland hat er sie oft mißbraucht und sich ihrer bedient, um das Recht zu beugen. Aber er hat auch von den Grenzen der Macht gewußt und nicht geglaubt, mit ihr allein alles erreichen zu können. Die kluge Mäßigung beim Friedensschluß von 1866, die Politik der Friedenssicherung nach 1871 und manche innenpolitischen Rückzüge zeigen, daß er nicht maßlose Macht um ihrer selbst willen wollte, sondern sie nur als ein Werkzeug betrachtete.

Neunzehntes Kapitel

GESELLSCHAFT, WIRTSCHAFT, WISSENSCHAFT UND KUNST DEUTSCHLANDS IN DER 2. HÄLFTE DES 19. JAHRHUNDERTS

Wandlungen innerhalb der Gesellschaft

Es war nicht ohne Grund, daß sich Bismarcks Standesgenossen in Preußen wie in den anderen Bundesländern am geschlossensten und längsten der Politik einer Einigung Deutschlands unter der Führung Preußens widersetzten. Seit den preußischen Reformen, die die Befreiungskriege von der napoleonischen Herrschaft vorbereiteten und ermöglichten, hatte das Bürgertum im Kampfe um Einheit und Verfassung die Vorrechte des Adels in Politik und Gesellschaft zurückzudrängen versucht. Die Revolution von 1848 war innenpolitisch vor allem daran gescheitert, daß sich ihr adliges Beamtentum und Offizierskorps geschlossen widersetzten. Aber schon der wirtschaftliche Aufstieg des Bürgertums in den einzelnen deutschen Staaten nach 1850 hatte den politischen Einfluß des Adels infolge der Stärke der liberalen Partei in den Parlamenten der Einzelstaaten geschwächt. Eine Vergrößerung des deutschen Wirtschaftsgebietes durch eine politische Einigung mußte den Einfluß des wirtschaftlich aufsteigenden Bürgertums weiter verstärken. Im Gegensatz zu England hatte sich der deutsche Adel an der Industrialisierung nur wenig beteiligt, sondern sah seine wirtschaftliche Grundlage entsprechend altgewohnter Tradition vor allem im Großgrundbesitz. Sein Ertrag war starken Schwankungen unterworfen und im östlichen Preußen durch eine liberale Wirtschaftspolitik, die dem Wunsche des Bürgertums entsprach, vom Weltmarkt abhängig. Das aber konnte unter Umständen dem Adel seine wirtschaftliche Grundlage entziehen. Deshalb stand er der Politik Bismarks reserviert gegenüber. Erst der Bruch Bismarcks mit den Liberalen, seine Zollpolitik, seine Gegnerschaft zu den Sozialdemokraten und schließlich das politische System Wilhelms II. versöhnten den Adel mit dem neuen Reich, zumal in Deutschland im praktisch-gesellschaftlichen Leben seine bevorrechtigte Stellung nicht angetastet wurde. Diese wurde durch die Bevorzugung des Adels im Heer, in der Marine, der Diplomatie und der höheren Staatsverwaltung besonders unterstrichen. Es war sicher, daß ein bestimmter Prozentsatz der höheren Stellen in diesen Aufgabenbereichen dem Adel als besonderes Privileg vorbehalten war. In Preußen wurde die Bevorzugung des Adels auch noch durch das Dreiklassenwahlrecht unterstrichen.

Der eigentliche Träger der wirtschaftlichen Entwicklung wurde auch in Deutschland das Bürgertum. Über die Wirtschaft erhielt es gleichzeitig eine entscheidende Stellung in vielen Bereichen des Staates, der Gesellschaft und der Kultur. Schon früh vollzog es eine Aufspaltung in ein bloßes Besitz- und ein ausgesprochenes Bildungsbürgertum, was zunächst kaum einen wesentlichen Unterschied des Ansehens und der Geltung bedeutete. Beide Teile fühlten sich aufeinander angewiesen. Durch das ganze 19. Jahrhundert blieb die Auffassung lebendig, daß wirtschaftlich-technischer und wissenschaftlich-kultureller Fortschritt in einem austauschbaren Verhältnis zueinander stünden.

Nach der Judenemanzipation zu Beginn des 19. Jahrhunderts fanden die Juden in Deutschland auch leichter Zugang zur besitzbürgerlichen als zur „akademisch" traditionsbewußten bildungsbürgerlichen Gesellschaft. Aus diesem Grunde und durch die Gesetzgebung des „christlichen Staates" waren die Beamtenberufe den Juden zunächst noch verschlossen. Das änderte sich aber nach 1869. Im neugegründeten Reich wurden jüdische Juristen, Mediziner und Naturwissenschaftler auch an den Universitäten vielfach führend.

Durch die Industrialisierung fühlten sich am meisten die Handwerker und Kleinbauern bedroht. Zum Teil mußten sie ihre bisherige Existenz aufgeben und sich in der Industrie eine neue suchen. Durch Zusammenschluß in Genossenschaften und Verbänden aber gelang es zahlreichen Zweigen des Handwerks und dem mittleren Bauerntum, sich den veränderten Bedingungen anzupassen und eine selbständige „mittelständische" Existenz zu erhalten.

Wie in allen Industriestaaten wanderten auch in Deutschland die in Handwerk und Bauerntum freigesetzten Kräfte in die Industrie und bildeten das Industrieproletariat. Da der Arbeitslohn allein den jeweiligen Marktwert der Arbeitskraft als Ware ausdrückte, stand er in keiner Beziehung zu den Bedürfnissen des Arbeiters als Mensch oder als Ernährer einer Familie. In seiner Höhe war dieser Lohn von Marktschwankungen, in seiner Regelmäßigkeit von Arbeitswillen und Arbeitskraft des Arbeiters abhängig. Frauen- und Kinderarbeit waren deshalb selbstverständlich. Je größer die Zahl der Kinder, desto größer war auch das Einkommen. Trotz der Bismarck'schen Sozialgesetzgebung blieb die Lage des Proletariats in Deutschland drückend.

MAX LIEBERMANN

Die Netzflickerinnen

Les ravaudeuses de filets

Women Mending Fishing Nets

Las remendadoras de redes

Remendeiras de rêdes

1887—1889. Kunsthalle, Hamburg

Im Zuge der Industrialisierung wuchs auch die Zahl der in der Industrie beschäftigten Frauen. Noch mehr als durch die Fabrikarbeit des Mannes wurde so die ursprüngliche Einheit von Familie, Wohnung und Berufsarbeit zerrissen. Schon 1899 betrug die Zahl der verheirateten Frauen, die dauernd in Fabriken arbeiteten, rund 250 000. Bis zum Beginn des ersten Weltkrieges stieg diese Zahl von Jahr zu Jahr an. Damit ergaben sich für die Frauen und ihre Stellung in der Gesellschaft ganz neue Probleme. Konservative Kreise suchten die Entwicklung zu hemmen, indem man der Frau „ihr gemäße" Berufe zuwies. Doch schon 1865 hatte der „Allgemeine deutsche Frauenverein" auch für die Frau den Zugang zu den akademischen Berufen verlangt. Aber erst 1891 wurden Frauen als Hörerinnen an den Universitäten zugelassen. 1896 durften die ersten Doktorprüfungen für Frauen abgenommen werden. 1908 genehmigte Preußen als erster deutscher Bundesstaat ein höheres Mädchenschulwesen mit staatlicher Abschlußprüfung (Abitur). Entsprechend der besonderen deutschen Lage richtete sich das Streben der deutschen Frauenbewegung weniger auf eine politische als eine soziale Gleichberechtigung mit dem Manne. Die politische Gleichstellung wurde erst 1919 durch die „Weimarer Verfassung" verwirklicht.

Eine deutsche Besonderheit war zu Ende des 19. Jahrhunderts die Entstehung der Jugendbewegung. 1898 gründeten Schüler des Berlin-Steglitzer Gymnasiums den „Wandervogel". Diese Vereinigung junger Menschen war zunächst ein Protest gegen die bürgerliche Zivilisation, die sich im Laufe der zweiten Hälfte des 19. Jahrhunderts unter dem Einfluß der wirtschaftlichen Blüte und einer weitgehend materialistisch-areligiösen Weltanschauung herausgebildet hatte. Zugleich war sie ein Kampf für alle nicht rein rational zu begreifenden Kulturgüter. Aus dem Erlebnis der Kameradschaft, der unerschlossenen Natur, des zweckfreien Wanderns, der Schönheit alten Brauchtums in Spiel, Gesang und Tanz wollte man einen neuen, wahrhaftigeren Lebensstil entwickeln.

Diese Bewegung strahlte bald auf das übrige Europa aus. Internationale Jugendtreffen wurden häufiger. Aus dem Geist jugendlicher Kameradschaft suchte man jenseits aller Tagespolitik neue Ansätze für eine Völkerverständigung. Unter dem Einfluß der Jugendbewegung erwachte auch in der älteren Generation ein neues Verständnis für den Eigenwert der Jugend, das sich vor allem in der sog. Reformpädagogik fruchtbar entfaltete. Ein Jahr vor Ausbruch des ersten Weltkrieges schloß sich die deutsche Jugendbewegung zur „Freideutschen Jugend" zusammen, um „aus eigener Bestimmung, vor eigener Verantwortung, mit innerer Wahrhaftigkeit ihr Leben zu gestalten".

Seit dem Beginn der zweiten Hälfte des 19. Jahrhunderts verwandelte sich Deutschland aus einem Ackerbauland in einen Industriestaat. Die industrielle Revolution erfaßte in einem raschen Siegeszug das gesamte deutsche Leben und gestaltete es um. Die Grundlage für die schnelle industrielle Entwicklung war die Energiequelle Kohle, an der Deutschland den größten Reichtum in Europa hatte. Um ihre Lagerstätten herum entwickelte sich zunächst die Schwerindustrie. Schon zu Ende des Jahrhunderts überflügelte Deutschland England in der Stahlerzeugung, obschon es nur geringe Eisenerzlager hatte. Noch eindrucksvoller aber gestaltete sich der Auf- und Ausbau der chemischen Industrie, in der Deutschland vor dem ersten Weltkrieg den ersten Platz in der Weltproduktion einnahm. Trotz der Verringerung der Anbaufläche nahm infolge der künstlichen Düngung auch die landwirtschaftliche Produktion in bisher nicht gekanntem Ausmaß zu.

Der gesamte Außenhandel (Ein- und Ausfuhr) hatte 1880 einen Umfang von 5 726 Mill. Mark. Er erreichte 1913 20 867 Mill. Mark.

Die deutsche Bevölkerung, die 1870 40 Millionen Einwohner zählte, stieg bis 1913 auf 66 Millionen an.

Zweifellos sind diese Zahlen Beweise für einen wirtschaftlichen Aufstieg, den Deutschland in seiner bisherigen Geschichte noch nicht erlebt hatte. Hinter ihnen verbergen sich nicht nur ein starker Leistungswille und eine ungebrochene Schaffenskraft, sondern auch ein erstaunlicher Aufschwung der wissenschaftlichen Forschung und die nicht minder beachtenswerte Fähigkeit, ihre Ergebnisse in eine immer mehr vervollkommnete Technik umzusetzen. Die Bedeutung der Zusammenarbeit von Wissenschaft und Technik zeigte sich am stärksten auf dem Gebiete der Medizin. Ohne den Ausbau der chemischen Wissenschaft und der chemischen Industrie wären ihre bedeutenden Heilerfolge kaum möglich gewesen. Aber auch die geniale Entdeckung der X-Strahlen durch den Physiker Wilhelm Conrad v. Röntgen (1845—1923) erwies sich bald als eins der wichtigsten Hilfsmittel der Medizin.

Die 1867 von W. v. Siemens erfundene Dynamomaschine erschloß eine Kraftquelle von großen Ausmaßen. Der 1885 von den Technikern Daimler und Benz konstruierte leichte Explosionsmotor gab den Anstoß zum Automobilbau. 1898—1900 begann der Graf Zeppelin, anknüpfend an französische Vorgänger, mit seinen Versuchen, für den Menschen auch die Luft zu erobern. Kurz vor Ausbruch des Ersten Weltkrieges war ihm mit seinem starren Luftschiff ein gewisser Erfolg beschieden.

Immer eindeutiger schien die Wirtschaft das Schicksal der Menschen zu bestimmen. 1870 gab es in Deutschland 8 Großstädte mit über 100 000 Einwohnern, 1913 schon 48. Berlin war eine Millionenstadt geworden. Aus dem Ruhrgebiet — einst ein Ackerbauland — wurde das industrielle Herzland des Reiches. Der von seinem Besitzer überschaubare Klein- und Mittelbetrieb wandelte sich zum anonymen Großbetrieb. Wie in allen andern Ländern organisierte sich auch die deutsche Industrie in Kartellen, Syndikaten und Konzernen. Während es 1882 127 Unternehmen mit mehr als 1000 Arbeitern gab, waren es 1895 schon 255.

Trotz der von England geforderten Kennzeichnung deutscher Waren mit „Made in Germany" (1887) eroberten diese immer schneller den Weltmarkt. Die Kennzeichnung wurde entgegen der englischen Absicht zu einem Gütezeichen.

Die Wissenschaft

In der deutschen Philosophie setzte sich zunächst der Kampf gegen den deutschen Idealismus fort. Die Abwendung von aller Metaphysik bestimmte weithin ihre Haltung. Der Monismus wurde zur Weltanschauung der Gebildeten. Sein Hauptvertreter, Ernst Haeckel (1834—1919), stand dem atheistischen Materialismus sehr nahe. Nach seiner Ansicht ist die Wirklichkeit absolut einheitlicher Natur. Erde und Mensch sind kleinste Stäubchen innerhalb eines großen Kosmos. Die „Welträtsel" (1898), sein meistgelesenes Werk, vertreten die Ansicht, daß Geist nie ohne Materie, Materie nie ohne Geist existieren könne.

Haeckel glaubte, die großen Ideen von Gott, Freiheit und Unsterblichkeit durch seine Auffassung, daß Gott und Welt identisch seien, in einer innerweltlichen Religiosität überwunden zu haben. Vielfach aber wurde statt Philosophie bloße Philosophie- oder Geistesgeschichte (Wilhelm Dilthey 1833—1911) oder Erkenntnistheorie getrieben. Immerhin vertiefte sich diese zur universalen Methodenlehre allen wissenschaftlichen Denkens im Marburger „Neukantianismus" (H. Cohen 1842—1918) und in der scharf zwischen Natur- und Geisteswissenschaften unterscheidenden „Südwestdeutschen Schule" (H. Richert 1863—1930), von der später die „phänomenologische" Wertphilosophie M. Schelers (1877—1928) ausging. Die bedeutendste Denker- und Gelehrtengestalt unter den „Südwestdeutschen" aber war der Soziologe Max Weber (1864—1924); sein Herold war der als „Existenzphilosoph" bekannt gewordene Karl Jaspers (geb. 1883). Weber schied streng zwischen wertfreier, objektiv wissenschaftlicher Tatsachen- und Ursachenfeststellung auf der einen Seite und rational unbegründbar subjektiver Wertung auf der anderen. Er zog eine scharfe Trennungslinie zwischen der „Verantwortungsethik" des Politikers, der „kleinere Übel" zur Vermeidung allgemeiner in Kauf nehmen muß, und der „Gesinnungsethik" des kompromißlosen „Mystikers".

Die Geisteswissenschaften standen im Schatten der Naturwissenschaften. Sie bedienten sich, soweit es eben möglich war, eines den Naturwissenschaften angeglichenen Verfahrens (Wortstatistik, sozio- und psychologische Literaturanalyse). Insbesondere suchte die Geschichtswissenschaft, gestützt auf quellenkritisch erarbeitete Tatsachen, im Ablauf des Geschehens Gleichläufigkeiten („Gesetze") zu erkennen. Sie stand stark unter dem Einfluß des Franzosen Auguste Comte (1798—1857), der seine neue Art des Philosophierens Positivismus nannte. Dieser beschränkte sich auf immanente Ursachen als Erklärungsprinzip und stellte nach Comtes Meinung das dritte und letzte Stadium menschlichen Selbst- und Weltverständnisses nach dem theologischen und metaphysischen dar. Geschichte ist für Comte Soziologie, d. h. Lehre von gewissen typischen Erscheinungen, die im Zusammenleben der Menschen immer wieder ähnlich zu beobachten sind.

Aber auch dem allgemeinen Zuge zur Differenzierung folgte die Geschichtswissenschaft, insofern jeweils nur bestimmte Geschichtsperioden und begrenzte Sachgebiete von gerade damit besonders vertrauten Gelehrten behandelt wurden. Doch ganz konnten auch sie sich nicht von den Zeitanschauungen freihalten, sobald sie Ereignisse und Gestalten der Vergangenheit werteten, und war es auch nur durch die Auswahl des Wissenswerten. Th. Mommsens „Römische Geschichte" (1854/55) war das Werk eines von demokratischen Gedanken erfüllten, den Senatsadel verachtenden Mannes. Julius Ficker (1826—1902) vertrat in seinem Werk „Das deutsche Kaiserreich in seinen universalen und nationalen Beziehungen" (1861) einen großdeutschen Standpunkt, während Heinrich v. Sybel (1817—1895) die deutsche Kaiserpolitik des Mittelalters von kleindeutscher Sicht aus beurteilte. Mit Heinrich v. Treitschke aber begann in Deutschland die Reihe jener Historiker, die versuchten, die Geschichte des eigenen Volkes zu einem Erziehungsfaktor zu machen. Er war Sachse von Geburt, aber die Begeisterung für Preußen und Bismarck hatte ihn nach Berlin gezogen. Über die Geschichte des eigenen Volkes wollte er die Ehrfurcht vor dem Staat, den Stolz auf seine Leistung, Macht und Größe wecken, um so die Bereitschaft zu stärken, dem Vaterland in selbstloser Treue zu dienen. Treitschke hat dieses Ziel nicht nur durch seine „Deutsche Geschichte" (1879), sondern mehr noch durch seine höchst eindrucksvollen Vorlesungen als Berliner Professor erreicht. Die Lehrergeneration, die er bildete, erzog eine Jugend, die im Bismarck-Reich nicht nur die bedeutendste Ausprägung des deutschen, sondern des objektiven Geistes im Sinne Hegels sah.

Neben die politische Geschichte trat die Kulturgeschichte. Der Basler Jakob Burckhardt ließ „Die Kultur der Renaissance in Italien" lebendig werden (1860). Den Ruhm der deutschen Archäologie begründete Heinrich Schliemann. 1871 begann er mit seinen Ausgrabungen auf dem Hügel von Hissarlik und stieß bald auf die Reste des alten Troja. Auch Mykenä und Tiryns wurden von ihm wiederentdeckt. Von 1878—1881 legte Wilhelm Dörpfeld die Ruinen Olympias frei.

In höchst problematischer Weise entwickelten sich im Zuge einer philosophischen Gegenbewegung gegen den Materialismus und unter Betonung des Unbewußten Anschauungen, die, von der strengen wissenschaftlichen Forschung abgelehnt, politisch eine sich steigernde Bedeutung erlangten. Ihre eigentlichen Begründer waren nicht Deutsche, aber ihre pseudowissenschaftlichen Lehren fanden in Deutschland eine starke Resonanz. Die Ursprünge des Rassismus lagen in Frankreich, vor allem in Gobineaus (1814—1882) Werk „Versuch über die Ungleichheit der Menschenrassen". Popularisiert wurden seine Anschauungen von dem Engländer Houston Stewart Chamberlain (1855—1927), dem Schwiegersohn Richard Wagners, in seinem Werk „Die Grundlagen des 19. Jahrhunderts". Danach kommen alle bedeutenden Kulturleistungen sogenannten höheren Rassen, insbesondere der nordischen zu, deren Verkörperer die Germanen seien. Der Geist sei durch die Rasse bestimmt (biologischer Materialismus). Der hochwertigen nordischen Rasse wurden die Juden als die schlechthin minderwertige gegenübergestellt. Der Antisemitismus, die natürliche Frucht dieser Lehre in scheinwissenschaftlichem Gewande, erfuhr einen starken Auftrieb. Er hatte in Deutschland seit der Reichsgründung latent immer bestanden und sogar im Kampf gegen Bismarck wegen seiner Verbindung mit dem jüdischen Bankhaus Bleichröder eine Rolle gespielt. Treitschke lieferte ihm schon damals das wahnwitzige Schlagwort: „Die Juden sind unser Unglück." Der Protestant Stoecker, Mitbegründer des evangelisch-sozialen Kongresses (1890) und Hof- und Domprediger in Berlin, und der Katholik Karl Lueger in Wien, Politiker der christlich-sozialen Partei Österreichs, förderten ihn aus politischen und religiösen Gründen als Gegner des Liberalismus. Schönerer, Vertreter der großdeutschen Bewegung in Österreich, benutzte im politischen Kampf die scheinwissenschaftlich-rassistische Begründung für den Antisemitismus. Als semitisch-jüdisches Produkt lehnte er auch das Christentum ab. Trotzdem erlangte weder in Deutschland noch in Österreich der Antisemitismus politisch oder gesellschaftlich eine entscheidende Bedeutung.

Die Kunst

Die zweite Hälfte des 19. Jahrhunderts hat in Deutschland keine große Kunst hervorgebracht. Die Reichsgründung war im gesamten künstlerischen Bereich unbeachtet geblieben. Nur C. F. Meyer (1825—1898), ein Schweizer, war durch sie bestimmt worden, seine Werke deutsch und nicht französisch zu schreiben. Aber außer in seiner Dichtung „Huttens letzte Tage" hat sie in seinen und seiner Zeitgenossen Werken keinen Nachhall gefunden. Unabhängig von allen politischen Ereignissen bewegte sich das literarische Schaffen zunächst in jenen Bahnen, in denen es schon zur Mitte des Jahrhunderts begonnen hatte. Manche Einzelleistung war bedeutend, aber die Kunst war nicht mehr Gestalterin des Lebens. Sie erfüllte als Dichtung oder bildende Kunst eher das Bedürfnis des Bürgers nach einer Überhöhung des Lebens, das die Sinne ansprach (Spielhagen und Heyse etwa in der Dichtung; Piloty, Mackart und Achenbach in der Malerei).

Die Malerei konnte sich aber der wirklichkeitsbetonten, nicht mehr „idealisierenden" Betrachtung der Welt nicht ganz entziehen. Sie eroberte sich Neuland, das sie bisher nicht betreten hatte, indem sie auch die Welt der Industrie und der Arbeit in ihr Schaffen miteinbezog (Adolph Menzel 1815—1905) und sich auch nicht scheute, die Welt des Proletariats mit rückhaltloser Offenheit darzustellen (Käthe Kollwitz 1867—1945).

Jedoch war diese Malerei für die Zeit durchaus nicht kennzeichnend. Weit stärker bestimmte der Impressionismus Inhalt und Form der Aussage. Haupt der impressionistischen Malerschule in Deutschland war Max Liebermann (1847—1935) neben Max Slevogt (1868—1932) und Lovis Corinth (1858—1925). Über den französischen Impressionismus hinaus charakterisiert die Bilder Liebermanns eine soziale Tendenz.

Neue, aber dem Zeitgeist durchaus angemessene Wege künstlerischer Gestaltung suchte und fand der Naturalismus (Begründer: Heinrich und Julius Hart in den achtziger Jahren; wesentliche Vertreter: Sudermann, Halbe, Liliencron, Gerhart Hauptmann (1862—1946). Vielfach wurde allerdings der Naturalismus zum bloßen Abklatsch der Wirklichkeit und verleugnete den überall wirkenden Geist. Jedoch hatte er insofern eine Bedeutung, als er wie die Jugendbewegung das Bürgertum auf die

Hohlheit und Scheinmoral seiner Welt aufmerksam machte. Der Naturalismus blieb aber in der Kritik stecken; es gelang ihm nicht, ein neues, verpflichtendes Weltbild zu entwerfen.

Die Musik setzte in Brahms (1833—1897) und Bruckner (1824—1896) die Linie Beethovens fort und wurde vom Zeitgeist kaum ergriffen. Der Verhaltenheit des Norddeutschen Brahms stand die kraftvolle religiöse Ursprünglichkeit des Österreichers Bruckner gegenüber. Obschon Bruckners Abhängigkeit von Wagner unverkennbar ist, stand er in seinem religiös-musikalischen Anliegen Bach weit näher als seinem Vorbild.

Wohl ihren stärksten künstlerischen Ausdruck fand die Zeit im „Gesamtkunstwerk" Richard Wagners (1813—1883). Zwar gehen die Meinungen über sein dichterisches und musikalisches Werk immer noch weit auseinander, aber man kann kaum bestreiten, daß Musik wie Dichtung deshalb einen so großen Nachhall schon bei den Zeitgenossen fanden, weil er in beiden der götterlosen und materialistischen Zeit neue Mythen und neue Götter schenkte. Freilich bildete den eigentlichen Hintergrund auch seines Werkes die Frage nach der Erlösung des Menschen. Die Antwort aber, die er zu geben versuchte, blieb letztlich unverbindlich. Indem Wagner die großen Fragen des Lebens in ein mythisches Gewand hüllte, erschütterte und verwandelte er den Menschen nicht.

Niemand aber fühlte stärker die Verantwortung des schöpferischen Menschen seiner Zeit gegenüber als der Dichter-Philosoph Friedrich Nietzsche (1844—1900). Er war der große Verneiner alles dessen, was man den Geist seiner Zeit nennen konnte: der überlieferten Religion, des Nationalstaates, des Liberalismus, der Philosophie, der Kunst bis hin zum Werk Richard Wagners. Insofern war er der Zerstörer aller überlieferten Werte. Ihn trieb die Redlichkeit, als letzte Voraussetzung moderner Natur- und Geschichtswissenschaft rückhaltlos auszusprechen: „Gott ist tot." Die Welt ist Un-sinn. Der „Sklavenmoral" des Christentums glaubte er seine „Herrenmoral", dem Jenseitsglauben die heroische Bejahung des Lebens und der Erde entgegenstellen zu müssen.

Zwanzigstes Kapitel

DIE WILHELMINISCHE ÄRA

Kaiser Wilhelm II.

Die Zeit nach Bismarcks Sturz bis zum ersten Weltkrieg erhielt ihren Namen in Deutschland nach seinem dritten Kaiser, Wilhelm II. Das ist insofern unberechtigt, als gerade dieser Kaiser keine zeitprägende Persönlichkeit war. Nicht er formte die Zeit, sondern die Zeit formte ihn und sein Handeln. Seine Regierung war in ihrem Schwanken zwischen Nachgiebigkeit und Überbetonung der Macht, zwischen Friedensbereitschaft und Kriegsdrohung, zwischen sentimental-sozialer Gesinnung und herrisch vertretenem Gottesgnadenkönigtum, zwischen Idealismus und Materialismus, zwischen romantischer Gefühlsschwärmerei und zynischer Kälte nichts als ein Ausdruck ihrer Zeit. Wilhelms II. überempfindliche Sensibilität registrierte die jeweiligen Zeitströmungen wie ein Seismograph, und da er in der Überbewertung seiner Person immer den Anspruch stellte, sein Volk zu führen, verwechselte er häufig Zeitanschauung mit eigener Einsicht. Da er selbst zwiespältig und in seinen Zielsetzungen unklar und schwankend war, wurde auch seine Politik zwiespältig und undurchsichtig. Aber tief davon überzeugt, daß ihm ein besonderes politisches Gespür eigen sei, zögerte er nur selten, seine Auffassungen zur Richtschnur der deutschen Politik zu machen. Dabei stellte er gern die militärische Macht über jede andere, weil er glaubte, daß Deutschland auf militärischem Felde unbesiegbar sei. Er benutzte das Schwert als Drohung gegen die Welt, wenn immer es ihm passend und nützlich erschien, ohne je ernsthaft einen Krieg zu wollen. In seinem Ehrgeiz, als „Volkskaiser" die Resonanz der Massen zu finden, zielten seine Reden mehr auf volkstümliche als politisch zu verantwortende Formulierungen. Wohin auch immer er reiste und wo auch immer er erschien, lag es ihm daran, den Eindruck eines besonders von Gott begnadeten Herrschers zu machen. Deshalb fanden Schmeichler bei ihm leicht ein offenes Ohr. Wer seinen Ansichten zustimmte, hatte sein Vertrauen, wer ihnen kritisch gegenübertrat, mußte mit seiner Ungnade rechnen. Es war seine Überzeugung, daß Frankreich, aber auch Rußland

Deutschlands Gegner seien. Sein Verhältnis zu England blieb stets von einem tiefen Mißtrauen überschattet. Trotz seiner nach außen zur Schau getragenen Sicherheit fühlte er sich und das Reich immer von allen Seiten bedroht und gefährdet. Dem suchte er durch provozierende Hinweise auf die deutsche militärische Macht und durch stetige Rüstungssteigerungen zu begegnen. Deutschlands Nachbarn aber begannen, in ihm und seinem Volk eine Gefahr für den Frieden zu sehen. Was Bismarck durch seine maßvolle Politik verhindert hatte, Wilhelm II. zwar immer befürchtete, aber durch seine ungeschickte Politik geradezu herausforderte, wurde Wirklichkeit: gegen das hochgerüstete Deutsche Reich bildeten sich Bündnisse, die Deutschlands Macht übertrafen.

Gefährliche Strömungen

Der bemerkenswerte wirtschaftliche Aufstieg Deutschlands nach 1871, die Weltgeltung, die die deutsche Wissenschaft auf vielen Gebieten erzielt hatte, und die unbestrittene Großmachtstellung, die das Reich in Europa besaß, ließen bei den Deutschen mit der Zeit die Frage immer lauter und dringlicher werden, ob nicht die Geschichte diesem so begabten Volke etwas Entscheidendes vorenthalten habe. Vor allem vor dem Hintergrund der englischen geschichtlichen Entwicklung schien diese Frage mit Recht gestellt zu sein. Während sich das englische Volk seit Jahrhunderten einer stetigen Ausweitung seiner Macht über die ganze Welt erfreute, seiner Industrie Rohstoff- und Absatzmärkte in überreichlicher Fülle zur Verfügung standen, die englische Flotte die unangefochtene Beherrscherin der Weltmeere war, blieb Deutschlands Macht auch nach seiner Einigung auf Mitteleuropa beschränkt. Bismarck hatte seiner Politik das Ziel gesetzt, Deutschlands Nachbarn mit der Existenz des Reiches auszusöhnen, indem er ihnen das Gefühl gab, daß Deutschland niemanden bedrohe. Der Generation, die das mühsame Einigungswerk nicht selbst erlebt hatte, erschien das als eine allzu genügsame Politik. Der leuchtende Glanz der Siege, errungen gegen militärisch schwächere Gegner, trübte den Blick für jene militärischen Schwierigkeiten, denen Deutschland begegnen mußte, wenn es die größten Mächte Europas gegen sich hatte. Eine Politik des „Eisens und Bluts“ glaubte man im Mißverständnis der eigentlichen Grundlagen der Bismarck’schen Politik wie seines Wortes mit sicherer Aussicht auf Erfolg auch dann führen zu können, wenn vitale Interessen anderer Völker betroffen würden. Der Traum vom „Platz an der Sonne“ begnügte sich nicht mehr mit dem bisher erworbenen Kolonialbesitz, sondern zielte auf eine echte Konkurrenz mit England und Frankreich in der Aufteilung der Welt. Das Fieber imperialistischen Weltmachtstrebens verdunkelte nicht allein den klaren Blick besonnener Wirtschaftsführer, sondern fraß sich auch ein in die wissenschaftlichen Arbeiten zahlreicher Professoren. Allzu leicht wurden auch die Schulen Pflanzstätten eines glühenden, blinden Nationalismus, dem nichts zu gewagt oder unerreichbar erschien.

Der Nährboden für diese imperialistischen und nationalistischen Strömungen waren drei Vereinigungen, die besonders vom Bürgertum gefördert wurden: „Der Alldeutsche Verband", 1891 als Reaktion gegen den mit England abgeschlossenen Sansibar-Vertrag gegründet, der „Deutsche Kolonialverein" und der „Deutsche Flottenverein" (1898). Freilich war die Zahl der Mitglieder dieser Verbände nicht gerade hoch, trotzdem hat aber besonders der „Alldeutsche Verband" durch Flugschriften und Vorträge seiner Anhänger seine Ideen mit Erfolg verbreiten können. Seine politischen Ziele waren die Eingliederung aller Deutschen in Europa ins Deutsche Reich, eine tatkräftige Kolonial- und Auswanderungspolitik und der Schutz des Deutschtums in der Welt durch das Reich. Darüber hinaus aber sollte durch Stärkung des Wehr- und Eroberungswillens aller Deutschen der Weltpolitik des Kaisers und der verantwortlichen Staatsmänner eine breite Resonanz im Volk gesichert werden.

Das Verhältnis des Deutschen zum Militär war bis weit in die Mitte des Jahrhunderts hinein durchaus nicht eindeutig positiv. Im militärischen Dienst sah man eher eine Erniedrigung des freien Mannes als eine Auszeichnung. Unter dem Eindruck der Siege und der bevorzugten gesellschaftlichen Stellung, die vor allem dem Offizier eingeräumt wurde, änderte sich diese Haltung. Die Uniform wurde zum Ehrenkleid, der „Leutnant der Reserve" zur selbstverständlichen Voraussetzung bürgerlichen Ansehens und beruflichen Aufstiegs. Der Stand des Soldaten nahm in der Wertskala den ersten Platz ein. Das militaristische Denken wurde vorherrschend.

Zum Verhängnis wurde es jedoch erst durch zwei Männer, denen es gelang, wesentliche Aspekte der deutschen Politik dem militärischen Kalkül unterzuordnen: v. Schlieffen und v. Tirpitz. Der General Alfred Graf von Schlieffen war 1891 Chef des Generalstabes geworden und als solcher mit der Ausarbeitung eines Operationsplanes für den Fall eines Zweifrontenkrieges gegen Rußland und Frankreich betraut. In der Überzeugung, daß es der deutschen militärischen Überlegenheit gelingen würde, Frankreich schnell niederzuwerfen, wenn der rechte Flügel des deutschen Heeres den französischen Gegner durch ein Umfassungsmanöver einkesseln könnte, glaubte er, sich über den Bruch der

Neutralität Belgiens hinwegsetzen zu können, weil nur dieser eine solche Flankenbewegung ermöglichte. Wollte die politische Führung des Reiches den Plan übernehmen, mußte sie diesen Neutralitätsbruch politisch verantworten und damit rechnen, daß England als Signatarmacht des Londoner Abkommens von 1831, das die dauernde Neutralität Belgiens festlegte, gegen Deutschland kämpfen würde. Jedoch hat kein verantwortlicher Staatsmann es gewagt, dem Generalstab zu widersprechen. Auch als v. Moltke 1905 v. Schlieffen ablöste, blieb der Schlieffen-Plan bestehen. 1914 war er die Grundlage des deutschen Angriffs gegen Frankreich und beeinflußte über den Bruch der belgischen Neutralität hinaus entscheidend das politische Handeln in der Zeit unmittelbar vor Ausbruch des ersten Weltkrieges.

Der Großadmiral Alfred von Tirpitz (1849—1930) war der Schöpfer der deutschen Kriegsflotte. Diese entsprang aber ebenso dem Wunschdenken Wilhelms II., der glaubte, durch die bloße Existenz einer machtvollen Flotte seine unklaren weltpolitischen Aspirationen verwirklichen zu können. Das deutsche Volk sah in ihr das Symbol deutscher Weltgeltung und der Gleichstellung des Reiches mit England. Nach Tirpitz' Auffassung sollte sie für England ein „Risiko" bedeuten, Deutschland anzugreifen. Seit 1898 wurde der Flottenbau von Jahr zu Jahr gesteigert. 1914 war Deutschlands Flotte die zweitgrößte nach der englischen. England fühlte sich in seinem nationalen Stolz verletzt und zu erhöhten Rüstungsanstrengungen gezwungen. Trotz der wiederholten englischen Versuche, den Rüstungswettlauf im Flottenbau einzustellen, konnte sich die politische Führung unter dem Einfluß von Tirpitz und dem Kaiser nicht zu einem Abkommen mit England entschließen. Auch in dieser Beziehung bestimmte das Militär das politische Handeln.

Im ersten Weltkrieg konnte die Flotte weder die deutschen Kolonien schützen noch gegenüber England offensiv vorgehen. Militärisch hatte sie kaum eine Bedeutung, politisch aber trug der Flottenbau entscheidend zur Verschlechterung der deutsch-englischen Beziehungen bei.

Wilhelms II. Innenpolitik

Im richtigen Gefühl dafür, daß die Lösung der sozialen Frage eine der wichtigsten Aufgaben der Zeit sei, ging Wilhelm II. mit seinem ersten Reichskanzler Caprivi zunächst an den Ausbau der Sozialgesetzgebung. Das Sozialistengesetz Bismarcks wurde 1890 aufgehoben, die sozialdemokratische Partei konnte sich wieder frei betätigen. Durch die Einführung von Gewerbegerichten zur Schlichtung von Streitigkeiten zwischen Arbeitgebern und Arbeitnehmern sollte den Arbeitern eine größere soziale Sicherheit im Fall von Arbeitskonflikten gewährt werden. Das Krankenversicherungsgesetz und das Unfallversicherungsgesetz erfuhren eine wesentliche Verbesserung im Interesse der Arbeitnehmer. Die Bestimmungen über Sonntagsruhe, Frauen- und Kinderarbeit und den Schutz des Arbeiters gegen gesundheitliche Schäden entsprachen wesentlichen Forderungen der Gewerkschaften wie der Sozialdemokratie.

Gleichzeitig sollte eine neue Wirtschaftspolitik die Lage der deutschen Industrie verbessern und den Lebensstandard der Arbeitermassen erhöhen. Langfristige Handelsverträge vor allem mit den europäischen Staaten sicherten der deutschen Wirtschaft eine konstante Produktion und der Arbeiterschaft den Arbeitsplatz. Als Gegenleistung mußte Deutschland seine Grenzen öffnen und einen Teil der Schutzzollpolitik, vor allem die zu Gunsten der Landwirtschaft, aufgeben. Das hinwiederum begünstigte eine Politik des „billigen Brotes“ im Interesse der Arbeiterschaft.

Gegen diese Wirtschaftspolitik opponierte die deutsche Landwirtschaft, vor allem die des deutschen Ostens. Der „Bund der Landwirte“ schuf sich in der konservativen Partei ein kräftiges politisches Sprachrohr. Über die Drohung, die kaiserliche Flottenpolitik zu torpedieren, erreichten die Landwirte eine Zurücknahme der Zollsenkungen. Der zaghafte Versuch, Deutschland in den Kreis der Freihandelsstaaten zurückzuführen, war gescheitert.

Dabei spielten allerdings auch militärische Erwägungen eine wesentliche Rolle. Der Zugang Deutschlands zu den Weltmeeren ist schmal. Im Kriegsfalle war deshalb das Reich fast ganz auf seine eigene landwirtschaftliche Produktion angewiesen, deren Potential bei stetig abnehmender Nutzfläche infolge der Industrialisierung nur durch Intensivierung vergrößert werden konnte. Das ist der deutschen Landwirtschaft mit Hilfe der Industrie und der Anwendung wissenschaftlicher Erkenntnisse gelungen, setzte aber voraus, daß die Preise der landwirtschaftlichen Produkte künstlich hoch gehalten wurden.

Trotz der Verbesserung der sozialen Gesetzgebung, der „Politik des billigen Brotes“ und der Nichtverlängerung des Sozialistengesetzes (1890) gelang es Wilhelm II. nicht, Arbeiterschaft und sozialdemokratische Partei zur Aufgabe ihrer Opposition gegen den bestehenden Staat und die Außenpolitik des Reiches zu veranlassen. Das lag z. T. sicherlich daran, daß stärker als in den anderen europäischen Staaten die deutsche Sozialdemokratie vom marxistischen Dogma von der Notwendigkeit einer Weltrevolution wie vom Zusammenbruch des kapitalistischen Systems beherrscht wurde. Aber es ergab sich auch aus der Haltung

Wilhelms II. zur Sozialdemokratie. Enttäuscht, daß seine Sozialpolitik nicht sofort zu einer Änderung des politischen Klimas bei den Arbeitern führte, forderte er schon 1894 zum Kampf für „Religion, Sitte und Ordnung“ gegen die Parteien des Umsturzes, nämlich gegen die Sozialdemokraten auf. Ihre Anhänger bezeichnete er in öffentlichen Reden als „vaterlandslose Gesellen“. Als der Kaiser aber den Versuch machte, die verfassungsmäßigen Rechte der sozialdemokratischen Partei einzuschränken, um dadurch ihren Kampf für eine gerechtere soziale Ordnung und eine stärkere Demokratisierung des öffentlichen Lebens einzudämmen, scheiterte das an der Haltung des Reichstages, ein Beweis, wie stark sich der demokratisch-rechtsstaatliche Gedanke auch schon in den anderen Parteien durchgesetzt hatte. Dennoch stand das deutsche Bürgertum der Sozialdemokratie, die zur stärksten Partei des Reichstages wurde, sehr reserviert gegenüber. Da Regierung und Bürgertum nicht bereit waren, die Bedeutung einer Verfassungsreform als Vorstufe für eine durchgreifende Sozialreform zu erkennen, scheiterten auch alle Versuche, die breite Masse als Stütze eines nationalen Imperialismus zu gewinnen.

Die Außenpolitik unter Wilhelm II.

Die deutsche Außenpolitik wurde zunächst entscheidend von dem Verhältnis zu Rußland bestimmt. Die „Epoche, in der die Allianz mit Rußland das Evangelium der preußischen Politik bildete“, war zu Ende. Dabei ging die deutsche Politik davon aus, daß für Rußland ein Bündnis mit Frankreich solange wertlos sein müsse, als es England nicht gewinnen konnte. Dieses aber sei nur zu einer Annäherung an die östliche Großmacht bereit, wenn Rußland auf seine Ambitionen in Asien verzichte. Der Urheber dieser außenpolitischen Konzeption war der Geheimrat Friedrich von Holstein, Kritiker der Außenpolitik Bismarcks und Leiter der politischen Abteilung des Auswärtigen Amtes, die sog. „Graue Eminenz“. Innerhalb des Dreibundes sollte sich Deutschland Handlungsfreiheit nach allen Seiten bewahren und im geeigneten Augenblick auf jene Seite treten, die für die deutschen Interessen am günstigsten sei. Dadurch erhielt die deutsche Außenpolitik den Charakter des Unsteten (sog. „Zick-zack-Politik“).

Durch den Sansibar-Vertrag von 1890 hatte Deutschland gewisse koloniale Spannungen mit England beseitigt. Im Austausch gegen Helgoland erklärte sich Deutschland mit der Übernahme der englischen Schutzherrschaft über die Insel Sansibar einverstanden. Die Festlandsbesitzungen des Sultanats Sansibar wurden als Deutsch-Ostafrika deutscher Kolonialbesitz.

Rußland schloß 1892 eine Militärkonvention, 1894 ein förmliches Bündnis mit Frankreich. Obwohl sich beide Abkommen eindeutig gegen Deutschland richteten, sah die deutsche Außenpolitik darin keine Gefahr, glaubte sie doch, sich jederzeit wieder Rußland nähern zu können. Eine Möglichkeit dazu bot der chinesisch-japanische Konflikt. Aber die unfreundliche Haltung gegenüber Japan, dem möglichen Gegner Rußlands im „Fernen Osten", führte nicht zu einer Annäherung Rußlands an Deutschland, sondern trieb Japan in die Arme Englands. Mit dem Einspruch gegen den Frieden von Schimonoseki, der 1895 den chinesisch-japanischen Konflikt beendete, begab sich Deutschland, jetzt auch nach außen sichtbar, auf weltpolitische Bahnen. Gerade weil es im Fernen Osten keine eigenen Interessen zu vertreten hatte, mußten sich die anderen Weltmächte fragen, was der Sinn dieser Politik sei. Deutschland selbst geriet in das russisch-chinesisch-japanische Spannungsfeld, weil es seine politische Bedeutung als Großmacht überall in der Welt zur Geltung bringen zu müssen glaubte. Die Erwerbung des ostchinesischen Hafens Kiautschou zwei Jahre später schien zwar das weltpolitische Abenteuer zu rechtfertigen, machte aber China zum Gegner Deutschlands und stieß bei Japan auf Unverständnis.

Deutschland hatte gehofft, den Sansibar-Vertrag mit England zum Ausgangspunkt für Bündnisverhandlungen machen zu können, zumal es England zusicherte, daß es „sich jedem russischen Vorgehen bezüglich freier Durchfahrt durch die Dardanellen widersetzen würde". England aber glaubte, die Politik der „splendid isolation" noch fortsetzen zu können. Als es jedoch infolge des Burenkrieges feststellen mußte, daß diese Politik auf die Dauer unhaltbar sei, näherte es sich trotz der moralischen Unterstützung der Buren durch Wilhelm II. dem Reich. Allerdings waren diese Annäherungen von Anfang an nicht nur durch Deutschlands Eintreten für die Buren belastet, für das England noch Verständnis zeigte, handle es sich doch um „die nicht unnatürliche Sympathie für den Schwachen gegen den Starken". Seit 1895 hatte sich Englands Einstellung gegenüber der Türkei geändert. Der englische Erste Minister Salisbury trug sich, unterstützt von seinem Kolonialminister Chamberlain, mit dem Gedanken, die afrikanischen Kolonien mit Indien zu einem Weltreich zu verbinden, wobei Vorderasien die Landbrücke darstellen sollte. Das hätte die Eingliederung der asiatischen Türkei, Arabiens, Mesopotamiens und Persiens ins englische Empire bedeutet. Österreich-Ungarn sollte auf dem Balkan, Rußland durch einen Zugang zum Mittelmeer schadlos gehalten werden. Deutschland aber war aus wirtschaftlichen Gründen an einer Erhaltung der Türkei interessiert. 1898 versicherte Wilhelm II. auf einer Orientreise, daß 300 Millionen Mohammedaner in ihm stets einen Beschützer finden würden. 1899 begann mit deutschem Privatkapital der Bau der Bagdad-Bahn. Der Weg von Berlin nach Istanbul und Bagdad führte durch den Balkan und stieß auf die englische Interessensphäre im Vorderen Orient.

Ein Jahr vorher hatte Deutschland mit seinem Flottenbau begonnen. In 16 Jahren sollten 34 Großkampfschiffe vom Stapel laufen.

Trotz dieser zweifellos für Englands Prestige belastenden Aktionen der deutschen Politik nahm der britische Kolonialminister Chamberlain 1898 die Verhandlungen mit Deutschland auf, um zunächst zu einem Ausgleich der Differenzen zu kommen, der dann zu einem Verhältnis führen sollte, das „dem Beitritt Englands zum Dreibund gleichkomme". Die Verhandlungen dauerten drei Jahre. England war von vornherein nicht zum Abschluß eines förmlichen Bündnisses bereit. Deutschland konnte das Mißtrauen nicht überwinden, daß es als „Englands Festlandsdegen" wegen des russisch-englischen Gegensatzes in Ostasien „die Schlachten Englands in China schlagen solle", ohne dazu infolge seiner geographischen Lage imstande zu sein. Auch fürchtete es, daß es in einem europäischen Kriege gegen Rußland und Frankreich ohne wirksame Hilfe Englands sein würde. Trotz der unverhüllten Drohung Englands, für den Fall des Scheiterns der Verhandlungen sich Frankreich und Rußland zu nähern, wurden auf den Rat Holsteins die Besprechungen abgebrochen. England nahm engere Beziehungen zu Frankreich und Rußland auf. Es begann die Isolierung Deutschlands an der Seite zweier schwacher Bundesgenossen, Österreich-Ungarns und Italiens.

Die ersten Folgen der dadurch bedeutend verschlechterten Lage des Deutschen Reiches zeigten sich während der europäischen Krisen, die dem ersten Weltkrieg vorausgingen. Ein Jahr nach Abschluß der englisch-französischen Entente cordiale veranlaßte Bülow, seit 1900 deutscher Reichskanzler, den Kaiser, überraschend in Tanger zu landen und den Sultan als unabhängigen Herrscher anzuerkennen. Das entsprach zwar den Verträgen von 1850 und 1880 über die Gleichberechtigung der Großmächte in Marokko, richtete sich aber ebenso eindeutig gegen Frankreich, das Marokko in ein französisches Protektorat umwandeln wollte.

Den Verträgen gemäß traten die Großmächte 1906 in Algeciras zu einer Konferenz zusammen, um die Marokko-Frage zu regeln. Entgegen den Befürchtungen Englands, daß Frankreich und England auf der Konferenz allein stehen würden, standen außer Österreich die Großmächte gegen Deutschland. Der Grundsatz der „offenen Tür" wurde zwar proklamiert, aber nicht gehalten. Deutschland hatte eine entscheidende außenpolitische Niederlage erlitten. Ein Jahr später kam es auch zu

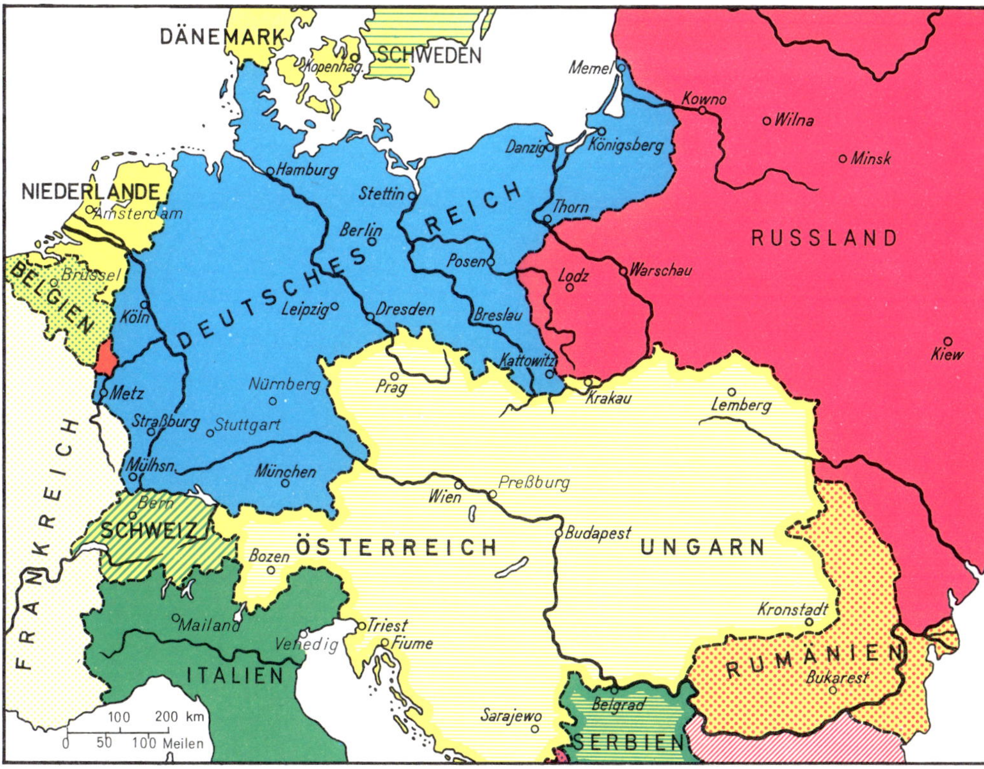

Mitteleuropa vor dem 1. Weltkrieg

Mitteleuropa nach dem 1. Weltkrieg

einem Ausgleich der kolonialen Differenzen zwischen England und Rußland.

Infolge der wirtschaftlichen Unterstützung der Türkei durch Deutschland waren die politischen Beziehungen zwischen dem Reich und dem Sultanat immer enger geworden. Die mißlichen innenpolitischen Verhältnisse in der Türkei führten 1908 zu einer Revolution der jungtürkischen Bewegung in Verbindung mit der türkischen Armee. Diesen Augenblick der außenpolitischen Schwäche des türkischen Staates benutzte Österreich-Ungarn, entgegen den Bestimmungen des Berliner Kongresses Bosnien und Herzegowina zu annektieren. Dadurch nahm es Serbien den Weg zum Meer, störte Rußlands Balkan-Pläne und belastete Deutschlands Verhältnis zur Türkei schwer. Trotzdem erklärte Bülow: „Für unsere Haltung in allen Balkanfragen sind in erster Linie die Bedürfnisse, Interessen und Wünsche Österreich-Ungarns maßgebend." Eine falsch verstandene „Nibelungentreue" zog Deutschland in die Schwierigkeiten auf dem Balkan hinein.

Da die steigenden Rüstungsausgaben von allen Großmächten als überaus drückend empfunden wurden, vereinbarten die Mächte auf Veranlassung des russischen Zaren erstmalig 1899 im Haag eine Friedenskonferenz, um zu einer Abrüstung zu gelangen. Deutschland glaubte, wegen seiner europäischen Mittellage einer Abrüstung nicht zustimmen zu können. Auch die zweite Haager Konferenz 1907 erbrachte keine wesentlichen Entscheidungen.

In der gleichen Richtung einer Rüstungsbeschränkung lag 1911 ein Schritt Englands in Berlin, die sog. Haldane-Mission. Deutschland verlangte von England die Zusicherung der Neutralität im Falle eines Krieges mit Frankreich. England forderte Maßhalten im Flottenprogramm. Da Deutschland sich dazu nur bereiterklären wollte, wenn England das gewünschte Versprechen gab, drehte man sich im Kreise. Als auch eine Reise Haldanes nach Berlin im Jahre 1912 ergebnislos blieb, verlegte England seine Mittelmeerflotte in die Nordsee. Einem förmlichen französisch-englischen Bündnis wich England aber auch jetzt aus.

1909 wurde Bülow als Reichskanzler von Bethmann Hollweg abgelöst. Er führte die Außenpolitik seines Vorgängers fort. 1911 besetzte Frankreich die Hauptstadt Marokkos, Fes. Der Kanzler veranlaßte den Kaiser zum „Panthersprung nach Agadir". Das deutsche Kanonenboot „Panther" erschien im Hafen der Stadt. Aber vor einer drohenden Rede des englischen Schatzkanzlers Lloyd George wich Deutschland zurück. Nach längeren Verhandlungen überließ es Frankreich gegen einen Streifen von Französisch-Kongo endgültig Marokko. Auch die zweite Marokko-Krise endete mit einer deutschen außenpolitischen Niederlage. Noch im gleichen Jahr besetzte Italien das türkische Tripolis, obschon Deutschland mit der Türkei befreundet war. Aber das Reich mußte den Schritt Italiens tolerieren, um den Bundesgenossen nicht zu verlieren.

Die Schwäche der Türkei veranlaßte aber auch die Balkan-Staaten, in einem gemeinsamen Krieg die Türken fast ganz aus Europa herauszudrängen. Rußland und Österreich-Ungarn hielten sich zwar zurück, und es gelang sogar Deutschland in Verbindung mit England, eine Ausweitung des Krieges zu verhindern. Das Ergebnis der Balkankriege von 1912/13 war jedoch, daß der Balkan immer mehr in slawische Hände geriet. Nur Österreich-Ungarn hielt noch slawische Teile besetzt. Der junge serbische Nationalismus sah in der Donaumonarchie seinen größten Widersacher. Hinter Serbien aber schob sich drohend der Schatten Rußlands.

Einundzwanzigstes Kapitel

DER ERSTE WELTKRIEG

Die Ursachen

Am 28. Juni 1914, einem Sonntag, wurde in Serbien der Jahrestag der Schlacht auf dem Amselfelde, wo ein serbischer Edelmann den siegreichen türkischen Sultan Murad I. ermordet hatte, zum erstenmal als großserbisches Befreiungsfest gefeiert. Am gleichen Tage weilte der Thronfolger der Habsburger, Erzherzog Franz Ferdinand, in den von Österreich-Ungarn widerrechtlich annektierten Gebieten Bosnien und Herzegowina, die ein sehr starkes serbisches Bevölkerungselement aufweisen und danach strebten, sich mit dem Königreich Serbien zu vereinigen. Dem Erzherzog ging der Ruf voraus, er wolle nach seiner Thronbesteigung einen Umbau der Donaumonarchie vornehmen, der den einzelnen völkischen Gruppen innerhalb der Monarchie Autonomie gewähren sollte. Die Verwirklichung eines solchen Planes, der auch bei den deutschen und ungarischen herrschenden Schichten auf Ablehnung stieß, hätte dem slawischen Nationalismus wesentliche Elemente seiner panslawistischen Agitation entzogen und Belgrads Hoffnung auf Errichtung eines großserbischen Reiches wahrscheinlich zunichte gemacht. Deshalb fielen am gleichen Tage Franz Ferdinand und seine Gemahlin den Schüssen serbischer Verschwörer zum Opfer. Diese ruchlose Tat wurde in der ganzen Welt mit tiefstem Abscheu verurteilt.

In Wien hatte man die Absicht, diese Gelegenheit zu einer gründlichen Abrechnung mit den verhaßten Serben zu benutzen. Am 5. Juli überreichte der österreichische Botschafter in Berlin dem deutschen Kaiser Wilhelm II. ein Handschreiben Kaiser Franz Josephs, worin dieser Deutschland um Unterstützung in dem Vorgehen gegen Serbien bat. Kaiser und Kanzler erklärten sich ohne Vorbehalt mit den Zielsetzungen Österreichs einverstanden in dem Glauben, daß eine Lokalisierung des Konfliktes möglich sei. Österreichs erklärte Absicht war es, „Serbien als politischen Machtfaktor auf dem Balkan auszuschalten". Dem stimmte die Reichsregierung zu, gab überdies Österreich den dringenden Rat, gegen Serbien ohne Säumnis und mit unbeugsamer Entschlossenheit vorzugehen. Man rechnete in Berlin zwar mit einer Einmischung Rußlands, hoffte aber, daß dieses militärisch noch nicht stark genug sei, um einen Krieg zu gewinnen. Italien und Rumänien wurden von dem Inhalt der deutsch-österreichischen Gespräche nicht in Kenntnis gesetzt, obschon sie mit den beiden Großmächten verbündet waren. Die Tatsache, daß zur gleichen Zeit der französische Ministerpräsident Poincaré zu einem Staatsbesuch in Petersburg weilte, ließ es den österreichischen Verantwortlichen geraten erscheinen, mit der Absendung eines Ultimatums an Serbien bis nach der Abreise Poincarés zu warten. Rußland und Frankreich kamen überein, sich gemeinsam für Serbien in Wien zu verwenden. England sollte zu der gleichen Haltung aufgefordert werden. Die englische Regierung plante vorerst, Serbien zu einer Genugtuung an Österreich zu veranlassen, wünschte aber keine Veränderung der bestehenden Verhältnisse auf dem Balkan. Noch am 22. Juli teilte der deutsche Botschafter in London seiner Regierung mit, daß die britische Regierung sich um Annahme österreichischer Bedingungen in Serbien bemühen werde, „falls sie gemäßigt seien und sich mit der Selbständigkeit des serbischen Staates vereinbaren ließen". Am 23. Juli aber stellte Österreich ein scharfes Ultimatum an Serbien, in dem es eine gerichtliche Untersuchung der Mordtat unter Mitwirkung österreichischer Beamter forderte. Von dem vollen Wortlaut dieses Ultimatiums wurde die Reichsregierung erst nach seiner Überreichung in Kenntnis gesetzt, was um so schwerwiegender war, als seine Forderungen eindeutig in die Rechte des souveränen Staates Serbien eingriffen. Zwei Tage später erklärte sich trotzdem die serbische Regierung mit den wesentlichen österreichischen Forderungen einverstanden, lehnte Eingriffe in seine Souveränitätsrechte ab, war aber bereit, sich in dieser Beziehung dem Schiedsspruch des Haager Gerichtshofes zu beugen. Gleichzeitig mobilisierte es seine Truppen. Wilhelm II. betrachtete die serbische Antwort als „einen großen moralischen Erfolg für Wien" und war der Überzeugung, daß „damit jeder Kriegsgrund fortfällt". Trotzdem erklärte Österreich am 28. Juli Serbien den Krieg. Zu dieser Kriegserklärung gab die deutsche Reichsregierung ihre volle Zustimmung, obschon noch am 26. Juli der englische Ministerpräsident den Vorschlag gemacht hatte, alle Fragen auf einer Botschafterkonferenz in London zu regeln. Einen weiteren Vermittlungsvorschlag Englands lehnte Österreich mit deutscher Zustimmung ab. Am 29. Juli beschloß die russische Regierung die Gesamtmobilmachung, hob sie jedoch auf ein Telegramm Wilhelms II. an den Zaren wieder auf und ersetzte sie durch eine Teilmobilmachung gegen Österreich. Am 30. Juli abends aber wurde die russische Gesamtmobilmachung endgültig verfügt. Bevor noch diese russische Maßnahme bekannt wurde, erfolgte die österreichische Gesamtmobilmachung. Berlin verkündete am 31. Juli den „Zustand drohender Kriegsgefahr“ und forderte Rußland ultimativ auf, innerhalb von 12 Stunden seine Mobilmachung auch gegen Österreich einzustellen. Gleichzeitig ließ es in Paris anfragen, ob Frankreich „in einem deutsch-russischen Krieg neutral bleiben“ würde. Rußland beantwortete das Ultimatum nicht, Frankreich erklärte ausweichend, es „werde das tun, was seine Interessen gebieten“. Darauf überreichte der deutsche Vertreter in Petersburg am 1. August 1914 dem russischen Minister des Auswärtigen die deutsche Kriegserklärung. Am gleichen Tage machten Deutschland und Frankreich mobil. Zwei Tage später erklärte Deutschland auch Frankreich den Krieg.

Der Verlauf des Krieges

Nach dem Schlieffen-Plan sollten im Falle eines Zweifrontenkrieges die deutschen Truppen zunächst Frankreich, dann Rußland niederwerfen. Voraussetzung dafür war der Durchmarsch durch das neutrale Luxemburg und Belgien, um die französischen Festungen zu umgehen. Bereits am 2. August hatte Deutschland Luxemburg besetzt und von Belgien das Durchmarschrecht verlangt, während am gleichen Tage die englische Flotte den Schutz der nordfranzösischen Küste übernahm. Als Belgien die Aufforderung Deutschlands ablehnte, erfolgte am 4. August der Einmarsch, den Belgien mit der Kriegserklärung beantwortete. England verlangte ultimativ die Wiederherstellung der belgischen Neutralität, worauf Deutschland nicht einging. Ab Mitternacht des gleichen Tages befand sich England an der Seite der Gegner Deutschlands. Der erste Weltkrieg hatte begonnen.

Einen Tag später erklärte auch Österreich-Ungarn Rußland den Krieg. Italien und Rumänien hielten den Bündnisfall nicht für gegeben und blieben zunächst neutral. Noch im August des Jahres 1914 trat auch Japan an Englands Seite in den Krieg ein. Bulgarien und die Türkei schlossen sich den Mittelmächten an.

Unmittelbar nach dem Einmarsch deutscher Truppen in Belgien versprach der deutsche Reichskanzler im Reichstag: „Das Unrecht, das wir damit tun, werden wir wiedergutmachen, sobald unser militärisches Ziel erreicht ist.“ Diese Worte enthüllen einen Teilaspekt der tragischen Entwicklung, in die sich die deutsche Politik unter Wilhelm II. hatte hineintreiben lassen. Sie war einmal durch die Überordnung des Militärischen über das Politische, zum andern durch die erstaunliche Fehlbeurteilung der Lage des Reiches in Europa und der Welt durch die verantwortlichen Politiker, vor allem den Kaiser, und die blinde

Abhängigkeit von der Politik der Donaumonarchie gekennzeichnet. Es kann jedoch nicht behauptet werden, daß die deutsche Reichspolitik im Jahre 1914 einen Krieg beabsichtigte. Ebensowenig kann aber die deutsche Politik von einer Mitverantwortung für den Ausbruch des ersten Weltkriegs und für seine weltweiten Folgen freigesprochen werden. Freilich konnten diese im Jahre 1914 in keinem der feindlichen Lager übersehen und in ihrer den Erdball revolutionierenden Bedeutung beurteilt werden. Darüber hinaus sollte nicht vergessen werden, daß zu jener Zeit von nahezu allen Staatsmännern der Krieg als ein legales, wenn auch äußerstes Mittel zur Durchsetzung politischer Ziele betrachtet wurde.

Wie in allen kriegsführenden Ländern glaubten auch in Deutschland sowohl die kämpfenden Truppen wie die Zivilbevölkerung, daß der Krieg einer gerechten Sache diene. Selbst die Gegner der kaiserlichen Politik, die Sozialdemokraten, stimmten im Reichstag bis auf wenige Ausnahmen den Kriegsfinanzierungsanträgen der Regierung zu. Sie handelten in dieser Beziehung wie die Vertreter der Arbeiterbewegungen im übrigen Europa. Die so oft beschworene Solidarität der sozialistischen Internationale brach in der Stunde der Bewährung zusammen.

Zum erstenmal in der langen Geschichte Europas handelte es sich 1914 nicht allein um einen Zusammenprall feindlicher Heere, sondern ganzer Völker. Dem entsprach die weitgehende Mobilisierung aller Kräfte, die den einzelnen Nationen zur Verfügung standen. Entscheidend waren nicht allein die militärischen Leistungen der Kriegführenden, sondern im gleichen, wenn nicht sogar höheren Maße die wirtschaftliche und politische Vorbereitung und Führung des Krieges. Eine Überlegenheit auf wirtschaftlichem Gebiet mußte den Sieg bringen, selbst wenn der Gegner anfangs militärisch unterlegen war. Das bedeutete aber, daß bei längerer Dauer des Krieges Deutschland und seine Verbündeten den Sieg nicht erringen konnten.

Der von dem damaligen Generalstabschef v. Moltke modifizierte Schlieffen-Plan schien sich zu bewähren. Im raschen Siegeszug wurden Belgien und Nordfrankreich überrannt; die deutschen Heere näherten sich Paris. Aber es gelang der Obersten Heeresleitung nicht, das französische Heer zu umklammern, um es so in einer Kesselschlacht zu vernichten. Der französische Widerstand versteifte sich an der Marne. In einer dreitägigen Schlacht (6.—9. September) wurde der deutsche Vormarsch zum Stehen gebracht. Der deutsche Soldat wurde so gezwungen, sich in einer Linie von Flandern bis zur Schweizer Grenze in Schützengräben einzugraben. Damit begann der Stellungskrieg im Westen. Der deutsche Feldzugsplan war gescheitert, der Ausgang des Krieges zunächst völlig offen. Von nun an erhielten die wirtschaftlichen Faktoren ein immer größeres Gewicht.

Im Osten hatte, früher als vorgesehen, die „russische Dampfwalze" die Grenzen Ostpreußens durchbrochen. Durch die großen Siege Hindenburgs und Ludendorffs bei Tannenberg und an den Masurischen Seen kam die gegnerische Übermacht zum Stehen. Als dann russische Truppen von dem eroberten Galizien aus in Ungarn einzudringen drohten, brachte der deutsche Durchbruch bei Tarnow-Görlice (Mai 1915) den schwer bedrängten Österreichern Entlastung und führte bis nach Warschau. Die Eroberung Serbiens und der Eintritt Bulgariens in den Krieg stellte Ende 1915 die direkte Verbindung zwischen Berlin und Istanbul her, nachdem türkische Truppen mit deutscher Unterstützung die alliierten Durchbruchsversuche durch die Dardanellen knapp abgewehrt hatten. Das deutsche Westheer mußte sich damit begnügen, die wiederholten, mit Übermacht vorgetragenen Angriffe gegen seine Stellungen abzuwehren. Der törichte, von Wilhelm II. gebilligte Versuch des deutschen Oberkommandierenden von Falkenhayn, durch Angriffe auf Verdun die französischen Reserven „in der Maasmühle zu zermahlen" (1916), fügte bei aller Tapferkeit in seiner Durchführung auch den deutschen Streitkräften schwerste Verluste zu. Fast war es ein Wunder, daß der mit einem enormen Aufgebot an der Somme unternommene Durchbruchsversuch der Alliierten zum Stehen gebracht werden konnte (Ende 1916), ja, daß gleichzeitig der rücksichtslos vorgetragene Großangriff des russischen Generals Brussilow in der Bukowina nach anfänglichen Erfolgen gegen die Österreicher von den Deutschen abgewehrt wurde. Zudem gelang es den deutschen Heeren, Rumänien, das in einem für die Mittelmächte kritischen Augenblick in den Krieg eingetreten war, in einem glänzenden Feldzug niederzuwerfen.

So war das militärische Ergebnis der ersten Phase des ersten Weltkriegs, daß an allen Fronten, auch gegenüber Italien, das 1915 den Mittelmächten den Krieg erklärt hatte, der Bewegungskrieg zum kräftezermürbenden Grabenkrieg erstarrte. Die feindlichen Durchbruchsversuche gegen die deutschen Fronten scheiterten.

Mehr und mehr wurde der Krieg für die Mittelmächte ein Wettlauf mit der Zeit. Obschon sich durch die militärischen Erfolge ein „Mitteleuropa" unter deutscher Herrschaft abzuzeichnen schien, das an Agrarprodukten und Industrierohstoffen reich war, wurde der Druck der englischen Blockade immer spürbarer. Da man nicht mit einem langen Krieg gerechnet hatte, begann die Reichsregierung unter der Leitung des Industriellen Rathenau erst verhältnismäßig spät mit einer planmäßigen Erfassung und Verteilung aller kriegswichtigen Rohstoffe und Agrarprodukte. Aber auch diese Maßnahme konnte die Versorgungskrise an der Front und in der Heimat nur lindern, nicht beseitigen.

Deshalb glaubte die militärische Führung, eine schnellere Entscheidung herbeiführen zu müssen. Auf den Landkriegsschauplätzen konnte diese bei der gegebenen militärischen Lage nicht erzwungen werden. Deshalb hielt die Oberste Heeresleitung es für unerläßlich, die englische Blockade mit dem unbeschränkten U-Boot-Krieg zu beantworten. Am 9. Januar 1917 wurde im kaiserlichen Hauptquartier die Eröffnung des unbeschränkten U-Boot-Krieges mit Wirkung vom 1. Februar an beschlossen. Er sollte jede Versorgung Englands über See auch auf neutralen Schiffen unmöglich machen. Damit traf er in erster Linie die Vereinigten Staaten. Die politische Führung des Reiches rechnete deshalb mit einem Eintritt der USA in den Krieg, konnte sich aber mit ihren Bedenken nicht durchsetzen, da Wilhelm II. die Auffassung der Militärs teilte, daß der unbeschränkte U-Boot-Krieg England innerhalb von sechs Monaten zu einem Frieden zwingen würde.

Die militärische Entwicklung um die Jahreswende 1916/17 war von verschiedenen Friedensbemühungen begleitet. Der Anstoß zu Friedenssondierungen ging von den Mittelmächten aus, die nach der Niederwerfung Rumäniens einen Friedensschritt für aussichtsreich hielten. Da aber die Friedensnote vom 12. Dezember 1916 an Frankreich, Großbritannien, Japan, Serbien und Rumänien keine konkreten Verhandlungsangebote enthielt, lehnte die Entente den Friedensschritt als unaufrichtig ab, zweifellos auch in der Hoffnung, daß die Zeit für sie arbeiten würde und die Mittelmächte zu einem Frieden gezwungen werden könnten.

Im gleichen Monat hatte sich Wilson, der Präsident der Vereinigten Staaten, den kriegführenden Mächten als „ehrlicher Makler“ angeboten. Während die Entente das Angebot mit Vorbehalten annahm, lehnten die Mittelmächte jede „amerikanische Einmischung“ ab, zumal Deutschland nicht bereit war, Elsaß-Lothringen abzutreten. Als Wilson trotzdem im Januar 1917 das Angebot erneuerte, ließ Bethmann Hollweg am 29. 1. 1917 in Washington erklären, daß Deutschland nur zum Frieden bereit sei, wenn Elsaß-Lothringen beim Reich bliebe, im Osten eine Grenze gezogen würde, die Polen und Deutschland gegen Rußland sicherten, die Kolonien Deutschland zurückerstattet würden und Frankreich in gewisse Grenzkorrekturen einwillige. Die Unabhängigkeit Belgiens solle zwar wiederhergestellt werden, jedoch müsse Deutschland Garantien für seine Sicherheit verlangen.

Da der deutsche Botschafter mit dieser Erklärung gleichzeitig eine Note über den verschärften U-Boot-Krieg übergab, wurden die diplomatischen Beziehungen zwischen den Vereinigten Staaten und dem Reich abgebrochen. Am 6. April 1917 griffen die USA militärisch in den Krieg gegen die Mittelmächte ein.

In der Antwortnote Deutschlands auf die Bemühungen des amerikanischen Präsidenten um einen Frieden ohne Sieger und Besiegte wurde zum erstenmal amtlich klargestellt, was sich auch die politische Führung vom Ausgang des weltweiten Ringens erhoffte. Trotzdem wurde Bethmann Hollweg vor allem von jenen Kreisen um den Generalquartiermeister Ludendorff aufs schärfste bekämpft, weil seine Kriegsziele diesen als zu maßvoll erschienen. Schon 1915 hatten bedeutende Wirtschaftsführer, Angehörige der deutschen Intelligenz und Mitglieder des Alldeutschen Verbandes die deutschen Kriegsziele in einer Denkschrift niedergelegt. Ihre Forderungen umfaßten die Annexion Belgiens und Nordfrankreichs bis etwa zur Mündung der Somme, die Angliederung des Erzbeckens von Longwy und Briey, die Verschiebung der östlichen Reichsgrenze gegen Rußland durch Angliederung mindestens von Teilen der Ostseeprovinzen und ein ausgeweitetes Kolonialreich. Im September 1917 schlossen sich diese Kreise zur „Vaterlandspartei" zusammen, um ihren Bestrebungen politisch einen stärkeren Nachdruck zu verleihen.

Demgegenüber vertraten aber weite Kreise des deutschen Volkes, die in den Parteien der Sozialdemokraten, der liberalen Fortschrittspartei und des Zentrums ihre politische Vertretung erblickten, den Standpunkt, daß die allgemeine Kriegslage einen Frieden der Verständigung erfordere. Der unbeschränkte U-Boot-Krieg hatte selbst die Erwartungen der Marineleitung nicht erfüllt. Deshalb hielten diese Parteien die Stunde für gekommen, über den Reichstag auf die politische Führung des Reiches im Sinne eines Verständigungsfriedens einzuwirken. Eine Friedensresolution, die eine Beendigung des Krieges ohne Annexionen und Entschädigungen vorsah, wurde vom Reichstag am 19. Juli 1917 mit 212 gegen 126 Stimmen bei 17 Enthaltungen angenommen. Fünf Tage zuvor war der Reichskanzler Bethmann Hollweg zurückgetreten und durch Michaelis ersetzt worden. Dieser gab zwar der Resolution seine Zustimmung, versah sie aber mit dem Zusatz „so wie ich sie auffasse". Die Resolution blieb ohne Wirkung. Ähnlich erging es den Friedensbemühungen des Papstes, Benedikts XV., vom gleichen Jahre. Weder die Mittelmächte, noch weniger aber die Entente waren zu echten Konzessionen bereit.

Da schien die bolschewistische Revolution vom 7. November 1917 den Mittelmächten eine entscheidende Entlastung zu bringen. Zwar war Rußland schon seit den ersten Märztagen 1917 durch die erzwungene Abdankung des Zaren und die Übernahme der Regierungsgewalt durch die gemäßigten Linksparteien von revolutionären Unruhen erschüttert worden, dennoch hatte sich das zunächst auf die Ostfront nicht ausgewirkt.

Auch die neue Regierung hielt an dem Bündnis mit den Westmächten fest; es gelang ihr sogar, eine Offensive gegen die Mittelmächte zu führen, die allerdings keine Erfolge brachte. Da die Bolschewisten ihre gesamte Propaganda auf Frieden und Landverteilung abstellten, sahen die Mittelmächte in ihnen natürliche Bundesgenossen. Deshalb gestattete die deutsche Oberste Heeresleitung im Einvernehmen mit der deutschen Regierung im April 1917 russischen Emigranten in der Schweiz die Durchreise durch Deutschland nach Rußland, um den „Einfluß des radikalen Flügels der Revolutionäre in Rußland" zu stärken. Unter ihnen befand sich auch der schon vorher mit deutschem Geld unterstützte W. I. Lenin.

Die Ergebnisse der bolschewistischen Revolution schienen der Politik der Mittelmächte recht zu geben. Schon am 15. Dezember 1917 kam es zu einem Waffenstillstand zwischen Rußland und den Mittelmächten, dem im März 1918 der Friede von Brest-Litowsk folgte. Obschon die deutsche militärische Lage an allen Fronten und die wirtschaftliche Lage in der Heimat äußerst ungünstig waren, zwang die militärische Führung, von Ludendorff entscheidend beeinflußt, den Bolschewisten ein Friedensdiktat auf, das die Baltischen Staaten, Finnland, Polen und die Ukraine von Rußland abtrennten und das russische Reich 26% seiner Bevölkerung, 26% seiner Bahnanlagen und dreiviertel seiner Eisen- und Stahlindustrie kostete. Zunächst begrüßten die der bolschewistischen Herrschaft entzogenen Völker ihre Freiheit und Selbständigkeit. Als sich aber herausstellte, daß Deutschland beabsichtigte, sie, zwar mit unterschiedlichen Rechten, in seinen Herrschaftsbereich einzubeziehen, schwand die Sympathie, die man anfangs dem Reich entgegengebracht hatte. Die Westmächte aber benutzten den Frieden von Brest-Litowsk zu einer verstärkten Propaganda gegen Deutschland und zu einer Vergrößerung ihrer Kriegsanstrengungen in der Überzeugung, daß gerade dieser Friede deutlich gemacht habe, was ihnen drohe, wenn sie den Krieg verlören.

Militärische Niederlage und Ende des Kaiserreiches

Die Entlastung der Ostfront durch Waffenstillstand und Friedensschluß hatte in der Obersten Heeresleitung die Hoffnung aufkommen lassen, daß durch eine Großoffensive im Westen ein Durchbruch durch die feindlichen Linien gelingen könne, um durch sichtbare militärsiche Überlegenheit einen Frieden zu erzwingen. In einer großangelegten „Frühjahrsoffensive" im März 1918 erzielten die deutschen Truppen einen beträchtlichen Bodengewinn, doch der bei Amiens geplante Durchbruch zwischen den englischen und französischen Frontabschnitten gelang nicht. Am 4. April kam der Angriff zum Stehen. Ludendorff versuchte zwar, die Offensive an anderen Stellen fortzuführen, aber die französischen Gegenangriffe unter General Foch, unterstützt von Engländern und Amerikanern, zwangen ihn am 17. Juli 1918, die Angriffe abzubrechen. Am 18. Juli setzte die Gegenoffensive der Entente mit starker Unterstützung der Amerikaner ein. Nach Ludendorffs Worten war „die Vorhand jetzt bei der Entente".

Die Fronten der Verbündeten leisteten bereits keinen ernsthaften Widerstand mehr. 1916 war Franz Joseph, der österreichische Kaiser, gestorben. Unter seinem Nachfolger, Kaiser Karl, nahm der Zerfall der Donaumonarchie zu. Ab September 1918 baten Bulgarien, die Türkei und Österreich-Ungarn, Deutschlands Verbündete, um Frieden.

Die Kämpfe an der Westfront bestätigten Ludendorffs Auffassung. Zwar konnten sich die deutschen Truppen immer wieder auf vorbereitete Stellungen zurückziehen, aber an eine neue Offensive war nicht mehr zu denken. Der Krieg war militärisch verloren. Die Oberste Heeresleitung stand vor der Frage, ob sie Deutschland selbst zum Schlachtfeld machen sollte. Als Hindenburg und Ludendorff die Aussichtslosigkeit eines weiteren Widerstandes erkannten, forderten sie am 29. September 1918 von der deutschen Regierung die Einleitung von Waffenstillstandsverhandlungen und die Einführung der parlamentarischen Monarchie, um so nicht selbst die unvermeidliche militärische Kapitulation verantworten zu müssen.

Am 3. Oktober übernahm der als liberal geltende Politiker Prinz Max von Baden die Regierungsbildung. Bereits einen Tag später entsandte er eine Note an den Präsidenten der USA mit der Bitte um Waffenstillstand auf der Grundlage seiner „14 Punkte". Darauf forderte Wilson, sicherlich in Verkennung der wirklichen Verantwortlichkeit für die politische Entwicklung Deutschlands unter Wilhelm II., die Abdankung des Kaisers und die Kapitulation der deutschen Streitkräfte. Als Ludendorff weiterkämpfen wollte, entließ ihn der Kaiser. Hindenburg blieb Oberster Heerführer. Noch einmal versuchte die Marineleitung, in den Krieg einzugreifen, als sie der Flotte befahl, die Entscheidungsschlacht mit der englischen Flotte zu suchen. Die Besatzung aber glaubte, dieser Befehl stehe im Gegensatz zu den Friedensbemühungen der politischen Führung und verweigerte den Gehorsam, weil sie den Kampf in diesem Augenblick für aussichtslos hielt. Am 4. November kam es zur offenen Rebellion, die bald auf die deutschen Großstädte übergriff und von linksradikalen Elementen geschürt wurde. Am

5. November teilte Wilson mit, daß die Westmächte zu einem Frieden auf Grund seiner „14 Punkte“ bereit seien, wenn der Kaiser abdanke.

Da der revolutionäre Radikalismus in Deutschland nur eine unbedeutende Minderheit darstellte, hätte seinetwegen Wilhelm II. nicht abzudanken brauchen. Die Parteien der linken Mitte erstrebten keine Republik, sondern eine parlamentarische Monarchie, in der die Ministerverantwortlichkeit vor dem Reichstag, anstatt vor dem Kaiser bestand. Aber Wilhelms Ratgeber hielten die Monarchie für verloren und rieten dem Kaiser zur Flucht nach Holland. Am 9. November überschritt Wilhelm II. die Grenze nach Holland und begab sich ins Exil. Philipp Scheidemann rief in Berlin die Republik aus. Die Monarchie hatte aufgehört zu bestehen, weil ihr letzter Vertreter, Wilhelm II., zu schwach war, für sie zu kämpfen.

Zwei Tage später wurde im Walde zu Compiègne der Waffenstillstand geschlossen. Führer der deutschen Delegation war nicht ein Militär, sondern der Zentrumspolitiker Erzberger. Das mehr als vierjährige Blutvergießen hatte ein Ende. Das deutsche Reich war wehrlos.

Zunächst war der Waffenstillstand auf 36 Tage befristet. Er wurde dann unter fortwährenden Beschwerden über deutsche Verstöße und wiederholten Protesten der deutschen Regierung immer wieder bis zur Unterzeichnung des Friedensvertrages erneuert. Die Blockade der Entente gegenüber Deutschland blieb bestehen. Die deutschen Kriegsgefangenen wurden nicht entlassen, die aus alliierten Ländern dagegen konnten sofort in ihre Heimat zurückkehren. Im Hungerwinter 1918/19 begann unter Herbert Hoovers Vorsitz die American Relief Administration ihre Arbeit, die im Laufe von acht Monaten 5 Millionen Tonnen Lebensmittel im Werte von einer Milliarde Dollar in das verwüstete und ausgehungerte Europa sandte. Sie setzte ihr Werk bis 1922 fort. Auch kleinere Staaten wie Schweden, Holland und die Schweiz halfen hungernden deutschen Kindern.

Die Welt, ob Sieger, Besiegte oder Neutrale, glaubte, an einem neuen Anfang zu stehen. In Paris sollte sie neu geordnet werden.

Zweiundzwanzigstes Kapitel

DIE WEIMARER REPUBLIK

Schwerer Anfang

Die neue Staatsform der Republik war den Deutschen zugefallen. Sie war von ihnen nicht erkämpft worden. Vielen erschien sie als das Ergebnis der militärischen Niederlage, vielen als heimtückisches Komplott der Siegermächte. Selbst die Parteien, die dem Kaiserreich aus den verschiedensten Gründen kritisch gegenüberstanden, waren nicht grundsätzliche Verfechter der republikanischen Staatsform. Aber sie fanden sich schnell mit den Gegebenheiten ab, und es bleibt ihre geschichtliche Leistung, daß sie sehr bald die Möglichkeit erkannten, im Rahmen einer freiheitlich-demokratischen Staatsordnung die Einheit des Reiches zu wahren und seinen Bestand gegen alle linksradikal-bolschewistischen und rechtsrestaurativen Strömungen zu verteidigen. Die Hauptverantwortung fiel dabei zunächst den Sozialdemokraten zu, deren damaliger Führer, Friedrich Ebert, das Vertrauen der Arbeiterschaft besaß. Es gelang ihm, in ihr die Idee der Demokratie zu verankern und dadurch einen festen Wall gegen kommunistische Infiltration aufzurichten. Die SPD wurde in vielen ihrer politischen Ziele von dem katholischen Zentrum und der liberalen Partei der Demokraten unterstützt. Diese war die Nachfolgepartei der Fortschrittlichen, die Bismarck und Wilhelm II. gleicherweise kritisch gegenüberstanden und sich im wesentlichen aus dem Bürgertum zusammensetzten.

Bereits im Januar 1919 konnten in freier Wahl die Mitglieder der Nationalversammlung gewählt werden, in der jene Parteien der linken Mitte die Mehrheit hatten, die eine republikanisch-demokratische Staatsordnung bejahten. Ihre Hauptaufgabe war die Ausarbeitung einer Verfassung. Der Tagungsort war Weimar. Die Wahl dieser Stadt erfolgte als Absage an den „militärischen Geist von Potsdam“ und als Bekenntnis zu der großen Tradition des deutschen Geistes, der in Weimar durch Goethe und Schiller Weltruhm und Weltbedeutung erlangt hatte.

Die von der Nationalversammlung beschlossene Verfassung wurde im August 1919 in Kraft gesetzt. Sie knüpfte an die Verfassung der Paulskirche von 1849 an und legte in zwei Abschnitten „Aufbau und Aufgaben des Reiches" und „Grundrechte und Grundpflichten der Deutschen" fest. Obschon auch die „Weimarer Verfassung" den föderalistischen Charakter des Reiches betonte und die historisch gewordenen Länder beibehielt, wurde die Reichseinheit gestärkt und wesentliche Rechte, die bisher Landesrechte gewesen waren, dem Reich übertragen. Selbst im kulturellen Bereich konnte das Reich Grundsätze aufstellen, die von den Ländern bei ihrer Gesetzgebung berücksichtigt werden mußten. Allerdings führte dieser stärkere Zentralismus vor allem in Bayern schon bald zu einer Kritik an der Verfassung und zu einer Unterstützung jener Kräfte, die der neuen Republik kritisch oder feindlich gegenüberstanden.

Die „Grundrechte und Grundpflichten der Deutschen" wurden nach Vorstellungen abgefaßt, die Aufklärung und Liberalismus für das Verhältnis des einzelnen zur Gemeinschaft und zum Staat festgelegt hatten. Die schon 1848 geforderten Rechte und Freiheiten des Individuums wurden verfassungsrechtlich anerkannt. Darüber hinaus aber erhielt auch der sogenannte „Vierte Stand" in der Verfassung garantierte Rechte, für die sich seit dem Aufkommen der sozialen Frage Parteien, Gewerkschaften und Kirchen nachhaltig eingesetzt hatten.

Erster Reichspräsident wurde Friedrich Ebert.

Die „Weimarer Verfassung" stellte sich in ihrem freiheitlichen und sozialen Geist würdig an die Seite der Verfassungen der großen westlichen Demokratien. Aber eine Verfassung gestaltet nicht allein das Leben eines Volkes und einer Nation. Schon in ihrer Geburtsstunde mußte die deutsche Demokratie erkennen, daß die Deutschen von demokratischem Denken, Fühlen und Handeln noch weit entfernt waren. Das deutsche Volk hatte verlernt zu unterscheiden, was politisch wertvoll und was politisch wertlos war. Als man ihm durch die „Weimarer Verfassung" plötzlich eine Freiheit gab, wie sie in diesem Ausmaße kaum in den alten Demokratien bekannt war, wußte es sie nicht zu gebrauchen. Im wesentlichen war sie den politisch oder in der öffentlichen Meinungsbildung tätigen Deutschen ein willkommenes Mittel, die demokratische Staatsordnung ungestraft zu schmähen und zu bekämpfen. Die Republik war belastet mit dem Odium der Niederlage. Das reine Verhältniswahlrecht, das wegen der möglichst gerechten Verteilung der Mandate auf alle Wählerstimmen eingeführt wurde, erleichterte die Bildung immer neuer Parteien und ermöglichte ihre Vertretung im Reichstag unter Umständen mit nur einem Abgeordneten. Deutschland wurde ein Parteienstaat, in dem das Wohl der Parteien nicht selten über das Wohl des Ganzen gestellt wurde. Weil Reichskanzler und Reichsminister vom Vertrauen der Mehrheit des Reichstages abhingen, war jede Regierung auf ein Zusammengehen mehrer Parteien angewiesen, weil während der ganzen „Weimarer Zeit“ nie eine einzelne Partei die absolute Mehrheit errang. Je zahlreicher die zur Mehrheitsbildung benötigten Parteien waren, desto schwächer war die Regierung. Die grundsätzliche Bekämpfung des „Weimarer Systems“ durch die Opposition von rechts und links, die die Republik fast widerstandslos zuließ, mußte in dem Augenblick die gesamte Staatsmacht lahmlegen, wo es diesen Parteien gelang, eine Mehrheit im Reichstag zu erreichen, ohne selbst zu einer Regierungsbildung in der Lage zu sein.

Hinzu kam das gebrochene Verhältnis der Deutschen zur staatlichen Macht überhaupt. Während diese bei den Einigungsbemühungen der Politiker von 1848/49 kaum eine Rolle gespielt hatte, wurde die Macht den Deutschen durch Bismarcks Politik so sehr ins Bewußtsein gehoben, daß sie entgegen Bismarcks Absicht schon unter Wilhelm II. als der entscheidende Faktor politischer Gestaltung betrachtet wurde. Die Vorherrschaft des Militärischen in allen Bereichen des öffentlichen Lebens, die unheilvolle Überbewertung der militärischen Kraft hatten in Deutschland zu einem militärischen Denken geführt, das das Ausland als für die Deutschen typisch ansah. Der völlige Zusammenbruch dieses Denkens durch die Niederlage von 1918 schien jene zu rechtfertigen, die im militärischen Ungeist die alleinige Ursache für Deutschlands katastrophale Entwicklung gesehen hatten. Aber in völliger Verkennung der Tatsache, daß der Staat immer auch Macht ist, waren sie allzu leicht geneigt, dem Staat jedes Recht auf Durchsetzung seines legitimen Anspruchs durch ein staatliches Machtinstrument zu verwehren.

Deshalb mußte die junge Republik, als sie durch Aufstände kommunistischer Verbände bedroht wurde, auf Kräfte zurückgreifen, die ihr selbst zumindest reserviert gegenüberstanden. Die „Freikorps“, die sich aus ehemaligen Frontsoldaten und -offizieren zusammensetzten, schlugen zwar die Aufstände nieder, betrachteten sich aber nicht als Arm der Republik, sondern als Retter des Vaterlandes, denen eine Sonderstellung gebühre. Diese haben sie sich in der späteren „Reichswehr“ z. T. unter stillschweigender Duldung der politisch Verantwortlichen erzwungen. Als „Staat im Staate“ war die bewaffnete militärische Macht, so klein sie auch nach dem Willen der Siegermächte war, kein Instrument der Republik. Wenn sie sich selbst durch ihre führenden Männer (vor allem durch ihren Organisator, den General v. Seeckt) als unpolitisch bezeichnete, so bewies das eher die Distanz, die sie gegenüber der „Weimarer Republik“ einnahm, als ihre parteipolitische Neutralität. In Wahrheit sympathisierte sie mit jenen Kräften, die in der Überwindung von „Weimar“ durch eine „nationale Revolution“ die Grundlage für einen deutschen Wiederaufstieg erblickten. Diese in der „Reichswehr“ liegende latente Gefahr für die Republik nicht frühzeitig erkannt zu haben, bedeutet zweifellos ein Versagen der verantwortlichen Staatsmänner von 1919 bis 1933.

Dabei zeigte sich schon 1920, welche Gefahr der Republik von der bewaffneten Macht erwachsen konnte. Der Stadtkommandant von Berlin, General Freiherr v. Lüttwitz, rief im März den ostpreußischen Generallandschaftsdirektor Kapp, während des Krieges Mitbegründer der „Vaterlandspartei“ und Verfechter maßloser deutscher Annexionen im Falle eines Sieges, zum Kanzler aus. Die Reichsregierung mußte Berlin verlassen. Zwar beteiligte sich die Reichswehr nicht in größerem Umfang an dem Putsch, aber v. Seeckt war auch nicht bereit, gegen die Putschisten loyale Reichswehreinheiten einzusetzen, weil er „Reichswehr nicht auf Reichswehr schießen“ lassen wollte. Der Putsch scheiterte schließlich am geschlossenen Widerstand der Beamten und Arbeiter, die auf Veranlassung von SPD und Gewerkschaften einen Generalstreik durchführten. Aber noch bedeutete das nicht das Ende der inneren Unruhen. Kommunistische Gruppen nahmen den Kapp-Putsch zum Anlaß, im Ruhrgebiet die Arbeiterschaft gegen die legale Macht zu mobilisieren. Da hier die Reichswehr gegen die Aufständischen vorging, siegte sehr bald die militärische Technik über die bloße Dynamik der Revolution.

Wesentlich nachhaltiger aber und auf die Dauer den inneren Bestand der demokratischen Staatsordnung zersetzender waren die innen- und außenpolitischen Auseinandersetzungen um die Friedensordnung, die die Westmächte in Paris beschlossen hatten.

Der Vertrag von Versailles

Am 10. Januar 1920 trat das Friedensdiktat der westlichen Alliierten mit Deutschland, der Vertrag von Versailles, endgültig in Kraft, nachdem er am 22. Juni 1919 von der deutschen Nationalversammlung unter schärfstem Protest angenommen und am 28. Juni im Spiegelsaal des Schlosses von Versailles unterschrieben war. Er legte — z. T. nach vorheriger Volksabstimmung — die Abtretung folgender Gebiete durch Deutschland fest: an Frankreich fiel Elsaß-Lothringen, an Belgien Eupen und Malmedy, an Polen Posen und Westpreußen, kleinere Teile Ostpreußens und ein Teil von Ostoberschlesien, an Dänemark ein Teil von Nordschleswig, an die Tschechoslowakei das Hultschiner Ländchen. Das Saargebiet wurde unter eine vom Völkerbund ernannte Regierung gestellt, die wirtschaftliche Ausbeutung fiel Frankreich zu.

FRANZ MARC

Turm der blauen Pferde

Tour des Chevaux Bleus

The Tower of Blue Horses

Torre de los caballos azules

Tôrre dos Cavalos Azuis

1913/14

Ehemals Nationalgalerie, Berlin. Im Kriege verschollen.

Autrefois Galerie Nationale, Berlin. Perdu au cours de la guerre.

Formerly in the National Gallery, Berlin. Missing since World War II.

Anteriormente en la Galería Nacional de Berlín. Desaparecido en la guerra.

Antiga Galeria Nacional, Berlim. Extraviado durante a guerra.

Nach 15 Jahren sollte die Bevölkerung abstimmen, ob sie deutsch oder französisch werden oder die Völkerbundsregierung behalten wolle. Die Hansestadt Danzig wurde eine „Freie Stadt" unter einem Völkerbundskommissar. Sie wurde in das polnische Zollgebiet aufgenommen; ihre auswärtigen Beziehungen wurden ebenfalls Polen unterstellt. Memel wurde zugunsten der alliierten Hauptmächte abgetreten und später von Litauen besetzt. Die deutschen Kolonien unterstanden dem Völkerbund, in dessen Namen die Alliierten sie als Mandatare verwalteten.

Zur Verhinderung eines neuen Krieges mußte sich Deutschland verpflichten, das Heer auf 100 000 Mann herabzusetzen und seine Ausrüstung auf ein Mindestmaß zu beschränken. Der Große Generalstab wurde aufgelöst, die allgemeine Wehrpflicht abgeschafft. Schule und Vereine durften sich nicht mit militärischen Übungen befassen. Die deutsche Kriegsflotte wurde auf 6 kleinere Schlachtschiffe, 6 kleine Kreuzer, 12 Zerstörer und 12 Torpedoboote beschränkt. Die Kampfstärke der Kriegsmarine betrug 15 000 Mann. Der Kriegshafen Helgoland wurde geschleift.

Deutschland anerkannte, daß es als Kriegsurheber „für alle Verluste und Schäden verantwortlich sei, die die alliierten und assoziierten Regierungen und ihre Staatsangehörigen erlitten hatten", also für alle Kriegskosten, die Zerstörungen in Nordfrankreich und Belgien, die versenkten Schiffe und alles, wofür durch den Krieg besondere Ausgaben entstanden waren. Eine Wiedergutmachungskommission sollte die Schäden und Verpflichtungen Deutschlands feststellen. „Der gesamte Besitz und alle Einnahmequellen des Reiches hafteten für die Bezahlung der Kosten der Wiedergutmachung." Die Wiedergutmachungskommission erhielt für alle ihre Anordnungen uneingeschränkte Machtbefugnisse. Deutschland selbst hatte auf ihre Beschlüsse zunächst nur geringen Einfluß. In gleicher Weise überwachten Ausschüsse der Alliierten die deutsche Entwaffnung. Die deutschen Ströme Rhein, Elbe, Oder, Memel und Donau wurden internationalen Kommissionen unterstellt.

Der Versailler Vertrag entsprach weder dem Geiste noch den Buchstaben nach den vierzehn Punkten Wilsons, die die Grundlage für Deutschlands Bereitschaft waren, den Krieg zu beenden. Er war ein Ausdruck des Hasses und der Rachsucht der Sieger, die sich nach den langen Kriegsjahren, den unermeßlichen Leiden und Verlusten besonders der französischen Bevölkerung und aus der Kenntnis der deutschen nationalistischen Kriegsziele elementar entluden. Das allein macht seine Härte, die selbst bei den Siegermächten kritisch beurteilt wurde, verständlich. Dabei ging die Kritik in den USA so weit, daß der Kongreß sich weigerte, den Versailler Vertrag zu ratifizieren, und die Vereinigten Staaten 1921 einen eigenen Friedensvertrag mit Deutschland abschlossen. Der Vertrag von Versailles belastete aber nicht nur Deutschland. Er war in vieler Beziehung die Ursache für die chaotische Entwicklung Europas nach dem ersten Weltkrieg. Die Alliierten hatten im Namen des Rechts den Krieg zu beenden versprochen. Die vierzehn Punkte Wilsons waren der Ausdruck dieses Rechtsgedankens. Versailles hielt sich nicht daran. Deshalb war der Vertrag kein Instrument, um in dem deutschen Volk die Achtung vor dem Vorrang des Rechts in den zwischenstaatlichen Beziehungen zu vertiefen. Indem er den Österreichern das Selbstbestimmungsrecht verweigerte, Reparationsforderungen über das Mögliche stellte, die deutschen Kolonien ohne wirkliche Begründung neu verteilte, im Zusammenhang mit der Behauptung von der Alleinschuld Deutschlands am Kriege den Kaiser und die deutschen Heerführer als Kriegsverbrecher zur Auslieferung forderte, gab er jenen Deutschen Waffen in die Hand, die allein die Macht zum Maßstab des politischen Handelns erklärten. Der Versailler Vertrag mußte sich einst gegen seine Urheber selbst richten, oder er mußte rechtzeitig so revidiert werden, daß er zwar die dem Sieger zustehende gerechte Entschädigung für seine Kriegsopfer sicherte, ohne die nackte Existenz der Besiegten zu gefährden. Es war die Tragik der alliierten Staatsmänner von Versailles, nicht erkannt zu haben, daß ein Machtspruch nur unter eigenen großen Opfern durchgeführt werden kann; es war die Tragik der alliierten Staatsmänner von 1920 bis 1933, daß ihre Milderungen des Vertrages von den Deutschen immer als zu spät empfunden wurden; es war die Tragik des deutschen Volkes, nicht gelernt zu haben, daß politische Entscheidungen immer nur langsam reifen können, und Warten oft besser ist als vorschnelles Handeln.

Die Außenpolitik der „Weimarer Republik"

Für die deutsche Außenpolitik bedeutete der Versailler Vertrag zunächst den Rahmen, in dem sie sich zu vollziehen hatte und allein vollziehen konnte. Ihre Aufgaben wurden dadurch erschwert, daß Deutschland vor allem das völlig verlorengegangene Vertrauen der Welt in die Ehrlichkeit seines Handelns und Wollens zurückgewinnen mußte, bevor es erwarten konnte, als gleichberechtigter Partner zu internationalen Verhandlungen zugelassen zu werden.

Besonders schwierig gestalteten sich die Verhandlungen zur Festsetzung der Reparationen. Eine interalliierte Konferenz hatte 1921 die Zahlungen Deutschlands auf eine Dauer von 42 Jahren festgelegt. Die deutsche Regierung glaubte, solche Reparationslasten nicht übernehmen zu können. So kam es zu zahlreichen neuen, aber fast immer ergebnislosen Konferenzen. Zu einer von ihnen hatten die Westmächte auch Vertreter des neuen bolschewistischen Rußland eingeladen in der Absicht, auch die Bolschewisten an dem Reparationsgeschäft zu beteiligen. Die deutsche Delegation war über die Besprechungen der westlichen und östlichen Unterhändler nicht informiert worden. Als der russische Außenminister seinen deutschen Kollegen Rathenau zu einer Unterredung nach Rapallo einlud, glaubte der deutsche Außenminister, sich dieser Einladung nicht entziehen zu können, weil sie die erste Gelegenheit war, die Isolierung Deutschlands zu durchbrechen. Die Verhandlungen führten schnell zu Ergebnissen, die beide Seiten befriedigten. Deutschland erkannte als erster westlicher Staat die neue sowjetische Regierung an und schloß mit ihr einen Freundschaftsvertrag für die Dauer von zehn Jahren. Dafür verzichtete Rußland auf alle Kriegsentschädigungen. Für Handel und Wirtschaft sollte der Grundsatz der Meistbegünstigung gelten.

Auf Deutschlands Verhältnis zu den Westmächten wirkte der Rapallo-Vertrag höchst negativ. Frankreich war davon überzeugt, daß der Vertrag militärische Geheimklauseln enthalte, durch die sich Deutschland den scharfen Abrüstungsbestimmungen des Versailler Vertrages entziehen wolle. Das war zwar nicht der Fall, aber geheime Besprechungen der deutschen Heeresleitung mit dem russischen Generalstab führten zu dem Ergebnis, daß die Sowjets Angehörigen der Reichswehr gestatteten, in Rußland an solchen Waffen zu üben, die Deutschland verboten waren. Darüber hinaus vertrat General v. Seeckt eine einseitige Ostorientierung der deutschen Außenpolitik, um mit Rußlands Hilfe die Fesseln des Versailler Vertrages abzuschütteln und unter Umständen die verlorenen Ostgebiete wiederzugewinnen. Jedoch wurde diese Politik von den verantwortlichen Politikern der „Weimarer Republik“ nicht unterstützt.

Aber auch unabhängig von den zukünftigen Zielen einer deutschen Außenpolitik glaubte sich Frankreich durch den Vertrag von Rapallo in seinen Reparationsansprüchen bedroht. Aus dem zunehmenden Mißtrauen gegenüber der Politik des Reiches wuchs sein Verlangen, durch sogenannte „produktive Pfänder“ Deutschlands Handlungsfreiheit einzuschränken und gleichzeitig das Reparationsproblem endgültig zu lösen.

Währenddessen verschlechterte sich Deutschlands wirtschaftliche Lage durch die zunehmende Geldentwertung. Diese hatte ihre Ursache nicht in erster Linie in dem ungelösten Reparationsproblem, sondern war eine Folgeerscheinung der Finanz- und Steuerpolitik des Reiches während des ersten Weltkrieges. Aber sie wurde durch die Reparationszahlungen bedeutend verschärft. Kriegsentschädigungen konnte Deutschland im nennenswerten Ausmaß nur dann leisten, wenn seine Handels- oder Zahlungsbilanz aktiv war. Als Kriegsfolge hatte es seine Auslandsguthaben verloren, seine Wirtschaft aber war zunächst derart geschwächt, daß eine aktive Handelsbilanz auf Jahre nicht erzielt werden konnte. So glitt die deutsche Währung ins Uferlose ab. Da die Inflation in ihren Auswirkungen vor allem den Mittelstand, den kleinen Sparer und Rentner traf, machten diese den Versailler Vertrag und die Weimarer Demokratie für ihr Mißgeschick verantwortlich.

Der politische Radikalismus fand bei ihnen schon früh einen geeigneten Nährboden. Auf ihm gedieh der politische Mord, den der Rechtsradikalismus ohne Scheu propagierte. Ihm fiel 1921 der Zentrumspolitiker Erzberger zum Opfer, weil er den Waffenstillstand unterzeichnet hatte. Ein Jahr später wurde Rathenau, Außenminister des Reiches, in Berlin ermordet. Er war das erste Opfer der antisemitischen Welle, von der vor allem die rechtsradikale Jugend befallen wurde. Obschon an der Lauterkeit der Politik Rathenaus und an seiner vaterländischen Gesinnung nicht gezweifelt werden konnte, mußte er sterben, weil er Jude war. Zum erstenmal wurden die Folgen einer Geisteshaltung offenbar, die unter dem Nationalsozialismus zur politischen Maxime erhoben wurde und in Gettos und Vernichtungslagern eine unvorstellbar grausame Verwirklichung fand.

Ende 1922 stellte die interalliierte Reparationskommission fest, daß Deutschland mit seinen Sachlieferungen im Rückstand sei. Frankreich benutzte das unter seinem Ministerpräsidenten Poincaré als Vorwand, gemeinsam mit Belgien das Ruhrgebiet zu besetzen. England lehnte dieses Vorgehen ab. Im Januar 1923 zogen 100 000 Franzosen und Belgier ins Ruhrgebiet ein. Die Reichsregierung protestierte, die Ruhrarbeiterschaft leistete passiven Widerstand, jede Arbeit hörte auf. Unter dem Schutz französischer Bajonette versuchten deutsche Separatisten, Westdeutschland vom Reich zu trennen und in eine enge politische Verbindung mit Frankreich zu bringen. Ein alter französischer Traum schien sich zu verwirklichen. Aber die Reichstreue der deutschen Bevölkerung an Rhein und Ruhr war stärker, als Frankreich erwartet hatte. Zwar wuchs die Not infolge des passiven Widerstandes, die Inflation trieb die Preise auf Millionenbeträge, die gesamte deutsche Wirtschaft stagnierte, aber auch Frankreich erreichte durch die Besetzung der Ruhr weder seine weitgesteckten politischen noch seine wirtschaftlichen Ziele. Beide Seiten mußten erkennen, daß eine dauernde Lösung der Probleme, die der Versailler Vertrag aufgeworfen hatte, nur durch vernünftige Verhandlungen erzielt werden konnte. Das war die Stunde des deutschen Politikers Gustav Stresemann, der einige Zeit später von dem französischen Sozialisten Aristide Briand in seinem Streben nach einem deutsch-französischen Ausgleich aufs wirksamste unterstützt wurde.

Der deutsch-französische Ausgleich

Dr. Gustav Stresemann kam aus der Wirtschaft. Seit 1907 hatte er als Reichstagsabgeordneter der Nationalliberalen Partei eine bewußt national-monarchische Politik verfochten. Während des Krieges vertrat er die nationalistischen expansiven Ziele der „Vaterlandspartei". Nach dem Kriege gründete er die „Deutsche Volkspartei", die sich zunächst gegenüber der „Weimarer Republik" in abwartender Opposition verhielt. Erst unter dem Eindruck der hemmungslosen rechtsradikalen Propaganda, die auch vor dem politischen Mord nicht zurückschreckte, fanden Stresemann und seine Partei den Weg zur Republik und bejahten schließlich die Weimarer Staatsordnung.

Der Abbruch des passiven Widerstandes an der Ruhr machte einen Regierungswechsel notwendig. Mit der Neubildung der Regierung beauftragte der Reichspräsident Ebert im August 1923 Gustav Stresemann. Dieser ging in seinem Regierungsprogramm davon aus, daß dem Sieger das Recht auf Reparationen nicht verweigert werden könne. Aber er machte die Zahlung von der wirtschaftlichen Kraft des Reiches abhängig, die schwach bleiben mußte, solange die Währung nicht stabilisiert war und innere Unruhen jeden wirtschaftlichen Aufstieg gefährdeten. Im Kampf gegen die kommunistisch beeinflußte Regierung in Sachsen und Thüringen wie gegen den ersten Putschversuch des damals noch unbekannten Parteiführers der Nationalsozialisten, Adolf Hitler, in Bayern errang die Regierung die ersten Erfolge. Die im November 1923 durchgeführte Stabilisierung der Mark aber bedeutete den eigentlichen Beginn des deutschen Wiederaufstiegs und einer innenpolitischen Konsolidierung.

Damit glaubte Stresemann eine gesunde Basis für erfolgreiche Verhandlungen mit den Siegern, vor allem Frankreich, geschaffen zu haben. Er verkannte nicht, daß sich Frankreich in einer schwierigen Lage befand. Sein Volk wie seine Politik wurden durch die Erschütterungen des Weltkriegs von dem Gedanken beherrscht, daß Deutschland immer Frankreichs Gegner und ihr Land Deutschland ausgeliefert sei, wenn es nicht gelinge, die deutsche Dynamik einzudämmen. Die Hoffnung Frankreichs auf eine enge Verbindung mit den beiden großen angelsächsischen Mächten zur Sicherung seiner Vorherrschaft in Europa hatte sich nicht erfüllt. Seine Bemühungen, durch den Versailler Vertrag und ein Bündnissystem, das Deutschland in Europa isolierte, den gefährlichen Kriegsgegner niederzuhalten, überstiegen die politischen und wirtschaftlichen Kräfte des Landes, führten sogar zu einer starken Kritik an seiner Politik durch die angelsächsischen Mächte, die den Ruhreinbruch ablehnten und an einer begrenzten wirtschaftlichen Gesundung des Reiches interessiert waren. Deshalb ging Stresemann von dem Gedanken aus, daß es außenpolitisch seine erste Aufgabe sei, das Sicherheitsbedürfnis Frankreichs zu befriedigen, ohne dabei berechtigte deutsche Interessen zu opfern. Diese Auffassungen fanden vor allem in England eine tatkräftige Unterstützung. Nachdem Aristide Briand das französische Außenministerium übernommen hatte, zeigte sich auch in Frankreich eine, wenn auch zunächst zurückhaltende Bereitschaft, mit dem Gegner von gestern zusammenzuarbeiten. Das Problem der Reparationen suchte Stresemann dadurch zu entschärfen, daß er ihm seinen politischen Aspekt nahm und seine wirtschaftliche Seite stärker betonte. Da die Alliierten einen großen Teil der Reparationszahlungen dazu verwenden mußten, um ihre Kriegsschulden an Amerika zu begleichen, waren die USA an einem wirtschaftlich gesunden Deutschland interessiert. Deshalb konnte Stresemann die Bemühungen des amerikanischen Finanzmannes Charles Dawes, Frankreich zur Annahme seines Reparationsplanes zu bewegen, der von den deutschen wirtschaftlichen Möglichkeiten ausging, als einen ersten Erfolg seiner Politik betrachten. Auf einer Londoner Konferenz im Jahre 1924, an der die deutsche Delegation unter Führung Stresemanns zum erstenmal als Partner teilnahm, wurde der Dawes-Plan von allen beteiligten Mächten angenommen. Ein wichtiger Schritt auf dem Wege zur Herstellung des internationalen Vertrauens war erreicht.

Der Regelung des Reparationsproblems folgte der erste Schritt zur Aussöhnung Deutschlands mit Frankreich. Im Vertrag von Locarno (1925) garantierte das Reich freiwillig die Unverletzlichkeit der Grenzen Frankreichs und Belgiens mit Deutschland und verpflichtete sich, die Rheinlande zu entmilitarisieren. Zwar war Deutschland nicht bereit, seine Grenzen mit Polen in gleicher Weise als endgültig anzusehen, verzichtete aber darauf, diese gewaltsam zu ändern.

Der Vertrag von Locarno, der eine Periode der Verständigung der europäischen Mächte untereinander einzuleiten schien, hatte für Deutschland bedeutsame Folgen. Die Siegermächte erklärten sich bereit, die von ihnen besetzte Kölner Zone nunmehr zu räumen und die volle Hoheit des Reiches über sein Staatsgebiet vor dem im Versailler Vertrag festgelegten Termin (1935) durch vorzeitige Räumung der übrigen besetzten

Gebiete wiederherzustellen. Außerdem war Deutschlands Aufnahme in den Völkerbund für das Jahr 1926 vorgesehen.

Der Völkerbund war das Ergebnis der Pariser Friedenskonferenz, seine Satzungen waren ein Teil des Versailler Vertrages. Gemäß den Plänen seines Urhebers, des amerikanischen Präsidenten Wilson, sollte er der friedlichen Verständigung der Völker der Welt über alle Fragen dienen, die bisher leicht zu Kriegen geführt hatten. Aber er umfaßte nicht alle Staaten. Außer den Besiegten fehlten die USA und die Sowjetunion. Amerika hatte trotz des Drängens seines Präsidenten den Beitritt verweigert, weil es fürchtete, über den Völkerbund in die europäischen Konflikte hineingezogen zu werden. Sowjetrußland wurde nicht zum Beitritt eingeladen.

Das Fehlen der beiden Großmächte, der Ausschluß der Besiegten und die Verknüpfung der Völkerbundssatzung mit dem Versailler Vertrag waren Schwächen, die von vornherein die Arbeit lähmten und vor allem die Kritik der Besiegten herausforderten. Aber es konnte trotzdem nicht verkannt werden, daß diese neue internationale Organisation, die ihren Sitz in Genf hatte, eine wichtige Plattform für eine internationale Verständigung auf vielen Gebieten darstellte. Zudem konnte die Mitgliedschaft für den Besiegten als Wiederaufnahme in den Kreis gleichberechtigter Nationen gelten. Als Deutschland deshalb 1926 mit Zustimmung aller Mitglieder in den Völkerbund aufgenommen wurde und einen ständigen Ratssitz erhielt, trat es erneut in die Reihe der Großmächte ein. Im gleichen Jahr schloß das Reich mit der Sowjetunion den Berliner Freundschaftsvertrag. So schien Deutschland durch die Verträge von Locarno und Berlin nach Westen und Osten gesichert. Der „allgemeine Pakt über den Verzicht auf den Krieg" (sogenannter Kellogg-Pakt), dem das Reich wie die meisten Staaten der Erde 1928 beitrat, schien den Krieg als Mittel der Politik für alle Zeiten in den zwischenstaatlichen Beziehungen auszuschließen. Als am 30. Juni 1930, fünf Jahre vor dem in Versailles festgelegten Termin, die letzten Besatzungstruppen aus dem Rheinland zurückgezogen wurden, konnte der schwierigste Teil der deutschen Außenpolitik nach dem Kriege als abgeschlossen gelten. Da Stresemann bereits 1929 starb, hat er das augenfälligste Ergebnis seiner Außenpolitik nicht mehr erlebt.

Die vorzeitige Räumung der Rheinlande schien aber den Nationalisten aller Schattierungen in Deutschland allzu teuer erkauft zu sein. Der Dawes-Plan hatte zwar die Höhe der jährlich zu leistenden Zahlungen festgelegt, aber diese zu hoch angesetzt. Unter dem Vorsitz des Amerikaners Owen Young legte deshalb 1929 eine Sachverständigenkommission, zu der auch deutsche Bankiers und Großindustrielle gehörten, Deutschlands Zahlungen bis zum Jahre 1988 fest. Trotz großer Bedenken wegen der Höhe und Dauer der Zahlungen hatte Stresemann dem Plan zugestimmt und ihn dem Reichstag zur Annahme empfohlen, wenn die Alliierten die Rheinlande räumten. Die Wiederherstellung der vollen deutschen Souveränität schien den Preis zu lohnen. Deshalb nahm der Reichstag den Young-Plan an, der 1930 in Kraft trat. Aber schon hatte die Weltwirtschaftskrise ihre Schatten auch über Deutschland geworfen und den Plan undurchführbar gemacht, gegen den von vornherein die deutschen Nationalisten aufs heftigste protestiert hatten. Infolge der deutschen Zahlungsunfähigkeit mußte der Reichskanzler Brüning den amerikanischen Präsidenten Hoover um Einstellung der Zahlungen bitten. Die durch die Weltwirtschaftskrise gewachsene Einsicht, daß Reparationen das gesamte wirtschaftliche Gefüge gefährdeten, führte 1931 zunächst zum „Hoover-Feierjahr für alle Schulden" und schließlich zu einem Ende der Reparationen durch die Konferenz von Lausanne (1932) — wenige Monate bevor Hitler die Macht in Deutschland übernahm.

Die Innenpolitik der „Weimarer Republik"

Erst die Beendigung der Inflation und die, wenn auch vorläufige Regelung des Reparationsproblems durch den Dawes-Plan, schufen die Voraussetzung für eine Stabilisierung der deutschen Wirtschaft und damit einer innenpolitischen Beruhigung. Die Propaganda der Rechtsradikalen verlor vor allem nach dem gescheiterten Hitler-Putsch von 1923 an Wirkung. Aber auch der Stimmenanteil der Kommunisten bei den Wahlen ging langsam, aber stetig zurück. Die schweren Auseinandersetzungen um die Staatsform erreichten einen vorläufigen Abschluß; die republikanische Entwicklung Deutschlands wurde nun auch von vielen bejaht, die sich ihr zunächst nur widerstrebend eingefügt hatten. Damit war aber nicht der heftige Kampf der Parteien gegeneinander gemildert. Die Ablehnung des „Marxismus", den die Rechtsparteien in den Programmen der Sozialdemokraten und Kommunisten nur mit graduellen Unterschieden vertreten sahen, blieb ein wesentliches Anliegen großer Teile des „Bürgertums".

In dieser Lage, die eine endgültige Entscheidung über Deutschlands innere und äußere Entwicklung noch nicht erlaubte, starb 1925 der Mitschöpfer und Garant der Weimarer Verfassung, der erste Reichspräsident Friedrich Ebert. Nach der Verfassung lag die Wahl des neuen Reichspräsidenten beim Volk. Die republikanischen Parteien hatten den ehemaligen Reichskanzler Wilhelm Marx, die Gegner des „Weimarer Staa-

Abb. 37 Marcks: Gefesselter Prometheus

Abb. 38 Köln, Severinsbrücke

Abb. 39 München, Olympische Stätten

Abb. 40 Berlin, Reichstagsgebäude nach dem Wiederaufbau

Abb. 41 Bonn, Bundeshaus

tes“ den greisen Feldmarschall von Hindenburg als Kandidaten aufgestellt in der Hoffnung, daß bei seinem Siege der Republik der Todesstoß versetzt werde. Zwar gewann Hindenburg die Wahl, aber er beschwor die Verfassung, obwohl diese seiner ganzen politischen Einstellung wesensfremd war. Aber da er sich als evangelischer Christ an seinen Eid gebunden fühlte, blieb er ihm treu, bis er im hohen Alter, von seiner Umgebung gedrängt, den schärfsten Gegner der „Weimarer Republik“, Adolf Hitler, zum Reichskanzler berief und damit die verhängnisvolle Entwicklung Deutschlands in den Abgrund einleitete.

Obschon die Beendigung der Inflation das Startzeichen für die wirtschaftliche Gesundung bedeutete, bedurfte es zusätzlich einer starken Kapitalzufuhr, um die durch Krieg und Nachkrieg entstandenen Schäden zu beheben. Bis 1930 strömten etwa 26 Milliarden Mark Auslandsanleihen nach Deutschland. Das Reich nahm davon etwa 10% in Anspruch, das übrige Kapital stand der privaten Wirtschaft und den Kommunen zur Verfügung. Mit dieser Hilfe gelang es in sehr kurzer Zeit, die deutsche Industrie so zu erneuern, daß sie bald neben der Wirtschaft der USA den höchsten technischen Stand erreichte.

Dieser bedeutsame, in sehr kurzer Zeit erzielte Hochstand der deutschen Industrie setzte aber auch den Hochkapitalismus durch. Sein Kennzeichen war die Konzentrierung der Wirtschaft in wenigen Händen. Die Verbindung von Kapital und Technik wurde vollkommen. Das Rheinisch-Westfälische Kohlensyndikat, der Stahlwerksverband, der Kruppkonzern, der Stinneskonzern, die IG Farben, die AEG wurden noch weiter ausgebaut und erzielten eine fast vollständige Abhängigkeit auch der Mittel- und Kleinbetriebe durch die von ihnen festgelegten Preise. Die von den Werken geförderte wissenschaftliche Forschung führte zu neuen bedeutsamen Ergebnissen.

Mit dem wirtschaftlichen Aufschwung verband sich aber auch ein allgemeiner sozialer Aufstieg des deutschen Volkes in allen seinen Schichten. Dieser war das entscheidende Verdienst der Gewerkschaften und jener politischen Parteien, die von jeher der sozialen Frage ihre größte Aufmerksamkeit gewidmet hatten, aber auch mancher sozial verantwortlicher Unternehmer. Der Ausbau der sozialen Gesetzgebung und die Übernahme sozialer Aufgaben durch Staat und Gemeinden führte mehr und mehr zu einem stärkeren Anteil der wirtschaftlich Schwächeren am Sozialprodukt. Das Ergebnis war eine höhere Lebenshaltung des gesamten deutschen Volkes, die sich besonders an dem Mehrverbrauch hochwertiger Lebensmittel und an der jährlichen Steigerung der Spareinlagen erkennen ließ. Der schon vor dem Weltkrieg zu beobachtende Prozeß einer Umschichtung der Bevölkerung setzte sich fort. Der Anteil der Berufstätigen in Industrie und Handel wurde immer größer; gleichzeitig nahm die Zahl der Angestellten erheblich zu. Die hochtechnisierte Wirtschaft brauchte immer weniger Handarbeiter, dafür um so mehr Kopfarbeiter in den technischen Büros und in der Verwaltung.

Der wirtschaftliche Wiederaufstieg Deutschlands, der die Jahre 1924—1928 kennzeichnete, und sowohl dem deutschen Fleiß wie den großen ausländischen Anleihen zu verdanken war, fand 1929 durch das Einsetzen der Weltwirtschaftskrise ein jähes Ende. Am 24. Oktober 1929 brach in New York die Börse zusammen. Die unmittelbare Folge war die Abberufung amerikanischer Kredite, die im allgemeinen kurzfristig kündbar waren, aus Deutschland, — eine für die deutsche Industrie katastrophale Maßnahme, da ihre Kapitalreserven äußerst gering waren. Viele Betriebe mußten schließen. Bereits im Dezember des gleichen Jahres betrug die Zahl der Arbeitslosen in Deutschland 2,8 Millionen, und es bestand keine Hoffnung auf Besserung, weil sich auch in den anderen Industrieländern die Wirtschaftskrise verschärfte. In dieser, wirtschaftlich fast ausweglosen Lage sahen Adolf Hitler und die von ihm geführte Nationalsozialistische Deutsche Arbeiterpartei (NSDAP) ihre Schicksalsstunde, um die verhaßte Demokratie zu beseitigen und an ihre Stelle einen Staat nach italienisch-faschistischem Vorbild zu errichten.

Deutschlands geistige Lage um 1930

Die freiheitliche Ordnung, deren sich Deutschland dank der „Weimarer Verfassung" für kaum 1½ Jahrzehnte erfreute, hat sich vor allem auf kulturellem Gebiet als äußerst fruchtbar erwiesen. Das Schlagwort von den „goldenen zwanziger Jahren" hat insofern Berechtigung, als für ein knappes Jahrzehnt Berlin auf dem Gebiet des Theaters, der Musik und des Films Mittelpunkt des kulturellen Europas wurde und in dieser Beziehung für eine kurze Zeit Paris ablöste. Die Zahl der deutschen Regisseure, Intendanten, Dirigenten, Schauspieler, die Weltruhm erlangten, war so groß, daß diese namentlich nicht genannt werden können. Unter ihnen nahm Max Reinhardt als Begründer einer neuen Theaterkultur die bedeutendste Stellung ein. Neben der künstlerisch gültigen Aufführung führte die Freude am Experiment zu neuen Einsichten in die Möglichkeiten, die Sprechbühne, Film und später Rundfunk dem dichterischen Werk boten. Die ersten Versuche Bert Brechts als Dramatiker fanden an den Berliner Bühnen eine ihm adäquate Interpretation und wirkten von hier aus befruchtend auf das deutsche und europäische Theater. Auch das musikalische Schaffen erhielt von Richard

Strauss (1864—1949), mehr aber noch von Hindemith und Schönberg als bahnbrechende Vertreter der Atonalität zahlreiche Anregungen.

Unter dem Einfluß von Walter Gropius und dem von ihm begründeten Weimarer, später Dessauer Bauhaus setzte sich eine neue Baugesinnung durch. Zweckmäßige Sachlichkeit und die Verwendung modernen Materials sollten den Stil der Baukunst bestimmen. Nach diesen Grundsätzen wurden vor allem Wohnblocks in Großstädten, Verwaltungsgebäude für Industrie und Handel, Konzert- und Kongreßhallen, Sportstätten und Schulen geschaffen, die der nüchternen Atmosphäre einer Industriegroßstadt entsprachen. Dem Bedürfnis, über das rein Zweckmäßige hinaus die sachlich strenge Linie einer Gebäudefront und die materialechte Nüchternheit eines Innenraumes aufzulockern, kam eine ausdrucksstarke Plastik entgegen, deren bedeutendste Vertreter Barlach, Marcks und mit Abstand Lehmbruck waren.

Dichtung und darstellende Kunst empfingen nach dem Weltkrieg starke Anregungen von einer Stilrichtung, die in Deutschland als Gegenbewegung gegen den Impressionismus unmittelbar vor 1914 entstanden war: dem Expressionismus. Sein wesentliches Anliegen war, unter bewußtem Verzicht auf realistische Farb- und Formgebung durch Ausdruckssteigerung das Eigentliche seines religiösen, sozialen oder abstrakten Themas scharf herauszustellen. Dabei wurden ihm in der darstellenden Kunst Linie, Fläche und Farbe die entscheidenden Mittel der Gestaltung. Seine bedeutendsten deutschen Vertreter waren Nolde, Heckel, Kokoschka, Schmidt-Rotluff, Kirchner, Marc und Beckmann. Als Bildhauer wirkt noch heute Rudolf Belling als Vertreter der „absoluten Plastik“.

Der Wille zum absoluten Ausdruck ließ sich in der Dichtung ungleich schwerer verwirklichen als in der bildenden Kunst. Obschon wesentliche Vertreter der expressionistischen Dichtung durch den Weltkrieg früh hinweggerafft wurden, gelangen einigen in Lyrik und Drama Werke von überzeitlichem Wert (Ernst Stadler, Georg Heym, Gottfried Benn, Else Lasker-Schüler, J. R. Becker, Fritz v. Unruh, Georg Kaiser, Ernst Barlach, Alfred Döblin, Franz Werfel).

Im allgemeinen hatten die geistig-schöpferischen Menschen in Deutschland 1918 die Revolution und die Entstehung der Republik begrüßt und in ihr eine geistige Heimat gefunden. Das galt auch von jenen Dichtern, die schon vor dem Weltkrieg einen bedeutenden Namen hatten wie Thomas Mann, Gerhart Hauptmann, Werfel und Jakob Wassermann. Andere wie R. M. Rilke und Stefan George und sein Kreis entzogen sich durch Flucht in eine ausschließlich „poetische Existenz“ jedem politischen Engagement, was freilich besonders bei den George-Schülern eine kritische Beurteilung der deutschen Entwicklung nicht ausschloß. Aber schon in den zwanziger Jahren entwickelten sich auch Tendenzen, die dem Ergebnis von 1918 scharf ablehnend gegenüberstanden. Ideen einer „konservativen Revolution" beherrschten das Schrifttum jener Schriftsteller und Dichter, die im Staat von Weimar eher Auflösung jeder Ordnung als fruchtbare Neugestaltung des deutschen Volkes und Lebens zu erblicken glaubten. Obschon kaum einer von ihnen Anhänger Hitlers war, trugen sie doch entscheidend dazu bei, die Widerstandskraft vor allem der konservativen und nationalen Kreise gegen den Nationalsozialismus auszuhöhlen, weil sie diesem aus ihren Schriften willkommenes Propagandamaterial boten. (Ernst Jünger: „Der Arbeiter", „In Stahlgewittern"; Moeller van den Bruck: „Das Recht der jungen Völker", „Das dritte Reich"; O. Spengler: „Der Untergang des Abendlandes"; H. Johst; H. Grimm u. a.)

In der Philosophie brach vor allem Max Scheler (1875—1928) mit der Auffassung, daß diese bloß Erkenntnistheorie sei, und brachte den Objektivismus wieder zur Geltung. Nach ihm bilden die Werte ein festes Reich. Sie sind echte Tatsachen, unabhängig von der Einstellung des Menschen zu ihnen. Damit entzog er die Werte der relativistischen Betrachtung, in die sie vor allem durch die Psychoanalyse von Freud und die Individualpsychologie von Max Adler gekommen waren. Auch der Religion gab Scheler wieder ihre Eigenbedeutung zurück. Wenn er der Metaphysik auch nur den Charakter der Wahrscheinlichkeit zusprach, so versuchte er doch, ihr innerhalb der Philosophie wieder die ihr zukommende Stellung einzuräumen.

Noch nachhaltiger aber erwies sich die Diskussion, die Martin Heidegger durch sein Frühwerk „Sein und Zeit" um das Sein, beziehungsweise um den Bezug des Menschen zur Wahrheit des Seins hervorrief. Damit wurde er zum bedeutendsten Vertreter der deutschen Existenzphilosophie. Seine Bedeutung für das philosophische Denken auch außerhalb des deutschen Sprachbereichs zeigen vor allem die dichterischen Werke der Franzosen Camus und J. P. Sartre.

Unter dem Einfluß der Philosophie änderten zu Beginn des 20. Jahrhunderts auch die exakten Wissenschaften ihre Einstellung und versuchten, zu einer ganzheitlichen Schau zu kommen. Diese Haltungsänderung bedeutete jedoch keineswegs eine Aufgabe der exakten Forschung. Vor allem in Deutschland erlebten die Naturwissenschaften durch die Forschungen Albert Einsteins und Max Plancks, die das gesamte physikalische Weltbild veränderten, eine erhöhte Bedeutung, die nicht auf die reinen Fachgebiete beschränkt blieb.

Dreiundzwanzigstes Kapitel

VON WEIMAR NACH POTSDAM

Brünings Präsidialregierung

Zur Überwindung einer Haushaltskrise fand sich im Deutschen Reichstag des Jahres 1930 keine Mehrheit. Die Regierung, geführt von dem sozialdemokratischen Reichskanzler Hermann Müller, setzte sich aus Mitgliedern jener Parteien zusammen, die unter Stresemanns Einfluß seit Jahren die sogenannte „Große Koalition" gebildet hatten (SPD, Demokraten, Zentrum, Deutsche Volkspartei). Da sich die ersten Anzeichen der Weltwirtschaftskrise auch in Deutschland bemerkbar gemacht hatten, stiegen die Ausgaben für die Arbeitslosenversicherung. Über die Frage, wer die höheren Lasten tragen sollte — die Arbeitgeber oder die Arbeitnehmer — konnten sich Volkspartei und Sozialdemokraten nicht einigen. Die Koalition brach auseinander, die Regierung trat zurück.

Zum erstenmal in der kurzen Geschichte der „Weimarer Republik" erwies es sich als unmöglich, eine neue Mehrheit zur Bildung einer Regierung zu finden. In dieser kritischen Lage ergriff der Reichspräsident von Hindenburg die Gelegenheit, den Zentrumsabgeordneten Dr. Heinrich Brüning mit der Bildung einer Regierung „ohne koalitionsmäßige Bindung" zu beauftragen. Zögernd übernahm dieser am 30. März 1930 die Regierungsgeschäfte, weil ihn ein „Appell an das militärische Pflichtgefühl" durch den greisen Feldmarschall dazu bewog. Die erste Präsidialregierung war gebildet.

Zweifellos war Brüning eine absolut lautere Persönlichkeit. Als Reserveoffizier des ersten Weltkrieges hatte er seine „nationale Zuverlässigkeit" auch für die betont nationalen Kreise bewiesen. Als bedeutender Finanzpolitiker hatte er sich innerhalb und außerhalb seiner Partei einen Namen gemacht. Er war ein Verächter jeder Phrase und der lauten Demagogie, wie sie in den extremen Parteien üblich war. Streng gegen sich selbst glaubte er, durch vorbildliche Pflichterfüllung auch das deutsche Volk dazu bringen zu können, durch Opfersinn und Sparsamkeit an der Überwindung der Staats- und Wirtschaftskrise mitzuhelfen. An diesem Vertrauen auf eine einsichtige Mehrheit im Volk ist er gescheitert.

Brüning versuchte die Finanzkrise des Reiches mit den damals als klassisch geltenden Mitteln der Deflation zu lösen, d. h. durch äußerste Einsparungen sollte der Etat ausgeglichen werden. Daß sich dadurch die Wirtschaftskrise verschärfen mußte, glaubte er unter außen- und wirtschaftspolitischen Gesichtspunkten hinnehmen zu müssen. Seine Deflationspolitik hatte das Ziel, der Welt zu beweisen, daß Deutschland nicht in der Lage sei, die ihm durch den Young-Plan auferlegten Reparationslasten zu tragen, ohne dabei seine eigene Wirtschaft zu zerstören und das gesamte weltwirtschaftliche Gefüge in Unordnung zu bringen. Gleichzeitig hoffte er, durch geduldiges außenpolitisches Verhandeln die Fesseln der Rüstungsbeschränkung durch den Versailler Vertrag zu lockern und für das Reich auch in dieser Beziehung die Gleichberechtigung zu erzwingen. In der Weltwirtschaftskrise sah er einen natürlichen Gesundungsprozeß, durch den sich die Wirtschaft selbst von der ungesunden Aufblähung als Folge der übersteigerten Nachfrage nach dem ersten Weltkrieg reinigte. Einen staatlichen Eingriff in diesen Prozeß hielt er erst dann für sinnvoll, wenn sich Anzeichen beginnender Gesundung bemerkbar machten.

Um seine Finanzreform durchzuführen, legte Brüning dem Reichstag eine Reihe von Gesetzen vor, die dieser aber ablehnte. Darauf ließ er sie über den Reichspräsidenten als Notverordnungen zur „Sicherung von Wirtschaft und Finanzen“ in Kraft setzen, weil die Not ein schnelles Handeln verlangte. Da diese nachträglich durch den Reichstag gebilligt werden mußten, legte der Kanzler sie erneut der Volksvertretung vor. Wiederum lehnte der Reichstag ab. Deshalb entschloß sich Hindenburg, den Reichstag aufzulösen und Neuwahlen anzuberaumen. Diese fanden am 14. September 1930 statt. Die Zahl der Arbeitslosen war inzwischen auf 4 Millionen gestiegen.

Die Wahl machte die Krise der deutschen Demokratie offenbar. Die beiden radikalen Oppositionsparteien der Kommunisten und Nationalsozialisten konnten ihre Mandate beträchtlich vermehren. Aus der unbedeutenden Splitterpartei der Nationalsozialisten war über Nacht eine der stärksten Parteien des Reichstags geworden. Sowohl das Verhalten ihres Führers Adolf Hitler wie ihr Programm ließen einen rücksichtslosen Kampf gegen die demokratische Staatsform und um die alleinige Macht in Deutschland erwarten.

Der Ausgang der Wahl erhöhte die Schwierigkeit Brünings, für sein Programm der inneren Sanierung und einer auf die Überwindung von „Versailles“ gerichteten Außenpolitik eine parlamentarische Mehrheit zu finden. Die wirtschaftliche Krise verschärfte sich infolge des Mißtrauens ausländischer Kreditgeber gegenüber der innenpolitischen Entwicklung. So glaubte Brüning, sich immer mehr auf die Autorität des Reichspräsidenten stützen zu müssen. Damit wurde Hindenburg zum entscheidenden Faktor der deutschen Politik, denn von nun an konnte der Kanzler faktisch nur solange regieren, wie er das Vertrauen des Reichspräsidenten genoß, der seine Gesetze über den Notstandsartikel der Verfassung unterschreiben und veröffentlichen mußte. Unter dem Druck der radikalen Strömungen entschlossen sich allerdings nun die demokratischen Parteien, die Regierung Brüning zu tolerieren und die Notverordnungen nicht aufzuheben, um eine nationalsozialistisch bestimmte Regierung zu verhindern.

Brünings Politik der Überwindung von „Versailles" und seiner Folgen war innenpolitisch vor allem auf einen ausgeglichenen Haushalt in Reich, Ländern und Gemeinden gerichtet. Diesem Zweck dienten drastische Maßnahmen zur Preis- und Lohnsenkung. Damit erreichte der Kanzler, daß der Lebenshaltungsindex fiel. Aber die Krise verschärfte sich weiter. Auch sein großer außenpolitischer Erfolg, das Hoover-Feierjahr für alle Schulden im Jahre 1931, minderte die Krise nicht. Da die Zahl der Arbeitslosen auf 5 Millionen anstieg, wuchs die politische Opposition. Kommunisten und Nationalsozialisten vergrößerten bei allen Landtags- oder Kommunalwahlen ihren Stimmenanteil. Solange aber die Parteien, die jede Diktatur ablehnten, das Programm Brünings tolerierten und der Reichspräsident die Notverordnungen seines Kanzlers unterschrieb, blieb die Regierung parlamentarisch ungefährdet, obschon sie im Volke nur wenig Vertrauen besaß.

Durch die Auflösung der Donaumonarchie als Folge des verlorenen ersten Weltkrieges hatte das deutsche Österreich sein in Jahrhunderten gewachsenes wirtschaftliches Hinterland verloren. Seine Industriezentren waren im wesentlichen an die Tschechoslowakei gefallen, als Agrarland ohne bedeutende Bodenschätze und Rohstoffe war es noch stärker vom Weltmarkt abhängig als Deutschland. Seine Verarbeitungsindustrie konzentrierte sich um Wien, das als Hauptstadt eines so kleinen Landes eine unverhältnismäßige große Einwohnerzahl hat. Hohe Zollmauern der „Nachfolgestaaten" verhinderten den Warenaustausch, der vor dem ersten Weltkrieg in dem Großwirtschaftsraum Österreich-Ungarn selbstverständlich gewesen war. Deswegen waren Wirtschaftskrisen das Kennzeichen der österreichischen Entwicklung nach 1919, die jedoch bis zum Beginn der Weltwirtschaftskrise durch internationale Hilfsmaßnahmen abgemildert werden konnten. Als aber 1929 diese plötzlich abbrachen, traf die Zerrüttung der internationalen Wirtschaft das kleine Land ungleich härter als alle übrigen europäischen Staaten. Bereits 1930 brach eine der größten Banken Österreichs zusammen, weil innerhalb kurzer

Zeit die ausländischen Kredite in Höhe von 80 Millionen Mark abgezogen wurden. Die Arbeitslosigkeit lag prozentual weit über dem Weltdurchschnitt und überstieg auch jene des Deutschen Reiches.

Um den Wirtschaftsraum zu vergrößern, erstrebte Österreich eine Zollunion mit Deutschland. Da der Anschluß an das Reich durch die Friedensverträge entgegen dem Selbstbestimmungsrecht verboten war, zielten die Verhandlungen Österreichs mit Deutschland nicht auf einen politischen Zusammenschluß der beiden Staaten. Im März 1931 wurde ein Vertrag abgeschlossen, der eine Zollunion vorsah. Trotz der Zustimmung der USA und Englands lehnten Frankreich, Italien und die Tschechoslowakei den Vertrag aufs schärfste ab. Ein problematischer Spruch des Haager Gerichtshofs, den Frankreich auf Grund der Friedensbedingungen für Österreich nach Beendigung des ersten Weltkrieges angerufen hatte, entschied gegen die Zollunion. Die beiden deutschen Staaten hatten eine schwere außenpolitische Niederlage erlitten, wofür die Nationalisten in Deutschland und Österreich mit Recht die Friedensverträge von 1919 verantwortlich machten. Das Ansteigen der Arbeitslosenzahl in beiden Ländern (in Deutschland auf fast 6 Millionen) steigerte die Verbitterung.

1932 war die erste siebenjährige Amtszeit Hindenburgs abgelaufen. Die demokratisch-republikanischen Parteien entschlossen sich auf Veranlassung Brünings, Hindenburg als ihren Kandidaten aufzustellen. Der erste Wahlgang brachte kein Ergebnis, das der Verfassung entsprach, weil keiner der aufgestellten Kandidaten die absolute Mehrheit aller abgegebenen Stimmen erreicht hatte. Im zweiten Wahlgang zwischen Hindenburg, Hitler und Thälmann, dem Kandidaten der Kommunisten, entschied sich das deutsche Volk eindeutig für Hindenburg (19,4 Mill.) gegen die Opposition von rechts (Hitler 13,4 Mill.) und links (Thälmann 3,7 Mill.).

Kurz nach der Wahl hatte Brüning durch eine Notverordnung „zur Sicherung der Staatsautorität“ die Wehrorganisationen der Nationalsozialisten verboten. Gleichzeitig stiegen bei verschiedenen Landtagswahlen die Stimmen für die radikalen Parteien weiter an. Das veranlaßte den Reichswehrgeneral v. Schleicher, gegen Brüning bei Hindenburg zu intrigieren. Er hielt die Stunde für gekommen, seinen Plan zu verwirklichen, durch eine Sammlung der Rechtsparteien mit Einschluß des Zentrums das Reich zu erneuern. Dazu benötigte er auch die Wehrverbände, deren „nationale“ Haltung nach seiner Auffassung die Voraussetzung für die Vergrößerung der Wehrmacht auf der Grundlage einer späteren allgemeinen Wehrpflicht sein sollte. Hindenburg stand diesen Gedankengängen Schleichers wohlwollend gegenüber, zumal er seine Wiederwahl durch die Anhänger der Linksparteien stets als eine

OSKAR KOKOSCHKA

Amsterdam, Kloveniersburgwal

1925. Kunsthalle, Mannheim

Wahl mit „verkehrten Fronten“ betrachtet hatte. Ostpreußische Großgrundbesitzer, Standesgenossen Hindenburgs, schlossen sich diesen Gedankengängen an; sie betrachteten es als „Agrarbolschewismus“, daß Brüning die bankrotten Güter der ostelbischen Rittergutsbesitzer nicht immer wieder durch „Osthilfe“ auf Staatskosten sanieren lassen wollte, sondern mit Bauernsöhnen des übervölkerten Westens zu besiedeln begonnen hatte. Hindenburg forderte von seinem Kanzler ein Verbot auch des „Reichsbanners“, der Frontkämpfer-Organisation zur Verteidigung der Republik. Brüning lehnte ab. Daraufhin entließ der Reichspräsident den Kanzler am 30. Mai 1932, ohne daß dieser die Entschlossenheit aufbrachte, sich dem Reichstag zu stellen, um zu prüfen, ob sich dort eine negative Mehrheit gegen ihn von rechts oder links zusammenfinden würde. Der neue Mann des Vertrauens des Reichspräsidenten war Franz von Papen.

Papen als Wegbereiter Hitlers

Die Demission Brünings wurde von der Rechten mit Beifall begrüßt, von der Mitte und von der Linken scharf kritisiert. Im Ausland erregte sie Befremden. v. Papen gehörte zum intimsten Freundeskreis des Reichspräsidenten und stand auf dem äußersten rechten Flügel der Zentrumspartei mit betonter Neigung zu den Deutschnationalen. Sein Kabinett bildete er vorwiegend aus Mitgliedern des Adels, als „Kabinett der Barone“. Reichswehrminister wurde v. Schleicher.

Unmittelbar nach seinem Amtsantritt tagte in der Zeit vom 16. bis 19. Juni die Reparationskonferenz von Lausanne, die Brüning vorbereitet hatte. Sie brachte das Ende der Reparationen und dadurch v. Papen einen außenpolitischen Erfolg, der aber keine Stärkung seiner Stellung in Deutschland bedeutete.

Um sein innenpolitisches Ziel, die „nationale Konzentration“, d. h. die Mehrheit der Rechten, zu erreichen, brach Papen die Verfassung und setzte die rechtmäßige preußische Regierung ab, die von Sozialdemokraten, Angehörigen der demokratischen Partei und dem Zentrum gebildet war, und erklärte sich selbst zum Reichskommissar in Preußen. Der Reichstag wurde von Hindenburg aufgelöst. Eine Neuwahl brachte aber keine Mehrheit für die Regierung v. Papen, weil die Nationalsozialisten ihren Stimmenanteil auf 37,2% steigern konnten, während die Deutschnationalen zu einer unbedeutenden Splitterpartei absanken. Um einem mit Sicherheit zu erwartenden Mißtrauensvotum zuvorzukommen, erreichte v. Papen, daß der Reichstag im September 1932 nochmals aufgelöst wurde. Aber wiederum erzielte Papen keine tragfähige Mehrheit für seine Regierung im Parlament. Darauf bot er dem Reichspräsidenten seinen Rücktritt an.

Hindenburg ernannte den General von Schleicher zu Papens Nachfolger. Dieser versuchte jetzt durch Spaltung der nationalsozialistischen Partei und durch Annäherung an die Gewerkschaften die „Reichserneuerung". Innerhalb der NSDAP gewann er Gregor Strasser und seine Anhänger. Die Partei geriet in eine schwere personelle Krise, die von einer Finanzkrise begleitet war. Aber es gelang Hitler und Goebbels, den letztlich unentschlossenen Strasser zu isolieren. Er legte seine Parteiämter nieder. Auch die Gewerkschaften versagten sich Schleichers Plänen. Für einen Staatsstreich mit Hilfe der Reichswehr konnte Schleicher den Reichspräsidenten nicht gewinnen.

Papen, der immer noch das Vertrauen Hindenburgs besaß, bemühte sich hinter den Kulissen um eine Aussöhnung mit den Nationalsozialisten. Am 4. Januar kam es zu einer Unterredung zwischen ihm und Hitler im Hause des Kölner Bankiers v. Schroeder. Hier wurden die Grundzüge einer künftigen Regierungsbildung festgelegt. Am 28. Januar 1933 trat Schleicher als Reichskanzler zurück. Zwei Tage später ernannte der Reichspräsident v. Hindenburg den „böhmischen Gefreiten", wie er Hitler zu bezeichnen pflegte, zum Reichskanzler. Papen wurde, wie vorher festgelegt, Vizekanzler und Reichskommissar in Preußen. Außer den Nationalsozialisten Frick (Innenministerium) und Göring (Reichsminister ohne Geschäftsbereich) waren alle übrigen Minister Deutschnationale oder gehörten keiner Partei an. Es schien gelungen zu sein, die nationalsozialistische Flut zu „kanalisieren", oder, wie Papen von Hitler meinte: „Wir haben ihn engagiert." Am 1. Februar wurde der Reichstag aufgelöst und Neuwahlen auf den 5. März ausgeschrieben.

Vierundzwanzigstes Kapitel

DEUTSCHLAND UNTER DER DIKTATUR HITLERS

Adolf Hitler

Von der Kriegsbegeisterung, die zu Beginn des ersten Weltkrieges im August 1914 weite Kreise des deutschen Volkes befiel, wurde auch ein 25jähriger Österreicher erfaßt, der sich ohne einen festen Beruf als „freier Künstler“ seit einem Jahr in München aufhielt. Da er den österreichischen Vielvölkerstaat verachtete, hatte er sich der österreichischen Wehrpflicht entzogen. Als Kriegsfreiwilliger trat er in ein bayerisches Regiment ein, machte den Krieg an der Westfront als Meldegänger mit, erhielt für seine Tapferkeit vor dem Feind als einfacher Soldat das Eiserne Kreuz 1. und 2. Klasse und erlebte die deutsche Niederlage als Gasverwundeter in einem Lazarett in Pommern. Da er bis zuletzt an den Sieg der deutschen Waffen geglaubt hatte, brach für ihn eine Welt zusammen. Überzeugt, daß Niederlage und Revolution nicht die Folge deutscher militärischer und wirtschaftlicher Unterlegenheit sowie des politischen Versagens des Kaisers und seiner Regierung seien, „beschloß er, Politiker zu werden“. Dieser Österreicher hieß Adolf Hitler.

Sein Lebensweg hatte bis zur Teilnahme am ersten Weltkrieg kaum etwas Bemerkenswertes aufzuweisen, wenn man nicht die Tatsache, daß sich ein junger, gesunder Mann berufs- und arbeitslos in Männerheimen und Nachtasylen der Weltstadt Wien herumtreibt, als sonderbar und bemerkenswert betrachten will. Er selbst behauptete später, als er einen gewissen politischen Ruf erlangt hatte, daß er sich nach einem kurzen und erfolglosen Anlauf auf einer höheren Schule in Wien auf die Laufbahn eines Architekten habe vorbereiten wollen. Doch habe man ihm die Aufnahme an der Wiener Akademie der Bildenden Künste verweigert, weil er nicht die üblichen Voraussetzungen für ein solches Studium mitbrachte. So sei er gezwungen gewesen, als „freier Künstler“ zu arbeiten. Dabei habe er sich intensiv mit politischen Fragen beschäftigt und seine allgemeine Bildung durch Selbststudium und umfangreiche Lektüre erweitert.

Nach dem Kriege kam er wieder nach München und geriet dort in den Kreis der zahlreichen nationalen Gruppen, die sich nur in ihrer Gegnerschaft zum „Weimarer Staat“ einig waren. Er trat der „deutschen Arbeiterpartei“ als Mitglied Nr. 7 bei und wurde bald ein bekannter politischer Redner in Bierkellern und Vorstadtkneipen. Die Partei änderte ihren Namen und nannte sich „Nationalsozialistische Deutsche Arbeiterpartei“ (NSDAP). Ihr Programm war eine Mischung aus nationalistischen und sozialistischen Ideen. Der Antisemitismus wurde scharf betont. Als außenpolitisches Ziel wurde die Befreiung von „Versailles“ und die Errichtung eines „Großdeutschen Reiches“ proklamiert. Über die Staatsform sagte das Programm nichts.

Inflation, kommunistische Aufstände, Besetzung des Ruhrgebietes durch die Franzosen und allgemeine politische Apathie schienen Hitlers Glauben zu rechtfertigen, er könne nach Mussolinis Vorbild in Berlin eine nationalsozialistische Regierung einsetzen. Doch schon sein erster Versuch am 9. November 1923 in München scheiterte an mangelhafter Vorbereitung und an dem Widerstand der Münchener Polizei. Die Republik jedoch bestrafte den Hochverräter und seine Helfer äußerst milde. Schon nach zwei Jahren wurde Hitler aus der Festungshaft auf Grund einer Amnestie entlassen.

Im Wiederaufbau seiner zerschlagenen Partei bewies er Organisationstalent, aber auch Willenskraft in der kompromißlosen Durchsetzung der von ihm für richtig gehaltenen Maßnahmen. So gab er der an sich unbedeutenden Partei innerhalb der vielen nationalistischen Gruppen eine gewisse Stoßkraft, die sich auch bei den Wahlen auswirkte. Dennoch erreichte er in den Jahren von 1925—1930 kaum mehr als 3% der Wahlstimmen.

Diese Zeit der politischen Bedeutungslosigkeit benutzte er zum sorgfältigen praktischen Studium der modernen politischen Propaganda. Seiner rhetorischen Wirkung auf seine Zuhörer sicher, gelangte er zu der Überzeugung, er könne durch die Macht des gesprochenen Wortes Massen einfangen und für sich gewinnen, um über den Stimmzettel zur höchsten Macht im Staate zu gelangen. Allerdings müsse sich der Demagoge dabei der einfachsten Ausdrucksweise bedienen und den gleichen primitiven Gedankengang dauernd wiederholen. Der Appell an die niedersten Instinkte im Menschen müsse mit der gleichzeitigen Erweckung der Sehnsucht des Menschen auf Verwirklichung eines großen Ideals verbunden werden. Einprägsame Symbole sollten das gesprochene Wort unterstützen. Das wesentliche Mittel aber, um seine Ziele zu erreichen, wurden für Hitler die Massenversammlungen, denen er einen eigenartigen Stil gab. Mit Vorliebe setzte er seine Kundgebungen auf die späten Abendstunden an. Mit Armeemärschen ließ er die nach Zehntausenden zählende Masse unterhalten. Mehrfach wurde sein baldiges Erscheinen angekündigt. Wenn er dann endlich erschien, befand sich die Menge in einem Zustand erregter hysterischer Erwartung, die jedes kritische Urteil über ihn und sein Wort ausschloß. So wurde er in einer Zeit, in der die Wirtschaft gerade begann, die große Bedeutung der Reklame zu erkennen, zu einem Meister der Propaganda.

Im wesentlichen setzte sich die Masse seiner Anhänger zunächst aus allen jenen zusammen, die durch Niederlage, Inflation und Wirtschaftskrise aus der Bahn geworfen waren: verarmten Kleinbürgern und Bauern, unzufriedenen kleinen Beamten, ehemaligen Freikorpskämpfern und Offizieren, mittelbegabten Künstlern aller Schattierungen, arbeitslosen Akademikern und Studenten. Sie alle versuchten, ihre eigene Unzulänglichkeit hinter der Gewalt eines überpersönlichen Schicksals, das Hitler mit „Versailles" oder dem „internationalen Judentum" gleichsetzte, zu verbergen. Daß darüber hinaus auch einflußreiche und finanzkräftige Kreise der deutschen Industrie Hitler hin und wieder unterstützten, lag weniger an einer Sympathie für ihn als an der Antipathie gegen manche Führungsgruppen der „Weimarer Demokratie".

Trotzdem wäre die Partei Hitlers unbedeutend geblieben, wenn ihr nicht die Wirtschaftskrise in größerem Umfang Mitglieder und Wähler aus breiten Schichten des deutschen Volkes zugeführt hätte. Noch im Jahre 1928 betrug die Zahl ihrer eingeschriebenen Mitglieder nur 180000. Von 1930 an, dem Jahr, in dem die Arbeitslosenzahl 4 Millionen überschritt, stieg die Zahl der Mitglieder sprunghaft an und erreichte 1932 bereits die Millionengrenze. Ebenso sprunghaft erhöhten sich die Wählerstimmen, die trotzdem nie an die absolute Mehrheit aller abgegebenen Stimmen herankamen.

Den Kern aller Reden Hitlers bildeten nur wenige Themen: das internationale Judentum, das zum Urheber des Kapitalismus wie des marxistischen Bolschewismus gleichermaßen erhoben wurde, das „Weimarer System", eine Erfindung der Juden zur Versklavung Deutschlands, der Versailler Vertrag. So erschien der Jude als der absolute Kulturzerstörer, dessen Ziel es sei, die „arische" Herrenrasse, die Verkörperung des Großen, die Weltgeschichte positiv Gestaltenden, zu zersetzen. Die Maßlosigkeit seines Hasses gegen alles Jüdische, die Einseitigkeit, mit der er seine Propaganda auf den Juden als den Urheber alles Unglücks abstellte, erweckte gerade bei Kennern seiner Lehre vom „einzigen Gegner", auf den aller Haß zu konzentrieren sei, den Eindruck, als ob ihm der Antisemitismus eher Mittel der Propaganda als zentrales Anliegen sei. Dieser Täuschung sind selbst viele deutsche Juden erlegen, die sich nicht vorstellen konnten, daß im Lande eines Lessing und Goethe ein weit schlimmeres Unwetter heranzog, als es die Austreibung aus Spanien im 15. und 16. Jahrhundert gewesen war.

Aus dem Antisemitismus entwickelten Hitler und seine Anhänger ein Gegenbild, das sie dem Verhaßten gegenüberstellten, den Mythos des reinen Blutes und der arischen Rasse, den man scheinwissenschaftlich historisch und biologisch begründen zu können meinte.

Da Hitler nichts wollte, „als die Macht, die ganze Macht" (Äußerung gegenüber Brüning), waren Reden und Handeln nur von diesem Willen bestimmt, den ein untrüglicher Instinkt für das im Augenblick Gemäße auf dem Wege zur Verwirklichung seines Zieles erstaunlich sicher unterstützte. Dieser Instinkt bestimmte auch sein Verhalten im persönlichen Gespräch, ob mit dem Mann aus dem Volke oder mit dem Staatsmann einer befreundeten oder gegnerischen Macht. Selbst ohne Bindung, Verächter jeder sittlichen Norm, konnte er, wenn er glaubte, daß die Stunde es verlange, von den höchsten sittlichen, religiösen oder nationalen Werten sprechen, als ob er ihr unerbittlichster Verfechter sei, aber schon im nächsten Augenblick konnte ihn der Dämon des Hasses oder der Macht über den Mord an Millionen hinwegschreiten lassen.

Der „Führerstaat"

Nach seiner Beauftragung als Reichskanzler am 30. Januar 1933 hatte es Hitler gegen den Wunsch seiner deutschnationalen Kabinettsmitglieder durchgesetzt, daß neue Reichstagswahlen ausgeschrieben wurden. Zweifellos erhoffte er für seine Partei eine absolute Mehrheit der Wählerstimmen. Am 5. März 1933 fanden die letzten, einigermaßen freien Wahlen statt. Die NSDAP und ihre Führer hatten einen Wahlkampf durchgeführt, wie ihn Deutschland bis dahin noch nicht gekannt hatte. Rundfunk und Presse standen fast ausschließlich in ihren Diensten. Trotzdem entschied sich das deutsche Volk nicht mit Mehrheit für Hitler und seine Partei. Von der Gesamtstimmenzahl erhielten die Nationalsozialisten 43,9%, die Deutschnationalen 8%. Damit hatte allerdings die Koalitionsregierung im Reichstag eine Mehrheit. Die SPD, das Zentrum und die Bayerische Volkspartei behaupteten ihren bisherigen Stimmenanteil. Die Kommunisten hatten erhebliche Verluste.

Dennoch bewies auch diese Wahl erneut, daß sich das deutsche Volk in seiner Mehrheit gegen die freiheitliche Ordnung von „Weimar" entschieden hatte, denn auch die Kommunisten waren nicht bereit, die Republik zu verteidigen. Sie waren der Auffassung, daß nach einer kurzen, ergebnislosen Hitler-Regierung Deutschland für eine bolschewistische Diktatur reif sei. Ihr Dogmatismus hinderte sie seit Jahren daran, eine realistische Politik zu treiben.

Kaum eine Woche vor der Reichstagswahl war das Reichstagsgebäude in Berlin von dem Holländer van der Lubbe in Brand gesteckt worden. Es konnte bisher nicht eindeutig geklärt werden, ob hinter dem Täter politische Kräftegruppen standen. Hitler und seine nächsten Freunde sahen in dem Brand eine willkommene Gelegenheit, vor der Öffentlichkeit die Kommunisten verantwortlich zu machen und die Angst des deutschen Bürgers vor dem Bolschewismus noch zu steigern. Gleichzeitig diente ihnen der Brand als Vorwand, wesentliche Grundrechte der deutschen Verfassung mit Billigung des Reichspräsidenten außer Kraft zu setzen. Die kommunistische und sozialdemokratische Presse wurde verboten, kommunistische Funktionäre wurden verhaftet und kommunistische Abgeordnete aus dem Reichstag ausgeschlossen. Alle Deutschen, ihre Wohnungen und ihr Eigentum, Parteien, Verbände und Vereine wurden der Willkür der Polizei ausgeliefert. Schon vor der Wahl hatte Hitler zur gewaltsamen Ausschaltung seiner Gegner den ersten entscheidenden Schritt getan.

Die Mehrheit, die die Koalitionsparteien der Nationalsozialisten und Deutschnationalen durch die Wahl vom 5. März erhalten hatte, erlaubte es nicht, ohne den Reichstag zu regieren, solange Hitler auf ein scheinlegales Verhalten Wert legte. Deshalb kam es ihm darauf an, durch eine Zweidrittelmehrheit des Reichstages für ein „Gesetz zur Behebung der Not von Volk und Reich" („Ermächtigungsgesetz") für vier Jahre von jeder Kontrolle durch das Parlament befreit zu werden. Als am 21. März 1933 der Reichstag zusammentrat, hielt Hitler eine äußerst maßvolle Rede. Er sprach von der hohen Bedeutung der christlichen Kirchen und eines von der Politik völlig unabhängigen Rechts für Deutschland. Er gelobte, das Gesetz niemals zu mißbrauchen. Das kulturelle und wirtschaftliche Eigenleben der deutschen Länder solle unangetastet bleiben. Nach vier Jahren sollte auch der Reichstag seine verfassungsmäßigen Rechte wiederübernehmen. Im Vertrauen auf sein Wort entschieden sich für das Gesetz mit Ausnahme der Sozialdemokraten und der bereits ausgeschlossenen Kommunisten alle Parteien. Für die SPD begründete der Abgeordnete Wels in einer letzten, mutigen, freien Rede vor dem Parlament den ablehnenden Standpunkt seiner Partei. Der Reichstag aber gab sich mit einer Zweidrittelmehrheit selbst auf. Verfassungsrechtlich „legal" konnte Hitler mit dem Aufbau des „Führerstaates" beginnen.

Schon wenige Tage nach dieser entscheidenden Reichstagssitzung bewies Hitler Deutschland und der Welt, was seine Worte in Wahrheit bedeuteten. Unter Bruch der Verfassung wurden alle Länderparlamente ohne Wahl entsprechend dem Ergebnis der Reichstagswahl neu gebildet, die Landesregierungen Reichsstatthaltern unterstellt. Das Eigenleben der Länder hörte auf.

Als sich herausstellte, daß die Gewerkschaften nicht bereit waren, ihre Selbständigkeit als Vertretung der Arbeiterschaft aufzugeben, wurden sie am 2. Mai 1933 aufgelöst. Ihr Vermögen wurde zugunsten der nationalsozialistischen „Arbeitsfront" beschlagnahmt. Diese Maßnahme bildete den Auftakt zum Verbot beziehungsweise zur Selbstauflösung aller Parteien mit Ausnahme der Nationalsozialisten. Durch Gesetz wurde die Bildung neuer Parteien verboten, die NSDAP zur „Staatspartei" erklärt. Der Reichstag hatte nur noch die Aufgabe, Hitlers Anordnungen formal gutzuheißen. Zweimal „verlängerte" er das „Ermächtigungsgesetz", die dritte Verlängerung vollzog Hitler 1945 durch einen „Erlaß".

Etwa ein halbes Jahr nach der „Machtübernahme" waren die Grundlagen der „Weimarer Republik" beseitigt. Hitler selbst bezeichnete die gewaltsame Vernichtung der freiheitlichen und rechtsstaatlichen Ordnung als „nationale Revolution". Während aber bisher jede Revolution — auch die bolschewistische — versucht hatte, an die Stelle der alten eine neue Ordnung zu setzen, war das bei Hitler nicht der Fall. Der demokratische Rechtsstaat wurde durch die ganz persönliche Diktatur eines Mannes ersetzt. Das Mittel seiner Herrschaft war der Terror, zunächst gegenüber seinem eigenen Volk, später gegenüber allen Völkern, die in seinen Machtbereich gerieten. Daß Hitler zur Durchsetzung seiner verbrecherischen Ziele im deutschen Volk zahlreiche willige Helfer fand, schändete den deutschen Namen und machte Deutschland im geschichtlichen Sinne an den Taten Hitlers mitschuldig.

Die Herrschaft des Terrors

Schon vor der „Machtübernahme" hatten die Kampfverbände der NSDAP (die sogenannte SA = Sturm-Abteilungen) versucht, den politischen Gegner durch Morddrohung und wirtschaftlichen Druck einzuschüchtern. Nach dem 30. Januar 1933 wurde die reguläre Polizei durch Angehörige der SA als „Hilfspolizisten" verstärkt. Diese sahen ihre Hauptaufgabe in der willkürlichen Verhaftung politischer Gegner und Juden. Da die Zahl der Verhafteten ständig wuchs, reichten die Gefängnisses nicht aus, und auf Weisung Görings wurden die ersten Konzentrationslager eingerichtet, in die zunächst nur Deutsche eingeliefert wurden. Die Einsetzung der „Geheimen Staatspolizei" („Gestapo") als Organ der staatlichen Exekutive erhob den Terror der Partei zu einem scheinlegalen Mittel der staatlichen Politik. Was die Propaganda der Nationalsozialisten nicht vermochte, sollte die Furcht vor Verhaftung und Konzentrationslager erreichen.

Der Führer der SA, der ehemalige Hauptmann Ernst Röhm, hatte schon vor der „Machtübernahme" geplant, seine Organisation, die rund 400 000 Mitglieder hatte, zum Kern eines nationalsozialistischen Volksheeres zu machen. Diesen Plänen stand das Offizierskorps der Reichswehr scharf ablehnend gegenüber. Solange Hindenburg lebte, glaubte Hitler auf das Wohlverhalten der Reichswehr nicht verzichten zu können. In der Parteiführung war der Leiter der SS (ursprünglich eine aus der SA gebildeten persönlichen Leibwache Hitlers), Heinrich Himmler, ein erbitterter Gegner Röhms, weil er seinem Machtstreben im Wege stand. Mit Rücksicht auf die Reichswehr und aus Furcht, daß die SA wegen ihrer sozialistischen Tendenzen seiner eigenen Macht gefährlich werden könne, entschloß sich Hitler am 30. Juni 1934 zu einem vernichtenden Schlag gegen Röhm und seine Anhänger. Während er in München die SA-Führer zusammenschießen ließ, benutzten Göring und Goebbels, der Propagandaminister des Reiches, die Gelegenheit, zahlreiche Persönlichkeiten des öffentlichen Lebens, die als mögliche Gegner der neuen Regierung betrachtet wurden, umzubringen. Dem Blutrausch der Parteiführer fielen mehrere hundert Menschen zum Opfer, u. a. v. Schleicher, Gregor Strasser, Mitarbeiter v. Papens und führende Männer der „Katholischen Aktion". Am 3. Juli beschloß die Reichsregierung ein Gesetz, nach dem Hitlers Maßnahmen als „Staatsnotwehr" „Rechtens" waren. Die Ermordung Röhms machte auch den Weg frei für den Aufstieg der SS und Heinrich Himmlers. Zwei Jahre später wurde ihm auch die Polizei unterstellt. In dem „Reichsführer SS und Chef der deutschen Polizei" besaß Hitler bis zum Untergang des „Dritten Reiches", wie Deutschland unter dem Nationalsozialismus auch genannt wurde, ein williges Werkzeug zur Durchführung jener wahnsinnigen Vernichtungsaktionen, die zu denken und zu planen man bisher für unmöglich erachtet hatte.

Der Tod des Reichspräsidenten v. Hindenburg am 2. August 1934 befreite Hitler von der lästigen Rücksicht, die er bisher auf das Amt und die Autorität dieses Mannes nehmen mußte, obschon Hindenburg wegen seines hohen Alters, seiner schwindenden Geisteskräfte und seiner Isolierung auf dem ostpreußischen Gut Neudeck kaum noch in das politische Geschehen eingreifen konnte. Zweifellos hat Hindenburg seit der Entlassung Brünings für Deutschland eine verhängnisvolle Rolle gespielt. Unmittelbar nach dem Tode des Reichspräsidenten ernannte sich Hitler selbst zum „Führer und Reichskanzler“ und verpflichtete sich die Reichswehr durch einen persönlichen Treueid. Die unbegrenzte Machtfülle, über die er nunmehr in Deutschland verfügte, erweiterte er 1938 noch durch die Abschaffung des Reichskriegsministeriums, an dessen Stelle das Oberkommando der Wehrmacht (OKW) trat. Im gleichen Jahr ernannte er sich selbst zum Oberbefehlshaber der Wehrmacht.

Kampf gegen Juden und Kirchen

Das deutsche Judentum hat sich seit seiner Befreiung aus dem Getto durch die Stein-Hardenbergschen Reformen zu Beginn des 19. Jahrhunderts und der vollen Emanzipation seit 1869 in Deutschland eine angesehene Stellung verschafft. Die Tendenz, ganz im deutschen Volke aufzugehen, hatte sich mit zunehmender gesellschaftlicher, wirtschaftlicher und beruflicher Gleichstellung mit den Deutschen verstärkt. Übertritte zu einer der beiden christlichen Konfessionen waren nicht selten, eheliche Verbindungen mit Nichtjuden galten nicht mehr als außergewöhnlich. Im ersten Weltkrieg entsprach die Prozentzahl der jüdischen Kriegsopfer dem Bevölkerungsanteil. Viele Frontkämpfer waren mit hohen Auszeichnungen aus dem Heer entlassen worden. Nach dem Krieg stellte das deutsche Judentum einen bedeutenden Anteil international anerkannter Wissenschaftler wie Einstein, Künstler wie Max Reinhardt, Musiker wie Bruno Walter und Schönberg, Schriftsteller wie Kafka und Philosophen wie Martin Buber. Trotz antisemitischer Reden und Schriften vor und nach dem ersten Weltkrieg und trotz der zionistischen Bewegung, die nur sehr allmählich in breitere jüdische Kreise vordrang, hatte sich bei der Mehrheit der jüdischen Deutschen die Tendenz zur Assimilation immer mehr verstärkt.

Diese fruchtbare Entwicklung wurde durch Hitlers „Machtübernahme“ jäh unterbrochen. In Verkennung der wahren Absichten Hitlers hatten sich nur sehr wenige, meistens politisch exponierte deutsche Juden der Gefahr entzogen. Aber schon am 1. April 1933 wurden die jüdischen Geschäfte, Anwälte und Ärzte durch einen öffentlichen Boykott hart getroffen. Die SA überwachte mit uniformierten Posten seine Durchführung. Durch das Gesetz zur angeblichen „Wiederherstellung des Berufsbeamtentums“ wurden — neben politischen Gegnern — insbesondere auch alle Juden und solche Beamte, die „von mindestens drei der Rasse nach volljüdischen Großeltern“ abstammten, aus ihren Lebensstellungen entfernt. Da überdies seit der „Gleichschaltung“ alle freiberuflich Schaffenden einer NS-Organisation angehören mußten, wurden auch den Juden im freien Beruf die meisten Verdienstmöglichkeiten genommen.

Die „Nürnberger Gesetze“ vom 15. September 1935 warfen sodann durch ihre Unterscheidung von vollberechtigten „arischen Reichsbürgern“ und bloßen Staatsangehörigen, durch das Verbot von „Mischehen“ und die brutale Bestrafung der sogenannten „Rassenschande“ die deutschen Juden auf den Stand vor der Judenemanzipation zurück.

Die Ermordung eines deutschen Botschaftsrats in Paris durch den 17jährigen Sohn einer in unwürdigster Form nach Polen deportierten jüdischen Familie wurde Anlaß zu einer organisierten Aktion „spontanen“ Terrors durch SA in Zivil gegen alle Juden in der Nacht vom 9. zum 10. November 1938 (sogenannte „Kristallnacht“ wegen der zerschlagenen Schaufenster), in der fast alle Synagogen Deutschlands in Brand gesteckt, Friedhöfe geschändet, jüdische Männer, Frauen und Kinder gequält wurden. Überdies mußten die Juden als Sühneleistung $1^{1}/_{4}$ Milliarden Mark für das Reich aufbringen. Von nun an wurden alle Juden von dem Besuch kultureller Veranstaltungen und deutscher Schulen ausgeschlossen. Selbstverständlich galten alle Juden als „wehrunwürdig“. Um jede Beziehung eines Deutschen mit ihnen gemäß dem Willen Hitlers unmöglich zu machen, wurden sie ab 15. September 1941 nach Vollendung des sechsten Lebensjahres gezwungen, einen handtellergroßen sogenannten „Davidsstern“ mit der Aufschrift „Jude“ auf der linken Brustseite der Kleidung zu tragen, und mußten „arisch“ klingenden Vornamen „Israel“ oder „Sara“ zusetzen. Dieser Zwang, biblische Ehrennamen zu tragen, wurde von vielen Juden mit Stolz angenommen, und die Isolierung, in welche die Juden hineingetrieben wurden, löste bei ihnen eine Art „jüdischer Renaissance“ aus. Hitlers letztes Ziel war jedoch die physische Vernichtung des gesamten europäischen Judentums, die er einzig und allein aus außenpolitischen Erwägungen hinauszögerte. Ein Krieg, so glaubte er, würde dazu die beste Gelegenheit bieten.

Die beiden großen christlichen Konfessionen, vor allem aber die katholische Kirche, waren Hitler vor der Machtübernahme reserviert oder offen ablehnend begegnet. Die Behauptung des Parteiprogramms, die Partei „stehe auf dem Boden des positiven Christentums“, durchschaute man überwiegend als reine Deklamation. Die katholische Kirche hatte sogar die Parteimitgliedschaft unter Kirchenstrafe gestellt. Nach der „Machtergreifung“ schien Hitlers politisches Verhalten gegenüber den Kirchen diese Einstellung zunächst nicht mehr notwendig zu machen. Mit der katholischen Kirche schloß er schon im Juli 1933 ein Reichskonkordat, in dem er der Kirche u. a. das Recht auf eigene katholische Jugendorganisationen und auf eine katholische Bekenntnisschule zusicherte. Aber gleich nach Abschluß ließ er katholische Jugendführer in Berlin verhaften. Wenig später suchte er durch Skandalprozesse gegen katholische Geistliche das Vertrauen der katholischen Bevölkerung gegenüber ihrer Kirche zu erschüttern.

Mit der evangelischen Kirche glaubte Hitler leichtes Spiel zu haben. An der Spitze einer ihm hörigen Splittergruppe, die sich „Glaubensbewegung Deutsche Christen" nannte, stand der ehemalige Armeegeistliche Ludwig Müller. Ihn ließ er zum „Reichsbischof" berufen und betrachtete ihn als offiziellen Vertreter der evangelischen Kirche, nachdem er durch Synodalwahlen bestätigt worden war, die in allen Landeskirchen, außer der westfälischen, deutschchristliche Mehrheiten ergaben. Gegen die Verfälschung der evangelischen Botschaft durch die „Deutschen Christen" setzte sich nun aber unter Berufung auf Bibel und Bekenntnisschriften die „Bekennende Kirche" aus Vertretern aller Landeskirchen zur Wehr. Ihr führender Kopf war Karl Barth, ihr bekanntestes Mitglied der Berlin-Dahlemer Pfarrer Martin Niemöller, ehemaliger U-Boot-Kommandant des ersten Weltkrieges, der wegen seines Widerstandes gegen den Nationalsozialismus 1937 in ein Konzentrationslager überführt wurde und dort bis zum Ende des zweiten Weltkriegs blieb. Schon 1934 in Barmen und ein Jahr später in Berlin lehnte die „Bekennende Kirche" die sogenannte Weltanschauung des Nationalsozialismus ab. 1937 verurteilte die päpstliche Enzyklika „Mit brennender Sorge" die nationalsozialistischen Irrlehren des Rassenwahns und der Vergötzung der „arischen Herrenrasse".

Die nationalsozialistische Wirtschaftspolitik

Hitler war in dem Augenblick zur Macht gekommen, als die Wirtschaftskrise in Deutschland wie in den anderen Industriestaaten der Welt ihren Höhepunkt bereits überschritten hatte. Auch in den demokratisch regierten Ländern wurde der natürliche Gesundungsprozeß durch gezielte staatliche Maßnahmen unterstützt. Bereits die Papen-Regierung hatte nach den Plänen, die Brüning ausgearbeitet hatte, eine Wirtschaftspolitik eingeleitet, die eine wirtschaftlich vertretbare, beschleunigte Überwindung der Arbeitslosigkeit vorsah. Hitler behauptete aber, der Erfinder der sogenannten „Arbeitsschlacht" zu sein, durch die über staatliche Arbeitsbeschaffungspläne die Arbeitslosigkeit beseitigt werden sollte. Im Rahmen dieser Pläne entstanden die Autobahnen, deren strategische Bedeutung den meisten zunächst verborgen blieb. Daneben vergab die Regierung zahlreiche Rüstungsaufträge, um die Wiederaufrüstung vorzubereiten. In der Tat gelang es dem Regime — schneller als in den übrigen Industriestaaten — die Arbeitslosigkeit beträchtlich zu vermindern, ein Erfolg, der stark zu seiner inneren Festigung beitrug und auch von jenen Kreisen anerkannt wurde, die der Weltanschauung des Nationalsozialismus scharf ablehnend gegenüberstanden.

Aber schon 1936 zeigten sich die Schattenseiten der nationalsozialistischen Wirtschaftspolitik. Das Arbeitsbeschaffungsprogramm zwang die deutsche Wirtschaft, im größeren Umfang Rohstoffe und landwirtschaftliche Produkte aus dem Ausland einzuführen. Dem standen keine entsprechenden Ausfuhren gegenüber. Die Währungsreserven schrumpften. Um den Binnenwert der Mark nicht zu gefährden, entwickelte das Regime eine Planwirtschaft, durch die Deutschland vom Ausland möglichst unabhängig gemacht werden sollte. Zugleich entsprach dieser wirtschaftliche Zwang den Vorstellungen Hitlers, der glaubte, in einem zukünftigen Krieg durch Autarkie der englischen Blockade trotzen zu können. Entsprechend einem von Göring ausgearbeiteten Vierjahresplan wurde die gesamte industrielle und landwirtschaftliche Produktion nach militärischen Gesichtspunkten geordnet. Die Stahlproduktion erfuhr eine beträchtliche Steigerung. Kriegswichtige synthetische Neustoffe ersetzten trotz hoher Gestehungskosten die natürlichen Rohstoffe. Die Einfuhr landwirtschaftlicher Erzeugnisse wurde so stark gedrosselt, daß wichtige Grundnahrungsmittel knapp wurden („Kanonen statt Butter!"). Die hemmungslose Ausgabenwirtschaft der öffentlichen Hand zerrüttete die Finanzen, und die Abhängigkeit der deutschen Wirtschaft vom Ausland, die nicht ganz ausgeschaltet werden konnte, trieb immer mehr auf einen gefährlichen Engpaß zu, in dem die Produktion gedrosselt werden mußte, weil die Devisenvorräte aufgebraucht waren. Hitler kam dieser gefährlichen Lage durch Entfesselung des zweiten Weltkrieges zuvor.

Außenpolitische Erfolge

Hitlers außenpolitisches Ziel war seit seinem Entschluß, „Politiker zu werden", die Fesseln des Versailler Vertrages abzustreifen, die deutsche Niederlage von 1918 auszulöschen und für das „deutsche Herrenvolk" „Lebensraum" in Osteuropa zu gewinnen. Dadurch sollte Deutschland die Vormacht Europas werden. Diesem außenpolitischen Ziel dienten alle seine Maßnahmen, auch auf innenpolitischem Gebiet. In dem Bewußtsein, daß die europäischen Mächte, auch das faschistische Italien, ihm und seinem Regime sehr zurückhaltend gegenüberstanden, ging er mit äußerster Vorsicht an die Verwirklichung seiner Ziele. Um einen vorzeitigen Krieg zu vermeiden, den er wegen der geringen militärischen Stärke Deutschlands nicht gewinnen konnte, beteuerte er in den ersten Jahren wiederholt seinen Friedenswillen und seine Absicht, besonders mit Frankreich zu einer friedlichen Regelung aller noch ausstehenden Fragen zu gelangen. Als aber England, Frankreich und Italien Deutschland die bereits zugesagte Gleichberechtigung in militärischer Hinsicht verweigerten, verließ das Reich Ende 1933 den Völkerbund. Überraschend schloß Hitler wenige Wochen später einen Nichtangriffspakt mit Polen auf 10 Jahre ab. Die „Weimarer Republik“ hatte sich stets geweigert, die Versailler Grenzregelung im Osten Deutschlands anzuerkennen, und dadurch Polen zu einem engen Bündnis mit Frankreich gezwungen. Als aber Polen 1933 feststellte, daß die Westmächte zu einem Präventivkrieg gegen Deutschland nicht bereit waren, lockerte es aus Furcht vor Sowjetrußland seine Beziehungen zu Frankreich und näherte sich Deutschland, um unter Umständen mit ihm seinen Besitzstand gegen den östlichen Nachbarn zu verteidigen. Für Hitler war der Abschluß des Paktes eine willkommene Gelegenheit, seinen Friedenswillen zu beweisen. Gleichzeitig schwächte er mit diesem Pakt die „kleine Entente“ (Jugoslawien, Tschechoslowakei, Rumänien), indem er den Wert zweiseitiger Abkommen anstelle der kollektiven Sicherheit betonte.

Im Januar 1935 errang er seinen ersten überzeugenden außenpolitischen Erfolg, als sich das Saargebiet auf Grund einer im Versailler Vertrag vorgesehenen Volksabstimmung mit fast 90% der Stimmen für den Anschluß an das Reich entschied. Zwar betrachtete Hitler das Votum als eine Bestätigung seiner Politik, was nur sehr bedingt der Wahrheit entsprach. Jedoch bewies die Abstimmung eindeutig, daß man auch den Deutschen das Selbstbestimmungsrecht, das schon Wilson 1918 als wesentliches Kriegsziel der Gegner Deutschlands proklamiert hatte, nicht länger vorenthalten konnte. Diese Auffassung setzte sich vor allem in England durch und lähmte den Widerstandswillen gegen die nationalsozialistische Politik. Zudem gelang es Hitler mehr und mehr, für Deutschland als kompromißlosen Gegner des Bolschewismus und „Verteidiger abendländischer Kultur“ Verständnis und Sympathie zu erwerben. Allzu leicht wurden auch im Ausland antisemitische Ausschreitungen, Konzentrationslager und Rechtsbeugungen als vorübergehende Randerscheinungen des revolutionären Aufbruchs eines großen Volkes abgetan.

Trotzdem blieb Deutschland bis zum Jahre 1935 politisch isoliert. Das zeigte sich vor allem bei der Wiedereinführung der allgemeinen Wehrpflicht im März dieses Jahres, ein Schritt, den Italien, Frankreich und England mit der Konferenz von Stresa (16. April) beantworteten. Eine enge Zusammenarbeit der drei Mächte schien sich abzuzeichnen. Unmittelbar darauf schloß Frankreich einen Beistandspakt mit der Sowjetunion. In dieses Bündnissystem wurde auch die Tschechoslowakei miteinbezogen.

Aber schon im Juni 1935 änderte sich die Lage Deutschlands entscheidend. Großbritannien erklärte sich zu einem Flottenabkommen mit dem Reich bereit. Hitlers Forderungen erschienen maßvoll: die deutsche Flotte sollte 35% der britischen Flottenstärke nicht überschreiten, die U-Boot-Flotte sollte 45%, unter gewissen Voraussetzungen 100% der britischen U-Boot-Flotte betragen. Damit hatte Großbritannien als erstes Land die Wiederaufrüstung Deutschlands als legal und berechtigt anerkannt und vertraglich gebilligt.

Als der Völkerbund den Krieg Italiens gegen Abessinien mit Sanktionen beantwortete, näherte sich Mussolini aus wirtschaftlichen Gründen Hitler. Die Anerkennung der italienischen Eroberung in Afrika und die wirtschaftliche Unterstützung Italiens durch das Reich führten zögernd zu einer Neuorientierung der italienischen Außenpolitik.

Diese neue politische Konstellation in Europa schien Hitler geeignet, ein militärisch und politisch gewagtes Unternehmen durchzuführen: die Remilitarisierung der Rheinlande (7. März 1936). Das war nicht nur eine eindeutige Verletzung des Versailler Vertrages, sondern auch des freiwillig durch Deutschland abgeschlossenen Locarno-Paktes. Aber die Westmächte beantworteten den Schritt nur mit einem lahmen Protest.

Deutschland hatte seine volle Souveränität über sein Gebiet wiederhergestellt, die Wiederaufrüstung machte es zu einer der militärisch stärksten Staaten Europas. Damit wurde es zu einem möglichen Bündnispartner und zu einer wichtigen Figur im Kräftespiel der Mächte. Überdies vertrat es eine scharfe antibolschewistische Haltung, die es mit Italien, Japan, aber auch politisch einflußreichen Kreisen in West- und Osteuropa gemeinsam hatte. Auch schon in jenen Jahren wurden häufig ideologische Erwägungen über nationale Interessen gestellt. Hitler benutzte diese Haltung, um sie seinen Zwecken dienstbar zu machen. Aus diesem Grunde unterstützte er an der Seite Mussolinis im spanischen Bürgerkrieg (1936—1939) den scharf antibolschewistisch eingestellten Franco in seinem Kampf gegen Republikaner, Kommunisten und Anarchisten.

Um Mussolinis Mißtrauen gegenüber der nationalsozialistischen Außenpolitik auszuräumen, gab Hitler seine bisherige Österreich-Politik auf. Schon bald nach der „Machtübernahme“ hatte Deutschland versucht, den kleinen deutschen Nachbarstaat durch wirtschaftlichen Druck auf seine Seite zu bringen. Dieser Versuch scheiterte, weil Italien Österreich unterstützte. Auch die Ermordung des österreichischen Kanzlers Dollfuß 1934 durch österreichische Nationalsozialisten führte nicht zu einer Änderung der österreichischen Politik, die auf Selbständigkeit bedacht war, solange Hitler regierte. Gerade in dieser Beziehung fand sie in Mussolini die stärkste Stütze, weil Italien eine gemeinsame Grenze mit einem großdeutschen Reich fürchtete. Deshalb erstrebte Hitler eine vorläufige Normalisierung seiner Beziehungen zu Österreich. In einem deutsch-österreichischen Abkommen vom 11. Juli 1936 erkannte er die Unabhängigkeit Österreichs an. Damit war auch in dieser Hinsicht der Weg für eine engere deutsch-italienische Zusammenarbeit frei.

Diese vollzog sich neben der schon genannten gemeinsamen Unterstützung Francos und den engeren wirtschaftlichen Beziehungen über einen ideologischen Pakt. Im November 1936 hatten Japan und Deutschland das Antikomintern-Abkommen geschlossen, das beide Länder zu einem ideologischen Kampf gegen die kommunistische Internationale verpflichtete. Dabei wurde ausdrücklich betont, daß sich der Kampf nicht gegen die Sowjetunion richte. Deswegen blieben auch die Verträge beider Staaten mit der Sowjetunion von diesem Pakt unberührt.

Ein Jahr später schloß sich Mussolini dem Antikomintern-Abkommen an. Inzwischen waren die Beziehungen der beiden Diktatoren so eng geworden, daß man von einer Achse Berlin—Rom sprechen konnte. Sowjetrußland war durch innere politische und wirtschaftliche Krisen geschwächt. Stalins sogenannte Säuberungen hatten auch das Offizierskorps der „Roten Armee“ hart getroffen. Frankreichs Volksfrontregierung war zu einer klaren außenpolitischen Linie nicht fähig. In England standen einflußreiche Kreise in Politik und Wirtschaft dem Nationalsozialismus in Deutschland wohlwollend gegenüber, so sehr sie auch jeden Totalitarismus für ihr eigenes Land ablehnten.

Vor diesem außenpolitischen Hintergrund bereitete Hitler seine nächsten Schritte sowohl nach innen wie nach außen aufs sorgfältigste vor. In der Diplomatie wie im Heer besetzte er die wichtigsten Posten mit Männern seines Vertrauens. Außenminister wurde J. v. Ribbentrop, ein ebenso ehrgeiziger wie Hitler blind ergebener Mann.

Der Anschluß des deutschsprachigen Österreich an das deutsche Reich war nach der Auflösung der Donaumonarchie als Ergebnis des ersten Weltkrieges Programm fast aller politischen Parteien, auch der linken, in Österreich wie in Deutschland. Auch die Entwürfe der demokratischen Verfassungen beider Länder sahen diesen Anschluß vor. Der Machtspruch der Sieger vereitelte ihn aus militärpolitischen Erwägungen, die besonders stark von Frankreich, Italien und der Tschechoslowakei vertreten wurden. Die Bevölkerung beider Länder fand sich jedoch nur widerwillig mit dieser Regelung ab. Die wirtschaftliche Schwäche Österreichs begünstigte die Agitation für den Anschluß, den die österreichischen National-

EMIL NOLDE

Abend im Gotteskoog

Le soir à Gotteskoog

Evening in Gotteskoog

Atardecer en Gotteskoog

Anoitecer no Gotteskoog

1945. Sammlung Dr. Harald Busch, Frankfurt a. M.

sozialisten zum Kernpunkt ihrer Propaganda machten. Hitler konnte also mit einer fast allgemeinen Zustimmung in beiden Ländern rechnen, wenn ihm ein friedlicher Zusammenschluß gelang. Stattdessen vollzog er ihn, seiner gesamten geistigen Haltung gemäß, in der Form der Unterwerfung des kleineren Staates unter den Willen der Regierung einer Großmacht.

Um den Einfluß der österreichischen Nationalsozialisten in der Regierung ihres Landes zu verstärken, erbat Hitler 1938 den Besuch des österreichischen Bundeskanzlers. Dieser erklärte sich unter militärischem Druck bereit, sein Kabinett umzubilden, aber er wollte auf die Selbständigkeit Österreichs nicht verzichten. Als er dann versuchte, die Forderungen des deutschen Diktators durch eine plötzlich angesetzte Volksabstimmung zu überspielen, ließ Hitler am 13. März 1938 deutsche Truppen in Österreich einmarschieren. Sie fanden keinen Widerstand, sondern wurden von der Bevölkerung stürmisch begrüßt. Die Regierung beugte sich dem Druck. Eine später angesetzte Volksabstimmung in beiden Ländern billigte Hitlers Vorgehen. Noch ahnten die Österreicher nicht, welche Opfer sie für die Verwirklichung des hundertjährigen Traums von der Einheit aller Deutschen bringen mußten.

Die europäischen Westmächte beantworteten die neue Überraschung wieder mit lahmen Protestnoten. Italien stimmte der Angliederung Österreichs zu. Hitler erklärte im Reichstag: „Die Zeit der Überraschungen ist nun beendet. Der Friede ist unser allerhöchstes Gut." Gleichzeitig setzte er den hohen Führern der Partei und der Wehrmacht seine Pläne zur Zerschlagung der Tschechoslowakei und zum Bau des „Westwalls" auseinander.

Die „Sudetendeutsche Partei" unter ihrem Führer Konrad Henlein nahm gegenüber dem tschechoslowakischen Staat eine drohende Haltung ein. Aus Sorge vor einem deutschen Einmarsch mobilisierte Prag am 20. Mai 1938 seine Streitkräfte. Eine neue Krise bahnte sich an, die Europa im Herbst des Jahres an den Rand eines Krieges brachte.

Die Tschechoslowakei, ein Nachfolgestaat der Donaumonarchie, war wie diese ein Vielvölkerstaat in wesentlich verkleinerter Form. Den beiden Staatsvölkern der Tschechen und Slowaken, die selbst untereinander nicht einig waren, standen ungarische, ruthenische, polnische und deutsche Minderheiten gegenüber. Die deutsche war allein 3,5 Millionen stark. Die Absicht des Staatsgründers Masaryk, aus der Tschechoslowakei eine zweite Schweiz zu machen, hatte sich nicht verwirklichen lassen. Die parteipolitische Vertretung der Deutschen im Prager Parlament war ähnlich zusammengesetzt wie in Deutschland bis 1930. Aber auch die deutschen Linksparteien erstrebten für die deutschen Gebiete innerhalb des tschechischen Staates eine stärkere Unabhängigkeit von Prag. Unter dem Eindruck des engen Bündnisses der Tschechoslowakei mit der Sowjetunion von 1935 erstarkte die nationalsozialistische sudetendeutsche „Heimatfront" Henleins und wurde die zweitstärkste Partei. Bei einer Wahl im Mai/Juni 1938 errang sie sogar 91% aller deutschen Stimmen. Am 12. September 1938 verlangte Hitler das Selbstbestimmungsrecht für alle Deutschen. Prag verhängte das Standrecht, Frankreich berief Reservisten ein, England konzentrierte seine Flotte. In dieser gespannten Lage versuchte der englische Premierminister Neville Chamberlain, durch persönliche Verhandlungen mit Hitler den Frieden zu retten. Als diese an den maßlosen Forderungen Hitlers zu scheitern drohten, schaltete sich Roosevelt, der Präsident der USA, ein und veranlaßte Mussolini, bei Hitler zu intervenieren, um den Krieg zu verhüten. Diesem massiven Druck konnte sich Hitler, der eine militärische Aktion gegenüber der Tschechoslowakei wünschte, nicht entziehen, und es kam zum „Tag von München" (29. September 1938).

Das Ergebnis der Münchener Konferenz zwischen Neville Chamberlain, dem französischen Ministerpräsidenten Daladier, Mussolini und Hitler war die Abtretung der deutschen Randgebiete der Tschechoslowakei an das Reich. Dadurch verlor diese ihre reichsten, militärisch und industriell wichtigsten Gebiete. In den Augen der Deutschen und der Welt schien „München" der größte Triumph für Hitler, zumal es sogar gelungen war, die Sowjetunion, den wichtigsten Bündnispartner Prags, völlig auszuschalten. Hitler selbst hielt nichts von diesem Triumph. Er grollte den westlichen Staatsmännern, die ihm die militärische Besetzung der gesamten Tschechoslowakei durch ihr Entgegenkommen unmöglich gemacht hatten. Er betrachtete ihre Friedensbemühungen als einen Akt der Feigheit, nicht aber als einen Ausdruck der Erkenntnis, daß die Versailler Ordnung auch in den Augen der Westmächte nicht mehr haltbar sei. Die Verweigerung des so laut proklamierten Selbstbestimmungsrechts der Völker für die Deutschen hatte sich als größter Unruhefaktor seit 1919 erwiesen. Sollte die westliche Politik in der Welt und bei ihren eigenen Völkern glaubhaft bleiben, so konnte sie auf moralische Prinzipien nicht verzichten. Es war die Tragik Chamberlains, daß er mit einem Mann verhandeln mußte, dem moralische Prinzipien nichts bedeuteten.

Fünfundzwanzigstes Kapitel

DER ZWEITE WELTKRIEG

Prager Vorspiel

Chamberlain hatte zwar bei seiner Rückkehr von München nach London seinem Volk versichert, daß das Münchener Ergebnis „Frieden für unsere Zeit" bedeute, und dafür begeisterte Zustimmung bei den Massen gefunden. Innerlich war er aber zu der Überzeugung gelangt, daß der Dämon Hitler die Welt nicht zur Ruhe kommen lassen würde. Seinen zur Schau getragenen Optimismus begründete er mit einem Abkommen, das Deutschland und England zur gegenseitigen Konsultation verpflichtete. Ein ähnliches Übereinkommen wurde wenige Wochen später zwischen dem Reich und Frankreich erzielt. Chamberlains Skepsis gegenüber den friedlichen Absichten Hitlers hatte eine maßvolle Wiederaufrüstung Englands zur Folge. Auch Frankreich verstärkte seine bewaffnete Macht. Zum erstenmal seit 1933 erkannten die westlichen Demokratien, daß man einem gewalttätigen Totalitarismus nur mit Gewalt begegnen könne. Allerdings begnügten sich beide Mächte auch in dieser Hinsicht nur mit halben Maßnahmen, und ihre drohenden Worte gegenüber Deutschland beantwortete Hitler mit Hohn und Spott.

Schon unmittelbar nach dem Münchener Abkommen hatte Hitler der Wehrmacht den Befehl gegeben, die Besetzung der restlichen Tschechoslowakei vorzubereiten. Da nach der Abtretung der Sudetengebiete die Tschechoslowakei zur Führung einer eigenen, unter Umständen sogar gegen Deutschland gerichteten Außenpolitik überhaupt nicht mehr fähig war, erscheint es erstaunlich, daß Hitler darauf bestand, das Land militärisch zu besetzen. Die einzige Erklärung dafür kann allein in dem tiefverwurzelten Haß und der maßlosen Verachtung des deutschen Österreichers Hitler gegenüber allen Slawen gefunden werden.

Auch die Einverleibung Böhmens und Mährens vollzog sich nach bewährtem Vorbild. Obschon die Tschechen keinen Anlaß zum Eingreifen in ihre inneren Verhältnisse boten, behauptete die deutsche Propaganda, daß den Slowaken ein Verbleiben in dem gemeinsamen Staatsverband nicht zugemutet werden könne. Der Slowakenführer Tiso wurde aufgefordert, die Slowakei als einen unabhängigen Staat unter deutschem Schutz zu erklären. In der Nacht vom 14. zum 15. März mußte der tschechische Staatspräsident Hacha vor Hitler erscheinen, um unter Androhung der Bombardierung Prags „das Schicksal des tschechischen Volkes und Landes vertrauensvoll in die Hände des Führers des Deutschen Reiches" zu legen. Böhmen und Mähren wurden deutsches Reichsprotektorat. Noch am 15. März zog Hitler mit militärischem Gepränge in Prag ein. Vom Hradschin aus regierte ein deutscher Reichsprotektor das Land.

Unter dem Druck der Ereignisse in Mitteleuropa erklärte sich auch das kleine Litauen bereit, das annektierte Memelgebiet an Deutschland abzutreten.

Mit der Besetzung Prags hatte Hitler selbst die Grundlagen zerstört, auf denen das Münchener Abkommen beruhte. Immer wieder hatte er feierlich erklärt, daß es ihm fern läge, dem Reich fremdes Volkstum anzugliedern. Die Annexion Böhmens und Mährens machte nicht nur seine Worte vor aller Welt unglaubwürdig, sondern entzog auch seiner bisherigen Politik jede moralische Begründung. Wenn es seine Überzeugung war — und daran ist nicht zu zweifeln — daß alle Politik letztlich nur von der nackten Gewalt bestimmt wird, so mußte er auch damit rechnen, daß sich seine Politik einmal grausam an dem Volk rächen würde, in dessen Namen er zu sprechen vorgab, wenn die Macht seiner Gegner seine eigene überstieg. In der Tat bedeutete die Besetzung Prags einen Wendepunkt in der Politik der Westmächte, weil diese jetzt zu Gegenaktionen entschlossen waren.

Die neue Teilung Polens

Noch konnte Hitler glauben, daß keine Macht seiner eigenen gewachsen sei. Niemand versuchte, der Tschechoslowakei zu helfen. Auch die Sowjetunion verhielt sich ruhig, weil sie den Westmächten gegenüber mißtrauisch war. Eine englische Garantieerklärung gegenüber Polen vom 31. März 1939, der auch Frankreich beitrat, konnte Hitler nach seinen bisherigen Erfahrungen als belanglos abtun. Auch Roosevelts Aufforderung vom 14. April 1939 an den deutschen Reichskanzler, die europäischen Staaten nicht anzugreifen, beantwortete er mit dem ironischen Satz: „Ich darf feststellen, daß ich nicht wüßte, zu welchem Zweck ich überhaupt einen Krieg führen sollte." Gleichzeitig kündigte er den deutsch-polnischen Nichtangriffspakt und das Flottenabkommen mit

Großbritannien. Die offene Auseinandersetzung um die Lösung der polnischen Frage hatte begonnen.

Bereits im Herbst 1938 hatte Hitler Polen aufgefordert, Danzigs Eingliederung in das Reich und den Bau einer Autostraße durch den sogenannten polnischen Korridor zu genehmigen. Polen hatte diese Forderung unbeantwortet gelassen. Die Garantieerklärung Englands schien ihm einen starken Bundesgenossen zu sichern. Zudem bemühten sich die beiden westlichen Demokratien um ein Bündnis mit der Sowjetunion. Über die Frage, wie die Sowjets im Falle eines Bündnisses ihre Verpflichtungen erfüllen sollten, weil Polen das Durchmarschrecht verweigerte, konnte keine Einigung erzielt werden. Zudem war Rußland nicht davon überzeugt, daß den Westmächten ein Militärpakt wünschenswert war. Das seit der Oktober-Revolution von 1917 bestehende Mißtrauen der sowjetischen Führer gegenüber den Westmächten, das durch das Münchener Abkommen noch verstärkt war, gab Hitler Gelegenheit, auf ein verstecktes Angebot Stalins einzugehen. Nach kurzen Verhandlungen kam es — ebenso überraschend für die Welt wie für die deutsche Bevölkerung — zum deutsch-sowjetischen Nichtangriffspakt vom 23. August 1939. In geheimen Abmachungen opferte Hitler die baltischen Staaten, die Hälfte Polens und Bessarabien seiner neuen Freundschaft mit dem von ihm bisher so leidenschaftlich bekämpften Gegner. „Die nördliche Grenze Litauens (bildet) zugleich die Grenze der Interessensphären Deutschlands und der UdSSR."

Hitler hatte geglaubt, daß dieser neue Coup England veranlassen würde, ihm die Regelung der osteuropäischen Angelegenheiten zu überlassen, ohne selbst in einen Krieg einzutreten. Jedoch schon am 25. August unterzeichnete England ein förmliches Bündnis mit Polen. Daraufhin verschob Hitler den deutschen Einmarsch in Polen, der auf den 26. August festgelegt war, auf den 1. September.

Diese kurze Atempause benutzte die internationale Diplomatie zu dem Versuch, einen neuen Krieg zu verhindern. Der Papst, die Königin von Holland, der König von Belgien und der Präsident der USA suchten zu vermitteln. Am 28. August erklärte der britische Botschafter in Berlin die Bereitschaft Großbritanniens, im polnisch-deutschen Streit ein Gespräch zustande zu bringen. Hitler verlangte am 29. August, daß am darauffolgenden Tage ein polnischer Bevollmächtigter in Berlin erscheine. Als dieser aber nicht kam, verlas der Reichsaußenminister dem britischen Botschafter einen verhältnismäßig versöhnlich klingenden Vorschlag, weigerte sich aber, dem Botschafter den Text zu überreichen. Hitler zeigte sich maßvoll, weil er nach seinen eigenen Worten „ein

Alibi, vor allem dem deutschen Volk gegenüber (brauchte), um ihm zu zeigen, daß ich alles getan hätte, den Frieden zu erhalten". Obschon Mussolini noch am 31. August den Vorschlag machte, eine Konferenz der Großmächte auf den 5. September einzuberufen, gab Hitler der deutschen Wehrmacht den Befehl, am 1. September in Polen einzufallen. Der Überfall wurde mit „polnischen Provokationen" bemäntelt.

Am 3. September traten England und — zögernd — auch Frankreich gemäß den Verpflichtungen ihres Beistandspaktes in den Krieg ein. Jedoch verhielten sich beide Mächte an den Westgrenzen des Reiches völlig defensiv, sehr zur Überraschung der deutschen militärischen und politischen Führung, die beide infolge der numerischen Überlegenheit der westlichen Truppen mit einem offensiven Vorgehen gerechnet hatten. So konnte Deutschlands Übermacht an Panzern, Luftwaffe und motorisierter Infanterie in voller Stärke gegen Polen eingesetzt werden. In 16 Tagen war der Feldzug beendet. Ab 17. September drangen russische Verbände in polnisches Gebiet ein. Am 28. September wurde in einem deutsch-russischen Freundschaftsvertrag jene Grenze Rußlands gegenüber Polen festgelegt, die auch heute noch die russisch-polnische Grenze bildet. Rußlands Staatsgebiet wurde um 200 000 qkm vergrößert. Dem Reich wurden große Teile Polens eingegliedert, der Rest als sogenanntes „Generalgouvernement" einem deutschen Statthalter unterstellt.

Unmittelbar mit Beginn des Polen-Feldzuges begann auch die Leidensgeschichte des polnischen Volkes, die härter war als die aller von Hitler unterworfenen Völker, abgesehen von den Juden. Die Verachtung, die Hitler den Slawen gegenüber in sich trug, entlud sich in systematischen Ausrottungskampagnen gegen die polnische Intelligenz. Es war das erklärte Ziel des „Führers", das gesamte polnische Volk auf der Stufe von Halbanalphabeten zu halten, um jeden Widerstandswillen zu ertöten und die polnische Arbeitskraft rücksichtslos im Dienste Deutschlands auszunutzen. Schon im Winter 1939/40 begann die große Umsiedlungsaktion. Die Deutschland zugeschlagenen Gebiete wurden mit „Volksdeutschen" aufgefüllt und von Polen entleert. Soweit diese überhaupt neu angesiedelt wurden, wies man ihnen das „Generalgouvernement" als Heimat zu. Im allgemeinen bediente sich die politische Führung bei der Durchsetzung ihrer Maßnahmen der Parteifunktionäre und der SS, weil sich die Wehrmacht weigerte, gegen die polnische Zivilbevölkerung vorzugehen, und in einzelnen Fällen sogar versuchte, die Anordnungen Hitlers zu hintertreiben.

Die Kriegserklärung der Westmächte an Deutschland hatte das Schicksal Polens nicht beeinflußt, weil die verhältnismäßig starken französisch-englischen Truppen untätig blieben. Hitler glaubte daraus entnehmen zu können, daß England immer noch mit einer Friedensregelung rechnete, die es ihm gestattete, das Gesicht zu wahren. Deshalb erneuerte er im Oktober seine Friedensangebote, ohne auch nur einen Fußbreit von seinen bisherigen Eroberungen aufzugeben. Darüber hinaus forderte er eine Rückgabe der ehemals deutschen Kolonien. Seine Angebote blieben ohne Antwort. Dennoch war es erstaunlich, daß sich die Westmächte zu keiner militärischen Aktion entschließen konnten. Das gab Hitler Gelegenheit, seine Rüstungen zu verstärken und sich günstigere Ausgangsbasen für den Kampf gegen England zu sichern. Die Besetzung der neutralen Staaten Dänemark und Norwegen ab 9. April 1940 brachte ihn in den Besitz der wichtigen nördlichen Gegenküste Englands, von der aus ein verstärkter U-Boot- und Luftkrieg gegen England geführt werden konnte, und sicherte ihm die Zufuhr schwedischer Erze über den norwegischen Hafen Narvik. Bei der Besetzung Norwegens kam er der Absicht Englands, seinerseits den Kampf gegen das Reich von Skandinavien aus zu führen, um wenige Stunden zuvor. Allerdings forderte die Besetzung Norwegens durch deutsche Truppen infolge des Widerstandes des norwegischen Volkes und der Unterstützung der kleinen norwegischen Flotte durch die Engländer mehr Kräfte, als ursprünglich erwartet war. Ein großer Teil der deutschen Flotte mußte geopfert werden. Trotzdem konnte sich Norwegen infolge seiner zahlenmäßigen Unterlegenheit nicht halten.

Dem Vorspiel im Norden folgte am 10. Mai 1940 der Angriff im Westen, der von deutscher Seite unter Bruch der Neutralität Hollands, Belgiens und Luxemburgs und unter Ausnutzung der Überlegenheit an Menschen und Material vorgetragen wurde. Die Innenstadt von Rotterdam fiel ohne militärische Notwendigkeit einem Bombenhagel zum Opfer, „um Holland zur Kapitulation zu zwingen“, obschon es sich bereits eine Stunde vorher ergeben hatte. Nach sechs Wochen mußte Frankreich die Waffen strecken (21. Juni). Ein kaum begreifliches Zögern beim Vormarsch der deutschen Panzertruppen auf Dünkirchen, das von Hitler selbst angeordnet war, ermöglichte es den Engländern, ihre Truppen in Stärke von 340 000 Mann wieder nach England einzuschiffen, wobei sie freilich auf ihre gesamte Ausrüstung verzichten mußten.

Trotz der harten Waffenstillstandsbedingungen, die Frankreichs Unterhändlern im Walde von Compiègne diktiert wurden, die sogar — gegen das international anerkannte Asylrecht — die Auslieferung deutscher Emigranten vorsahen, verzichtete Hitler entgegen den Erwartungen französischer Politiker auf die Besetzung ganz Frankreichs. Nur Nord- und Westfrankreich unterstanden mit Einschluß von Paris der deutschen Befehlsgewalt. Das französische Heer und die Luftwaffe wurden entwaffnet. Die Flotte wurde unter die Kontrolle Deutschlands und Italiens, das in der Endphase des Kampfes gegen den Westen in den Krieg eingetreten war, gestellt. Vichy wurde die Hauptstadt des unbesetzten Frankreich.

Gegen diesen militärischen und politischen Zusammenbruch Frankreichs, der ebenso unabwendbar zu sein schien wie die Diktatur Hitlers über Deutschland, bildeten sich schon in den Tagen der tiefsten Erniedrigung Frankreichs unter Führung des Generals de Gaulle Gegenkräfte. Ihnen gelang es allmählich, immer mehr „freie" Franzosen, besonders in den Kolonien Afrikas, zu einem aktiven Kampf an der Seite Englands zu bewegen.

In England hatte am 10. Mai 1940 Winston Churchill den Ministerpräsidenten Neville Chamberlain abgelöst. Trotz einer fast ausweglosen Lage war England auch nach der Kapitulation Frankreichs nicht bereit, mit Hitler Friedensgespräche zu führen, sondern setzte den Kampf um die Bewahrung der menschlichen Freiheit, Europas eigentliches Erbe, ungebrochen fort. Sicherlich wurde es dabei von der Hoffnung geleitet, daß ihm Hitlers maßlose Machtgier im Laufe der Zeit weitere Bundesgenossen zuführen werde. Die Invasion der britischen Inseln aber, die England für den Spätsommer 1940 als sicher erwartete, wurde nicht versucht. Es steht noch nicht fest, ob die Luftschlacht um England, die mit einer empfindlichen deutschen Niederlage im Juli/August 1940 endete, oder die Vorbereitung des Rußland-Feldzuges die Aufgabe der Invasionspläne durch Hitler veranlaßt haben. Die zahlreichen Angriffe, die die deutsche Luftwaffe gegen englische Städte flog, hatten vom militärischen Standpunkt kaum Bedeutung, verstärkten aber den englischen Widerstandswillen.

Der Rest des Jahres 1940 wäre arm an militärischen Ereignissen geblieben, wenn nicht Mussolini auch den Mittelmeerraum in den Krieg hineingezogen hätte. Sein Plan, England in Ägypten zu treffen, scheiterte an dem Widerstand, den die zahlen- und materialmäßig unterlegenen britischen Truppen dem doppelten Druck Italiens auf Ägypten vom Süden und Nordwesten entgegensetzten. Wider Erwarten gelang es den Briten, die Italiener aus Somalia zu vertreiben und Abessinien zu befreien. Im Dezember 1940 war auch die Cyrenaika in britischer Hand. Ebenso unglücklich verlief Mussolinis Unternehmen gegen Griechenland, das er von dem besetzten Albanien aus startete. Sollte Mussolini nicht seine Machtstellung in Italien verlieren, mußte ihm Deutschland zu Hilfe kommen, so wenig auch Balkan und Mittelmeerraum Hitlers Aspirationen reizten. Zudem waren Japan, Italien und Deutschland seit dem 27. September 1940 durch ein förmliches Bündnis miteinander verbunden. Nur ein Angriff Rußlands auf eine der Mächte schloß den Bündnisfall aus.

Der Krieg gegen die Sowjetunion

Die deutsch-russische „Freundschaft" hatte bis zum Ende des Jahres 1940 auch schweren Belastungsproben widerstanden. Rußland hatte seine Verpflichtungen aus dem deutsch-russischen Handelsvertrag pünktlich erfüllt, war aber im Sommer 1940 auf dem Balkan politisch aktiv geworden. Deutschland hatte zwar den sowjetischen „Winterkrieg" gegen Finnland (1939/40), die Annexion der baltischen Staaten und Bessarabiens mit Mißtrauen betrachtet, aber es gab kein äußeres Anzeichen einer deutsch-sowjetischen Spannung. Vom 12. bis 14. November 1940 weilte Molotow, der russische Außenminister, zu einem Staatsbesuch in Berlin. Sowjetischen Forderungen auf Besetzung von Stützpunkten in Bulgarien und an den Meerengen wich Hitler aus. Auch der Einfall deutscher Truppen in Jugoslawien im Frühjahr 1941, wo eine proalliierte Regierung die deutschfreundliche abgelöst hatte, und die Besetzung Griechenlands an der Seite Italiens veranlaßten Stalin nicht, englischen Warnungen wegen eines bevorstehenden deutschen Überfalls auf die Sowjetunion Gehör zu geben. Gerade die verlustreiche Besetzung Kretas durch deutsche Fallschirmtruppen schien die Überzeugung jener zu rechtfertigen, die auch im Balkankrieg ein Mittel zur Niederringung Englands erblickten.

Aber wie bei allen Pakten, die Hitler bisher abgeschlossen hatte, ging es auch beim deutsch-russischen nur darum, Zeit zu gewinnen, den Gegner einzuschläfern, ihn zu isolieren, um ihn bei günstiger Gelegenheit zu überfallen und so schnell niederzuwerfen, daß die Sammlung aller Kräfte im Innern unmöglich war und jede Hilfe von außen zu spät kam. Die Welt hatte diese Taktik des deutschen Diktators an zahlreichen Beispielen studieren können, und auch Stalin konnte sie nicht entgangen sein. Noch erstaunlicher aber bleibt die Tatsache, daß Hitler seine Vorstellungen von der Erweiterung des deutschen Lebensraums im Osten in aller Breite in seinem Buch „Mein Kampf" auseinandergesetzt hatte. Obschon er niemals öffentlich erklärt hatte, daß er von den in seinem Werk niedergelegten Ideen abrücke, wurden sie weder in Deutschland noch im Ausland ernst genommen. Daß er aber diesen Lebensraum nur im Osten suchte, hing einmal mit seiner Vorstellung von der „rassischen“ Unterlegenheit der Slawen zusammen, denen er im Gegensatz zu den germanischen Völkern Europas jede kulturschöpferische Fähigkeit absprach. Zum andern war er der Überzeugung, daß nur eine Macht, die einen entsprechend großen geschlossenen Raum beherrsche, im 20. Jahrhundert eine Weltmacht sein würde. Kolonialbesitz hielt er deshalb für überflüssig, weil sich die Zeit der Kolonialherrschaft ihrem Ende nähere und schon aus diesem Grunde eine Wiederaufnahme der imperialistischen Politik Wilhelms II. zum Scheitern verurteilt sei. Wie weit sich der deutsche „Lebensraum“ nach Osten erstrecken sollte, hatte er selbst in seiner Phantasie noch nicht festgelegt. Die wenigen dort noch verbliebenen Slawen aber sollten zu einem Helotendasein im Dienst der deutschen „Herrenrasse“ verurteilt werden.

Trotz vielfacher Warnungen der deutschen Generalität vor einem Angriff auf Rußland brach am 22. Juni 1941 auf Befehl Hitlers die deutsche Wehrmacht, verstärkt durch finnische, ungarische, rumänische und italienische Truppen in den russischen Raum ein. Der Feldzug sollte in spätestens fünf Monaten beendet sein. Der Vormarsch verlief zunächst planmäßig, weil Rußland nicht vorbereitet war. Die sowjetischen Verluste an Menschen und Material überstiegen alle Erwartungen, der Raumgewinn war beträchtlich. Schon standen die deutschen Heere in Sichtweite von Leningrad und Moskau — da setzte überraschend der russische Winter ein, für den die deutsche Heeresleitung auf Befehl Hitlers keine Vorsorge getroffen hatte. Der Vormarsch fand ein nicht vorhergesehenes Ende, Rußland aber Zeit, seine Rüstungsindustrie zu reorganisieren und in dem weiten Hinterland neue Truppenverbände aufzustellen. Noch entscheidender aber war der Eintritt der USA in den Krieg. Das europäische Ringen weitete sich zum zweiten Weltkrieg aus.

Amerikas Eintritt in den Krieg

Bereits 1933 hatte der demokratische Präsident der USA, F. D. Roosevelt, mit der bisherigen amerikanischen Politik der Nichtanerkennung der Sowjetunion gebrochen und diplomatische Beziehungen mit Rußland aufgenommen. Als scharfer Gegner des Rechtstotalitarismus italienischer oder deutscher Prägung unterstützte Roosevelt die Politik der Westmächte gegenüber den Achsenmächten, wobei er nach dem Ausbruch des Krieges von 1939 das amerikanische Neutralitätsgesetz von 1937 geschickt umging. Zwar hatte dieses Gesetz die USA allen internationalen

Streitigkeiten gegenüber als neutral erklärt, es konnte aber den Präsidenten nicht hindern, den kriegführenden Westmächten, vor allem England, durch Warenlieferungen aller Art zu helfen, eine Hilfe, die 1941 auch auf Rußland ausgedehnt wurde. Demgegenüber verhielten sich die USA in ihren Handelsbeziehungen zu Japan, das nicht nur mit den Achsenmächten verbündet war, sondern auch seit 1931 in den großasiatischen Raum vorstieß, äußerst reserviert. Sie waren nicht bereit, 1941 einen neuen Handelsvertrag mit Japan abzuschließen, wenn es nicht China räume. Die japanische Militärpartei lehnte diese Bedingung ab. Die Verschärfung des angelsächsischen Wirtschaftskrieges gegen Japan beantwortete das japanische Militär mit dem erfolgreichen Überfall auf die amerikanische Flotte in Pearl Harbour (Hawaii) am 8. Dezember 1941. Amerika erklärte darauf Japan den Krieg. Deutschland und Italien stellten sich einen Tag später auf Japans Seite und erkärten ihrerseits den USA den Krieg. Gegenüber der Sowjetunion aber blieb Japan neutral.

Obschon in diesem weltweiten Ringen die USA und England die Sowjetunion mit Materiallieferungen aller Art aufs nachhaltigste unterstützten, gelang es den deutschen Truppen im Sommer 1942 an allen Fronten, bedeutende Erfolge zu erzielen. Der Vorstoß in den südrussischen Raum führte das Ostheer bis zur Wolga und zum Kaukasus. Das Afrikakorps gelangte unter der Führung Rommels an der Seite des italienischen Verbündeten bis vor die Tore Alexandrias in Ägypten. Doch gleichzeitig setzten die Alliierten zum Gegenangriff an. In Nordafrika war die Offensive der an Material und Luftwaffe weit überlegenen britischen Truppen unter dem Oberbefehl Montgomerys bei El Alamein in Ägypten am 24. Oktober 1942 erfolgreich. Amerikanische und britische Truppen landeten Anfang November in Marokko und stießen von dort gegen Tunis vor, das die deutschen Truppen im Gegenzug besetzt hatten. Russische Truppen, unterstützt durch starke Luftwaffenverbände, erreichten im wuchtigen Gegenangriff gegen die ihnen unterlegenen Verbände der Bundesgenossen Hitlers, daß eine ganze deutsche Armee in Stalingrad (heute Wolgograd) eingeschlossen und am 2. Februar 1943 zur Kapitulation gezwungen wurde. Hitlers Starrsinn hinderte die Rettung der Armee durch das Verbot, rechtzeitig die russischen Linien zu durchbrechen. Damit war der Krieg in Rußland entschieden. Die deutschen und italienischen Truppen mußten Nordafrika räumen. Im Mai 1943 kapitulierten die Reste des sieggewohnten Afrikakorps in Tunis.

Die Niederlagen von El Alamein, Stalingrad und Tunis stellten die entscheidende Wende des zweiten Weltkriegs dar. Aber sie hatten eine noch weiterreichende Bedeutung. Hitler hatte den Krieg entfacht, um für Deutschland jene Weltmachtstellung zu erzwingen, um die nach seiner Meinung der Gang der Geschichte der letzten 400 Jahre das deutsche Volk betrogen hatte. Die Niederlagen bewiesen, daß auch dieser zweite Versuch während der ersten 50 Jahre des 20. Jahrhunderts trotz des heldenmütigen Kampfes der deutschen Soldaten und der überragenden militärischen Intelligenz der deutschen Generalität scheitern mußte. Gleichzeitig brach damit Hitlers Ideologie zusammen, daß aus dem deutschen Volke die neuen Herrenschicht Europas hervorgehen werde. Im Zeitalter des sterbenden europäischen Nationalismus und Kolonialimperialismus war eine solche Vorstellung an sich schon längst überholt. Den ebenso verhängnisvollen wie überflüssigen Irrtum mußte das deutsche Volk teuer bezahlen.

Zur gleichen Zeit spürte auch die „Heimatfront" immer deutlicher die Materialüberlegenheit des Gegners. Zahlreiche anglo-amerikanische Terrorangriffe auf die Wohnviertel deutscher Städte forderten zwar überaus große Opfer unter der deutschen Zivilbevölkerung, trugen jedoch nicht zu einer schnelleren Beendigung des Krieges bei. Überdies mußten die systematischen Angriffe auf jene Städte, die militärisch und wirtschaftlich keine kriegsentscheidende Bedeutung hatten, im deutschen Volk die nationalsozialistische Propaganda bestätigen, daß es dem Gegner auf die Vernichtung der deutschen Kulturdenkmäler ankomme (Würzburg, die Innenstadt von Nürnberg, von München, von Köln, von Hildesheim, Münster i. W., Potsdam etc.). Vor allem der Angriff auf Dresden, der nicht nur die großartigen barocken Baudenkmäler zerstörte, sondern auch etwa 1/4 Million Tote (das dreifache von Hiroshima) forderte, weil er zu dem Zeitpunkt erfolgte, als sich zahlreiche Flüchtlingstrecks aus dem deutschen Osten in der Stadt gesammelt hatten, führten im deutschen Volk mehr und mehr zu der Überzeugung, daß sich der Krieg nicht allein gegen Hitler, sondern gegen alle Deutschen richte.

Es war das Kriegsziel der westlichen Alliierten für das Jahr 1943, Italien von Deutschland zu trennen. Landungen in Sizilien führten auf Veranlassung des Großen Faschistischen Rates zur Verhaftung Mussolinis am 25. Juli 1943. Bereits im August kam es zu geheimen Waffenstillstandsverhandlungen zwischen der neuen italienischen Regierung und den Alliierten. Jedoch zog sich der Vormarsch der Anglo-Amerikaner nach Norden infolge des deutschen Widerstandes bis weit in das Jahr 1944 hin. Im Juni 1944 konnten die Alliierten Rom besetzen, das die deutschen Truppen kampflos räumten. Norditalien fiel erst mit der Kapitulation in alliierte Hand.

Auch in Rußland schlug sich das deutsche Heer im Jahre 1943 noch mit wechselndem Kriegsglück. In der zweiten Jahreshälfte ging aber die Initiative endgültig an die Russen über. Leningrad und Südrußland wurden frei gekämpft. Als die Westmächte im Juni 1944 zur Invasion in Frankreich ansetzten, waren die Russen wieder im Besitz ihres Staatsgebietes. Der Kampf um die „Festung Deutschland" begann.

Die Sowjetunion, die trotz der materiellen Hilfe durch die USA den Engländern und Amerikanern immer noch mißtraute, drängte auf eine aktivere Unterstützung ihres Kampfes durch Errichtung einer zweiten Front im Westen. Infolge überaus sorgfältiger Vorbereitung waren die Alliierten dazu erst am 6. Juni 1944 imstande. Bei ihren Erfolgen kam ihnen, wie es auch an der Ostfront immer häufiger der Fall war, die falsche Beurteilung der Lage durch Hitler entgegen. Im Gegensatz zu der Auffassung der Generalität und der kämpfenden Front vertrat er die Meinung, daß die Landung der Westalliierten in der nördlichen Normandie nur ein Ablenkungsmanöver sei und die eigentliche Invasion im Raum des Pas de Calais noch bevorstehe. Deshalb hielt er die vorhandenen Reserven auch dann noch zurück, als die Alliierten bereits einen festen Landekopf errichtet hatten. Nach starken Verlusten gelang der Durchbruch. Am 25. August zogen die Alliierten in das von französischen Untergrundkämpfern umkämpfte Paris ein. An der Spitze der regulären französischen Truppen stand der Vorkämpfer für Frankreichs Freiheit, General de Gaulle. Vor ihm kapitulierte der deutsche Kommandant von Paris und übergab ihm eine fast unversehrte Stadt. Mitte September standen die Truppen der Westmächte vor dem Westwall. Zur gleichen Zeit erreichten die Russen die Weichsel und nahmen Bukarest. Sofia wurde kampflos von der Roten Armee besetzt, nachdem Bulgarien aus dem Krieg ausgeschieden war. In Jugoslawien errang die Untergrundbewegung des kommunistischen Marschalls Tito, die seit 1941 die Deutschen bekämpfte, aus eigener Kraft immer größere Erfolge. Am 20. Oktober besetzte sie Belgrad. Budapest fiel im Februar 1945 in russische Hand. Als die Rote Armee 1945 auch Preßburg, die Hauptstadt der Slowakei erobert hatte, waren im Osten alle von Hitler unterjochten Staaten aus dem Krieg ausgeschieden.

Der Höhepunkt des nationalsozialistischen Terrors

Hitler hatte den Krieg gegen die Sowjetunion von Anfang an als einen Weltanschauungskrieg führen lassen, obschon ihm zweifellos die bolschewistische Weltanschauung ebenso gleichgültig war wie die sogenannte nationalsozialistische. Aber er hatte nicht zu Unrecht geglaubt, daß die weltanschauliche Maskerade auch die übrigen Völker Europas bewegen könnte, an dem Kampf teilzunehmen. In der Tat bildeten sich aus allen Völkern kleinere, sicherlich unbedeutende Kontingente, die zum Kampf gegen die Sowjetunion bereit waren. Viel wesentlicher aber war es für Hitler, die Brutalität seiner Befehle gegen die russische Zivilbevölkerung, sowjetische Kommissare, kriegsgefangene Soldaten und slawische Fremdarbeiter weltanschaulich tarnen zu können, um so auch die Wehrmacht zu äußerster Härte gegenüber dem bolschewistischen Gegner zu veranlassen. Trotzdem versuchte diese im allgemeinen, den Krieg nach den Regeln des Kriegsrechts zu führen, was ihr auf bolschewistischer Seite nicht immer leicht gemacht wurde, weil auch Stalin dem Krieg einen weltanschaulichen Anstrich gab und eine maßlose Propaganda gegen die „faschistischen Invasoren" die russischen Soldaten zu einer brutalen Kriegsführung aufhetzte. Da aber auf deutscher Seite für die Verwaltung der eroberten Ostgebiete in erster Linie Partei und SS verantwortlich waren, traf besonders die Bevölkerung der rückwärtigen Gebiete der ganze Terror eines entmenschten Regimes. Als ausführendes Organ war dafür hauptsächlich Himmler als „Reichsführer SS" verantwortlich, der am 4. Oktober 1943 zynisch offen erklärte: „Ob bei dem Bau eines Panzergrabens 10 000 russische Weiber an Entkräftung umfallen, interessiert mich nur insoweit, als der Panzergraben für Deutschland fertig wird." Die Folgen dieser Behandlung waren Haß gegen Deutschland und ein rücksichtsloser Partisanenkrieg. Während zu Beginn des Rußlandkrieges die Bevölkerung der baltischen Staaten, die Ukrainer und auch zahlreiche Russen die Deutschen als Befreier begrüßt hatten, erschienen bald der Bolschewismus als das „kleinere Übel" und sein Sieg als die Erfüllung einer großen „vaterländischen" Hoffnung, die zeitweise sogar von vielen Deutschen geteilt wurde.

Hitlers krankhafte Vorstellung, daß der Jude der Urheber alles Bösen und Minderwertigen in der Geschichte sei, hatten ihn schon früh Judentum und Bolschewismus gleichsetzen lassen. Es war sein Ziel, das Judentum bei Gelegenheit eines Krieges auszurotten. Am 31. Juli 1941 wurde Heydrich, der ein Jahr später einem Attentat in Prag zum Opfer fiel, mit der Vernichtung der Juden beauftragt. Ab September 1941 begannen die Vergasungen der Juden, zunächst in Auschwitz. Seit dem 20. Januar 1942 lag Hitlers Anweisung zur „Endlösung der Judenfrage" vor. In allen von Deutschland besetzten Gebieten wurden die Juden auf Befehl Himmlers durch die SS zusammengetrieben und nach Osteuropa verschickt, um in eigens dafür errichteten Vernichtungslagern den Gastod zu sterben. Bis 1944 fielen diesem Terror etwa 5,5 Millionen Juden zum Opfer. Erschütternd war auch das Schicksal der im Warschauer Getto zusammengepferchten Juden, die nach Jahren unvorstellbarer körperlicher und seelischer Leiden vom 18. April bis 16. Mai 1943 einen letzten Aufstand gegen ihre SS-Bewacher unternahmen und dabei vernichtet wurden.

Gegen diese barbarische Vernichtung des Judentums, die wie auch andere unmenschliche Maßnahmen des nationalsozialistischen Systems — z. B. die Tötung geisteskranker Kinder — vor dem Volk und den Soldaten möglichst geheimgehalten wurden, richteten Vertreter beider christlicher Konfessionen in Deutschland scharfe Proteste an die Regierung, die aber unbeachtet blieben. Je schwieriger die Kriegslage wurde, um so ungehemmter ließ das System den verbrecherischen Instinkten einer kleinen, aber rücksichtslosen Minderheit im deutschen Volke freie Bahn. Gerade in den letzten Kriegsjahren wurden die Konzentrationslager, in denen sich auch zahlreiche Deutsche befanden, zu Stätten vollendeten Grauens.

Die Politik der Alliierten gegenüber Deutschland während des Krieges

Noch bevor die USA in den Krieg eintraten, legte Roosevelt in seiner ersten Konferenz mit Churchill am 14. August 1941 auf einem Kriegsschiff im Atlantik die amerikanische Politik gegenüber einem besiegten Deutschland fest. Während die sogenannte „Atlantic Charter" den Völkern der Welt innere und äußere Freiheit, eine gerechte Verteilung der Rohstoffe und wirtschaftliche Zusammenarbeit versprach, sollte Deutschland als Angreifer völlig entwaffnet und von der Teilnahme an der Verwirklichung dieser Versprechungen ausdrücklich ausgenommen werden.

In Casablanca wurde in der Zeit vom 14.—24. Januar 1943 die Invasion Siziliens beschlossen. Auf einer Pressekonferenz erklärte Roosevelt, daß es die Absicht der Alliierten sei, von Deutschland die bedingungslose Kapitulation zu verlangen. Das deutsche Volk wurde mit dem Nationalsozialismus und seinem Führer gleichgesetzt, der Krieg der Westmächte zu einem Kreuzzug erklärt. Wie Hitler forderten jetzt auch seine Gegner die totale Vernichtung.

Die Formel von der „bedingungslosen Kapitulation" hat zweifellos den Krieg ebenso verlängert wie die Terrorangriffe auf die deutschen Städte. Beide erzeugten Haß gegen seine Urheber, und der Haß verstärkte den Willen, bis zum Ende durchzuhalten. Auch jene Deutsche, die Hitlers Politik aufs tiefste verabscheuten, waren kaum bereit, dem Untergang des eigenen Volkes zuzustimmen. Andererseits kann jedoch nicht unberücksichtigt bleiben, daß die Bündniskonstellation der Gegner

Deutschlands eine Zurücknahme der Roosevelt-Formel nicht zuließ. Ost und West waren von einem tiefen gegenseitigen Mißtrauen erfüllt. Weder „München" noch der Stalin-Hitler-Pakt waren vergessen. Jeder zweifelte an der Entschlossenheit des andern, den Krieg bis zur Vernichtung des deutschen Gegners zu führen. Um des Mißtrauens willen suchte man sich gegenseitig im Haß gegen Deutschland zu überbieten.

Die erste persönliche Begegnung der beiden westlichen Staatsmänner mit dem absoluten Machthaber im Osten, Josef Stalin, erfolgte auf der Konferenz von Teheran vom 28. November bis 1. Dezember 1943. Roosevelt unterstützte Stalins Ansprüche auf den Balkan und versprach die Invasion in Frankreich für den Sommer 1944. Rußlands Traum von einer unbestrittenen Herrschaft über die Völker des Balkans schien der Verwirklichung nahe. Dem Verlangen nach „bedingungsloser Kapitulation" entsprach die Annahme des „Morgenthau-Plans" auf der Konferenz von Quebec im September 1944 zwischen Roosevelt und Churchill. Danach sollte die gesamte deutsche Industrie vernichtet und Deutschland in ein Ackerbau-Land zurückverwandelt werden.

Auf der entscheidenden Konferenz von Jalta im Februar 1945 am Vorabend des alliierten Sieges über Deutschland beschlossen Roosevelt, Churchill und Stalin die Neuordnung der Welt. Alle Versuche der westlichen Staatsmänner, durch bestimmte Bedingungen für die politische Ordnung in den östlichen Staaten Europas das demokratische Selbstbestimmungsrecht zu sichern, scheiterten. Für die Ost- und Westgrenzen Polens wurden Stalins Wünsche weitgehend berücksichtigt. Die Besetzung Deutschlands durch die Alliierten nach dem Kriege wurde beschlossen und das Demontage-Programm für die deutsche Industrie in großen Zügen gebilligt. Alle weiteren Beschlüsse bezogen sich auf Japan.

Die deutsche Widerstandsbewegung und der 20. Juli 1944

Die militärischen Niederlagen der deutschen Wehrmacht und ihrer Verbündeten hatten die Sinnlosigkeit der Fortführung des Krieges offenbar gemacht. Aber Hitler gab den Kampf nicht auf. Vielmehr versuchte er, durch Brutalität jeden Widerspruch gegen seine unsinnigen Befehle zu ersticken.

Schon seit der „Machtübernahme" Hitlers am 30. Januar 1933 hatte es in Deutschland zahlreiche Widerstandsgruppen gegeben. Zunächst waren die kommunistischen am stärksten, aber auf Weisung Stalins stellten sie nach Abschluß des Paktes von 1939 ihren Widerstand ein und erneuerten ihn erst wieder nach Beginn des Rußlandfeldzuges. Den nichtkommunistischen Gruppen gehörten im wesentlichen Sozialdemo-

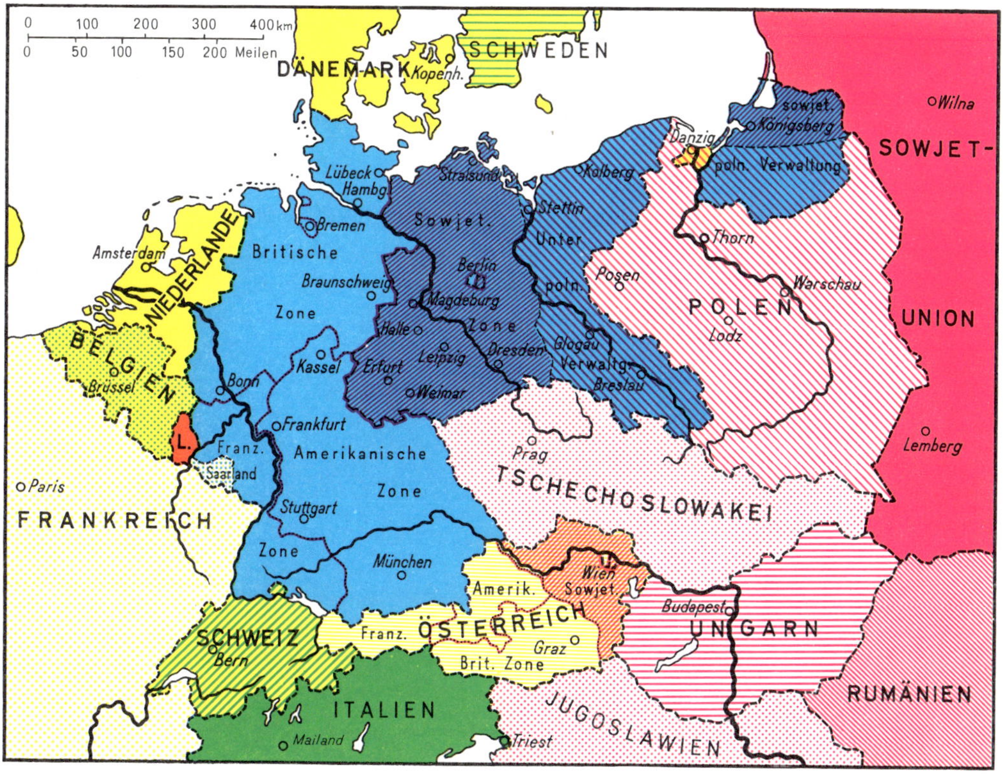

Mitteleuropa nach dem 2. Weltkrieg

Mitteleuropa nach Abschluß der Ostverträge durch die Bundesrepublik Deutschland

kraten, Offiziere, Beamte und Gewerkschaftler an. Generaloberst Beck, seit 1935 Chef des Generalstabes des Heeres, nahm seinen Abschied, weil er die Kriegsvorbereitungen Hitlers nicht unterstützen wollte. 1938 plante er mit andern Offizieren Hitlers Ermordung, wenn es wegen der Sudetenkrise zu einem Krieg kommen sollte. Jedoch verhinderte das „Münchener Abkommen" die Ausführung des Planes, obschon die Westmächte über die Absichten der Verschwörer unterrichtet waren. Solange aber Hitler außenpolitisch Erfolg auf Erfolg häufte, mußte jede Opposition gegen ihn als Verrat am Vaterland erscheinen. Deshalb konnte ein Unternehmen gegen ihn erst dann auf Verständnis im Volk rechnen, wenn die Lage an der Front und in der Heimat so bedrohlich geworden war, daß notfalls ein Unterwerfungsfriede einem sinnlosen Weiterkämpfen vorgezogen wurde. Diesen Augenblick hielt die von Generalen geführte Widerstandsbewegung seit Stalingrad für gegeben, wie mehrere 1943 ergebnislos durchgeführte Attentatsversuche auf Hitler beweisen. Nach der geglückten Invasion der Alliierten in Frankreich im Juni 1944 mußte die Fortsetzung des Krieges als aussichtslos erscheinen. Am 20. Juli 1944 suchte der schwer verwundete Oberst i. G. Graf v. Stauffenberg Hitler in seinem Hauptquartier in Ostpreußen durch eine Bombe zu töten. Durch die Beseitigung des Diktators wollten die Verschwörer zu einem erträglichen Frieden gelangen. Auch in der Widerstandsgruppe um Stauffenberg war der Generaloberst Beck die entscheidende Figur. Er war als Staatsoberhaupt vorgesehen. Der ehemalige Leipziger Oberbürgermeister Goerdeler sollte Reichskanzler werden. Zu der Gruppe gehörten von den hohen Militärs der Feldmarschall v. Witzleben, die Generale v. Stülpnagel, Halder, Oster und der Feldmarschall Rommel, von der sozialdemokratischen Partei Julius Leber und Adolf Reichwein. Diplomaten und Vertreter der christlichen Kirchen hatten sich ihr entweder angeschlossen oder standen ihr nahe. Hitler entging jedoch dem Attentat durch einen Zufall, er erlitt nur geringfügige Verletzungen. Einige Offiziere seiner Umgebung wurden getötet. Stauffenberg aber, in der Annahme, Hitler sei tot, ließ in Berlin den geplanten Aufstandsversuch auslösen, der aber auf Befehl von Goebbels, dem Propagandaminister, im Keim erstickt wurde. Beck und Rommel endeten durch Selbstmord, Stauffenberg wurde im Gebäude des Oberkommandos der Wehrmacht in Berlin erschossen. Alle übrigen Verschwörer wurden auf entehrende Weise hingerichtet oder in Konzentrationslagern und Gefängnissen ermordet. Ihre Zahl geht in die Tausende.

Im Verlauf des Krieges hat sich die Widerstandsbewegung wiederholt um Anerkennung und Unterstützung durch die Westmächte bemüht. Roosevelt und Churchill aber lehnten jede Hilfe ab.

Außer zahlreichen Anhängern der christlichen Kirchen, ehemaligen Gewerkschaftlern oder Mitgliedern der verbotenen demokratischen Parteien, die örtlich begrenzte Widerstandsgruppen bildeten, waren besonders der „Kreisauer Kreis" um Graf Moltke in Schlesien und die akademische Gruppe um die Geschwister Scholl in München bemerkenswert. Ihr Kampf richtete sich vor allem gegen den durch Hitler verursachten sittlichen Niedergang im deutschen Volke und in der durch die Staats- („Hitler")jugend zusammengefaßten jungen Generation. Auch sie bezahlten ihre Opposition gegen Hitler mit dem Tode.

Das Ende

Der fehlgeschlagene Putsch vom 20. Juli 1944 löste eine neue Terrorwelle, diesmal besonders gegen die Wehrmacht aus. Himmler wurde Befehlshaber des Ersatzheeres. Ein letztes Aufgebot Jugendlicher und Greise sollte den Vormarsch der Alliierten aufhalten. Die Hoffnung auf eine vernichtende Wunderwaffe sollte Front und Heimat zum letzten übermenschlichen Einsatz für den noch immer vorausgesagten Endsieg bereit machen.

In der Tat war es deutschen Wissenschaftlern unter General Dornberger und Wernher v. Braun in Peenemünde gelungen, Raketenwaffen zu konstruieren, die, gegen England seit Juni 1944 eingesetzt, eine beträchtliche psychologische Wirkung hatten. Ihre militärische Bedeutung war gering. Auch der Einsatz von Düsenjägern erfolgte zu spät. Atomwaffen sind weder geplant worden noch haben sich die deutschen Atomphysiker je dazu hergegeben, Hitler auf eine mögliche Konstruktion von Atomwaffen hinzuweisen.

Im Frühjahr 1945 durchbrachen die westlichen Alliierten die deutschen Verteidigungsstellungen. Die Russen eroberten am 13. April Wien. Am Tage vorher war Roosevelt gestorben. Sein Nachfolger war H. S. Truman.

Nach dem Fall Wiens begann der Endkampf um Berlin. Am 25. April war der Ring um Berlin geschlossen. Mussolini wurde am 28. April von Partisanen hingerichtet. Zwei Tage später, nachmittags 15.30 Uhr, schoß sich Hitler im Bunker der Reichskanzlei in Berlin eine Kugel durch den Kopf. Seine ihm einen Tag vorher angetraute Frau nahm Gift.

In seinem „letzten Willen" hatte Hitler die Regierungsgewalt in Deutschland dem Großadmiral Dönitz übertragen. Am 7. Mai unterzeichnete Generaloberst Jodl als Beauftragter des deutschen Oberkommandos im alliierten Hauptquartier in Reims die bedingungslose Kapitulation, die am 8. Mai im sowjetischen Hauptquartier in Karlshorst bei Berlin bestätigt wurde. Am 9. Mai 1945 sollte jeder Kampf aufhören.

Deutschland bezahlte Hitlers Krieg mit einem Verlust von mehr als 3 Millionen Soldaten, über 2 Millionen Kriegsbeschädigten, mehr als einer halben Million Opfern des Luftkrieges und über 4 Millionen an Toten und Verschollenen unter den 16 Millionen Flüchtlingen, die aus ihrer Heimat in Ostdeutschland, im Sudetenland oder in anderen Gebieten vertrieben wurden.

Gerade in der Austreibung der Deutschen aus ihrer Heimat zeigt sich der erschreckende moralische Niedergang, in den sich Europa hatte treiben lassen. In seiner tausendjährigen Geschichte hat Europa viele Grenzverschiebungen erlebt. Niemals aber hat es den Bewohnern eines Gebietes nach Abschluß eines Krieges ihr Recht auf ihre angestammte Heimat verwehrt. Was Hitler über Juden und Slawen verhängt hatte, fiel jetzt auf die Deutschen zurück.

Hitler hatte Europa versprochen, den Bolschewismus zu vernichten. Sein Krieg öffnete Europa dem Bolschewismus bis zur Elbe. Hitler hatte Deutschland versprochen, es zu einer Weltmacht zu machen. Sein Krieg verspielte sogar Deutschlands Großmachtsstellung in Europa. Wie 1000 Jahre zuvor reicht der freie Teil Deutschlands bis zu jener östlichen Grenze, die Karolinger und frühe Sachsenkaiser einmal besessen hatten.

Sechsundzwanzigstes Kapitel

DEUTSCHLAND NACH DEM ZWEITEN WELTKRIEG

Die Herrschaft der Sieger

Wiederum stand Deutschland an einem Wendepunkt seiner Geschichte, der noch tiefgreifender war als alle bisherigen. Mehr noch als nach dem Dreißigjährigen Kriege konnte man von ihm behaupten, daß es ein „Monstrum sei, kaum noch ein geographischer Begriff". Selbst seine Grenzen, die ihm in Versailles bestimmt wurden, waren völlig ungewiß. Keiner konnte sagen, wann der Flüchtlingsstrom aus dem Osten abbrechen würde, welche Räume der Sieger für weitere Vertreibungen bestimmte, und ob nicht auch der Westen den Siedlungsraum deutscher Menschen einzuengen wünschte. Wie zum Zeichen, daß jeder Anspruch Deutschlands auf Weiterexistenz im völkerrechtlichen Sinne erloschen sei, wurde wenige Wochen nach der Kapitulation die „Regierung Dönitz" in Norddeutschland verhaftet. Jede wirtschaftliche Tätigkeit, soweit sie nicht den Alliierten diente, hörte auf. Schon begann die Demontage der deutschen Industrie. Die meisten deutschen Männer waren in Kriegsgefangenschaft oder in Gefängnissen, Frauen und Kinder fristeten ein dürftiges Leben von dem, was an Ersparnissen der Krieg übriggelassen hatte oder die eigene Arbeit erbrachte. Zwar waren die großen Phrasen, die zwölf Jahre auf die Deutschen eingehämmert hatten, erstorben. Tot war aber auch jede Hoffnung.

Die Unklarheit darüber, was in Zukunft mit diesem Deutschland geschehen sollte, machte eine Konferenz der Sieger nötig. Zu diesem Zweck trafen sich die „Großen Drei", Amerikas Präsident Truman, Englands Erster Minister Attlee und Rußlands Diktator Stalin in Potsdam, dem Ort, der ein Symbol für Preußens Größe und Hitlers Maßlosigkeit war. In einem Abkommen vom 2. August 1945 verpflichteten sie sich, Deutschland zu entwaffnen, Nationalsozialismus und Militarismus auszurotten und ein dezentralisiertes Deutschland auf demokratischer Grundlage aufzubauen. Die wirtschaftliche Einheit Deutschlands sollte erhalten bleiben. Die ostpreußische Stadt Königsberg und ihr Hinterland wurde den Sowjets zur Verwaltung zugesprochen. Alle übrigen deutschen Gebiete östlich der Oder-Neiße-Linie sollten von Polen verwaltet werden. Die Umsiedlung der deutschen Bevölkerung sollte in „humaner Weise" erfolgen. Die endgültige Regelung der deutschen Grenzen wurde einem Friedensvertrag überlassen. Das Abkommen ließ also die völkerrechtliche Fiktion eines Deutschland in den Grenzen von 1937 bestehen.

Entgegen dem Abkommen kam es jedoch nicht zu einer gesamtdeutschen Regierung. Die vier Besatzungsmächte, die Sowjetunion, Großbritannien, die USA und Frankreich, richteten in ihren Zonen Landesverwaltungen ein, aus denen im Verlauf der Entwicklung neue Länder entstanden. Berlin wurde von allen vier Mächten sektorenweise besetzt. Für die Stadt gab es ein eigenes Besatzungsstatut.

Auch Österreich erfuhr ein gleiches Schicksal wie Deutschland, aber die Sieger erlaubten dem Lande, seine Einheit durch eine Bundesregierung zu bewahren.

Schon während des Krieges waren die Alliierten übereingekommen, die Hauptschuldigen des zweiten Weltkrieges vor ein Kriegsgericht zu stellen und ihnen den Prozeß zu machen. Das Militärtribunal in Nürnberg setzte sich aus amerikanischen, sowjetischen, britischen und französischen Richtern zusammen. Die Anklage zerfiel in drei Teile: Verbrechen gegen den Frieden, Kriegsverbrechen und Verbrechen gegen die Menschlichkeit. Den Angeklagten standen deutsche Verteidiger zur Seite. Von diesen wurde das Recht zur Verurteilung von Kriegsverbrechern nicht bestritten. Solche waren z. B. die Vernichtung der Dörfer Lidice in der Tschechoslowakei und Oradour in Frankreich samt ihren Bewohnern durch die SS. Abgelehnt wurde jedoch die Rechtmäßigkeit der anderen Anklagen mit der Begründung, daß sie sich auf rückwirkendes, eigens zu diesem Zweck geschaffenes Recht stützten. Das internationale Gericht gab diesem Einwand nicht statt. Das Urteil wurde am 30. September 1946 gesprochen. 12 Angeklagte wurden zum Tode durch Erhängen verurteilt, 7 erhielten Freiheitsstrafen, 3 wurden freigesprochen. Einzelne NS-Organisationen wurden für verbrecherisch erklärt. Ihre Mitglieder mußten den Beweis erbringen, daß sie sich keines Verbrechens schuldig gemacht hatten, andernfalls waren sie strafbar.

Zusätzlich hatten sich Angehörige verschiedener militärischer oder politischer Ämter vor alliierten Militärgerichten zu verantworten. Auch gegen namhafte nationalsozialistische Ärzte und Richter wurden Prozesse geführt.

Die Nürnberger Prozesse sind vielfach kritisiert worden, weil die Sieger als „Richter in eigener Sache" geurteilt hätten, ohne ihre eigenen Kriegsverbrecher zu verurteilen. Zudem hätten sie den von allen Völkern anerkannten Rechtsgrundsatz „nulla poena sine lege" verletzt. Vor allem aber erschien die Beteiligung der Sowjetunion höchst fraglich, weil sie sich 1939 durch die Annexion von Teilen Polens und den Finnlandkrieg gleicher Verbrechen schuldig machte. Diese Kritik, so berechtigt sie im einzelnen sein mag, berücksichtigt jedoch zu wenig das Ausmaß der Verbrechen, deren sich die Verurteilten gegenüber den fremden Völkern, aber auch gegenüber dem eigenen schuldig machten. Daß die Richter in diesem Prozeß um Gerechtigkeit bemüht waren, kann niemand bestreiten.

Nach der Auflösung der NSDAP und ihrer Gliederungen mußten sich alle Deutschen über ein bestimmtes Alter der sogenannten Entnazifizierung unterziehen. Die Mitschuld am Nationalsozialismus und seiner Politik sollte auf Grund eines Fragebogens mit 131 Fragen festgestellt werden. Durch diese „Säuberung“ sollten alle Nationalsozialisten aus verantwortlichen Stellungen in Staat und Wirtschaft entfernt werden, um so den Aufbau einer Demokratie zu erleichtern. Vor allem die westlichen Alliierten übersahen dabei, daß Zugehörigkeit oder Nichtzugehörigkeit zur nationalsozialistischen Partei oder ihren Gliederungen nach 1933 kaum noch dem freien Ermessen des einzelnen überlassen war. Zudem war es unmöglich, eine moralische Mitschuld am Nationalsozialismus und seinen Verbrechen, die häufig auch auf jenen lag, die weder der Partei noch ihren Gliederungen angehört hatten, durch Fragebogen zu erfassen. Für den östlichen Sieger war die „Entnazifizierung“ ein willkommener Vorwand zur Änderung der Gesellschaftsstruktur seiner Zone im kommunistischen Sinne.

Die Gründung der Bundesrepublik Deutschland

In den Jahren zwischen 1945 und 1947 brach das unnatürliche Bündnis zwischen der Sowjetunion und den Westmächten auseinander. Es wurde immer deutlicher, daß sich die Sowjetunion mit dem durch den Ausgang des Krieges Erreichten nicht zufrieden geben wollte, sondern weiterhin nach der Weltrevolution strebte. Zustatten kamen ihr dabei die Abrüstung der Westmächte und die unsicheren wirtschaftlichen Verhältnisse in allen europäischen Ländern als wesentliche Folgen des sechsjährigen Krieges. Gerade sie machten große Teile der europäischen Bevölkerung für die kommunistische Ideologie anfällig. Auch in der Deutschlandfrage konnte trotz zahlreicher Konferenzen keine Einigung erzielt werden. Deshalb entschlossen sich die USA zu einer Schwenkung ihrer bisherigen Deutschlandpolitik, die oft vom Geist des „Morgenthau-Plans“ bestimmt war. Um die wirtschaftliche Lage der durch den Krieg getroffenen Länder zu verbessern und dem Kommunismus möglichst die Grundlagen für eine Agitation gegen den Kapitalismus zu entziehen, entwickelten sie ein wirtschaftliches Hilfsprogramm, den sogenannten Marshall-Plan von 1948. Er führte in Europa zur Einrichtung des ERP (European Recovery Program), in das auch Westdeutschland miteinbezogen wurde. Um aber die deutsche Wirtschaft wieder funktionsfähig zu machen, mußte eine Währungsreform durchgeführt werden, die den Geldüberhang beseitigte. Unter Mithilfe amerikanischer Sachverständiger wurde diese im Juni 1948 in den drei westlichen Besatzungszonen vollzogen.

Aber schon vorher hatten sich die drei westlichen Besatzungsmächte darauf geeinigt, aus ihren Besatzungszonen einen deutschen Staat zu bilden, der von einer deutschen Regierung regiert und nach und nach als gleichberechtigter Partner anerkannt werden sollte. Lediglich das Saargebiet, das 1947 auf einer Moskauer Konferenz als halbautonomes Gebilde mit Frankreich in einer Wirtschaftsunion verbunden war, sollte ausgeschlossen werden. Der Plan der Westmächte fand die Zustimmung aller jener deutschen Parteien, die sich nach 1945 wieder gebildet hatten. Sie hofften, die Härte des Besatzungsregimes zu mildern und die übersteigerten Forderungen der Sieger besonders hinsichtlich der Demontagen erträglicher zu gestalten. So bildete sich aus Vertretern der Länderparlamente unter Vorsitz von Konrad Adenauer der „Parlamentarische Rat" in Bonn. Er arbeitete für das westliche Teilgebiet Deutschlands eine Verfassung aus, die nach dem Willen der Sieger stark föderalistische Züge hat. Gegen eine Übersteigerung der föderalistischen Struktur setzte sich jedoch der Vorsitzende der SPD, Kurt Schumacher, mit Erfolg zur Wehr und sicherte so der Zentralregierung die notwendige Bewegungsfreiheit. Als „Grundgesetz für die Bundesrepublik Deutschland" trat diese Verfassung am 25. Mai 1949 mit dem Anspruch, für alle Deutschen zu sprechen, in Kraft. Vorläufig aber regelt sie nur das staatliche Leben in Westdeutschland.

Entsprechend dem Grundgesetz wurde am 14. August 1949 der Bundestag gewählt. Der kurze, heftige Wahlkampf wurde hauptsächlich zwischen der Christlich-Demokratischen Union und den Sozialdemokraten geführt. Die CDU ging aus ihm als stärkste, die SPD als zweitstärkste Partei hervor. Am 15. September 1949 wählte der deutsche Bundestag Dr. Konrad Adenauer zum Bundeskanzler. Erster Bundespräsident wurde Professor Theodor Heuss.

Damit war für Westdeutschland eine gewisse Eigenstaatlichkeit wiederhergestellt. Aber auf diesem Staatsgebilde lastete wie auf dem ganzen deutschen Volk das Mißtrauen Europas, ja der Welt. In der nüchternen Staatswirklichkeit hatte sich dieses in den Vorbehaltsrechten der Alliierten und in der Verweigerung einer eigenen Außenpolitik niedergeschlagen. Es mußte also Aufgabe der neuen Regierung sein, durch eine konsequente Politik zumindest dem Westen klar zu machen, daß die Wandlung des deutschen Volkes, hervorgerufen durch das Erlebnis der nationalsozialistischen Diktatur und der Niederlage, so tiefgreifend war, daß Westdeutschland unter Umständen ein Partner der westlichen Siegermächte werden könnte. Dieser Politik kam die politische Einsicht in den USA entgegen, daß es die eigene Macht verstärke, wenn man das Wirtschafts- und Bevölkerungspotential der Bundesrepublik sinnvoll in das westliche Verteidigungssystem eingliedere. Dabei sollten aber die wirtschaftlichen und politischen Interessen der europäischen Siegermächte nicht verletzt werden. Das politische Anliegen Adenauers, die berechtigten Ansprüche der Siegermächte mit dem ebenso berechtigten Lebensinteresse des deutschen Volkes durch einen Zusammenschluß der europäischen Völker zum Ausgleich zu bringen, fand die Unterstützung der Mehrheit des Volkes in der Bundesrepublik. Nur ein Vereinigtes Europa schien geeignet zu sein, Nationalismus und kleinräumiges Denken zu überwinden. Der französische Politiker und begeisterte Europäer Robert Schumann hatte vielleicht in Deutschland mehr Anhänger als in seinem eigenen Lande. Als erstes Ergebnis seiner Bemühungen, die von Adenauer und dem italienischen Ministerpräsidenten de Gasperi tatkräftig unterstützt wurden, entstand 1950 der Europa-Rat, dem alle nichtkommunistischen Länder außer Finnland, Spanien und Portugal angehören. Freilich blieben ihm bisher staatliche Rechte versagt. Politisch und wirtschaftlich wirksamer wurde deshalb zunächst der Zusammenschluß der Schwerindustrien Frankreichs, der Bundesrepublik, Italiens, Belgiens, Hollands und Luxemburgs zu einem Gemeinsamen Markt für Kohle und Stahl in der Montan-Union, dem im Laufe der Jahre weitere wirtschaftliche Zusammenschlüsse der sechs Länder folgten. Das Ziel aller dieser Bemühungen war die Europäische Wirtschaftsgemeinschaft, die durch die Verträge von Rom am 25. März 1957 beschlossen und am 1. Januar 1958 in Kraft trat. Der Versuch, auch das militärische Potential der Bundesrepublik durch eine „Europäische Verteidigungsgemeinschaft“ ganz Europa dienstbar zu machen, scheiterte an Frankreich, das nicht bereit war, einer solchen Gemeinschaft zuzustimmen (August 1954). Die „Pariser Verträge“ aber vom Oktober des gleichen Jahres unterstellten die deutschen Truppen der NATO und sahen vor, der Bundesrepublik die Rechte eines souveränen Staates zu gewähren. Gleichzeitig verpflichteten sich die Westmächte zu einer Politik der Wiedervereinigung Deutschlands und zur Erhaltung der Freiheit Westberlins. Nach der Ratifizierung der Pariser Verträge durch alle beteiligten Staaten wurde der Bundesrepublik am 5. Mai 1955 von den westlichen Siegermächten die Souveränität verliehen. Die Sowjetunion stimmte diesem Akt praktisch dadurch zu, daß bei einem Staatsbesuch Adenauers in Moskau (September 1955) die Aufnahme diplomatischer Beziehungen vereinbart wurde.

Es war eins der größten Anliegen der Außenpolitik Adenauers, Deutschland und Frankreich miteinander auszusöhnen. In der vollen Verwirklichung dieser Politik lag nach seiner Meinung der Schlüssel für die Zukunft Europas. Auch in dieser Beziehung konnte er der Zustimmung der westdeutschen Bevölkerung sicher sein. Aber seinen Bemühungen standen bedeutende Hemmnisse im Wege. Auf französischer Seite war das Mißtrauen gegenüber dem Nachbarn im Osten noch nicht abgeklungen, auf deutscher Seite belastete die Abtrennung des Saargebiets das Verhältnis zu Frankreich. Nach langwierigen Verhandlungen einigten sich beide Mächte über ein Sonderabkommen, das „Saarstatut". Danach sollte das Saargebiet „europäisiert" und einem Saarkommissar, der von dem Rat der „Westeuropäischen Union" ernannt werden sollte, unterstellt werden. Allerdings sollte die Saarbevölkerung Gelegenheit haben, durch eine Volksabstimmung das Statut zu bejahen oder abzulehnen. Am 23. Oktober 1955 entschied sie sich mit 68% der abgegebenen Stimmen gegen das Statut und damit für eine Rückkehr nach Deutschland. Frankreich akzeptierte das Ergebnis der Abstimmung. Am 1. Januar 1957 kehrte das Saargebiet vertragsgemäß zu Deutschland zurück. Ein Staatsbesuch des französischen Präsidenten de Gaulle 1962 in der Bundesrepublik machte den tiefgreifenden Wandel im Verhältnis beider Völker zueinander offenbar. Die Elyssée-Verträge von 1963 waren nicht nur die politische Besiegelung dieses neuen Verhältnisses, sondern auch der Anfang einer engen deutsch-französischen Freundschaft im Rahmen eines Vereinigten Europa.

Die Wahlerfolge der CDU in den ersten fünfzehn Jahren der Bundesrepublik Deutschland sind nicht nur auf die überragenden staatsmännischen Fähigkeiten ihres Parteivorsitzenden Konrad Adenauer (1876 bis 1967) zurückzuführen, sondern ebenso auf eine von seinen Mitarbeitern konzipierte und von ihm geschickt verfochtene Wirtschafts- und Sozialpolitik. Die Befreiung der Wirtschaft von staatlichem Zwang oder staatlichen Eingriffen und ihre grundsätzliche Orientierung an der freien Konkurrenz des Marktes mochten auf den ersten Blick als ein Rückfall in eine rein kapitalistische Wirtschaftsordnung erscheinen. Nach den Vorstellungen des langjährigen Wirtschaftsministers Professor Erhard sollte jedoch die Wirtschaft in einen gesellschaftlichen Rahmen eingebettet werden, indem die staatliche Gesetzgebung verhindert, daß durch Monopole und Kartelle der Wettbewerb eingeschränkt oder verzerrt wird, oder dafür Sorge trägt, daß die Einkommensverteilung eine sozial erwünschte

Korrektur erfährt und die sozial Schwachen und Benachteiligten die ihnen angemessene soziale Sicherheit erhalten.

Diese „soziale Marktwirtschaft“ führte bis zum Einsetzen der Rezession im Jahre 1966 unter kluger Abwägung der wirtschaftlichen Möglichkeiten durch die Gewerkschaften und durch die Ausweitung der Industrieproduktion zu einer laufenden Verbesserung von Löhnen und Gehältern. Der sich immer mehr steigernde Export sicherte der Bundesrepublik Deutschland den dritten Platz unter den Welthandelsländern. Dabei gelang es der Wirtschaft trotz Aufwertung der Deutschen Mark, die Preise fast stabil zu halten. Im gleichen Zeitraum wurde die Arbeitszeit in allen Sparten der Wirtschaft beträchtlich verkürzt. Sie beträgt heute durchschnittlich vierzig Stunden bei fünf Arbeitstagen wöchentlich. Eine Rentenreform (1957), die die Höhe der Renten laufend den steigenden Einkommensverhältnissen angleicht (dynamische Rente), sichert jeden Bundesbürger vor materieller Not im Alter oder bei Arbeitsunfähigkeit. Die großzügige Förderung des sozialen Wohnungsbaus durch den Staat ermöglichte die schnelle Integrierung der Kriegs-, Nachkriegs- und DDR-Flüchtlinge. Die Ausgabe von Volksaktien und die staatliche Förderung des Erwerbs von Eigenheimen und Eigentumswohnungen sind ein Versuch, Eigentum weiter zu streuen und die sozialen Unterschiede zu mildern.

An diesem erstaunlichen wirtschaftlichen Aufstieg Westdeutschlands, das heute auch die dritte Industriemacht der Welt ist, waren alle Schichten der deutschen Bevölkerung gleichermaßen beteiligt. Dem Unternehmungsgeist und der Intelligenz der Arbeitgeber entsprachen der Arbeitswille wie die Opferbereitschaft der Arbeitnehmer, die sich vor allem in einer maßvollen Lohnpolitik der Gewerkschaften zeigte. Das jährliche Volkseinkommen je Einwohner — umgerechnet auf die Kaufkraft von 1974 — stieg von DM 3279,00 im Jahre 1950 auf DM 7050,00 im Jahr der Vollbeschäftigung 1960 und auf DM 12 335,00 im Jahre 1974. Das Bruttosozialprodukt stieg von rund 300 Mrd. DM im Jahre 1960 auf rund 680 Mrd. DM im Jahre 1970. Allerdings sank es im Jahre 1974 infolge der Wirtschaftskrise wieder auf knapp 600 Mrd. DM ab.

Die „soziale Marktwirtschaft“ hat sich in relativ kurzer Zeit gegenüber jeder kommunistischen Planwirtschaft als überlegen erwiesen und es Westdeutschland ermöglicht, zu einem der wohlhabendsten Länder der Welt zu werden.

Trotz dieser beachtlichen materiellen Entwicklung war auch in Westdeutschland die Mitte der sechziger Jahre von beträchtlicher Unruhe und Unzufriedenheit besonders der Jugend gekennzeichnet. Der Anstoß zur Kritik an den noch bestehenden unbestreitbaren z. T. großen sozialen

Unterschieden, an der Ungleichheit der Chancen, den zu geringen Aufwendungen des Staates für Wissenschaft und Bildung, den mancherlei Unzulänglichkeiten der Sozialpolitik ging von einer Minderheit bürgerlicher intellektueller Jugendlicher aus und ergriff zeitweise weite Kreise von Schülern und Studenten. Ihre anarchische Übersteigerung in der Ablehnung des bestehenden Staates und dessen terroristische Bekämpfung durch einzelne besonders radikale Wortführer führte jedoch in Verbindung mit zahlreichen Reformen im Bildungswesen nach einigen Jahren — auch wohl unter dem Eindruck der Wirtschaftskrise — zu einer sachlicheren Beurteilung der staatlichen Möglichkeiten wie der Sozialstruktur nicht nur Westdeutschlands, sondern der westlichen Welt überhaupt. Die Auffassung, daß Reformen nur allmählich verwirklicht werden können und eine gesunde Wirtschaft voraussetzen, setzte sich stärker durch. Offen bleibt allerdings die Frage, ob die grundsätzlichen Verneiner des westlichen Wirtschaftssystems nicht nur ihre Taktik änderten und auf andere Weise versuchen, ihre Auffassungen politisch zu realisieren.

Das Problem der Wiedervereinigung Deutschlands

Die Wiedererlangung der Souveränität im Rahmen bestehender Verträge mit den ehemaligen westlichen Alliierten ermöglichte der Bundesrepublik Deutschland eine eigenständige Außenpolitik. Gemäß dem Verfassungsauftrag sollte diese in erster Linie auf eine Wiedervereinigung Deutschlands abzielen. Alle übrigen außenpolitischen Bemühungen sollten diesem nationalen Anliegen untergeordnet sein. In der Tat hatte es Adenauer bei den Westmächten durchgesetzt, daß sie in den Verträgen, die der Wiederbewaffnung Westdeutschlands und seiner Aufnahme in die Nato vorausgingen, dieses nationale Anliegen nicht nur tolerierten, sondern als ein Ziel ihrer eigenen Politik akzeptierten (Deutschlandvertrag vom 26. 5. 1952 bzw. 23. 10. 1954, auch Bonner Vertrag genannt). Dementsprechend erhob die Bundesrepublik Deutschland den Anspruch, sie allein vertrete ganz Deutschland völkerrechtlich, da sie allein eine vom Volk gewollte Gesellschaftsordnung und eine durch freie Wahlen legitimierte Regierung habe. Die DDR sei aufgrund ihrer besonderen Struktur (s. u.) völkerrechtlich nicht existent.

Dieser Alleinvertretungsanspruch des westdeutschen Staates führte ab 1955 zum Abbruch der diplomatischen Beziehungen mit allen jenen Staaten, die die DDR diplomatisch anerkannten und dadurch die Existenz zweier deutscher Staaten völkerrechtlich akzeptierten. Eine Ausnahme bildete allein die Sowjetunion. Diesen außenpolitischen Grundsatz — nach dem Staatssekretär im Auswärtigen Amt Hallstein-Doktrin genannt — vertrat die Bundesrepublik Deutschland bis 1969 in der festen Überzeugung, daß auf diese Weise die Wiedervereinigung in „Frieden und Freiheit“ verwirklicht und so die „Deutsche Frage“ gelöst werden könne. Der Schlüssel zu ihrer Lösung lag jedoch nicht im Westen, sondern in Moskau.

Auch die Sowjetunion forderte bis 1954 die deutsche Wiedervereinigung. Dieser Forderung schloß sich der auf dem sowjetischen Besatzungsgebiet gegründete Staat, die Deutsche Demokratische Republik, bis zu diesem Zeitpunkt an. Die Ost-West-Verhandlungen über die Bedingungen einer Wiedervereinigung führten zu keinem Ergebnis, weil die Sowjetunion der Abhaltung freier Wahlen im westlich-demokratischen Sinne nicht zustimmen wollte. Aus diesem Grunde vertrat sie ab 1955 die These von den zwei deutschen Staaten. Die Wiedervereinigung sei allein eine Angelegenheit der Deutschen. Voraussetzung sei jedoch, daß die sozialistische Gesellschaftsordnung der DDR erhalten bleibe. Diese Zwei-Staaten-Theorie erweiterte die Sowjetunion 1958 durch eine Drei-Staaten-Theorie, indem sie ultimativ die Forderung stellte, Westberlin nach Abzug der westlichen Truppen zu einer „freien und entmilitarisierten Stadt“ zu erklären. Jede Bindung an die Bundesrepublik sollte danach aufgelöst werden. Das Ultimatum war auf ein halbes Jahr befristet. Trotz fortgesetzter Drohungen blieb es unerfüllt.

Die Deutsche Demokratische Republik

Die Währungsreform in den von den westlichen Alliierten besetzten Zonen am 20. Juni 1948 beantwortete die Sowjetunion mit der Einführung einer deutschen Mark (Ost) in ihrer Besatzungszone. Als die drei Westsektoren Berlins sich weigerten, die Ostmark auch in ihrem Gebiet als allein gültiges Zahlungsmittel anzuerkennen, verhängte die Sowjetunion über Westberlin eine totale Wirtschaftsblockade, um dadurch die Westmächte zu einem Abzug aus Berlin zu zwingen und die ganze Stadt in ihren Machtbereich einzubeziehen. Die Antwort des Westens war die Einrichtung einer amerikanisch-englischen Luftbrücke, durch die Berlin mit den lebensnotwendigen Gütern versorgt wurde. 11 Monate hielt die Bevölkerung dem wirtschaftlichen und moralischen Druck des Ostens stand. Dann gaben die Russen nach und gestatteten erneut die Versorgung Berlins in den durch das „Potsdamer Abkommen“ festgelegten Grenzen. Noch während der Blockade wurde in der Sowjetzone die Konstituierung der sogenannten Deutschen Demokratischen Republik vorbereitet. Ihre offizielle Gründung erfolgte am 7. Oktober 1949. Der neue Staat gab sich zwar eine Verfassung, die sich formell eng an die von „Weimar" anlehnte, folgte aber in seiner praktischen Politik den Vorbildern des östlich-bolschewistischen Totalitarismus. Die herrschende und bestimmende Partei ist die „Sozialistische Einheitspartei Deutschlands" (SED), die in der Sowjetzone unter dem Druck der Besatzungsmacht durch einen Zusammenschluß der kommunistischen und sozialdemokratischen Partei entstand, was Kurt Schumacher in Westberlin und Westdeutschland mit Erfolg verhindern konnte. Der entscheidende Mann der DDR war deshalb nicht der Präsident Wilhelm Pieck oder der aus der SPD hervorgegangene Ministerpräsident Otto Grotewohl, sondern Walter Ulbricht, ehemaliger KPD-Funktionär während der Weimarer Demokratie, als Emigrant in Moskau geschult, Vertrauensmann Stalins und Parteivorsitzender der SED.

Die Verfassung schien der Bevölkerung des zweiten deutschen Staates weitreichende Freiheitsrechte einzuräumen. Aber es gab kein Gericht, das Rechtsverletzungen der Machthaber hätte ahnden können. Zudem konnte aufgrund der Verfassung jede kritische Äußerung als „Boykotthetze" bestraft werden (Art. 6). Diese erste Verfassung wurde 1974 durch eine neue ersetzt, in der der sozialistische Charakter der DDR besonders herausgestellt wird. Bereits 1948 wurde auch mit der Aufstellung einer eigenen Armee begonnen.

In der Machtstruktur folgt die SED weitgehend östlichen Vorbildern. Machtzentrum ist das Politbüro des Zentralkomitees der Sozialistischen Einheitspartei Deutschlands, dessen Vorsitzender der Erste Sekretär Walter Ulbricht bis 1971 war (heute Erich Honecker). Das ZK umfaßt etwa 200 Personen und tagt einmal im Jahr. Dagegen tritt das Politbüro wöchentlich zusammen, hat etwa 15 Mitglieder und einige sog. Kandidaten. Es gibt seine Weisungen an die Partei, die Regierung, die Verwaltung und an die Massenorganisationen wie den „Freien Deutschen Gewerkschaftsbund", die „Freie deutsche Jugend" u. a. m. (sog. demokratischer Zentralismus). Dem Politbüro gehören auch Mitglieder des Ministerrates an.

Wahlen im Sinne der westlichen Demokratie kennt der SED-Staat nicht. Allerdings können die Wähler neuerdings unter verschiedenen Bewerbern, die jedoch alle dem System genehm sein müssen, auswählen. Es gibt weder ein Streikrecht noch ein uneingeschränktes Recht auf Auswanderung. „Republikflucht" wird streng bestraft. Erst in jüngster Zeit hat sich die DDR dazu entschlossen, unter bestimmten Bedingungen ihre Bürger aus ihrem Staatsverband zu entlassen (z. B. zum Zweck der Familienzusammenführung).

Wie wenig die Bevölkerung der DDR mit der Politik der SED übereinstimmt, bewies der 17. Juni 1953, als sich vor allem die Industriearbeiterschaft spontan gegen das Zwangsregime auflehnte und seine Absetzung verlangte. Nur mit Hilfe sowjetischer Panzer konnte die „Arbeiter- und Bauernregierung“ des Aufstandes Herr werden.

Die DDR wurde zunächst nur von den Ostblockstaaten anerkannt, weil es der Bundesrepublik Deutschland mit Erfolg gelang, den zweiten deutschen Staat international zu isolieren. Erst 1969 nahmen einige arabische Staaten diplomatische Beziehungen zu ihr auf.

Bereits 1950 vollzog die DDR in dem „Görlitzer Abkommen“ den Ausgleich mit Polen, indem sie die Oder-Neiße-Grenze als endgültige Grenze zwischen sich und der „Volksrepublik Polen“ anerkannte.

Auf dem Weg zum Sozialismus

Schon unter der Herrschaft der sowjetischen Militärverwaltung wurde der Großgrundbesitz aufgeteilt. Die großen Industriebetriebe wurden als „volkseigen“ verstaatlicht. Nach der Gründung des SED-Staates der Deutschen Demokratischen Republik richtete sich die Sozialisierung vor allem gegen die selbständigen Handwerker und Bauern. Als Druckmittel wandte man hohe Besteuerung und Kürzung der Materialzuweisungen an und zwang so die Handwerker, sich in Genossenschaften zusammenzuschließen. Die Bauern wurden aufgefordert, ihre privaten Betriebe in „Landwirtschaftliche Produktionsgenossenschaften“ (LPG) einzubringen. Seit 1960 ist die Landwirtschaft der DDR fast voll sozialisiert. Die Mitglieder einer solchen LPG behalten je Haushalt 0,5 ha Nutzfläche, 2 Kühe, 2 Mutterschweine, 5 Schafe und Kleinvieh in beliebiger Menge. Zwar konnte die DDR die Hektarerträge steigern, den Vorsprung der Landwirtschaft in Westdeutschland jedoch nicht aufholen.

In der Industrieproduktion ist die DDR nach der Sowjetunion das wichtigste Wirtschaftsgebiet im gesamten Ostblock. Ihre Bedeutung liegt vor allem auf dem chemischen Sektor, erreicht aber auch auf den Gebieten des Werkzeugmaschinenbaus, der Feinmechanik und Optik qualitativ wie quantitativ beachtliche Produktionserfolge.

Wie in allen Ostblockstaaten ist es der Konsumgüterindustrie bisher nicht gelungen, die Bedürfnisse der Bevölkerung qualitativ voll zu befriedigen. Zwar haben die Deutschen jenseits der DDR-Grenze unter allen Bewohnern des sozialistischen Wirtschaftsgebietes — die Sowjetunion eingeschlossen — den höchsten Lebensstandard, aber er bleibt weit hinter dem der westlichen Bevölkerung zurück. Engpässe in der Lebensmittelversorgung sind noch nicht überall behoben, Waren des gehobenen Bedarfs überteuert oder nur in ausländischer Währung zu kaufen. Auch die Motorisierung ist weit von der im Westen entfernt. Die

Kaufkraft der Nettolöhne liegt in der Bundesrepublik Deutschland wesentlich höher als in der DDR.

Ebenso beachtlich wie in der Bundesrepublik, wenn auch mit einem anderen Schwerpunkt, sind die Sozialleistungen der DDR. Mieten und Grundnahrungsmittel sind billig, die Preise im öffentlichen Verkehr sehr niedrig, die Aufwendungen für den sozialisierten Gesundheitsdienst beachtlich. Dagegen sind die Altersrenten unzureichend, sie überschreiten kaum das Existenzminimum. Die soziale Fürsorge des Staates gilt vorrangig dem Menschen, der im Produktionsprozeß steht.

Bereits mit dem Einmarsch der Roten Armee in Ostdeutschland setzte eine starke Fluchtbewegung nach Westdeutschland ein. Diese brach auch nach Gründung der DDR nicht ab und erfaßte jährlich mehr als 200 000 Menschen. Im Spätsommer 1961 hatten über 2 Millionen Deutsche die DDR verlassen. Die Fluchtmotive sind unterschiedlich. Die meisten Flüchtlinge verließen ihre Heimat aus politischen Gründen, weil sie das diktatorische System der SED ablehnten. Aber es waren auch materielle Gründe, die manchen bewogen, in Westdeutschland eine neue Existenz zu suchen. Für die DDR bedeutete die sich steigernde Fluchtbewegung vor allem eine Gefährdung ihrer wirtschaftlichen Existenz. Deshalb riegelten die Machthaber ihren Staat durch Stacheldraht, Minenfelder und Wachttürme von der Bundesrepublik ab. Am 13. August 1961 ließ die DDR eine Mauer quer durch Berlin errichten, um eine Flucht nach Westen unmöglich zu machen. Trotzdem versuchen einzelne Bürger der DDR immer wieder, einen Weg in die Freiheit Westeuropas zu finden. Zweifellos könnte sich die DDR alle Maßnahmen, eine Flucht zu verhindern, ersparen, wenn sie ihren Staat auf eine andere politische, wirtschaftliche und gesellschaftliche Grundlage stellen würde.

Neue Ostpolitik

Die relativ leichte Rezession der Wirtschaft im Jahre 1966 verursachte eine innenpolitische Krise in der Bundesrepublik Deutschland. Der von Adenauer nur widerwillig als Nachfolger im Bundeskanzleramt akzeptierte Wirtschaftsminister Erhard verlor auch innerhalb der CDU das Vertrauen in seine Führungsqualitäten. Da zudem verschiedene verfassungsändernde Gesetze (sog. Notstandsgesetze für Krisensituationen) anstanden, für die gemäß dem Grundgesetz eine parlamentarische Zweidrittelmehrheit erforderlich war, entschlossen sich CDU und SPD, eine Koalitionsregierung zu bilden. Als Nachfolger Erhards wurde Kurt Georg Kiesinger zum Bundeskanzler gewählt. Sein Stellvertreter und Außenminister wurde der Vorsitzende der SPD Willy Brandt. Den Bemühungen des SPD-Wirtschaftsministers Karl Schiller und des CDU-Finanzministers Franz Josef Strauß gelang es überraschend schnell, die Wirtschaft aus der Rezession herauszuführen und die Staatsfinanzen zu ordnen.

In der Außenpolitik suchte die Regierung Kiesinger-Brandt gegenüber den Staaten des Ostblocks einen neuen Kurs einzuschlagen. Ihr Ziel war, die Beziehungen zur Sowjetunion zu vertiefen und mit den übrigen sozialistischen Staaten durch Aufnahme diplomatischer Beziehungen zu einem Ausgleich der noch bestehenden Gegensätze zu gelangen. Die sog. Hallstein-Doktrin sollte dafür kein Hinderungsgrund sein. Da die Bundesregierung jedoch noch nicht bereit war, die DDR als einen zweiten deutschen Staat zu akzeptieren, zogen sich die Verhandlungen mit Moskau über ein Gewaltverzichtsabkommen hin. Verhandlungen mit anderen Ostblockstaaten war jeder Erfolg versagt, solange die Sowjetunion solche mißbilligte. Nur Rumänien verfolgte eine eigene Linie und nahm diplomatische Beziehungen zur Bundesrepublik Deutschland auf.

Bereits die Bundespräsidentenwahl von 1969 hatte gezeigt, daß die Große Koalition aus CDU und SPD keinen langen Bestand haben würde. Mit den Stimmen der FDP-Abgeordneten wurde der Sozialdemokrat Gustav Heinemann von der Bundesversammlung zum Nachfolger Heinrich Lübkes gewählt. Die im gleichen Jahr durchgeführten Parlamentswahlen brachten den beiden Parteien SPD und FDP einen knappen Vorsprung vor der CDU/CSU und ermöglichten ihnen eine Regierungsbildung unter dem Bundeskanzler Willy Brandt (SPD) und seinem Stellvertreter und Außenminister Walter Scheel (FDP) (sog. sozial-liberale Koalition). Die Regierung setzte sich bedeutende innen- und außenpolitische Ziele. Eine gesellschaftliche Reformpolitik sollte Chancengleichheit sichern, jeden einzelnen an dem wirtschaftlichen Fortschritt teilnehmen lassen, die Mitwirkung jedes mündigen Bürgers an der politischen Willensbildung ermöglichen und in Großbetrieben das Recht auf Mitbestimmung des Arbeitnehmers durchsetzen. Infolge finanzieller Schwierigkeiten, die sich aus der rezessiven Entwicklung der Wirtschaft in der Bundesrepublik wie in der übrigen Welt überhaupt ergaben, konnten große Teile der Reformpolitik nicht durchgeführt werden. Nur im Ehe- und Familienrecht sowie auf dem Gebiet der Mitbestimmung in Großbetrieben konnte die Koalition gewisse Reformen verwirklichen.

Außenpolitisch versuchte die Regierung Brandt-Scheel, die starren Positionen im Verhältnis der osteuropäischen Staaten gegenüber der Bundesrepublik Deutschland dadurch aufzubrechen, daß sie die seit 1945 tatsächlich entstandenen Verhältnisse vertraglich anerkannte, um so die Rechtsstellung Westberlins zu sichern und zu einem erträglichen Nebeneinander mit der DDR zu gelangen. Diesem Ziel dienten auch zwei Treffen des Bundeskanzlers Brandt mit dem Ministerpräsidenten der DDR Willi Stoph in Erfurt bzw. Kassel (1970), denen jedoch zunächst keine greifbaren Ergebnisse folgten.

Erst der Abschluß des Moskauer Vertrages (August 1970) machte den Weg für weitere Verträge mit den Ostblockstaaten frei. In diesem Gewaltverzichtsabkommen erkennt die Bundesrepublik Deutschland die bestehenden Grenzen, einschließlich der Westgrenze Polens und der DDR, an. Die Grenzanerkennung wird in dem Vertrag mit Polen wiederholt. Den Verträgen mit der Sowjetunion und Polen folgte 1973 ein ähnlicher Vertrag mit der Tschechoslowakei. Das Ergebnis der Vertragsabschlüsse war die Aufnahme diplomatischer Beziehungen mit allen Staaten des Ostblocks.

Die Bundesregierung und die sie tragenden Parteien der SPD und FDP hatten damit die Voraussetzungen für den Abschluß von Viermächteverhandlungen über den Status von Berlin und für ein Abkommen mit der DDR geschaffen. Infolge der unterschiedlichen Auffassungen der drei Westmächte einerseits und der Sowjetunion andererseits hinsichtlich des Status der geteilten Stadt waren die Verhandlungen schwierig und langwierig. Zwar ließ die Sowjetunion ihre Maximalforderung auf Entmilitarisierung Westberlins fallen, vertrat aber weiterhin die Fiktion von der „selbständigen Einheit Westberlins“ und versuchte, die Bindungen zwischen der Stadt und der Bundesrepublik Deutschland möglichst gering zu halten. Im Ergebnis erkannte sie jedoch an, daß der „Transitverkehr von zivilen Personen und Gütern zwischen den Westsektoren Berlins und der Bundesrepublik Deutschland“ durch die DDR nicht behindert werden sollte und die „Bindungen zwischen den Westsektoren Berlins und der Bundesrepublik Deutschland aufrechterhalten und entwickelt werden“ sollten. Dagegen wurde erneut betont, daß Westberlin kein Bestandteil der Bundesrepublik sei und nicht von ihr regiert würde. Mit diesem Abkommen wurde den Bewohnern Westberlins auch wieder ein Besuch in Ostberlin und der DDR ermöglicht.

In dem abschließenden Vertrag zwischen der Bundesrepublik Deutschland und der DDR erkannte Bonn diese als rechtmäßig existierenden Staat an. Beide Staaten verpflichteten sich, „gutnachbarliche Beziehungen auf der Grundlage der Gleichberechtigung zu entwickeln“, die „zwischen ihnen bestehende Grenze“ als unverletzlich zu betrachten und die „Unabhängigkeit und Selbständigkeit jedes der beiden Staaten in seinen inneren und äußeren Angelegenheiten“ zu respektieren. Zwar brachte der Vertrag Erleichterungen für den Reiseverkehr von Angehörigen der Bundesrepublik in die DDR mit sich, den Bürgern der DDR blieben jedoch solche bis heute — von Ausnahmen abgesehen — versagt. Im September 1973 wurden die beiden deutschen Staaten in die Vereinten Nationen aufgenommen. Ein Jahr später trat der eigentliche Urheber der neuen Ostpolitik und ihr schärfster Verteidiger, der Friedensnobelpreisträger Willy Brandt als Bundeskanzler zurück. Die Entlarvung eines DDR-Spions im Kanzleramt, den er zeitweise als vertrauten Mitarbeiter betrachtet hatte, ließ ihm diesen Schritt geboten erscheinen. Sein Nachfolger wurde Helmut Schmidt (SPD).

Die Ostverträge, das Viermächteabkommen über Berlin und die Schlußakte der „Konferenz für Sicherheit und Zusammenarbeit in Europa" (KSZE) in Helsinki 1975 haben international die „Deutsche Frage" in den Hintergrund gerückt. Die Existenz zweier deutscher Staaten scheint ein gesichertes Faktum geworden zu sein. Auch die Deutschen in Ost und West dürften sich mit anderen geteilten Nationen der Welt darüber klar sein, daß sie das Schicksal der Teilung nicht aus eigener Kraft beheben können. Als weit schmerzlicher dürfte es jedoch empfunden werden, daß trotz aller Verträge und aller guten Absichtserklärungen auf internationalen Konferenzen die Mauer in Berlin und die „Friedensgrenze" der DDR aus Stacheldraht, Minenfeldern und Selbstschußanlagen zur Bundesrepublik Deutschland nicht für Bürger des ostdeutschen Staates durchlässiger geworden sind. Es wird also weiterhin Aufgabe der Politik der Bundesrepublik Deutschland bleiben, die Beziehung zwischen den beiden deutschen Staaten so zu gestalten, daß ihre Bürger ebenso miteinander verkehren können, wie es im übrigen Europa selbstverständlich ist.

VERZEICHNIS DER ABBILDUNGEN

20 Peter Vischer: Selbstbildnis des Künstlers am Sebaldusgrab in Nürnberg, St. Sebald. Bronze, 1508.

21 Albrecht Dürer: Die Mutter des Künstlers. Kohlezeichnung 1514. Berlin.

22 Hans Holbein d. J.: Bildnis Thomas Howard Herzog von Norfolk. 1539. Windsor Castle.

23 Das Heidelberger Schloß. Rechts der in der Renaissance, 1556—1559, entstandene Ottheinrichsbau. Ausgebrannt seit Ende d. 17. Jh.

24 Nördlingen. Beispiel einer mittelalterlichen Stadtanlage, die um einen Kern wuchs und die durch eine Befestigungsmauer geschützt war.

25 Karlsruhe. Beispiel für eine im Barock planmäßig angelegte Residenzstadt. Gegründet 1713 durch den Markgrafen Wilhelm von Baden.

26 St. Michael in München. 1583—1588.

27 Residenztheater, München. 1750—1753 von François Cuvilliés erbaut. Nach der Kriegszerstörung originalgetreu wiederhergestellt.

28 Der Dresdener Zwinger. Das Schloß ließ August d. Starke, König von Sachsen-Polen, von M. D. Pöppelmann 1711—1722 erbauen. Nach Kriegszerstörung wiederhergestellt.

29 Schloß Belvedère, Wien. Das Sommerpalais des Prinzen Eugen wurde von Lucas von Hildebrandt 1721—1722 erbaut.

30 Die Dresdener Frauenkirche. Erbaut von Georg Bähr 1726—1738. Im Zweiten Weltkrieg völlig zerstört.

31 Andreas Schlüter: Reiterstandbild des Großen Kurfürsten, Friedrich Wilhelm von Brandenburg. Entstanden 1696—1709. Charlottenburger Schloß.

32 Die Wartburg bei Eisenach (Thüringen). 1067 wurde die Burg angelegt und in den folgenden Jahrhunderten weiter ausgebaut. 1207 trugen dort Minnesänger den sagenhaften „Sängerkrieg" aus. 1521/22 übersetzte Luther, der auf der Burg Zuflucht gefunden hatte, das Neue Testament ins Deutsche und gab damit dem deutschen Volke eine einheitliche Sprache. 1817 demonstrierte die „Deutsche Burschenschaft" auf dem „Wartburgfest" für ein nationales und freiheitliches Deutschland.

33 Johann Heinrich Tischbein: Goethe in der Campagna. 1786/87. Städelsches Kunstinstitut, Frankfurt.

34 Philipp Otto Runge: Die Hülsenbeckschen Kinder. 1805/06. Hamburger Kunsthalle.

35 Carl Spitzweg: Der arme Poet. 1839. Berlin, Nationalgalerie.

36 Ernst Barlach: Der Rächer. Bronze, 1914/1922. Köln, Wallraf-Richartz-Museum.

37 Gerhard Marcks: Gefesselter Prometheus II., Bronze, 1948, Köln, Wallraf-Richartz-Museum.

38 Pylon der Severinsbrücke, Köln (1956—1959). Im Hintergrund der Kölner Dom.

39 München, Olympische Stätten von 1972.

40 Berlin, Reichstagsgebäude nach dem Wiederaufbau.

41 Bonn, Bundeshaus.

VERZEICHNIS DER FARBTAFELN

Bildmaterial stellten zur Verfügung:

Ars Liturgica, Kunstverlag, Maria-Laach; Bartcky-Titzau, Frankfurt/M.; Max Baur, Aschau/Chiemgau; Bayer. Staatsbibliothek, München: Bilderdienst Süddeutscher Verlag, München; Bruckmann-Verlag, München; Dr. Harald Busch, Frankfurt/M.; Niko Haas, Trier; Hamburger Kunsthalle, Hamburg; Franz Hanfstengl, München; R. N. Ketterer, Campione/Schweiz; Ralph Kleinhampel, Hamburg; Louvre, Paris; Foto Marburg; Werner Neumeister, München; Rheinisches Bildarchiv, Köln; Helga Schmidt-Glassner, Stuttgart; Städelsches Kunstinstitut, Frankfurt/M.; Stiftung Preußischer Kulturbesitz, Nationalgalerie, Berlin-Dahlem; Presse- und Informationsamt der Bundesregierung, Bonn; Stiftung Ada und Emil Nolde, Seebüll; USIS, Bad Godesberg; Verkehrsamt der Stadt Köln; Wallraf-Richartz-Museum, Köln.

NAMENREGISTER

C

D

E

F

G

H

L

M

N

O

P

Q

R

S

T

U

V

W

Y

Z

LITERATURHINWEISE

Tellenbach, G.: Die Entstehung des Deutschen Reiches. München 1948³.

Hampe, K.: Das Hochmittelalter. Geschichte des Abendlandes von 900—1250. Köln 1953⁴.

Stadtmüller, G.: Geschichtliche Ostkunde. Abriß der Geschichte des deutschen und europäischen Ostens. München 1959.

Mitteis, H.: Der Staat im hohen Mittelalter. Grundlinien einer vergleichenden Verfassungsgeschichte des Lehnszeitalters. Köln 1962⁷.

Planitz, H.: Die deutsche Stadt im Mittelalter. Von der Römerzeit bis zu den Zunftkämpfen. Köln 1954.

Tumler, M.: Der Deutsche Orden im Werden, Wachsen und Wirken. Wien 1955

Hassinger, E.: Das Werden des neuzeitlichen Europa 1300—1600. Braunschweig 1959.

Burdach, K.: Reformation, Renaissance, Humanismus. Darmstadt 1963³.

Propyläen-Weltgeschichte. Bd. VII. Von der Reformation zur Revolution. Unter Mitarbeit von G. Mann u. a. Berlin 1964.

Schnabel. F.: Deutsche Geschichte im 19. Jahrhundert. 4 Bde. Freiburg.

Halecki, O.: Europa, Grenzen und Gliederung seiner Geschichte. Krefeld o. J.

Andreas, W.: Das Zeitalter Napoleons und der Erhebung der Völker. Heidelberg 1955.

Sell, F. C.: Die Tragödie des deutschen Liberalismus. Stuttgart 1928.

Treue, W.: Wirtschaftsgeschichte der Neuzeit 1700—1965. Kröner TA 208.

Böhme, H.: Deutschlands Weg zur Großmacht, 1848—1881. Köln 1966.

Wehler, H. W.: Bismarck und der Imperialismus. Köln-Berlin 1969.

Zarnow, G.: Die Geburt der Weltkriege, Düsseldorf 1957.

Heer, F.: Europa, Mutter der Revolutionen. Stuttgart 1964.

Herzfeld, H.: Die moderne Welt 1789—1945, 1. Teil: Die Epoche der bürgerlichen Nationalstaaten 1789—1890: Braunschweig 1957². 2. Teil: Weltmächte und Weltkriege. Die Geschichte unserer Epoche. Braunschweig 1957².

Ingrim, R.: Von Talleyrand zu Molotow. Die Auflösung Europas. Zürich 1947.

Schoeps, H.-J.: Das andere Preußen. Honnef 1957².

Mommsen, W.: Bismarck. Ein politisches Lebensbild. 1959.

Bergsträsser, L.: Geschichte der politischen Parteien in Deutschland. München 1960¹⁰.

Görlitz, W.: Adolf Hitler (Persönlichkeit und Geschichte). Göttingen 1960.

Bullock, A.: Hitler, Eine Studie über Tyrannei. Düsseldorf 1959.

Bracher, K. D.: Die Auflösung der Weimarer Republik. Stuttgart 1957².